读懂时尚

The Great Fashion Designers

从香奈儿到麦昆，铸就时尚史的名字

From Chanel to McQueen,the names that made fashion history

〔英〕布伦达·波兰　〔英〕罗杰·特雷德 著　　　郑亦丹 译

Brenda Polan　　　Roger Tredre

重庆大学出版社

致谢

作者想衷心感谢本书中被引用和参考的学者与记者同行们，以及多年来提供了知识和洞见基础的人们，虽然他们并没有出现在这本书里，但我们的专业知识，正是建立在他们的工作之上。服装的历史和文化，已经成为一个被充分探索的领域，不过，在研究与撰写这本旨在启发深入研究的书时，我们收获的结论是，在时尚方面，在书架上所有的画册之中，还存在着许多需要用真正的思考和分析来填补的空白。许多伟大的时装设计师以及往往与他们同样有趣的时尚业人士，正亟待作者，为他们撰写引人入胜的书籍、学术著作，为他们开展研究工作。

特别感谢布鲁姆斯伯里的费丝·马斯兰和乔治亚·肯尼迪，以及优秀的贝内德塔·梅利尼，为本次第二版所进行的高效、细致并且充满热忱的研究。在第一版中，作者曾与著名的时装秀摄影师克里斯托弗·摩尔合作，而在这一版中，作者非常高兴能与尼康FM2的大师尼尔·麦金纳尼合作，他的图像记录是布鲁姆斯伯里时尚档案库的核心。我们要感谢伦敦艺术大学的中央圣马丁学院，为图像研究提供了额外的经费支持。

布伦达·波兰想感谢那些曾经聘用她撰写时尚的编辑们，特别是《卫报》的女装编辑丽兹·福根女士，她往拥挤的编辑室里匆匆一瞥，就把波兰从深夜轮班审阅的工作中解救了出来，安排到了圣罗兰（Yves Saint Laurent）的时装秀头排。她要将本书献给她的兄弟姐妹，安东尼和索尼娅，以及她的旅伴科林。

罗杰·特雷德想感谢此前在《独立报》的同事，特别是莎拉·莫弗、丽莎·阿姆斯特朗、塔姆辛·布兰查德和马里恩·休姆，以及在《观察家报》和WGSN的同事。他要感谢中央圣马丁学院已故的路易丝·威尔逊15年来的支持，同样要感谢法比奥·皮拉斯、海威尔·戴维斯、亚当·默里和最棒的室友大卫·卡波在近期的鼓励。非常感谢他有幸教过的200多名硕士生。十分感谢维多利亚与艾尔伯特博物馆的奥里奥尔·卡林建议将卡洛特·苏尔（Callot Soeurs）收录在本书中，感谢才华横溢的卡罗琳·埃文斯教授对前言的精辟备注，感谢夏洛特·布拉奇滕多夫、奥丘巴·雷娃、凯瑟琳·扎雷拉、塞西莉亚·阿尔巴·卢埃、塞丽娜·布科利罗和伊莎贝拉·科拉萨·达伽马·瓦亚诺，他们都提出了有益的建议或提供了研究支持。他要将此书献给自己的父母和家人——珍妮弗、奥利维亚和尼古拉斯。

序言

本书包括了54位设计师。他们真的是有史以来最伟大的设计师吗？由你来决定！为了决定这些人选，我们历经多次争论，有时是秉着求知而谦恭的态度，有时是蛮不讲理还借着点酒劲的。我们承认，这样一份名单是不可能完全达到一致的。创建一个时尚设计史上最伟大的名单，是一场精彩的桌游，而我们希望所有的读者，都能享受玩游戏的乐趣。我们的选择反映了我们的职业和个人兴趣，尽管并没有太多我们（希望的）英国国籍的设计师。并且，我们也是希望可以将露西尔（Lucile）、雅克·法斯（Jacques Fath）、爱德华·莫利纽克斯（Edward Molyneux）、沃尔特·阿尔比尼（Walter Albini）、皮埃尔·巴尔曼（Pierre Balmain）、比尔·吉布（Bill Gibb）、奥西·克拉克（Ossie Clark）、海尔姆特·朗（Helmut Lang）、德赖斯·范诺顿（Dries Van Noten）、斯蒂芬·琼斯（Stephen Jones）、迈克·高仕（Michael Kors）、亚历山大·王（Alexander Wang）、斯特拉·麦卡特尼（Stella McCartney）、维吉尔·阿布洛（Virgil Abloh）以及更多设计师收录到本书中的。

在开始这个项目的时候，我们是非常谨慎的，只是计划简单地将多年来对设计师的采访汇集成书，它们之前大多发表在英国的报纸和杂志上。这些采访相当全面综合，可以追溯到1979年8月，布伦达·波兰为《卫报》对安德烈·库雷热（André Courrèges）进行的采访。采访中既有详细又深入的［在1991年，巴黎春夏时装秀前的四个月里，对约翰·加利亚诺（John Galliano）进行的四次采访］，也有即时而简短的［2001年1月YSL男装秀后，在后台对汤姆·福特（Tom Ford）进行的20分钟的采访］。关于本书中的设计师，我们总共采访过19位（而更多是没有采访过的设计师）。

在机智且富有洞察力的《时尚之镜》一书中，塞西尔·比顿写道："制衣师们……往往仇视着同行，他们彼此很少碰面，因为被嫉妒、羡慕与竞争消耗着。除了少数例外，他们是烦人并且靠不住的一伙人。几乎所有人都口齿不清，他们从来没有发明过自己的词汇，他们对法语中时髦和优雅这两个词的滥用，几乎让这些形容词失去了意义。"不过，我们遗憾地留意到，一些设计师确实是辜负了比顿的批评，我们发现，这些年来我们所交谈过的设计师，往往都是口齿伶俐的——尤其是当你在时装秀季的狂热中捕捉到他们的时候。

然而，在彻底重读了以往的文章之后，我们放弃了将收集的采访内容结集成书的计划。虽然这些采访提供了关于设计师思考过程和工作方法的宝贵见解，但它们只是时间的片段。在我们看来，很多文章读起来都已经过时了。设计师们已经继续前行了，而我们也一样。我们想，如果能写出总结这些设计师职业的文章，利用我们对他们的作品的个人见解，以及多年来收集的所有这些有价值的文字记录，应该会更好吧。我们也进行了广泛的阅读，包括现有的书籍和学术文献，以及我们的新闻同行发表在报纸和杂志（主要是英国和美国的）上的大量采访。我们努力确保了所有参考资料的准确性，如果我们忽略了任何参考资料，我们将在本书未来的版本中予以纠正。

在我们讨论适合纳入的主题时，这本书发展成了一个涉及面更广的项目。在21世纪前十年初，我们各自都转换了职业，从新闻领域进入了伦敦艺术大学的教学领域，我们的兴趣不断地扩大与加深。探索卡尔·拉格斐（Karl Lagerfeld）的职业生涯，自然而然地让我们重新审视可可·香奈儿（Coco Chanel）的职业生涯；同样地，尼古拉·盖斯奇埃尔（Nicolas Ghesquière）和德姆纳·格瓦萨利亚（Demna Gvasalia）也促使我们重新去挖掘巴伦西亚加（Balenciaga）。

　　我们竭力制作出一本，在我们摸索着进入时尚领域之时，曾希望能握在自己手中的书：全面地介绍最重要的设计师，并提供进一步的阅读指导，文字通俗易懂又具有权威性。在我们看来，这些设计师的个性和他们的设计一样有趣——两者经常交织在一起，尤其是香奈儿的职业生涯和生活。我们的书完成了，我们惊叹于时尚持续自我更新和保持新鲜感的能力。而我们也希望你，我们的读者，能享受其中，与我们一起分享时尚。

前言

2001年，美国时尚行业报纸《女装日报》为庆祝其成立90周年，邀请了53位顶尖设计师，列出过去90年中最重要的三位设计师。得到的结果相当有趣，可能并不是因为轻松获胜的"赢家"（可可·香奈儿获得了34票，而伊夫·圣·洛朗获得了29票），而是因为其他被提及的设计师，以及给出的票选理由。乔治·阿玛尼（Giorgio Armani）将让·保罗·高缇耶（Jean Paul Gaultier）列入他的前三名（因为他有让时尚变得讽刺的能力）。尼古拉·盖斯奇埃尔则将三宅一生（Issey Miyake）列入其中（他将一种欧式的女人味与感性注入了日式的解构概念之中）。还有令人意想不到的名字，包括阿德里安（Adrian）和鲁迪·吉恩莱希（Rudi Gernreich），他们也将在本书中出现。而一向多产并且得到了3票的卡尔·拉格斐发了一份5页的传真，将20世纪分为三个不同的时期：1905至1939年的波烈（Poiret）、维奥内特（Vionnet）和香奈儿，1945至1960年的迪奥（Dior）、巴伦西亚加和香奈儿，1960至1970年的库雷热、圣·洛朗、维奥内特、香奈儿和巴伦西亚加。

最早期的定制服装设计师们，几乎没有得到什么关注，这也许反映了时尚的短期记忆，尽管亚历山大·麦昆（Alexander McQueen）把票投给了查尔斯·弗雷德里克·沃斯（Charles Frederick Worth）。工艺和商业之间的持续互动得到了强调，设计师立刻对那些既擅长业务和营销，又擅长创意的设计师同行，表示了赞赏。影响力至关重要。"影响力最大的是谁？"卡尔·拉格斐说道，"谁最有天赋并不重要。"

判断影响力的一种方法，是问这样一个问题：被仿制得最多的人是谁？从定制时装诞生之初，设计师就对这个问题保持着含糊的态度，一方面，威胁要对仿制者采取法律行动，另一方面，又乐于将模板售卖给高档商店让他们去仿制。很少有人会

像可可·香奈儿那样随意——或是像美国设计师诺曼·诺雷尔（Norman Norell），他把他于1960年设计的七分裙裤套装的工作草图免费提供给了业界，以确保他的设计能被正确地仿制。现在，设计师往往直接与他们最大的仿制者也就是快时尚连锁店合作，实际上他们会通过短期或长期零售联动，来仿制自身的作品，创造出低价的系列。

《女装日报》的调查还要求设计师们说出自1980年以来最重要的三位设计师。卡尔·拉格斐赢得了最多的票数，紧随其后的是乔治·阿玛尼、川久保玲（Rei Kawakubo）、让·保罗·高缇耶以及汤姆·福特。拉格斐提到了香奈儿、古驰（Gucci）和普拉达（Prada），但也通过提及耐克、李维斯和阿迪达斯，让时装设计师意识到自己的处境。"它们也是今天的时尚，而穿着它们的人，比起穿着我们口中的时尚界时尚的人，要来得更多。"马克·雅可布（Marc Jacobs）回顾他的同胞美国设计师比尔·布拉斯（Bill Blass）的一句名言"'着装'和'重要'这两个词永远不可以出现在同一句话里"，让设计师们面对现实。"我要改动一下这句话，"雅可布说，"'设计师'和'重要'这两个词永远不可以出现在同一句话里。"

此次的第二版考虑了这些年以来的迅速变化，奢侈品时尚业已经发展成为获得巨大成功的全球化产

业。这个行业依然由欧洲和美国公司主导，尽管现在有学者合理地质疑了时尚完全是由欧洲发明的假设。这一假设观点，是由德国社会学家格奥尔格·齐美尔在1904年提出的，主导了一个多世纪以来的传统思维。而卡洛·贝尔凡蒂在最近指出，中国、印度和日本都间或出现了类似西方模板的时尚体系。虽然关于这一看法的探讨超出了本书的范围，但是我们想要指出的是，或许这个行业是以欧洲为中心的，但是行业内的伟大设计师并不总是来自欧洲，人才的多样性很可能是21世纪余下时间的一个主题。目前，在设计专业的毕业生中，中国人和韩国人的比例很高，而他们作为"青年设计师"获奖者的比例也很高。他们中的许多人，都有着产生影响的潜力。

为了在全世界取得成功，他们可能需要与LVMH集团和开云集团等欧洲国际奢侈品巨头合作。现代时尚体系，依然受到这些西方企业的严格控制——而目前为止，世界上大部分其他地区，基本上都严重依赖着他们的西方语境。像*Vogue*这样的杂志，协助包装并传播了这样的信息。这是一个富有吸引力的卖点，正如乔治·里埃洛和彼得·麦克尼尔所指出的，通过富有戏剧性的精彩故事和叙事，欧洲时尚史的魅力得到了加强，其中的很多例子在本书中都有所体现。但是，这显然是一个不平等的竞争环境：王牌掌握在资深的西方时尚品牌手里。

近年来，文化挪用的问题也引起了人们的一番兴趣。正如卢·泰勒所指出的，时尚真正的（浪漫的）核心正是挪用，并且把它称为灵感。可可·香奈儿本人，就是一个终极的修补匠，她认为自己的角色，就是窃取所有她能窃取的创意。从保罗·波烈（Paul Poiret）到约翰·加利亚诺，西方设计师掠夺着亚太地区的文化，而事实上，世界上几乎没有一种本土文化，是还没有被开发过的。被其他文化的服装之美和历史所吸引的设计师，将继续掠夺，尽管可能会需要更为小心谨慎。

"时尚"这个词本身也遭到了质疑。卢·泰勒在《时尚理论》杂志上写道，"服装"比时尚更具有包容性。她认为，服装是我们表达和协调身份的方式。引领着高端时尚发展方向的创意先锋们——也就是本书所关注的先锋们——在本质上都了解这一点，尽管不是所有人都影响和渗透了大众服装市场。

本书的最后一章，为指明时尚前进的方向，探讨了在21世纪第二个十年中占据了主导地位的设计师的职业生涯。从为女性设计的女设计师菲比·费罗（Phoebe Philo），到玩转全新时尚营销密码的大师设计师德姆纳·格瓦萨利亚，我们的人选是会引起争论的。在2018年11月，我们与中央圣马丁时尚传播硕士课程的同学们，进行了为期一天的研讨会，并进行了投票，得到的结果让我们最终选择了格瓦萨利亚和亚力山卓·米开理（Alessandro Michele）。

在过去的20年里，"设计师"一词在时尚界的含义，有了更宽泛的理解。从商界大亨到名人到真正的创意天才，任何人都可以自称为设计师。在20世纪60年代企业设计师（styliste）和多面创作者（créateur）涌现之前，这个行业一直由定制服装设计师所主导。而最近这几年，对设计师更为广泛的理解，使得定义真正的伟大设计师变得富有挑战性——许多设计师的水平取决于他们身后的团队。产品经理是设计师吗？名人品牌背后的那个名人形象能被认为是设计师吗？以及，哪里（正如乔安妮·恩特威斯尔所指出的）才是时尚真正被"制造"出来的地方呢——是从画板上，时尚买家，还是现代的社交媒体影响者以及高端杂志的造型师制造的呢？2019年5月，这场争论越演越烈，Fenty成立了，这是以巴巴多斯的歌星蕾哈娜为形象、由LVMH集团提供资金支持的全新奢侈品牌。为了达成本书的目标，我们接受了对设计师一词包罗万象的理解，涵盖了从纯设计，到品牌管理和营销，到纯商业的技能集合。然而，归根结底，正是每一位设计师的影响，推动了我们的选择。响应卡尔·拉格斐对《女装日报》提出的观点，天赋是不够的。

在编排名单时，我们已经意识到了商业成就的重要性。英国设计师保罗·史密斯（Paul Smith）的成功之处在于，作为一个英国人，他在缺乏大型奢侈品集团支持的情况下，创立了一个国际化的时尚品牌。这让他拥有了独一无二的地位，仅次于博柏利（Burberry）。他说，成功是建立在"90%的商人和10%的设计师"的基础上的。

在未来，设计师本人所掌握的技能，可能更难被辨别。新技术让电脑设计变得轻而易举。即使是曾经需要花费时间的研究过程，也能因为利用互联网被瞬间缩短到只需要几个小时。正如迪安·L.默塞隆在他为珍妮·浪凡（Jeanne Lanvin）撰写的传记中所指出的，并不是所有设计师都能精通设计的所有方面。有好些年，保罗·史密斯把自己称为"时尚集结者"，而不是设计师。让·巴杜（Jean Patou）曾说过一番著名的话："我不知道该怎么去设计。即使我想要设计我也做不到，因为我不会画画，在我的手里，剪刀也变成了危险的武器。"

作为时装设计师所需要的技能，当然也在发生变化；不再那么强调技术实力，而是更强调对潮流趋势的直觉。在将来，更多的消费者可能会自己设计自己的衣服，直接向生产商订购单品。从2010年代初期开始，传统零售业被互联网的能量所挑战，电子商务和社交媒体推动着营销和销售。许多商店将变成顾客预购服装的取货场所，尽管我们相信，实体环境始终是一种需求，能让消费者近距离地浏览和欣赏服装。

正如我们在本书第一版中指出的，设计师越来越多地成为了实现他人构想的诠释者，更多地扮演着佣兵的角色。在2009年，我们就强调过卡尔·拉格斐为香奈儿和芬迪（Fendi）、约翰·加利亚诺为迪奥、尼古拉·盖斯奇埃尔为巴黎世家所做的工作。在之后的十年中，设计师四处流动的程度更惊人了。跟着狂乱的速度，成果有时令人惊叹，但通常是良莠不齐的。对于时尚媒体，这一切都相当令人兴奋。而对了解历史的纯粹主义者来说，这是令人担忧的——传统往往被抛在一边，甚至被刻意地破坏，以支持新事物能带来的有利可图的冲击。

许多伟大设计师都富有商业头脑，而许多设计师都有着创业伙伴，但他们全是商业的仆人。时尚是一门应用艺术，设计师不能在阁楼里苦苦劳作，等待后人来认可他们。所有人都明白，在对周围世界做出创意回应的同时，也要取悦顾客的需求。早在1913年，一位来自《纽约时报》的观察力敏锐的记者，就是这样评价简·帕昆（Jeanne Paquin）的："她保持着艺术家的姿态，但我们也知道她是现存的最商业化的艺术家。"

需要强调的另一点是，时尚的发展——就像历史本身的发展一样——并不是一个向着现代性和合理性持续发展的故事。时尚（或许也像历史一样）本身具有钟摆的特性。正如本书中54位设计师的作品所展示的，它前后摇摆着，既痴迷于自己丰富的历史，也倾心于崭新的世界。然而，对卓越的追求，是两个方向的共同点。定制时装不再是现代时尚体系的核心，虽然它通过工坊的形式对古老工艺的支持，仍然是崇高并且重要的。尽管如此，本书并没有哀叹一个失落的世界。我们赞同尼古拉·盖斯奇埃尔的观点："我认为定制时装不适合我们的世界……但是，我可以在我的成衣中奢侈地利用定制时装的工艺。"

我们所选择的名单，偏向于20世纪下半叶和21世纪初，反映了我们的兴趣与我们的读者们的认知关注。时尚界的记忆是出了名的短。正如策展人哈罗德·科达所写的："高级时尚体系对新事物的季节性推崇，伴随着对此前风格的淘汰，尽管不是抹杀，也必然会摒弃它自己的历史。"今天的时装设计师有多重要？哈罗德·科达说，设计师很少能支配我们了。"现在你可以看到数量众多的设计师，每一位设计师都能成为我们感知世界各个方面的晴雨表"。

在当下，设计师的工作依然充满了挑战。2006年，在接受英格丽·斯西的采访时，缪西娅·普拉达（Miuccia Prada）反思了时代的变化："过去几十年的设计师，通常必须与法国、意大利、美国或英国的一小群富裕的资产阶级人士打交道。……而为这些人做衣服可以说是容易得多的，因为只有一个群体，非常简单。现在，在某种程度上，我们必须为不同文化、不同国家、不同宗教、不同领域的人着装。"

这本书表面上讲的是只有富裕人士才能负担得起的衣服。作者的目的并不是要为维特萌（Vetements）连帽卫衣上超过1000美元的价格标签做辩解。奢侈品时尚品牌一直都明白，限制供给是如何激发奢侈品的吸引力，并让它维持在高价位的。对高端时尚铺张行为的关注，迅速转变为一场关于我们的消费驱动型社会的特质，以

及资本主义本身的辩论——对一个资源有限的星球来说，这是一场重要的辩论，但超出了本书的范畴。

从商业角度来说，设计师服装本身往往是亏损的，手袋、鞋子和香水才能制造真正的利润。但高端时尚对欧洲乃至全球的文化对话，做出了重大的贡献。有的人拒绝接受这种说法，认为这是走向衰落的文化同质性，而不可否认的是，高端时尚也提出了相关的疑问。参照2016年至2018年，在拉夫·西蒙（Raf Simons）任职卡尔文·克莱恩（Calvin Klein）期间对现代美国的评注，或者德姆纳·格瓦萨利亚在巴黎世家充满挑战性的重新融合。高端的设计理念确实会影响大众市场。就像所有创造性的事业一样，伟大的设计可以让我们了解周围的世界，丰富思想并且振奋精神。

如今的历史学术研究，往往倾向于淡化杰出个人的作用，探讨更广泛的社会经济背景。同时并行的历史，还探讨了巧手们（les petites mains）的贡献，他们是在工坊里辛勤工作的女性（大部分都是），将设计师的创作变为现实。在2014年上映的《迪奥与我》，这部关于拉夫·西蒙为迪奥设计首个定制系列的纪录片中，她们成为了意想不到的主角。在伦敦的中央圣马丁学院开展的学术研究，通过探索纸样裁切师的角色，重新拆析设计师作为唯一创意天才的神话。

对巧手们来说，时尚界并不是光鲜亮丽的。工坊这个词，并不能用于掩盖20世纪早期的大型定制时装公

司基本上就是工厂的事实：1901年，*Femina* 杂志将雷德芬（Redfern）的时装屋描述为"俨然是一座生产优雅的工厂"。只有少数开明的雇主，最闻名的是玛德琳·维奥内特（Madeleine Vionnet），会对他们的员工怀有怜悯之心。相比之下，香奈儿是恶毒的。

　　如上所言，我们相信时尚界这些伟大设计师的个人故事，会给这个行业带来特别的生机。通过这些设计师的成就，我们看到了时尚最鼓舞人心的一面。英国记者克劳迪娅·克罗夫特，在2009年2月的《星期日泰晤士报》上指出："时尚的一大优势，是让我们梦想的能力。在回应与跟随时代变化的同时，也为我们提供了稍作喘息的机会。"我们当然表示同意。时尚是一种社会文化指标，也是一门生意，但它还是（引用约翰·加利亚诺的话）一段能逃离现实并且充满乐趣与幻想的旅程。与我们一起加入这段旅程吧。

目录

第一部分

前期
Early days

引言

19世纪的时尚，曾是上流社会的名媛和拥有独立财务能力的剧场演员彰显自身社会地位的一种手段。时尚趋势在不同等级阶层间慢慢渗透，只不过传播的范围不是太广，传播的速度也比较慢：毕竟制作服装需要的花销不少。女性的着装被极其严格地约束着。紧身胸衣挤压着胸腔，全长的拖地裙摆限制了行走的步伐。从衣着来体现个性是不受推崇的：上流社会的女性扮演着循规蹈矩的保守角色，她们的生活重心都放在了育儿和社交上。

在19世纪50年代末英国人查尔斯·弗雷德里克·沃斯来到巴黎之前，顾客需要自己去采购不同的面料，再找制衣师为他们制作成服饰。而沃斯把这些过程合并了起来，创造出一个主导了整个20世纪甚至21世纪初期的时装品牌原型。尽管他设计的服饰风格深受当时保守社会观念的影响，但这丝毫不会动摇他作为现代时尚体系创始人的地位。

19世纪末，妇女解放运动的浪潮初见端倪。英国裁缝查尔斯·波因特和亨利·克里德在巴黎开设的店铺生意兴旺，于是剪裁的概念被引入了女装。而前拉斐尔派的艺术家和美学家也积极地推动着一种借鉴自古希腊的、能展现人体原本线条的全新着装方式。即使他们的想法大部分还停留在理论层面，这些思路已经为时尚的变革提供了参考的方向。1875年，阿瑟·拉森比·利伯提在伦敦成立了自己的店铺利伯提百货，19世纪90年代，他又倡导新艺术运动，并从亚洲文化中吸收设计的灵感。女性也开始在时尚界找到了一席之地。同样在19世纪90年代，简·帕昆在巴黎建立了自己的定制时装屋，而玛丽·卡洛特·格伯（Marie Callot Gerber）和她的妹妹们则创办了卡洛特·苏尔时装屋。

20世纪初，巴黎的创意产业蓬勃发展。1900年举办的巴黎世博会，展出了全法国最为顶尖的设计，其中就包括了女装。打从一开始，定制时装就被赋予了集合创意与工业的双重身份。1911年，巴黎高级时装公会成立了，只有名列在它日程表上的时装屋，才有资格被称作"高级定制"。

在20世纪的初始阶段，巴黎的主流时尚并没有什么显著的进步。S廓型，主张托起女人的胸，并且强调向后翘的臀部曲线，依然是当时最时髦的造型。直到1907年，马里亚诺·福图尼（Mariano Fortuny）设计出宽松的德尔福斯（Delphos）裙，并被舞蹈家伊莎多拉·邓肯穿着展示，才彻底地转变了时装设计的方向，而带来最大影响的当属保罗·波烈，他崇尚自然的服装廓型，放宽收紧的腰部，摒弃格外严苛的紧身胸衣。胸罩第一次被*Vogue*杂志提到，正是因为波烈的出现。

沃斯和波烈都认定自己的专业权威赋予了他们权利，甚至是一种使命和义务，可以对顾客发号施令。他们觉得，女性若想追求新的时尚面貌，就必须被人调教指点。然而，像简·帕昆和卡洛特·苏尔这样的设计师却倾向于聆听顾客自己的心声。20世纪的第一个十年结束之时，保罗·波烈在东方文化的启发下达到了事业的巅峰，他的灵感来源是关于东方的一切。

查尔斯·弗雷德里克·沃斯，1870年。
Hulton Archive via Getty Images.

1 查尔斯·弗雷德里克·沃斯（1825—1895）

在20世纪60年代成衣业兴起之前，沃斯所创立的现代定制时装体系一直占据着时尚业的主导地位。

查尔斯·弗雷德里克·沃斯，来自偏僻的英国林肯郡，是现代第一位高级定制时装设计师。和他争夺这一称号的是18世纪后期的罗丝·贝尔廷，玛丽·安托瓦内特的女帽匠和制衣师，只不过两个人所处的时代不同。这位英国人是如何从默默无闻变得四海闻名的，是时尚史上最为传奇的一段故事。

在查尔斯·弗雷德里克·沃斯出现以前，制作衣服的都是女人，男人主要是当裁缝或者服装供应商。当时，顾客需要自行采购不同的面料，然后把它们交给制衣师制作。而制作衣服的人，在社会上是没有什么地位的。沃斯非常注重衣服的合身度以及结构，这正是高级定制的卓越品质。正如戴安娜·德马利在沃斯的传记中所写道："像工程师或是建筑师一样，结构的合理性是他的首要考量"。

40年的时间里，沃斯一直主导着西方时尚的发展，他开创了大量构成现代时尚体系的基本要素。包括在当季到来之前就把服装系列准备好，开发维持大约五年不变样的代表性款式，以及制作时尚商标（将金色的沃斯时装屋字样，压印在丝制的彼得森缎带上）。查尔斯·弗雷德里克·沃斯在巴黎和伦敦的学徒生涯是漫长而艰辛的，不过，在接到来自法国皇后欧仁妮那令人梦寐以求的礼服订单之后，他的职业生涯有了重大突破，瞬间变了一个样。想更好地理解19世纪欧洲上流社会的观念，全面地了解沃斯的成就是很有帮助的。让男人为女人量体裁衣这样的概念不仅不寻常，而且是被视为伤风败俗，甚至令人大惊失色的。当时的英国人还没有一个能描述高级定制时装设计师这种职业的词，于是把沃斯称为"男性帽匠"，还有谣言说他经营的时装屋更像是妓院。

沃斯的出现，也为此后高级定制时装设计师权威领袖的地位定下了基调，他迅速摆出像他所服务的法国权贵一样傲慢的态度，提高了服装的定价。"把选择权交到我们手里的女士是最明智的。"他对采访者如此说道。据他的儿子让·菲利普的描述："慢慢地，他不再对任何事物感到敬畏了……他只承认两个比自己更高的权威——上帝和帝王。"沃斯对上流社会女性没有安全感和争强好胜的心态了如指掌。他曾对记者F.阿道夫说："女人穿衣服自然不外乎两个原因：一是享受让自己看起来更漂亮的愉悦感，另一个更大的乐趣，就是把别人通通比下去。"

1825年，沃斯出生在林肯郡的伯恩镇，是家中五个孩子之一。在他11岁的时候，家里遭遇了巨变，他的父亲律师威廉在破产后离家出走，留下妻儿自生自灭。穷困潦倒的母亲别无选择，只能为儿子在印刷厂找了一份学徒工作。然而，年轻的男孩并不喜欢这份工作，沃斯说服母亲让他搬到伦敦，并且在刚建成的摄政街上的服装店斯旺和埃德加工作。在沃斯的青少年时期，这里就相当于他的家，传说他甚至会睡在柜台底下。这段与纺织品打交道的经历，为沃斯将来的事业打下了坚实的基础。或许，他常常拜访的新国家美术馆之于他也有着同样重要的影响，美术馆距离斯旺和埃德加的店铺，以及他在1845年工作的皇家绸缎商刘易斯和阿伦比，都是步行就能抵达的距离。当时的社会时尚大量且直接地借鉴着过去几个世纪的服装，特别是宴会和化装舞会。沃斯正是通过观察国家美术馆的肖像画，获得了百科全书般的服装史知识，受益良多。

1845年，年仅20岁的沃斯来到巴黎，决心在这个时尚之都闯出一片天地。他先是靠着领取救济粮生活了一年多，同时尽可能地赚钱并一路学习法语。他用了两年时间才在黎塞留街的盖奇林落脚，找到一份面料销售工作，此后又花了11年，才有了自己独立运营开店的能力。在当时，沃斯突破创新的想法并没有人留意。他说服他在盖奇林的雇主，让他开设一个制衣的部门。在那之前，面料销售和缝纫制衣从来没有共处一室过——也从未有男人当过制衣师。1851年，盖奇林的服装参加了水晶宫的大型展览，而沃斯迎娶了盖奇林时装屋的专属模特玛丽。1855年，巴黎举办了自己的国际盛会——世界博览会，沃斯设计的宫廷礼服获得了一等奖，这条裙子罕见地将通常用于腰部的拖裾设计用在了肩膀上。三年后，沃斯与和他同样有才华的瑞典年轻人奥托·博伯格合作，在和平大街7号创立了沃斯和博伯格。

在沃斯抵达这座法国首都城市之时，巴黎正处于政局与社会的动荡中。不过，1852年，拿破仑三世，也就是拿破仑一世的兄弟路易的儿子，建立了拿破仑第二帝国，开启了一段挥霍而奢侈的时代，也使巴黎成为了欧洲社交舞台的中心。欧仁妮皇后下令，她在每个场合都要穿新衣服，而参与宫廷宴会、化装舞会和国事访问的客人也必须如此。一座真正的金矿正等待着沃斯，为了打破传统并争取到第一笔皇室订单，沃斯使出了多年来在伦敦和巴黎店铺里掌握的推销技巧。据说，在1860年，欧仁妮皇后并不喜欢沃斯初次为她制作的礼服，她拒绝接受里昂制造的厚重锦缎，认为它看起来很像"窗帘布"。就在此时，拿破仑刚好走进了房间，沃斯便高明地声称支持里昂的丝绸制造商，就相当于支持这座有共和主义传统的城市，对塑造君王的声望十分有利。显然，这个融合了权谋意识的推销手段成功奏效了——沃斯抓住了他的机会。

欧仁妮皇后的青睐为沃斯的事业打开了通路。如果皇后穿着沃斯设计的衣服，那么她的大部分侍女和宾客也会穿上沃斯的设计。仅一场舞会，沃斯就需要制作大约1000件礼服。在由艾米·德拉哈耶和瓦莱丽·门德斯撰写的学术著作《沃斯时装屋：图像的档案》（2014）一书中，有着对这个上层阶级出色的分析，比如对不同类型的舞会巨细靡遗的详尽描写。沃斯时装屋之所以有能力接下数量如此庞大的订单，是因为在那段时间里，纺织技术的发展相当迅速，特别是辛格牌缝纫机的开发，可用于连续长线缝制。沃斯也把制衣的过程工业化，他制作了一些服装图纸的标准模板，可以成为创作新设计时的基本纸样。围绕类似的服装模板，通常只需要改变衣服上的细节装饰，就可以发展出无数不同的造型。配色上，沃斯受到的限制会稍微多一些：白色是宫廷服饰的必备色，银色则起到装饰的作用。而在氛围相对轻松的化装舞会，沃斯就可以自由地发挥了，比如汲取来自18世纪的灵感，创作出令客户喜爱的并且充满奇思妙想的服装。

沃斯的设计方法，是应对19世纪的繁文缛节和社会价值观，提供简化的方案。他不畏创新，让自己的妻子玛丽穿上更大胆的设计，以便测试市场的反应。而玛丽展示服装的效果总是特别出色，这也使她成为现代时装模特的先行者。冯·梅特涅公主是沃斯职业道路上的另一重要伙伴，尤其是她的社会地位为沃斯提供的帮助。为了方便欧仁妮皇后在海边散步，沃斯将裙摆改为垂至脚踝的长度，这对于30年来一直是拖地的裙长设计，无疑是一种突破。同时，沃斯把体积庞大笨重的衬布从衣服的侧面移到背后，这样一来，穿着者无须特地侧身也能通过狭窄的门道了。他还发明了片裙，有着下宽上窄的裁片，缝制起收皱来更服帖了。沃斯在时尚上的主导地位，令他成为了风格的仲裁者，他拥有在短时间内让时尚翻云覆雨的能力，比如用类似头饰的帽子取代在下颌系带固定的帽子，到了1868年，他终于取消了克利诺林（crinoline）笼型裙撑。

此时此刻，沃斯已经相当富有，他花了多年时间扩建自己在巴黎郊外苏雷斯内斯的乡间别墅，并将其改建成了一座城堡。在巴黎，有1000多名女工在他的时装屋工作。他不仅为巴黎的拿破仑三世制作服装，还为欧洲各国的皇室设计礼服，为戏院和歌剧院做衣服。他的客户需要先在和平大街的店铺预约，然后穿上他的设计来回走动，任他坐在沙发上观察指点。几年下来，沃斯渐渐认为自己不只是一个制作衣服的人了——他成了艺术家并开始打扮成艺术家的样子，头戴天鹅绒贝雷帽，脖

沃斯和博伯格的丝绸服装，1862—1865年。
Brooklyn Museum Costume Collection at The Metropol-
itan Museum of Art, Gift of the Brooklyn Museum, 2009;
Designated Purchase Fund, 1987.

由奥林匹亚·阿瓜多·德拉斯玛斯
拍摄的欧仁妮皇后，1860年。
Gilman Collection, Museum Purchase,
2005.

子上绕着丝巾，他结交像温特哈尔特这样的艺术家并与他们合作。前拉斐尔派英国艺术家的着装美学，给了他深深的触动。这种风格崇尚展示更自然的人体线条和不再束缚身体的服装，提倡宽松的衣服并且排斥紧身的胸衣，是对当时不断变化着的时尚的一种回应。

1870年，在色当战役中，拿破仑三世的政权被普鲁士人推翻，沃斯在60年代一直享受着的荣华富贵戛然而止。次年1月，普鲁士人进驻巴黎，拿破仑三世和欧仁妮皇后流亡英国，冯·梅特涅公主也随后离开。合伙人博伯格退出品牌后，沃斯立誓要把生意继续做下去。尽管来的都是新顾客，包括到访巴黎的美国人和国外游客，但是因为沃斯的名声显赫，商机依然蜂拥而至。1874年，沃斯让他的儿子们也参与到这份事业中，让·菲利普负责协助设计，他的哥哥加斯顿则注重商业经营。在时尚方面，沃斯始终在创新，他收窄裙身并发明了公主线，制作出一种无须明确腰线依然能够突显腰身的礼服。在19世纪80年代，他又为了克里诺莱特（crinolette）臀部裙撑造型而重新引入了巴斯尔（bustle）臀垫。即使到了晚年，沃斯也一直坚持琢磨各种无缝裙装和斜纹剪裁。

1895年沃斯去世之后，他的儿子让·菲利普满怀信心地追随着父亲的脚步，靠自己的实力成为了一名高级定制时装设计师，他为马尔堡公爵和康苏埃洛·范德比尔特的婚礼设计了嫁妆和婚纱，这也是19世纪90年代最负盛名的一场社交婚礼。他的哥哥加斯顿则负责运营时装屋的业务和管理财务。让·菲利普的设计特点，是华丽感，而不是创新性。正如戴安娜·德马利所说："在他的脑中，不华丽的礼服是不存在的。"1910年，让·菲利普将家族事业传给了加斯顿的儿子雅克和让·查尔斯，后者也成为了一位著名时装设计师，大胆地诠释了20世纪20年代的时尚潮流（在伦敦维多利亚与艾尔伯特博物馆的档案里，存有54张1927年沃斯时装屋的后台特别照）。沃斯家族的第四代雅克和罗杰，将位于巴黎的时装屋一直运营到了20世纪40年代，最终，它在1946年被出售给伦敦分店。1954年，时装屋的经营状况在被一家香水公司收购之后，开始停滞不前。

在20世纪60年代成衣业兴起之前，沃斯所创立的现代高级定制时装体系一直占据着时尚业的主导地位。他有多项创举，包括销售薄棉麻坯布样衣和服装纸样，以及使用时装模特。更重要的是，他对服装合身度和结构的严格标准，带领衣业进入了一个更高的境界，在他去世之后，他的子孙后代依然沿袭着这样的制作标准。1895年沃斯患肺炎去世后，多达2000名哀悼者参加了他的葬礼。他的遗孀玛丽收到了来自欧洲所有皇室的唁电。虽然这位时尚先驱已经离世，不过，属于高级定制的崭新世界才刚刚拉开它的序幕。

延伸阅读：1980年，戴安娜·德马利所著的传记《沃斯：高级定制之父》（*Worth: Father of Haute Couture*），对这位高级时装设计师的工作和生活背景有着出色的介绍。2014年，艾米·德拉哈耶和瓦莱丽·门德斯的《沃斯时装屋：图像的档案》（*The House of Worth: Portrait of a Fashion Archive*），是一本杰出的学术著作。

查尔斯·弗雷德里克·沃斯设计的茶歇裙，约1900年。
Chicago History Museum via Getty Images.

卡洛特·苏尔
（1895—1937）

卡洛特·苏尔的天赋，
是将异国元素转变为
新鲜的设计，以满足
那些眼光挑剔的顾客。

卡洛特·苏尔是一家由三位姐妹经营的巴黎时装屋，一开始他们专攻于制作蕾丝面料，随后发展成以质感和精致细节著称的成熟时装屋。尽管这个时装屋在1937年就已关门歇业，如今鲜为人知，但是，在鼎盛时期，它曾是最伟大的高级时装业务之一，在法国小说家马塞尔·普鲁斯特的小说《追忆似水年华》中，卡洛特·苏尔与帕昆、道塞特、夏瑞蒂并称为当时的四大时装巨头。

现在才开始重新审视这个时装屋的地位怕是有些迟了，只需大致了解一下它的设计作品就能意识到，卡洛特·苏尔对20世纪早期时尚的影响举足轻重，理应拥有更响亮的声誉。1999年，就读于考托艺术学院的卡米尔·简本在硕士论文中研究了卡洛特·苏尔，为重振这个品牌的名气做出了重要的贡献。简本指出，在那个年代，女性自己经营事业是很新奇的，容易遭到质疑或是被公开反对，然而卡洛特三姐妹却成为了时装设计师，成就非凡。这个由女人经营的定制时装屋所设计的衣服，显然是融入了女性自身的想法，尤其是对舒适度与优雅感的平衡。卡洛特姐妹很快就在设计中舍弃了束身胸衣。简本总结道，以现代的角度来看待他们的作品，这个时装屋本质上拥有"非常女权主义式的理念，他们表达女性以及女性特质的方式是经过深思熟虑的"。

论文中还提到，和所有竞争对手一样，卡洛特·苏尔为富有的上流阶级女性制

玛丽·路易丝·赫鲁瓦特小姐身着卡洛特·苏尔的晚礼服，1909年。
Reutlinger/Mansell/The LIFE Picture Collection via Getty Images.

作衣服，一开始是在巴黎，后来也有了不少美国客户。在品牌的巅峰时期，一件日间礼服的价格约为2500法郎，而一件事先制作好的衣服价格则不到300法郎。他们是东方主义风格的积极倡导者，很多礼服的制作灵感来源于20世纪大部分西方人所说的近东和远东。这些礼服的刺绣和色彩非常华丽，被称为"凤袍"。在缎面刺绣的裙子上，有着大量东方图案的长条状镶饰物。20世纪20年代，他们以立体主义风格为灵感的礼服继续借鉴东方的图案和配色。虽然卡洛特·苏尔在服装史上的地位被保罗·波烈这样个性外向的人物盖过了风头，但三姐妹也是非常伟大的创新者。卡洛特·苏尔是第一个使用由金属线制成的金银丝布料制作晚礼服的高级时装屋。他们还率先把蕾丝上衣与剪裁的西装相结合，以及开发出用于运动装的橡胶涂层华达呢面料。

卡洛特家原本有四个姐妹，最小的妹妹约瑟芬在1897年自杀离世了。其余的三姐妹中，玛丽·卡洛特·格伯最有设计天分，她那一头红色指甲花发色的形象十分引人注目，她的自信也让所有见过她的人留下了深刻的印象。两位妹妹，分别是后来被称为伯特兰夫人的马瑟，和以盛气凌人和保守性格闻名、被称为尚特雷尔夫人的雷吉。格伯获得的权威景仰绝不亚于维奥内特，维奥内特在格伯手下制作了六年的样衣，格伯在她心中的地位要远远高于波烈。多年后，维奥内特在回忆格伯夫人的时候说："她是一位伟大的女士，全心全意地投入到这份妆点女性的职业中……而不仅仅是做衣服。"维奥内特甚至说："如果没有卡洛特·苏尔做榜样，我只能继续制作福特汽车。但是因为遇见了他们，我制造出了劳斯莱斯。"也许，这正是证明卡洛特·苏尔影响力的最高评价。

卡洛特姐妹生于一个精于纺织业的家庭。他们的父亲让·巴蒂斯特是画家和古董商，母亲欧仁妮则来自蕾丝制造世家，也拥有制作蕾丝的手艺。1879年，让·巴蒂斯特在特里尼特广场为女儿们开了一家小店。19世纪80年代，玛丽·格伯在劳德尼茨和切的工坊中担任首席工艺师，学习技艺。这间家族小店逐渐以高质量的内衣而闻名，尤其是他们设计的蕾丝，总是能将18世纪复古风格与当下的品味重新组合。虽然小说家马塞尔·普鲁斯特认为卡洛特姐妹有点过度热衷于使用蕾丝了，但他们的确是时尚史中蕾丝设计的佼佼者。玛丽·格伯认为，开发使用机器制作蕾丝是"仿制品取得的胜利，也是对过往时光的告别"。

1895年，卡洛特·苏尔时装屋在泰伯街正式成立，随后稳步发展。一开始，三姐妹发挥自己的优势，利用古董蕾丝和缎带制作内衣和上衣，后来又推出了主打路易十五风格的使用蕾丝荷叶边装饰的印花丝绸礼服。在历史上，里昂是法国纺织业的中心，而卡洛特·苏尔是极少数拥有比里昂的面料商还要出色的制作工艺的时装屋之一。品牌的业务急速增长：到了1900年巴黎世博会时，他们已经拥有了200名员工，销售额达200万法郎。对参与世博会的20家高级时装屋来说，这是一场盛大的宣传活动，有100万名观众看到了他们的作品。但是，几乎没有哪家时装屋能像卡洛特姐妹这样占据优势，在展览结束后的一年，他们的销售额翻了一番，员工数量增加了两倍。虽然世博会的展出仍以主张托起胸部并强调臀部曲线的S廓型为主导，但变革一触即发。1903年，波烈舍弃紧身束胸时，卡洛特姐妹与他步调一致。而当波烈开始采纳东方主义时，卡洛特姐妹再次与他同声一辞。在结交著名的日本艺术收藏家埃德蒙·德冈考特后，格伯找到了灵感。东方主义，尤其是受到日本影响的东方主义，在19世纪80年代末就已成为巴黎时尚界的汹涌暗潮，直到1900年的世博会才被带到台前。一向注重衣袖结构的格伯，也对和服袖子的造型产生了浓厚的兴趣。

且不说因为不同性别所遭遇的不同对待，如果格伯能拥有保罗·波烈那样热情的性格，或许她的成就能得到更广泛的认可。时尚史学家卡罗琳·雷诺兹·米尔班克强调了格伯的天赋，她能将异国元素转变为新鲜的设计，以满足她那些眼光挑剔的顾客。"没有人比她更擅于汇集历史上和来自世界各个角落的灵感，并将这些异国情调转化为当下的巴黎文化。"纵观格伯的高级定制设计，时尚史学家戴安娜·德马利最偏爱的是装饰细节丰富的礼服，上面挂满了串珠或是布满层层叠叠的蕾丝。不过，现代博物馆所收藏的多数卡洛特礼服，都自带了一种令人愉悦的轻盈感，这也证明，格伯是一位富有创新精神的设计师，她能将那个时代的潮流转化成自己的风格。1995年，在纽约大都会博物馆一场高级定制服装展览的目录中，理查德·马丁表达了自己的欣赏："很难形容卡洛特·苏尔的风格到底是保守还是前卫，因为这两个极端完全被融合在了一起，毫不违和。"

工坊的工作氛围相当安静，制作过程严谨，细节考量精准。格柏本人并不是传统意义上的制衣师。她很注重服装的构造，会先使用挂片剪裁的方式用面料缠绕布制人台，开发出设计雏形，然后请制作样衣的制衣师（1901年至1906年是由维奥内特担任这一职位的）来实现她的想法。维奥内特说："她在创造方面天赋异禀，所以实际制作并不会成为她的阻碍。"然而，卡洛特姐妹却面临着日益严重的剽窃，甚至是伪造的挑战。在美国，很多衣服上缝着假冒的设计师商标，正如1913年塞缪尔·霍普金斯·亚当斯为《女士家居杂志》撰写的副标题为"全国性的骗局是愚弄美国妇女"的文章里重点描述的那样。针对这个现象，卡洛特·苏尔在《女装》上发布了一份获得了他们授权采购的美国公司名单。后来，格伯更有意识地去保护自己设计的独创性，她在法定送存注册登记了很多设计，而这些记录现在被收藏在巴黎时尚与纺织品博物馆中。

随着业务不断发展，1917年，卡洛特·苏尔在伦敦和布宜诺斯艾利斯增设了分公司。在时装屋成立初期，他们的设计就深受包括塞西尔·索雷尔、珍妮·格雷泽和伊芙·拉瓦利埃在内的一众巴黎女演员的喜爱，他们也有着大批来自美国的追随者，1915年，在旧金山举办的万国博览会上，他们设计的日间礼服广受好评。在第一次世界大战期间，这样的支持是至关重要的，美国买家会在7月涌入巴黎，订购300到800件服装。在美国，时装屋最有名的拥戴者名叫丽塔·德阿考斯塔·莱迪格。这位西班牙血统的纽约社交名媛嫁给了一位年迈的百万富翁，但在四年内就迅速离了婚，得到了一大笔钱，足够她花上好多年了。卡米尔·简本写道，对这位阔气招摇的女士而言，卡洛特·苏尔就像19世纪的制衣师，任由富有的客户提出自己的要求。这其实是很有商业头脑的，如简本所言："她不会一次只订一件衣服，而是会一次就订购十几件，面料和款式各不相同。"

随后，丽塔·德阿考斯塔·莱迪格以她的个人风格闻名于世，在艺术家乔瓦尼·波尔迪尼的画作中，她穿的正是卡洛特·苏尔设计的礼服，直到1925年去世之前，她一直都是时装屋的忠实拥趸。1919年，卡洛特·苏尔将工作室搬到马蒂尼翁大道9-11号，但1920年发生了更大的变动，伯特兰夫人突然离世，尚特雷尔夫人也决定退休（她早年丧偶，决定专注于儿子的教育）。在接下来7年里，格伯单枪匹马地经营着时装屋，充分展现了她独当一面的沉稳风范以及与时俱进的能力。在她的设计中，有一件由白色粗横菱纹丝绸和蕾丝制作而成的黑白日间礼服，被收藏在巴黎时尚与纺织品博物馆，格外引人注目；还有一件使用俄国羔羊皮装饰的柔软皮革驾驶大衣，设计既奢华又简单，是1925年在法定送存注册过的设计之一。

即使香奈儿的影响力十足，东方主义对时尚的浸染也一直延续到了20世纪20年代。1925年，在巴黎举办的装饰艺术博览会上，卡洛特·苏尔从来自东亚的深色漆器中得到了灵感。于是，在1926年，格伯创作出了一件美丽的衣服，不规则的下摆上有着中式披肩的图案，裙长则缩短到了膝盖以上。如卡米尔·简本所说，卡洛特·苏尔设计中的东方主义是以一种轻巧的姿态出现的，与波烈的设计方法形成了鲜明的对比。对格伯来说，女性本身永远是排在首位的。"即使是全部衣装，也只是一个女人的一部分，"她说道，"衣服是不该凌驾于女人之上的。"在卡洛特·苏尔的设计中，也能找到20世纪20年代其他艺术运动的影子，包括立体主义，在一件至今仍然完好保存着的礼服中，我们能看到同时结合了蕾丝与刺绣的混合拼贴效果。"玛丽·伯格设计的服装是真正的大师之作。"维奥内特说。她始终坚定地支持着她曾经的雇主。

1927年，格伯去世，刊登在《费加罗报》上的讣告这样写道："巴黎奢侈品业最美丽的代表人物之一现已消失。"品牌由她的儿子皮埃尔和雅克继续掌权。雅克更专注于为卡洛特·苏尔开发香水，1923年，他推出了名为"中国国王的女儿"的香水（中国已经没有国王了，但东方主义的诱惑力依然持续着，这个名字听起来就很有魅力）。忠实的顾客依然会购买卡洛特的服装，对于20世纪20年代大多数令人感到为难的直线条风格的衣服，他们无法接受。和其他许多行业一样，1929年的经济危机对卡洛特·苏尔造成了沉重的打击，最终在1937年，时装屋被卡尔维特收购。1978年，格伯的孙女出版了一本回忆录，然而这对重振卡洛特·苏尔的名声并没有起到什么作用，直到20世纪90年代，服装博物馆开始向世人展出他们的作品。

延伸阅读: 尽管卡米尔·简本在考托艺术学院期间完成的硕士论文《卡洛特·苏尔》内容翔实, 但并没有公开出版, 目前也还没有关于卡洛特·苏尔的完整专著。1980年, 戴安娜·德马利的《高级定制时装史1850—1950》(*The History of Haute Couture* 1850—1950) 是比较权威的背景阐述。

卡洛特·苏尔的晚礼服, 1921年。
Chicago History Museum via Getty Images.

卡洛特·苏尔的便宴服，约1917年。
Chicago History Museum via Getty Images.

简·帕昆，1912年。
ullstein bild/ullstein bild via Getty Images.

简·帕昆
（1869—1936）

> 帕昆认为，时尚是
> 日益壮大的文化版图的
> 一部分。

有将近30年的时间，简·帕昆一直是高级定制时装界的女王。她是第一位拥有重要地位的女性时装设计师，经营着20世纪初规模最大的高级时装屋之一，在鼎盛时期雇有2700名员工。帕昆也是现代时尚业的先驱之一，她将自己的品牌打造成国际性的企业，并且成为了首个在伦敦、纽约、马德里和布宜诺斯艾利斯等城市开店的巴黎品牌。那么，为什么与波烈或者沃斯相比，简·帕昆是如此鲜少被人提及呢？根据时尚史学家简·里德的猜测，一切都是因为帕昆的女性身份，使她遭到忽视，容易和"美好年代"时期巴黎涌现出的大批女性制衣师混淆在一起，而同一时期的查尔斯·弗雷德里克·沃斯和保罗·波烈这两位男性设计师，则获得了历史学家们的更大关注。

与波烈不同的是，帕昆不觉得可以对顾客颐指气使。她曾经说过，设计师应该对"街头女性"穿着风格中的微妙变化做出回应。帕昆将那些最新奇的潮流改动了一番，使它们变得实穿。比如波烈备受争议的蹒跚裙，帕昆其实也推出过类似款，而正如历史学家瓦莱丽·斯蒂尔强调的，帕昆设计的版本隐藏着巧妙的裥褶，在日常更好穿。斯蒂尔认为，"可能正是这种倾向于中庸平衡的设计方法，使她在历史上显得不够引人注目"。而1999年，考陶尔德学院的蕾蒂莎·埃尔廷未公开发表的论文，为证明帕昆是一名真正的创新者提供了有力的论点。1912年，帕昆推出了一个大衣与裙装系列，是专门为女性日常运动、旅行和购物等休闲活动设计的定制套装，既实穿又时尚。同年，她在伦敦的店铺里开设了运动装部门，销售高尔夫、赛车和射击服装。可以说，帕昆的一些决策，都是比香奈儿在20世纪20年代的成就要来得更早的。1912年10月，《健康与家居》杂志的一篇报道称赞帕昆设计的"简约而精巧的礼服，是打高尔夫球或者驾车的最佳选择，而即使是穿去高级餐厅吃午餐，也不会令穿着者露怯。"（**译者注：当时出席每个场合的服装都有着严格的规定，穿着运动装是不可以进入餐厅的。**）

如时尚史学家戴安娜·德马利所言，帕昆的创新通常是基于实用的考量。1913年，她制作了一件同时融合了结构剪裁与垂坠感的裙装，穿着它，既可以应付日间的正式活动，也能轻松出席晚上的非正式场合。帕昆的剪裁通常没有英国的裁缝那么严谨，更多是带着一丝柔美和女人味。而帕昆本人则经常穿着装饰着黑色雪纺的深蓝色哗叽套装。尽管作为设计师，帕昆夫人一直以温和稳重为人所知，但她并不是一个羞涩胆小的人。从当时的报纸对她的采访可以看出，她是一个满怀激情、擅于侃侃而谈并且充满自信的女人。她的文笔也十分出众，会用文字记录她对时尚和文化的看法。她认为时尚是日益壮大的文化版图的一部分，并且鼓励时装设计师与艺术家、剧场设计师、建筑师合作交流（这与拒绝和他人合作的雷德芬、沃斯和道塞特等高级定制时装屋形成了鲜明的对比）。

珍妮·玛丽·夏洛特·贝克斯生于1869年，是医生的女儿。依照当时的习俗，她在少年时期就被送去工作，因为手艺精进得很快，她晋升为鲁夫之家的首席，负责掌管工坊。1981年，她嫁给了一位热情的商人，伊西多尔·雷内·雅各布，也就是帕昆，他经营的高级定制时装屋帕昆·拉兰尼的前身是19世纪40年代的男装店帕昆兄弟。夫妇二人迅速将公司更名为"帕昆"，风风火火地将公司设立在了和平街3号。在帕昆之前，第一位现代时装设计师查尔斯·弗雷德里克·沃斯的成功事业由他的儿子让·菲利普·沃斯继承延续，使得巴黎的女性制衣师们相形失色。而帕昆的出现，使得这些制衣师也开始有了话语权。帕昆是第一位获得定制时装设计师地位的女性。沃斯的时装屋为顾客塑造了尊贵的身份，而帕昆的时装屋则将迷人的魅力带给了顾客。

本身就是一个自信且擅于交际的女人，现在又有了一位富有的丈夫，简·帕昆有了足够的影响力。设计师马吉·鲁夫在后来回忆道："我的耳边依然萦绕着帕昆夫人那如水晶般美妙的声音，她说时尚必须不断地自我更新，不要退缩不要恐惧，大胆去实现。"

帕昆喜爱利用色彩。她最初采纳的是20世纪初流行的柔和粉彩色调。后来，她发展出了属于她的标志性红色，而色彩通常是她开始一款新设计的出发点。在19世纪，黑色通常被视为哀悼和严肃的颜色，而帕昆则为黑色赋予了新的生命，她利用黑色来衬托其他丰富的色彩。她设计的礼服体现了20世纪初的东方主义时尚，而她的缝纫技巧非常出色，像是将钩针的蕾丝嵌入羊毛面料作为装饰。在细节的对比使用上，帕昆也有着非凡的眼光，比如在丝绸或雪纺上使用毛皮而不是羊毛作为装饰，让一些原本平平无奇的服装元素变得不同寻常。

　　帕昆专注于设计，而她的丈夫则负责培养客户。他们的顾客包括皇室成员（西班牙、葡萄牙和比利时的皇后都是），以及像拉贝尔·奥特罗和利安·德·鲍居这样的名媛交际花。事实上，这个时装屋乐意为每一个能买得起华丽礼服和皮草装饰大衣的人服务。对于市场营销，这对夫妇的表现相当精明，将价位控制在比他们的竞争对手更适中的水平。每年年初，他们都会向店内的销售人员清楚交代要留意一年中的重要社交活动。他们甚至在店铺里设立了一个剧场舞台，方便购买剧院礼服的顾客了解实际的穿着效果。1906年出版的一本巴黎旅游指南对他们开诚布公的待客之道大加赞赏："这对聪明漂亮的年轻夫妇从一开始就打造了全新的经营理念。帕昆之家，不是高傲封闭的小天地，没有拒人于千里的高墙。"

　　以当时的标准来看，帕昆夫妇对待公司员工的态度也是十分开明的，他们在勒图奎特购置了一栋别墅，供员工休闲度假时使用。1917年，当巴黎高级定制时装受到罢工威胁时，帕昆对罢工示威者的遭遇表示同情，这让她的许多同行感到不满。伊西多尔和简有着敏锐的商业直觉，在1896年，他们大胆地决定到伦敦开店。年轻的玛德琳·维奥内特就曾在那里工作过。随后，他们在马德里和布宜诺斯艾利斯也开设了店铺，还在纽约的第五大道开了一家名为"帕昆·乔伊"的皮草店，由简的半同胞兄弟亨利·乔伊经营。1900年，简·帕昆被任命为世博会时装展区的组织者，她的竞争对手对此感到十分不快。她还颇有自信地为展会制作了一个自己的人型模特。1907年，帕昆的生意蒸蒸日上，顾客对这位定制时装设计师新推出的日式和服袖大衣赞不绝口。不过，悲剧也随之而来：45岁的伊西多尔·帕昆因病去世，大约2000人参加了葬礼。简在38岁就成为了寡妇。

　　伊西多尔去世之后，事业成为简的一切。打那时起，她穿的衣服大都是黑白两色，这也比香奈儿为世人所熟知的黑白风格还要早。为了纪念她的丈夫，简设立了伊西多尔·帕昆大奖，以此表彰有天赋的年轻艺术家。1908年，她重现了法国执政内阁时期的风格，并首次引入了量身定制剪裁，这也是让帕昆时装屋售卖全线产品的转折点，业务包括定制服装、内衣、皮草和配饰（后来由简·浪凡继续推进这一进程，可以说浪凡是第一个倡导生活方式的品牌）。在1910年至1915年间，简·帕昆参与了许多国际性的展览，这些展览都是重要的营销平台。1911年，在都灵举办的一次展览上，装饰成希腊神殿模样的帕昆展馆大受欢迎，为了控制参观的人数，帕昆开始收取展览入场费。这一年，帕昆也开始充分表达自己对艺术的热爱，她制作了一本关于配饰、扇子和服装的设计专辑，请到了艺术家保罗·伊里贝、乔治·莱佩佩和乔治·巴比尔来绘制图片。帕昆还为俄罗斯芭蕾舞团到访巴黎而兴奋不已，并且为莱昂·巴克斯特和保罗·伊里贝设计了戏服。如历史学家南希·特洛伊所说，除了帕昆自身对艺术的真诚热爱，她也很清楚这样的结盟会带来商业上的优势，她还知道需要综合平衡与考量，才能同时吸引追求前卫或是有着保守思维的不同顾客。1913年，一位颇有洞察力的记者在《纽约时报》上评论道："她保持着艺术家的姿态，但我们也知道她是现存的最商业化的艺术家。"

　　帕昆的意志非常坚定，和竞争对手保罗·波烈一样，她会随时出手保护自己的设计。1906年，她对两家杂志提起法律诉讼，因为他们在帕昆展示新设计之前就刊登了照片。在与剽窃她的比尔时装屋的长期诉讼中，帕昆最终获胜并得到8000法郎的赔偿。此外，她还和一家成立于1911年的巴黎裁缝店打官司，并在七年后胜诉。帕昆是一个不屈不挠的人。第一次世界大战前是帕昆的黄金时期，她成为了第一位获得荣誉军团勋章的女性制衣师。仅在1913这一年内，品牌的股东就获得了211％的投资回报。"政府对我工作上的认可无关性别，让我觉得十分开心，"她说，"这就是我身为女性的权益。我想要的就是公正，无论在什么部门工作，女性的出色表现都应该得到认可。"

　　1913年的探戈裙是帕昆最著名的设计之一，当时探戈的热潮席卷巴黎，帕昆为跳探戈的人们制作了这件衣服。裙子是经典的帕昆风格设计，两层式的结构包含了上装和雪纺的裙身，并使用了大量的褶皱和褶裥，保证穿着者能够活动自如。穿着帕昆设计的衣服的女性无须担心会出丑，因为衣服的实用性永远比它的外观还要出色。这件探戈裙在伦敦皇宫剧院的探戈时装秀上亮相。公众对时装秀的热情让《每日快报》的记者大感震撼，在报纸上这样写道："这种新式时装秀比平常的戏剧表演更受欢迎。"战争的爆发促使帕昆开拓包括美国在内的新市场，而自1912年开业以来，"帕昆·乔伊"一直发展得很不错。1914年，为了吸引更多关注，帕昆带着四名最出色的时装模特儿和她兄弟的妻子乔伊夫人，一起在美国巡回演出了三周。这个被称为"优雅军团"的组合走访了纽约、波士顿、费城、匹兹堡、芝加哥和纽约，每场门票售价3美元，后来又提高到了5美元，还是无法阻挡观众的热情。虽然这一成功的营销策略是由波烈率先创立的，但帕昆也毫不逊色。尤其是模特颇有现代感的彩色假发，引起了不小的关注。

　　1917到1919年间，帕昆被任命为巴黎高级时装公会的主席，这个公会代表了巴黎的所有定制时装设计师。之后，她将时装屋设计总监的位置交给了擅长皮草设计的马德琳·沃利斯，于是皮草成了帕昆时装屋的标志性元素之一。20世纪30年代初，帕昆正式退休，而后在1936年逝世。在她去世后，时装屋继续经营了20年，持续制作着帕昆最有名的毛皮装饰设计大衣。在1953年，帕昆时装屋收购了老对手沃斯在法国的业务，不过在1956年，连他们自己也关门大吉了，属于沃斯和帕昆的时代，已经不得不成为了过去式。

....

延伸阅读： 虽然关于帕昆的英文资料不多，但1989年，多米尼克·西罗普出版了一本法文的传记《帕昆》。1999年，蕾蒂莎·埃尔廷的论文《探索帕昆夫人，制衣女王的成就》（*Revealing the Accomplishments of Madame Paquin, the Very Queen of Dressmakers'*）虽然未公开发表，但可以在伦敦的考陶尔德学院查阅到。在2013年出版的由卡罗琳·埃文斯撰写的《机械的微笑：1900—1929年法国和美国的现代主义与第一场时装秀》（*The Mechanical Smile: Modernism and the First Fashion Shows in France and American, 1900–1929*）这本出色的研究著作中，有许多关于帕昆的资料可供参考。

离开帕昆工作室的工人，1912年。
Fine Art Images/Heritage Images via Getty Images.

帕昆礼服，1910年。
Chicago History Museum via Getty Images.

保罗·波烈
（1879—1944）

从各个方面看来，
波烈的确是
当代时尚的先驱。

只是将保罗·波烈称作时装设计师的话，怕是对他不太公平。只需了解他在1911年这个"奇迹之年"所取得的成就，就包括了创立"罗辛"香水屋、玛蒂娜装饰艺术学院（及其附属商店）、科林纸和包装工作室，以及与艺术家拉乌尔·杜菲合作开设了一家织物印染工厂。同年，他还出版了《保罗·波烈的故事》，由插画家乔治·拉帕泊绘制插图，这本精美的时装画册有力地推进了时尚插画的复兴。这一切，再加上作为时装设计师的丰功伟绩，使保罗·波烈成为了20世纪初巴黎艺术和创意发展的核心人物。20世纪10年代，他以"时尚之王"的称号闻名于美国，而在巴黎，他是时装的"大帝"。最妙的是，他还有着出色的厨艺。

作为一名定制时装设计师，他的一系列建树令人惊叹，他倡导复兴18世纪90年代法国的新古典主义风格：遵循人体流畅而线条天然的飘逸高腰服装。在短短几年间，这一复兴将19世纪那些挤压、夸大或是掩饰身体的风格一扫而尽。矛盾的是，波烈同时也是蹒跚裙的创造者，这种裙装因为剪裁过于紧身，使得穿着者几乎无法行走，这个创新的设计成为了人们的笑谈，但同时也增加了设计师的知名度。值得称赞的是，远在俄罗斯芭蕾舞团和巴克斯特到达巴黎之前，他就对东方主义充满了热情，积极汲取来自印度、中国和日本的灵感，为时装设计和室内设计领域注入了强烈且充满活力的色彩。他为我们所知的装饰派艺术风格开辟了道路，他对在

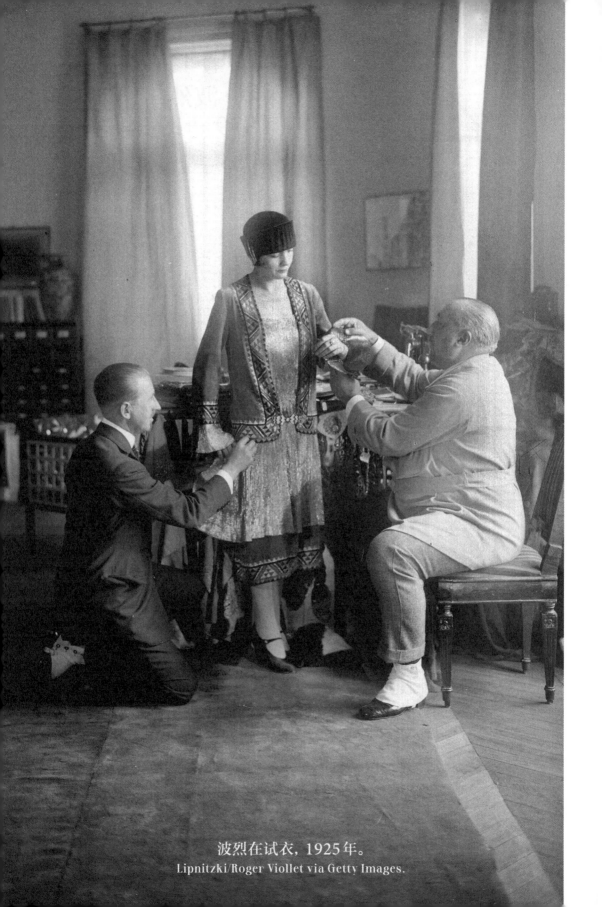

波烈在试衣，1925年。
Lipnitzki/Roger Viollet via Getty Images.

1925年举办的装饰艺术博览会的时尚和室内装饰部分有着十分精彩的贡献，而这个博览会，正是装饰派艺术风格命名的来源。

波烈是一个地地道道的巴黎人，1879年，他出生于莱斯哈尔斯附近，父母经营着一家羊毛面料商店。从小他就热衷于参观美术馆，特别容易被色彩所吸引。他还是一个戏剧爱好者，会用素描画下法兰西喜剧院女演员的服装。尽管父亲逼迫他去当雨伞制造商的学徒，但是他更愿意利用一切空闲时间来提高自己的绘画素描技巧。转机发生在1898年，服装设计师雅克·道塞特给了他初级助手的职位。波烈的第一个设计是一件红色的羊毛斗篷，并且得到了400位顾客的订单。波烈继续为当时的两位明星演员加布里埃·雷尼亚和莎拉·伯恩哈特设计服装，但是在他与伯恩哈特闹翻了之后，道塞特解雇了他。在一段短暂且不愉快的兵役生活之后，波烈到沃斯的时装屋工作，在那里他设计出了一件类似于和服剪裁的大衣，而这件大衣之所以出名是因为，品牌的潜在客户俄罗斯公主巴里亚廷斯基对这个设计非常地不满，尽管这是波烈东方主义风格的前身。就这样，他再次失去了工作。

1903年，波烈的母亲资助他在奥伯街5号成立了自己的时装屋。在宽宏大量的雅克·道塞特的鼓励和演员加布里埃·雷尼亚的支持下，波烈的事业迅速地发展了起来。他的缪斯女神是诺曼底纺织制造商的女儿丹尼斯。他们在1905年结了婚。在早年的设计中，他视紧身胸衣为敌人。他曾经说过："我要以自由的名义进行我的第一次革命，就是要对束身胸衣进行大围剿。"

波烈总是直接在真人模特身上展开设计，从肩部开始着手，先是设计出一系列让人意想不到的并且能勾勒出人体轮廓的纯色礼服。1906年，他弃用了束身胸衣，取而代之的是束腰和胸罩，他说自己就是胸罩的发明者。同一时期的其他设计师中，露西尔和玛德琳·维奥内特也弃用了束身胸衣，但是有着杰出自我宣传能力的波烈抢走了大部分的功劳。跟维奥内特不同的是，他更倾向于利用布料的直纹而不是斜纹。大都会博物馆服装学院的策展人哈罗德·科达和安德鲁·博尔顿指出，这种全新的自然廓型，标志着时尚的重点发生了根本性的转变，从注重缝纫剪裁的技巧，转向了注重挂片缠绕式剪裁的技巧，灵感的来源融合在了一起，包括古希腊的希顿袍子（Chiton）、日本的和服以及北非的长袍。"波烈使用挂片缠绕式剪裁来进行设计，是现代时尚的起源。"科达和博尔顿总结道。

在1906年至1911年间，波烈复兴了高腰线设计，结合参考了18世纪90年代的执政内阁时期和古希腊人。他恶作剧般地带着三位穿着开衩至膝盖的礼服并且露出彩色丝袜的女性出现在珑骧赛马场，引起一片哗然。他还到伦敦出席首相夫人玛格特·阿斯奎斯组织的茶会，并展示了自己的设计系列，获得了更宝贵的媒体报道。那时波烈已经是一个名人了，他那戏剧大师般的风度，以及狂妄自信的个性，使他锐不可当。1909年，他将店铺搬到了位于安坦大道上一座18世纪的豪宅里，并且创造了一个名副其实的时尚帝国，全靠会计员埃米尔·卢梭的认真尽责才能控制住财务状况。就连顾客也不得不被他霸道甚至咄咄逼人的性格所支配，在波烈看来，自己的一切行为都是正确的。在他办公室门口的纸牌上写着："危险！！！在敲门之前先问自己三次：真的有必要打扰他吗？"

在波烈的辉煌岁月里，他所涉及的领域远远超出了时装界，他与一系列艺术家合作，其中最著名的是保罗·伊里贝（他在1908年为他制作了一本插画集）以及拉乌尔·杜菲，后者成为了他一生的朋友。杂志编辑卢西恩·沃格尔受波烈制作的各种目录集的启发，创立了 Gazette du Bon Ton，成为了1912年至1925年间巴黎时尚界的必备读物。波烈举办的一系列奢华派对，体现了他对戏剧的热爱，其中最有名的是他在1911年6月举办的"一千零二夜"，也叫作"波斯庆典"，有300名穿着东方风格服装的客人参与，而他的妻子丹尼斯先是被锁在一个金色笼子里，随后像鸟儿一样被释放。1913年，埃特成为了波烈的助理设计师，并与他一起进行跟剧场有关的设计工作。波烈为玛塔·哈里在戏剧《尖塔》中设计的服装引起了轰动，这件衣服的特点是上衣有一个灯罩形状的裙撑，埃特说这是"受到了印度教微型画中的透明面纱和希腊民间服装中褶裙的启发"。

波烈欣喜地收集着来自东方各地的造型风格，预示了在20世纪其后几十年里时装设计师四处搜罗各种灵感的潜在趋势。从灯笼裤、和服外套到印度头巾，这位时装设计师时时刻刻都能得到启发。他充分地利用各种色彩，前所未有地尽情使用着橙色、绿色、红色和紫色，弃用了新艺术时期低调柔和的粉彩色系。有一段时间，他是这个时代声名最显赫的时装设计师，他以奢华面料制作、镶有皮草装饰的大衣、斗篷和披风特别出名。1913年，受到维也纳知名装饰艺术公司"维也纳工坊"作品的影响，他爱上了浓烈的色彩和繁复的印花。波烈十分努力地普及奥地利和德国的设计理念（这也使他在第一次世界大战期间被法国的爱国人士指责批评）。

波烈一直有着商业家的直觉，赚钱的新点子也层出不穷。1913年，他成为了第一个进军美国的服装设计师，在各个百货公司里巡展。波烈也是第一个举办讲座的时装设计师，吸引了大量美国和欧洲的观众。尽管他有着傲慢的个性，他却一直认为时装设计师不是发号施令的统治者，而是一个懂得察言观色的仆人，必须精准地察觉到女人们对某种时尚风格热情消耗殆尽的时机。波烈的美国巡回展出大获成功，但是在回到巴黎以后，他震惊地发现自己的设计四处被人模仿。这使得他在1914年推动成立了法国高级时装保护协会，并担任了该协会的第一任主席。两年后他尝试了一种不同的策略，降低价格来生产他所设计的礼服的复制版，并于1916年在 Vogue 上打广告，同时在美国做推广。美国学者南希·特洛伊在她颇具开创性的研究中，揭示了波烈塑造自己艺术家形象的矛盾之处，因为他不仅希望能吸引到有钱的客户，还想要促进大量生产自己的设计。第一次世界大战使波烈进军美国的宏伟扩张计划停滞不前，而战后，所有装腔作势的财务规划都消失了。此外，在经历了四年恐怖的战争之后，波烈热爱的戏剧性奢华风格也不再风靡，与香奈儿注重功能性的风格和假小子般的中性造型形成了对比。虽然波烈继续创作了很多杰出的设计系列，但他的全盛时期已经成为了过去，随后走上了缓慢甚至是痛苦的下坡路。

在挥霍无度的个性背后，波烈是一位尽心尽责的父亲，他的三个孩子（罗辛、玛蒂娜和科林，他们的名字都被用在了波烈的创新举措中；波烈因为罗辛患耳炎早逝而痛心不已）。1928年，他与妻子也就是他的缪斯女神丹尼斯离婚，他对家庭教师说："记得告诉夫人，她想拿走什么都可以。"在20世纪20年代，波烈依然不缺支持者和各种机会。悲哀的是，尽管他的朋友和支持者一直努力资助他，他还是为了创作而肆意挥霍，导致多年一贫如洗，濒临破产。1929年，时装屋因为他的铺张浪费而关闭，而波烈在世的最后几年更是令人沮丧地每况愈下，帕金森病情让他的生活雪上加霜。1937年，高级时装公会发起了一个给波烈提供养老金的提案，被雅克·沃思否决了。

然而，波烈的晚年生活并不空虚，这段生活甚至证明了他仍是一位具有前瞻思想的创新者。1927年，他为《论坛》杂志撰写了一篇很有远见的文章，预测在未来，合成材料和塑料将会占据主导地位。在职业生涯的暮年，他还做了另一件富有开创性的事，在20世纪30年代期间，他同时为伦敦的春天百货和利伯提百货做设计。2005年，一批波烈前妻丹尼斯收藏的珍贵服装在巴黎拍卖，纽约大都会博物馆买下了20多件，博物馆在2007年举办了"波烈：时尚之王"大型展览，这个展览充分肯定了波烈的地位。特别是一套丹尼斯穿过的睡裙，制作于20世纪20年代，灵感来自经典的希腊风格，充分体现了波烈设计中的轻盈感以及他对后世的重要影响。而他设计的那些华丽风格的服装，同样触人心弦。在20世纪20年代末，如时尚史学家卡罗琳·雷诺兹·米尔班克所说："波烈的异国情调看上去已经过时了，只有到了21世纪初，当高级定制作为最有戏剧性的艺术之一找到新的共鸣时，波烈的风格才会再度变得时髦。"

时尚史学家戴安娜·德马利将波烈称为"解放者"（撇开蹒跚裙）：他设计中的纤长线条终结了带有束缚感的腰部设计，窄身的款式削减了对层叠衬裙的需要。多亏了波烈，女性的衣服开始从沉重的负担变为轻盈和更实用的装饰。在大都会博物馆的策展人哈罗德·科达和安德鲁·博尔顿看来，波烈"迅速建立起了当今服装的标准，并且为现代时尚业的发展奠定了基础"。从各个方面来说，波烈的确是当代时尚界的先驱。幸运的是，时尚史学家可以从他本人那里充分地了解他的设计理念，这要归功于他的那些讲座、杂志采访以及后期的自传。虽然有时他传递的理念就像那些笨拙的蹒跚裙一样自相矛盾，但不用太过介意。在他的巅峰时期，他甩开了19世纪末欧洲时尚的荒谬，为他的顾客们开创了一个全新的时代，用他自己的话说，他敦促女性们"穿上适合自己的衣服就好"。

....

延伸阅读: 保罗·波烈在《我的前50年》（*My First Fifty Years*）（1931年译本）中总结了自己的职业生涯。他的传记包括1987年伊冯·德斯兰德斯的《波烈》，1990年爱丽丝·麦克雷尔的《保罗·波烈》，以及1973年帕尔默·怀特的《波烈》。2003年，南希·特洛伊的《高级时装文化：现代艺术与文化研究》

（*Couture Culture: A Study in Modern Art and Culture*）强调了这位时装设计师的商业头脑。2007年，哈罗德·科达和安德鲁·博尔顿的大都会博物馆展览目录《波烈：时尚之王》（*Poiret: King of Fashion*），是对波烈的设计成就的再次评价，十分具有启发性。

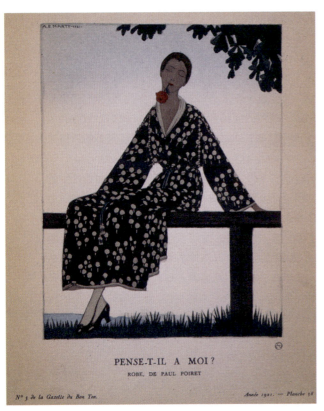

Gazette du Bon Ton 的广告图片，1921年。
Fotosearch via Getty Images.

由乔治·拉帕泊绘制的《保罗·波烈的故事》，1911年。
Photo12/UIG via Getty Images.

威廉·韦特莫夫人身着福图尼礼服，*Vogue*，1935年。
Lusha Nelson/Condé Nast via Getty Images.

马里亚诺·福图尼
（1871—1949）

他能在巴黎的时尚体
系之外发展出自己的
一番事业，使他的
经历显得尤为特别。

将马里亚诺·福图尼视为现代的文艺复兴主义者，并非没有道理。这位西班牙人的兴趣实在是太广泛了，没办法只用一个词来形容。他既是设计师，也是艺术家和发明家：在30多年内，他在巴黎注册了20多项发明。

他对时尚界的巨大贡献，可以用一件裙装来概括——德尔福斯，将女性的身体从19世纪时尚礼服的限制中解救了出来。早在1907年，德尔福斯就被创造出来了，它是一件长款、剪裁简单、带有褶皱的丝绸礼服，松垮地从肩膀上垂下，还可以被卷成一团，方便旅行携带。在那个大多数女性都被贴身束身衣紧紧包裹着的年代，它代表了一种解放，当时著名的舞蹈家伊莎多拉·邓肯身着轻盈又自由的服装留下的照片，就是最好的证明。福图尼意识到德尔福斯裙的重要性，1909年，他在巴黎为德尔福斯系列中的一个（带有蝙蝠袖的）款式申请了专利。福图尼将艺术与时尚的世界紧密地联系在了一起，与他同时代的索妮娅·德劳内也是如此。从那时起，艺术与时尚之间的互动便成为了流行文化的主题，在当今时代，许多设计师也在探索这样的联系，比如近期的拉夫·西蒙。

1871年，马里亚诺·福图尼·马德拉索出生于西班牙格拉纳达，家里很多人都是艺术家，而且家境十分富裕。他的父亲马里亚诺是一位杰出的画家，娶了同样出身艺术家家庭的塞西莉亚·德·马德拉索为妻。1872年起，他们先后在罗马（他的父亲在那里开设了一个工作室）以及巴黎生活。1874年，福图尼的父亲死于疟疾，年仅36岁，这一损失让福图尼悲痛终身（他还在1933年编辑了一本关于父亲的书）。除了拥有画家的技艺，福图尼还继承了他父亲收集来自异国他乡尤其是阿拉伯的古董和艺术品的品位。这个家族的收藏包括各种纺织物珍品，通常会当作壁挂来展示。

在父亲去世后，他们全家搬到了巴黎，在那里福图尼从7岁就开始学画画。他吸收着鲁本斯等老一辈大师作品的精髓，学着了解色彩的重要性，这对他之后的发展很有益处。因为对马匹过敏，年幼的福图尼在巴黎饱受哮喘和花粉症的困扰。于是在1889年，母亲带着他和他的姐妹玛丽亚·路易莎迁居威尼斯大运河上的马蒂宁戈宫，那里不需要接触到马。威尼斯是福图尼一生的根据地。他参加了威尼斯学院的夜校课程以提高自己的绘画水平，并继续临摹老一辈大师的作品，包括丁托列托和其他伟大的威尼斯艺术家。1892年，他在拜罗伊特之行中得到了更多灵感，那是歌剧作曲家理查德·瓦格纳的故乡。瓦格纳包罗万象的宏伟构想启发了福图尼，使他花费许多年时间沉迷在歌剧院的世界中，并开发出了新的照明系统。福图尼既是艺术家，也有着技师的能力。在他的构想中，所有的艺术形式都是有价值的，一切都可以为艺术家所利用。

1897年，福图尼在巴黎认识了一位年轻的法国女人亨利埃特·尼格林。尽管他的母亲一直都不认可（亨利埃特曾经离过婚），但福图尼一生都深爱着她，她是他的妻子、情人、伴侣和缪斯女神。1902年，她迁居威尼斯，当时福图尼搬到自己的家，也就是奥菲·佩萨罗宫。这座始建于13世纪的华丽宫殿，是以真正的瓦格纳风格建造的，是福图尼开发他的想法和发明，以及展示他古董收藏（现在被称为福图尼宫，是一座博物馆）的最佳平台。虽然独立房间的相对面积比较小也比较简易，但建筑的中心是一个巨大的沙龙工作室。在这里，福图尼扮演着主人的角色。在威尼斯这个自19世纪80年代以来新生代艺术家不断涌现的地方，福图尼是个非常引人瞩目的气派男人，他有着一双锐利的蓝色眼睛而且身材高挑，穿着轻便的深蓝色哔叽套装，搭配白色丝绸领带。这个最浪漫的城市吸引了大量的外国移民。在这里，福图尼结识了意大利首屈一指的文坛明星加布里埃勒·达农齐奥，他们的初次见面是在1894年。

尽管如此，如果试图用当时艺术运动的背景去定义福图尼是很棘手的，因为他本人基本上无视了他同辈的作品，他也很少离开威尼斯。他的传记作者吉列尔莫·德奥斯玛从美学运动的角度分析他，是最有说服力的，因为美学运动的倡导者认为服装已经成为了一座囚牢。这些美学派画家通过回顾古典希腊和中世纪寻找灵感（前拉斐尔派特别推崇那个时期的服饰）。但是这些服装只是在他们的画作中出现，从未实体化，只有伦敦利伯提百货制作的一些灵感来自劳伦斯·阿尔玛塔德玛爵士的绸缎宽外袍是个例外。

据说，福图尼开始步入纺织品和时装界是在1906年，他在自己家里试验印染各种纺织面料。他还为戏剧《弗兰切斯卡·达·里米尼》绘制了一些草图，后来被制成服饰，得到的反响平平。不过，这一年他为巴黎的一场芭蕾舞剧设计的以基克拉迪艺术为灵感的服装，就显得有前景多了，设计里使用了印有几何图案的独特丝绸面纱。这些面纱后来被称为克诺索斯围巾，其实名字有点误导人，因为他们就是长方形的丝绸，可以用不同的方式加以利用，既可以当作衣服也可以当作配饰。它们一直是福图尼作品的一个特点，并被他持续使用了15年以上。"通过这些简单的围巾，福图尼了解了如何将造型和面料融合在一起，并且发展出了他的整个礼服系列作品。"他的传记作者吉列尔莫·德奥斯玛这样写道。

最让人印象深刻的，是把克诺索斯围巾披在著名的德尔福斯裙上。福图尼注册的专利是这样描述德尔福斯的："它可以被轻松舒适地穿戴与调整，因为它的设计是经过精心打造和规划的。"时至今日，对于裙子上的褶皱到底是如何制成的，仍存在不少未解的谜团。这些褶痕是不规则的，很可能是在面料湿润的时候施加热力而形成的。除了来自穆拉诺的手工吹制玻璃珠之外，一切都是在福图尼宫里用手工制作完成的。福图尼还在裙装的边缘缝上了串着珠子的细线，避免褶皱因为弹性而收缩到一起。

福图尼的设计从丝绸开始，他通常是购买直接从中国和日本进口的生丝或是灰白色的丝绒；后来他又开始利用从里昂进口的天鹅绒。各种不同的款式都可以利用丝绸和天鹅绒。他热衷于实验印染，先是利用木块，再引入手绘，开发出了他独有的高质量丝绸印染模板。他挖掘来自不同供应商和国家的配方，创造出属于自己的色彩。1981年，肯尼迪·弗雷泽在《纽约客》杂志上评论道："数十年过去了，福图尼创造的色彩依然罕见和绚丽：就像微微泛红的桃子色与杏色，葡萄紫色与被烛光映照的葡萄酒红色，喷泉与孔雀尾巴的那一抹蓝。"

巴黎的时装设计师从未将福图尼视作时尚的创作者。一开始，他设计的衣服只能在家里穿，在正式的户外场合会显得太不体面。他并没有加入被严格管理的时装体系，而是选择自己发展销售和市场营销业务。包括在他家的底层开设店铺，利用一些小商店和销售代理形成小型的营销网。在当时，有两位文学巨匠不遗余力地为福图尼的作品增添光彩。马塞尔·普鲁斯特在小说《追忆似水年华》中提到福图尼不下16次。而加布里埃尔·邓南遮则是在描写他小说中的女主角马切萨·卡萨蒂·斯坦帕时以优美的文笔提到了福图尼："她被包裹在由炼金术士马里亚诺·福图尼用大缸中的神秘染料制作而成的长长的东方薄纱中，薄纱上点缀着奇异的梦境，以及无数靠手工印制的未来恒星、行星、动物图案。"

1909年，迪亚吉列夫率领的俄罗斯芭蕾舞团到访巴黎，使得唯美主义的着装风格在时尚界的主导地位显著提升；而巴克斯特设计的服装显然是受到过福图尼的启发。早在1906年，巴克斯特就在俄罗斯的一场巡演中看到了伊莎多拉·邓肯穿着福图尼设计的裙装。1911年至1912年，有三场以上的芭蕾剧里，巴克斯特都让她穿着更宽松且更自由的裙装。这样的致敬也使福图尼从中获益，他的设计得到了推广，同时他的订单量激增，1920年，他终于在巴黎开了一家店，地址是皮埃尔·夏伦街67号，跟保罗·波烈的选址很近。他所住的宫殿的华丽装潢在此被精心地重现。而波烈本人似乎也受到过福图尼的作品的影响，早在1908年，他的店里就曾售卖过一件福图尼制作的绿色丝绸雪纺袍子。罗马的玛丽亚·莫纳奇·加伦加和巴黎的巴巴尼夫人也都借鉴过福图尼的设计。

到了20世纪20年代初，时尚已经摆脱了古典主义时期的影响，而福图尼对服装自然形态的强调，恰好契合了时代的氛围。正如弗雷泽·肯尼迪所指出的，在第一次世界大战之前，福图尼设计的服装基本上沿袭了始于唯美主义和前拉斐尔派的理想主义和艺术化的女性服饰传统。"战争之后，这些服装看起来更自由解放了，甚至有一点顽皮，在爵士时代完全是可以穿着去参加鸡尾酒会的现代服装。"话虽如此，福图尼还是继续充当着时尚局外人的角色。1925年，著名的装饰艺术展在巴黎举行，在时装馆的展品中甚至没有福图尼的作品。

在20年代里，这位设计师最为辉煌成功的时期，就是在威尼斯附近的朱德卡岛上开设了一家棉纺织物工厂，使用的是在英国纺制的埃及长绒棉。从长远来看，比在巴黎开设店铺更为意义深远是，从1923年开始，福图尼在纽约增加了一个经销点。"砖厂"商店订购了福图尼制造的棉布织物，而这些面料成为了曼哈顿精英阶层流行的室内家居用品。与此同时，他的丝绸和天鹅绒礼服也拥有了设计典范般的地位，成为经典的灵感来源。回顾这个20年代，伯纳姆·卡特女士评论道："我认为我认识的每个人都有一件福图尼裙……我们都穿着它们，尤其是那些有着姣好身材的'上流社会年轻女孩'。你看，它们紧贴着身体，臃肿身材的人穿起来就不是那么完美了。"

1929年的经济大萧条使福图尼的生意变得艰难。他得到了来自美国的室内装饰设计师埃尔西·麦克尼尔，也就是后来的埃尔西·李·戈齐伯爵夫人的关键性支持，她在1927年买下了福图尼的销售权并在麦迪逊大道509号开设了一家店铺。但是，麻烦事接二连三，1932年福图尼的母亲去世了，1933年他在朱德卡岛上的工厂破产了。不过他自己找到了资金并且买下工厂，摆脱了破产状态。1936年，他的姐妹玛丽亚·路易莎去世，对他的故乡来说，这也是动荡的一年，西班牙内战爆发了。而埃尔西·李在美国继续以高效率推销着福图尼的产品，资助朱德卡工厂重建。尽管如此，第二次世界大战的到来迫使工厂再次关闭。当它在战后重新开张时，规模大幅缩减。1949年，福图尼去世，在他生命的最后几年里，他的财产大减。

在20世纪50年代，福图尼的作品几乎被人们所遗忘，不过在六七十年代，博物馆开始收藏他的服装，这一消息也在服饰收藏家之间广为流传。真正使人们对福图尼的兴趣暴涨是在20世纪80年代，福图尼的私宅也在此时被利雅得家族收购（他们设计面料、家具和灯具，目前的创意总监是米基·利雅得）。如今，福图尼肯定是伟大设计师名录中的一员。他能在巴黎的时尚体系之外发展出自己的一番事业，使他的经历显得尤为特别。顾客珍爱着福图尼设计的衣服，反复光顾他的店铺，对这些衣服充满了情感。在他的整个设计生涯中，福图尼只是利用了一点点简单的想法和形状，就发展出了诸多不同的变化。他设计的衣服也是出了名的难以确定制作时期，因为他的设计主旨并没有按照什么逻辑顺序来发展，而是根据他自己的兴趣产生变化。他的传记作者吉列尔莫·德奥斯玛写道："福图尼在时尚界之外发明了另一种时尚，一种不会改变的时尚，一种就像是艺术的时尚。"

延伸阅读：1985年，吉列尔莫·德奥斯玛撰写的传记《福图尼》（增订版）向现代的读者详尽地介绍了福图尼的才华。2016年，小说家AS拜亚特的《孔雀与藤蔓：福图尼与莫里斯的生活与工作》（*Peacock and Vine: Fortuny and Morris in Life and at Work*），生动地描绘了这位设计师与威廉·莫里斯之间的关系。

福图尼与他的助手在工作室，
19世纪90年代。
Mondadori Portfolio via Getty Images.

福图尼的德尔福斯礼服，1948年。
Chicago History Museum via Getty Images.

第二部分

20世纪10至30年代
1910s—1930s

引言

第一次世界大战是一场灾难。和所有其他创意行业一样，1914年到1918年间，时尚业也发生了翻天覆地的变化。这些年，女人们穿起工作服和裤装劳作，成为战场的后援，而时装设计师不得不对此做出回应。战争结束后，坚信东方主义仍然具有吸引力的保罗·波烈，再也无法恢复他在战前所取得的事业高度。

昵称为"可可（Coco）"的加布里埃·香奈儿（Gabrielle Chanel）和让·巴杜作为新星出现，虽然在设计方面他们有着类似的时尚观，但是在商业上他们是激烈的竞争对手。他们都在1919年创立了自己的时装屋，并配合战后的氛围，反对浮华，注重更实用的衣着风格。

女性获得的全新自由，同样体现在了美国日渐增长的影响力上——从好莱坞电影到爵士乐、鸡尾酒，一切都在影响着欧洲。好莱坞戏服设计师阿德里安成为了纽约第七大道服装贸易中的一个重要人物。不过，大部分美国的设计师都是追随巴黎潮流的。因此，美国社会自由的风气，先是被巴黎人施加在他们的风格中，再回销给美国人。

曾经"美好年代"时期的社会习俗里，即使只露出一小截腿部皮肤也是不雅的，而此刻已经成为了遥远的记忆。20世纪20年代初，裙摆开始缩短，男孩气的、几乎是雌雄同体的廓型成为了时尚。*La Garçonne*这部小说，是"假小子"造型名称的由来。女士运动装吸引了时装设计师的注意。1921年，让·巴杜为温布尔登网球赛的运动员苏珊·朗格伦设计的白色无袖直身开衫还有白色丝绸百褶短裙引起了轰动。裙子（还有头发）的长度在1926年达到了史上最短。而1928年欧洲夏季的闷热，促进了泳装的热潮和日光浴的新风尚。1925年，巴黎国际装饰艺术和现代工业博览会的成功举办，推动了装饰艺术运动的蓬勃发展。

基于这一切，我们需要留意，不用反复去强调人们对20世纪20年代时尚的那些刻板印象。女人们会根据自己的身份、所在的地区以及财务能力，以不同的方式重新诠释高端时尚。但是，许多潮流风格确实是在20世纪20年代诞生的，并在此后持续在时尚界渗透。1960年，美国设计师诺曼·诺雷尔评论道："女人们依然穿着20年代风格变化的产物，而在这整个世纪，她们都将继续如此着装。"

恰恰相反的是，珍妮·浪凡制作的"风格长袍（robes de style）"深受许多对"飞女郎"裙装无感的女性们喜爱，这也提醒了我们，很多时候，时尚更倾向于怀旧而不是积极变革。1929年，让·巴杜的冬季系列，使时尚产生了决定性的变化。裙子从腰部而不是从臀部才开始展开，裙摆则下降至小腿中部。这正是经济大萧条那一年：美国买家和顾客纷纷离开巴黎，直到1933年才重新回归。时装屋裁减员工，并艰难地维持着运营。

在20世纪30年代，让·巴杜淡出了时尚舞台，而可可·香奈儿有了新的竞争对手，艾尔莎·夏帕瑞丽（Elsa Schiaparelli）。当香奈儿致力于开发她的开衫外套和低调的时尚风格时，夏帕瑞丽则沉浸在华丽夸张的姿态和灵感迸发的戏谑风格中，将她对艺术的热爱和对时尚的感知融为一体。

第一次世界大战后，巴黎开始涌现出一批具有个人风格的设计师。完美主义者玛德琳·维奥内特从古典主义的影响中汲取灵感，成为巴黎时装界伟大的纯粹主义者。曼波彻（Mainbocher）证明了美国人也能在巴黎取得成功。1927年，萨尔瓦多·菲拉格慕（Salvatore Ferragamo）从好莱坞回到了他的故乡意大利，开始了自己超群绝伦的制鞋生意。技术工艺继续推动着时尚向前发展，1939年，美国开始生产尼龙。但是，战争随后爆发，巴黎时尚几近停滞不前。

珍妮·浪凡
（1867—1946）

浪凡像当今的设计师那样运营着她的业务：浪凡的故事是一个品牌管理和发展的案例。

作为现存历史最悠久的定制时装屋的创始人，珍妮·浪凡是20世纪20年代在商业上最成功的巴黎时装设计师之一。迄今为止，她一直都被时尚史学家们忽视：她那浪漫又怀旧的设计方法被认为是一种落后与倒退，与加布里埃·香奈儿或是让·巴杜全然现代的风格形成了鲜明的对比。人们之所以对浪凡重新产生兴趣，一部分是因为中央圣马丁学院毕业的以色列设计师阿尔伯·艾尔巴茨，从2001年到2015年，他一直掌管着这个品牌的设计工作室，不过从更根本的角度来说，是因为南希·特洛伊等时尚史学家们的研究，他们认为商业成就和创造影响同样重要（并且也会探讨这两者之间的联系）。同时，虽然珍妮·浪凡并没有遵循现代时尚设计发展的普遍规律，但是，她的成功却是对这一规律本质的关键性质疑，因为这强调了许多伟大的时装风格都具备了怀旧和回顾的特质。

毫无疑问的是，珍妮·浪凡制作的精美绝伦的服装，赞颂着传统的女性特质。她最为出色的设计是她的"风格长袍"，一种通常由丝质的塔夫绸制成的大裙摆晚礼服，这种风格可以追溯到18世纪，与20世纪20年代的假小子风格形成了对立。她还以对色彩的敏锐感著称，创造出独有的"浪凡蓝"，而通过对面料的染色处理，她发展出了一个和谐且尤为精致的色板。浪凡是一位懂得回应女性需求，并且时不

浪凡的晚宴服，*Les Modes*，1909年。
Henri Manuel/Mansell/The LIFE Picture Collection via Getty Images.

时为顾客提供所需的务实设计师。此外，她还创造了现代的儿童时装，专门为她的女儿玛格丽特设计衣服。不过，她对时尚史产生的影响并非来自单纯的设计风格，更多是关乎今天人们所了解的设计师这一角色的概念演变。她就像当今的设计师那样运营着她的业务：浪凡的故事是一个品牌管理和发展的案例，对今天的设计师品牌来说，依然值得学习与借鉴。她搜集灵感的方式也跟现在的设计师如出一辙，参考博物馆、艺术馆、历史书籍，以及任何可以提供灵感的资源。

浪凡也是一位生活方式型的设计师，她创立了一个涵盖各种产品线的精致时装屋，并始终保持着出色的市场表现。而这一成就之所以格外显得了不起，还因为浪凡是一位腼腆且不爱说话的女性，不太喜欢跟她的顾客面对面。然而，她的沉默寡言绝不能与缺乏自信混为一谈。因为长期的学徒生涯和对自我技艺的全身心投入，她有着钢铁般的意志和对自身实力的坚定自信。

珍妮·玛丽·浪凡出生于1867年，是家里十个孩子中的老大，她的父亲康斯坦丁·贝尔纳·浪凡是一位刚毅的中产阶级记者。依照当时的惯例，她13岁就开始工作，最初是给制衣师跑腿。她从小就懂得精打细算：有一段轶事说道，一次她被派去送包裹，还给了她坐巴士的车费，但她为了省下这笔钱，选择追着巴士跑。在青春期的大部分时间里，她都在福宾圣安娜大街的菲利克斯夫人那里当学徒，之后又顺理成章地开始在一家名为塔尔博特的制衣商那里学习面料，在18岁的时候，她终于成立了自己的帽子工坊，工坊一开始设立在圣奥诺尔德郊区街上。浪凡为一位住在巴塞罗那的制衣商玛丽亚·贝尔塔·瓦伦蒂女士工作了三个月，存下了一笔工钱，1890年，浪凡在勃伊西德安格拉斯街16号创立了属于自己的女帽店。

1895年，浪凡嫁给了意大利贵族亨利·埃米尔·乔治·迪·皮埃特罗，他们是在珑骧赛马场初遇的，那是19世纪后期巴黎时尚人士们自炫和寻偶的主要场所之一。虽然这段婚姻仅维系了8年，不过还是有了婚姻的结晶，1897年，这位充满母爱的母亲生下了女儿玛格丽特·玛丽·布兰奇，并将她打扮成了或许是史上最漂亮的孩子。1907年，离婚4年的浪凡再婚了，这次是嫁给了跟她父亲一样身为记者的泽维尔·梅莱特，后来他成为了法国驻英国曼彻斯特的领事。这场联姻并非出于浪漫，而是基于商业考量，梅莱特扮演了忠诚丈夫的角色。这意味着浪凡不再是一名单亲妈妈，在当时那是为社会环境所不齿的。

以制作女帽为开端，浪凡的生意有序地发展了起来，业务一个接一个地顺利展开着。顾客对她为玛格丽特制作的衣服赞赏有加，促使她在1908年开设了一个童装部门。一年后，她也将业务扩展到了女装领域，设计了一件野兽派色彩风格的帝国高腰衬衫式长袍，还展示了黑白色彩也能被出色地利用。为了表明自己的雄心，她迅速加入了高级时装公会。第一次世界大战不过是这个刚成立的时装屋发展历程中的一点小插曲；到了1918年底，浪凡已经买下了位于福宾圣安娜大街33号的整栋建筑，包括九个工坊，其中有两个刺绣车间——这是一项创新，因为这种技术含量较高的工作通常都会交给品牌以外的代工者，这样一来他们就有了剽窃的诱因和机会。尽管在时装屋内部设立刺绣工坊，并不能真正地解决设计被剽窃的问题，但时间证明这确实是一项精明的商业举措。从20世纪20年代起，浪凡的精致珠绣成为了时装屋最有口碑的主打产品。

早在1915年，浪凡就访问了美国，因此，她非常清楚大西洋彼岸能为她的时装屋带来发展的机遇。她的商业直觉十分敏锐，品牌在20世纪20年代一直稳步地发展着，也始终保持着强烈的个人气息，足以证明浪凡是一个真诚又可靠的品牌。在这一时期，浪凡已经成为一个富有的女人，她委托阿尔芒·阿尔伯特·拉托为她设计福宾圣安娜大街15号和22号的店铺，还有她在芭比德茹伊街的私宅，以及位于维西内的别墅。拉托成为了她的朋友，在1927年设计了浪凡经典香水"琶音（Arpège）"的球形瓶身，并且负责运营浪凡的运动产品线。浪凡和拉托一起创造出了以装饰艺术为灵感的家居用品。她的卧室、私人会客厅和浴室都是委托拉托设计的，目前被重装还原展示在巴黎的装饰艺术博物馆。浪凡的女儿玛格丽特·玛丽·布兰奇是她真正的缪斯，她总是穿着既美观又实用的整洁衣装。此前，民间家庭的孩子们通常穿着成人服装的缩水版，但是在1921年，*Vogue*杂志注意到了浪凡对儿童时尚的影响："宽松而简单的服装……便于反复穿脱"。在整个20年代中，浪凡的设计吸引了许多女演员，她为她们设计戏服，包括美国无声电影明星玛丽·皮克福德，还有伊冯娜·普朗坦普斯。在她的工作室里有一个专门用于试穿戏服的舞台布景。仅在1923这一年，浪凡就为17场演出设计了戏服。

1924年，浪凡的女儿嫁给了让·德波里涅克伯爵，并将自己的名字改短变为玛丽·布兰奇。这场婚姻绝不仅仅是家庭内的私事：它把珍妮·浪凡和她的家族带入了一个全新的社交圈，提升了她的社会地位，也为她的事业带来了极大的好处。波里涅克家族成为重要的客户，为品牌增添了社会声誉。一年后，浪凡被授予荣誉军团骑士勋章，以表彰她的成就。在香奈儿和巴杜占据头条新闻的时候，浪凡只是继续埋头扩张事业，她设计的衣服十分美丽，并且以复杂的缝合、串珠和刺绣而闻名。她的职业生涯，可以说是对"巧手"的工作最高等级的赞赏，"巧手"正是在巴黎定制工坊里辛勤工作的妇女们的法文称呼。

浪凡有着一系列标志性的设计，包括钟爱在臀部位置使用飘逸的缎带、螺旋状的褶皱，以及在纱网上利用塔夫绸营造出飘逸浪漫的效果。花朵、缎带和太阳光芒的放射纹路，是她喜爱的重复图案。历经多年，她建立了一个图案档案库，包括她女儿的纪念物雏菊（也叫春白菊），一系列的三段式日式家纹（家徽），以及能体现出她天主教信仰的符号。"设计一定会反映出一个人记忆中储存的艺术图案，"她说，"同时将其中最鲜活、最新颖并且最丰富的部分提炼出来。"在整个20世纪20年代，她的"风格长袍"一直持续生产，与"飞女郎"或者"假小子"风格的兴起背道而驰，直到30年代末期，战争时期的紧缩政策不允许再如此挥霍布料。艺术家保罗·伊里贝为浪凡和她的女儿绘制了身着"风格长袍"的素描（这张素描实际上是根据一张1907年的照片画的），经过阿尔芒·阿尔伯特·拉托的修改，这张美好的画像成为了浪凡品牌的标志，并印在了标签上。

20世纪20年代初，浪凡已经50多岁了。因此，从严格意义上来说，她并不是香奈儿的同代人。数十年后，卡尔·拉格斐说道："她的形象不像香奈儿那么醒目，因为她只是一个漂亮的老太太，并不是一个时尚标杆。"从另一个角度来比较，也是十分具有启发意义的，珍妮·浪凡靠的是自己的财务策略和不懈努力在事业上取得了成就，而香奈儿是以成为富翁的情妇为机遇铺平了通往财富的道路。正如传记作家迪恩·L.默森所说，在他们之中，谁才更适合作为现代女性的典范呢？不过，香奈儿是个彻头彻尾的现代主义者，推崇服装的功能性，而浪凡并不想创造太过实用的衣服。她主张"现代服装需要某种浪漫的感觉"，这是她在巴黎"美好年代"度过的少女时光的体现。她说时装设计师"应当留心不要变得太过于日常和实际"。1934年，她在*Vogue*对她的采访中说道："我总是心血来潮并且相信本能。我在设计衣服的时候并没有什么预设目标。我被感觉牵着走，而我在工艺方面的经验知识帮我把衣服变成实物。"

相比之下，她的经营策略却是十分实用的，积极寻求每一个能表现自己的机会。在她的店铺里有家居装饰、男装、皮草和内衣，是一个真正的零售帝国。浪凡十分深谋远虑，早在1923年就为公司在楠泰尔投资了一家染色厂，以满足对染色的需求。银色通常会与黑色结合，或是和包括柔和的粉色、绿色和蓝色在内的一系列色彩一起使用。"浪凡蓝"是一种漂亮的薰衣草蓝，是这些色彩中最美妙的颜色。这些色彩都是经过深入探索和研究的："浪凡蓝"的灵感很可能来自弗拉·安吉利科壁画中的蓝色，而其他色彩也体现了诸如爱德华·维亚尔、皮埃尔·奥古斯特·雷诺阿和奥迪隆·雷东这些她所喜爱的艺术家们对她的影响（她收藏着他们的作品）。浪凡一生都是一个狂热的收藏家，她收藏了大量绘画、雕塑、织物、异国服装和书籍典藏，并一丝不苟地编目和记录，这也是她的特色。2006年9月，她的大部分藏品在巴黎拍卖，展现了她多样且丰富的兴趣，尤其是她对日式风格的迷恋。小说家伊丽莎白·巴利耶写道："她就像一只蜜蜂，尝遍了所有东西，只为酿出最美味的蜂蜜。"

在第二次世界大战爆发的时候，浪凡已经70多岁了，处在垂暮之年。能持续经营到现在，是浪凡时装屋最伟大的成就之一。1946年浪凡去世后，公司由家族成员继续运营了几十年，多次被不同财团收购（包括欧莱雅），2001年，在中国台湾一位媒体女大亨领导的投资集团Harmonie的率领下，浪凡重新私有化。有着敏锐直觉的设计师阿尔伯·艾尔巴茨，为时装屋注入了全新的创作动力，他曾表明自己是从浪凡的档案库中获得这些灵感的，不过，在2015年，浪凡再度易主，艾尔巴茨也随即离开，品牌再次进入了一个设计师交替更换的动荡新时期。2015年，在巴黎的法国时尚博物馆举办的一场展览，是对珍妮·浪凡成就的盛大回顾。

延伸阅读: 2007年,在迪恩·L.默森撰写的《浪凡》中,珍妮·浪凡的职业生涯被完整地说明与记录。哈罗德·柯达的一篇综述,详细分析了浪凡被时尚史学家忽视的原因。1997年,伊丽莎白·巴利耶的《浪凡》对她的作品做了简要的介绍。法国时尚博物馆的《浪凡》展览目录仅有法文版。

浪凡的晚礼服，*Vogue*，1935年。
Christian Berard/Condé Nast via Getty
Images.

试衣中的珍妮·浪凡，20世纪30年代。
Laure Albin-Guillot/Roger Viollet via Getty
Images.

可可·香奈儿在家中，1929年。
Sasha via Getty Images.

7 | 加布里埃·
可可·香奈儿
（1883—1971）

**香奈儿具有感知环境
正在变化的特殊能力。**

作为史上最负盛名的时装设计师，加布里埃尔·香奈儿（昵称"可可"）离世已经将近50年，却依然受到人们的敬重。从对现代女性衣着的影响这方面来说，没有哪位设计师可以和她相提并论。除了卡尔·拉格斐，也就是她的时装屋的衣钵继承者，没有一位设计师能持续红火这么长时间。她的时装屋早在1915年就在巴黎成立，在20世纪二三十年代已经达到了非凡的高度，并在五六十年代再创辉煌。

"小姐"（Mademoiselle），她的员工总是如此称呼她，在女装的设计风格还处于十分繁复累赘的时期，掀起了她的革命。当时很多富有的女性在没人帮助的状况下是没办法自己独立更衣的，而香奈儿从运动装和男装中汲取理念，并且将这些理念转化成了实用且优雅不费力的女装。早期，对于她的成就，她的同代人是不得不认可的。对保罗·波烈来说，香奈儿的衣服是"贫穷的奢侈"。当他探索着明亮色彩和各种不同面料的时候，香奈儿一次又一次地精简自己的设计思路。她是"少即是多"理念的代言人，你可以把这称为注重功用性的时髦。她不画草图，更喜欢直接在模特儿身上工作，这一过程往往持续数小时，中间没有休息时间。摄影师塞西尔·比顿曾在1965年与她共进午餐，当时她已处于职业生涯的暮年。回忆着她在餐厅里折叠餐巾的模样，他被这个有着坚毅的黑色眼睛并且说起话来滔滔不绝的小个子女人迷住了。而出版人兼记者约翰·费尔柴尔德曾看到80岁的香奈儿直接在一个真人模特身上割出一个袖孔，鲜血就这么流出来。

对待熟悉的艺术家朋友，她总是慷慨解囊。而在她的工坊里，她以强硬、严苛和无情的态度对待员工——这样的个性让她几乎没有几个朋友，并且让她在日后的生活里越来越孤立。她无疑是执着于财富和赚钱的，这也使她获得了她万分珍惜的独立能力。她的律师罗伯特·查莱特说："她就像一个乡村马贩子那样狡猾精明。"

但香奈儿的特质绝不仅于此。她具有感知环境正在变化的特殊能力，这是极少数在职业生涯中极具影响力的设计师的共同特点。"时尚就在身处的环境氛围里，"她说，"你可以感觉到它的来临，嗅到它的气息。"

她的人生经历和她的设计才华一样非同凡响。1883年，她在索米尔的一家贫民窟收容所里出生，原名加布里埃尔·香奈儿，是一名市场商贩的私生女。在她年仅12岁的时候，她的母亲就去世了，童年的大部分时间，年幼的加布里埃都是在布赖夫拉盖拉德附近的一家孤儿院里度过的。18岁时，她被位于穆兰的一所修道院寄宿学校以慈善资助生的名义录取，出众的容貌尤其是优雅的长颈和深邃的黑眼睛，使她特别引人瞩目。当地的商人亨利·德斯布丹聘请她在他的内衣和袜子店担任店员。香奈儿也曾在当地一家名为拉罗通德的歌厅驻唱过一段时间，在那里，她获得了"可可"这个别名，来自一首流行歌曲中一只迷路的小狗的名字。在早期的事业中，她得到了一群有钱有势的情人们支持：他们拥有的人际关系，也使她获得了远远高于当时的制衣师或时装设计师的社会地位。她的第一位情人艾蒂安·巴尔桑在皇家地拥有一处房产，她在那里住了几年。受巴尔桑的资助，她在他位于马勒舍布大道的公寓里初次做起了自己售卖帽子的生意。随后，她又与来自英国的花花公子和马球运动员亚瑟·坎贝尔上尉（别名"鲍伊"）陷入了激情热恋。他资助了她在康朋街的第一家店，而这条位于巴黎的街道现在已经成为香奈儿的代名词。1910年，香奈儿开了一家卖帽子的小店，1913年，她又在海滨度假胜地多维尔开了一家精品店，销售针织套装和连衣裙。传记作者们一致认为，鲍伊是她一生的挚爱。1919年，鲍伊死于一场车祸，这对香奈儿来说是一个毁灭性的打击。

她迅速成名，并将自己简约的个人造型风格延续到了她的事业中。这种风格建立在通常被认为只适用于运动装的针织和法兰绒面料上。到了晚年，她总是说自己的财富是从鲍伊借给她的一件旧毛衣上得来的，她把毛衣的前襟剪开，制成了一件开衫。她借鉴了大量来自男装的创意，翻遍了恋人的衣橱寻找灵感，用以装扮自己青春期男孩般的身材，而且，为了能达到完美合身的效果，她不厌其烦地修改着衣服。在她的私人生活中，男人们同时给了她巨大的快乐与悲伤。而在她的职业生活中，毫无疑问的是：杂志编辑亚历山大·利伯曼认为，她对优雅的领悟都是从男人们的身上学到的。

1915年，在鲍伊的资助下，她在比亚里茨开设了一家时装屋。一年后，她制作出自己的第一个完整系列，在比亚里茨亮相并立即收获了广泛好评。系列中包含了她对一件男式毛衣的改造，毛衣领口开得更低了，并用一条丝带穿过纽扣眼，搭配了一件百褶裙。系列中还有一身卡其色的针织裙套装，套装中外套的造型轮廓就像男式的军装外套。毕竟那是在战争时期，实用的穿着是必不可少的。第一次世界大战结束后一年，香奈儿正式注册成为一名时装设计师，并在康朋街31号成立了时装屋，时至今日，那里依然是香奈儿品牌的驻地。她和一直被低估的让·巴杜一起，为20世纪20年代的时尚界带来了简约且实用的风格。她打破了"美好年代"时期时尚的浮华，继续大量地借鉴职业男性的穿着，并制作出平易近人的衣服。香奈儿服装表现出的那种青春活力与朝气，与当时流行室外运动的氛围不谋而合。

在20世纪20年代初期，她是"假小子"或"飞女郎"造型的典型代表，男孩子气的风格是那个年代的主导。她的女顾客穿着毛衣和低腰的百褶短裙，佩戴钟形帽。巴黎的花花公子博尼·德卡斯特兰说："女人已经不存在了。只剩下了香奈儿创造的男孩们。"小黑裙是她的标志性设计，它由衬衫裙演变而来，也是针对保罗·波烈崇尚的东方主义色彩的回应。在那之前，黑色只被用于丧服，而香奈儿让它变得时髦了起来。在她看来，黑与白创造出了一种"完美的和谐"。1926年，美国版*Vogue*用福特汽车做了一个知名的类比："这是香奈儿设计中的福特汽车——一件全世界都会穿的礼服。"在遭受1919年鲍伊去世的打击后，香奈儿曾与俄国大公爵德米特里短暂地交往，因此对俄国的一切事物都产生浓厚的兴趣，包括超大尺寸的珠宝，这些都成为她设计系列的素材。或许，更重要的是她与米西亚·塞尔特的友谊（以及断断续续的恋情），塞尔特是一位人脉广博的社交名媛，她热情似火的个性与香奈儿的多愁善感不谋而合。塞尔特的朋友遍布艺术界，比如科克托、毕加索、迪亚吉列夫、斯特拉文斯基等人。聪明的香奈儿很快就融入了这个圈子，而这两个女人之间有一种爱恨交织的长久友谊。

她继续轰轰烈烈地恋爱，最有名的一段情史，是与英国首富威斯敏斯特公爵（朋友们叫他本多尔）的亲密关系。她很欣赏他的英式粗花呢，转而将这种面料用于为顾客制作大衣，并以皮草镶边装饰，使大衣的造型看起来更加奢华柔美。她甚至创造了以本多尔游艇上水手们穿着的喇叭裤为灵感的裤装。与此同时，本多尔将她的社交圈扩大到海峡两岸的政要，其中最著名的是温斯顿·丘吉尔。现在，世上所有的财富都可以归她享用了，没有什么是她无法得到的。曾经的孤女生活已经远离她了。不过，1930年，公爵另择他人作为结婚对象，香奈儿再度变回孤身一人。而她化解的方式，就是让自己投入工作。在20世纪30年代，香奈儿时装屋达到了新高度，团队拥有约4000名员工，一年制作大约28000件礼服。忽略与好莱坞的短暂交集的话，香奈儿常驻在巴黎，她睡在丽兹酒店的套房，并且在她康朋街的公寓里接待客人。在她与艾尔莎·夏帕瑞丽的激烈较量中，无论是性格还是专业度，都使她的作品更具备竞争优势。后来，她又有了一位爱人，插画家和设计师保罗·伊里贝，也再一次有了结婚的可能。然而在交往四年后，1935年，伊里贝在他们位于法国南部罗克布吕纳的度假屋里因为心脏病去世，就这么在她的面前倒下了。

1939年，法国和德国之间爆发战争，让所有的巴黎设计师陷入了困境。香奈儿在经营上的解决方案是关闭定制时装屋，同时保留精品店，只出售最有名的香奈儿

5号香水和配饰。而她个人的解决方案——是找一位德国爱人，汉斯·冈瑟·冯·丁克拉吉，他既是外交官又是间谍——这段经历被证明是一场不折不扣的灾难。传记作者朗达·K.加里里克明确指出，香奈儿被纳粹专制主义所吸引，并持有反犹太的观点。她甚至试图利用自己跟纳粹的关系，将香水业务从韦特海默这个持有香奈儿品牌香水所有权并逃到美国的犹太家族手中夺走。战争结束时，香奈儿被捕，她被指控为叛国罪并被迫流亡到瑞士。因为她的个人名誉扫地，几年间她一直在洛桑四处游走，偶尔辗转巴黎。直到1954年，70岁的她宣布复出，震撼了巴黎时尚界。

香奈儿5号的销售不断减少，迫使韦特海默家族向香奈儿做出了一个不同寻常的提议。如果她把香奈儿时装屋卖给他们，他们会支付她余生的所有账单作为报酬。在协议达成后，香奈儿开始重拾时装屋在战争爆发前的魔力。复出的第一场秀于1954年2月5日举行，少年卡尔·拉格斐也参加了这场秀，不过这场秀并没有立刻取得成功。美国版*Vogue*的一位年轻编辑回忆道，这个系列就像一次"时光倒流"。但是当时法国版*Vogue*的编辑贝蒂娜·巴拉德却有着不同的感受。她的目光被一身藏蓝色的羊毛针织套装所吸引，她觉得那就是香奈儿风格的总结。外套有着方形的肩膀，轻微填充过的贴袋，以及可以解开扣子的袖子，方便露出白色的袖口。时至今日，香奈儿套装依然是现代时装的伟大创举之一。袖孔至关重要，总是又小又高，由香奈儿不断亲自改造，以创造出贴身的效果。这突出了穿着者肩部和颈部的纤细和单薄。另一个设计中的细节，是缝在外套边缘的金色链条，这样能确保外套笔挺地垂下，下摆不会往上翘。必备的饰品包括一顶帽子、肉色长筒袜和双色的脚后跟系带鞋。对于珠宝的使用，香奈儿也毫不吝啬，无论是她标志性的珍珠串，还是她所偏好的真假珠宝混搭，从21世纪的视角来看，这一切显得尤为具有现代感。

仅推出了三个系列，香奈儿就实现了惊人的回归。就是这位从天而降的女孩，创造出现在每个上流社会的年轻女性都会选择的套装。在美国和欧洲，这个套装被没完没了地大肆仿制着，让买不起高级时装的阶层的女性也能穿上香奈儿的风格。在晚年，香奈儿成为了法国的一个标志。她的身边被一组年轻模特，还有一群值得信任的朋友和仆人们围绕。许多香奈儿名言都是在20世纪60年代出现的，比如："女人的教育包含两课：没穿丝袜不能出门，没戴帽子不能出门。"

很难相信早在20世纪20年代就打破了诸多传统的年轻香奈儿，也会有说出这些着装规则的时候。只不过，在兜兜转转之后，老去的香奈儿最终成就了自己的传奇。在1971年她以88岁高龄去世后，这个传奇继续被完整地保留了下来，香奈儿时装屋在1983年至2019年间，由卡尔·拉格斐的创意思想所引领（接班人是维吉妮·维阿德和埃里克·普弗伦德），持续蓬勃地发展着。或许，局外人的身份正是她成功的关键。正如巴黎时尚与纺织品博物馆的馆长凯特尔·勒布希斯所说："她没有背景可参照，没有接受过教育，没有被灌输过教养的礼仪，所以她可以自由地创造出属于自己的着装规则。"

Gabrielle 'Coco' Chanel

延伸阅读: 关于香奈儿的著作很多，包括1971年埃德蒙·查尔斯·鲁克斯的早期传记《香奈儿》，1992年爱丽丝·麦克雷尔的《可可·香奈儿》，以及2014年朗达·K.加里克的《小姐: 可可·香奈儿和历史的脉搏》(Mademoiselle: Coco Chanel and the Pulse of History)。2005年，哈罗德·科达和安德鲁·博尔顿的《香奈儿》，是纽约大都会博物馆香奈儿展览的目录，里面的一些文章十分具有启发意义。2008年，保罗·莫兰的《香奈儿的魅力》(The Allure of Chanel)（由尤安·卡梅隆翻译）也是很有趣的。

香奈儿的粗花呢套装，*Vogue*，1962年。
Horst P. Horst/Condé Nast via Getty Images.

可可·香奈儿，1936年。
Lipnitzki/Roger Viollet via Getty Images.

55

甲板上的让·巴杜，1925年。
APIC via Getty Images.

让·巴杜
（1880—1936）

巴杜设计的剪裁是
如此美妙，你可以一直
穿着它，
直到它被穿坏。

无论是在生前还是过世后，法国设计师让·巴杜的名气往往被他的劲敌可可·香奈儿所盖过，但是，在他设计生涯的巅峰时期，具体可以追溯到从1918年第一次世界大战结束到1929年的经济大萧条这段时间，他有着同样巨大的影响力。或许，他本来也有机会像香奈儿一样辉煌地复出，然而他早早就去世了，并且因为他最大的恶习——赌博，而变得一贫如洗。

或许他的多项成就中最为重大的，是他对女士运动装的开发。1921年，他让温布尔登网球赛的运动员苏珊·朗格伦穿上了白色无袖直身开衫和白色丝绸百褶短裙，瞬间引起了轰动。这种被称为"假小子"的男孩子气且运动感十足的造型，是20年代多数时间里女装时尚的主流形象，展现出了一个女性享受着前所未有的自由的时代，比如可以无拘无束地运动、享受日光浴和露腿。不过，最近的研究表明，时代自由的影响可能是被夸大的。和运动装一样，许多衣服实际上是由那些不运动的女性购买的，她们更喜欢向善妒的朋友们炫耀她们印有巴杜老花图案的开衫式毛衣。巴杜深知这一点，因此在他20世纪20年代中期推出的泳装设计中，既有使用了防缩面料的适合真正泳者的实用款式，也有更适合在海滩上作为社交展示的款式。

他从没结过婚，但似乎有着无数的风流韵事，过着花花公子的生活。他的传记作者梅雷迪斯·埃瑟林顿·史密斯尖锐地指出，巴杜设计中男孩子气的女性形象，与他自己对女人的贪恋和欲望形成了奇怪的对比。"也许就是因为巴杜没有深爱过任何一个女人，所以他能够客观地看待女性，同时又带着一种敏锐的同理心，让他创造出了既能融合新式自由精神，又能吸引男性的服装。"说起他的缪斯，虽然这一角色也曾由郎格伦和其他女运动员们、女演员们充当，但是在战后初期，还是他的姐妹玛德琳·巴杜。玛德琳的丈夫雷蒙德·巴巴斯在商业经营上也发挥了重要的作用，社会名媛和公关家艾尔莎·马克斯韦尔同样致力于推广巴杜品牌。

巴杜有着坚定的眼光，但他并没有创造出属于自己的服装模板。正如他对摄影师盖恩·德迈耶男爵说的："我不知道该怎么去设计。即使我想要设计我也做不到，因为我不会画画，在我的手里，剪刀也变成了危险的武器。"但是，他为自己的工作室提供着灵感的原材料，不留情面地修改着成品，紧盯着每一个制作过程。即使到了模特儿准备走向观众的前一刻，巴杜也常常会弃用某一件衣服。尤其是在"彩排（répétition générale）"中，名义上是一场完整的服装展示排练，实际上就是他在当季的大型时装发布会，汇聚了时尚编辑、地位显赫的买家以及客户。这就相当于现代时装秀的前身了，只不过巴杜的版本还包含了香槟晚宴。

1880年，让·巴杜出生于诺曼底，父母名为查尔斯和让娜·巴杜，家境相当富有。查尔斯是一位制革师，他以制作色彩精美和装订书籍的皮革而闻名，并将自己敏锐的色彩感遗传给了儿子。巴杜迅速回避了加入家族制革业的道路，他为一位从事毛皮贸易的叔叔工作，之后开始自己断断续续地做生意。1912年，他在巴黎开了一家名为"帕里之家"的店。战争爆发前两年，他开始发展出他设计中特有的简洁风格，包括使用暗藏的褶皱、插入铺钉和嵌料。时尚史学家卡罗琳·雷诺兹·米尔班克指出，他在早期还创造了第一代"吸烟装"——以男士晚宴外套为原型剪裁的外套。到了1914年，受到纽约零售商大量订单的激励，巴杜准备以自己的名义推出品牌，不过，与德国爆发的敌对战争，使他的计划戛然而止。

第一次世界大战期间，巴杜服役长达5年，甚至远赴安纳托利亚等地作战。这一时期对他心理上的影响是巨大的，在他最新的一本传记中，作者伊曼纽尔·波利详细地探讨了这一细节。巴杜的连襟雷蒙德·巴巴斯确信，这段经历大大地缩短了巴杜的寿命。然而，巴杜也从他的战时经历中学到了很多，尤其是领导能力和委任人的重要性。当他回到战后的巴黎，便安居在圣弗洛朗坦街7号，并开始着手弥补失去的时间，最终在1919年创立了自己的同名时装屋。他在同年设计的长腰身牧羊女裙，以及在1920至1921年间设计的长腰身俄国民俗农家系列，使他声名大噪。但更具开创性的是他广泛借鉴了男士的运动装，从而逐步发展出女士的运动装。

到1925年，巴杜已经将半裙的裙长缩短到膝盖的位置，并在他位于圣弗洛朗坦街新开的"运动角"店内出售，而这家商店由英国的社交名媛菲莉丝，即德詹泽子爵夫人管理。在圣弗洛朗坦街，他请来室内设计师组合"苏与马"，打造出了一个与这座建筑本身18世纪风格相称的装潢。20世纪20年代也就是装饰艺术时期的设计，有着注重整体造型的理念，定制时装设计师也深受艺术家们的影响：巴杜在

1924年推出的立体主义毛衣，能相当明显地表现出这一趋势。"运动角"就是整体造型的展现，那里的房间都被设计布置成了能同时呈现时尚以及诸如骑马、狩猎和钓鱼装备的环境的样子。在今天，巴杜的这种做法可以被称作贩卖生活方式的零售手段。1928年，他的"让·巴杜袋（Jean Patou Bag）"由十四件可以相互搭配的服装组成，都印满了老花图案。此外，巴杜还精心设计了一个"无物（les riens）"系列，产品包括围巾、服饰珠宝、帽子以及口袋书。

1924年，他将毛衣与印有配套图案的百褶裙、印花丝巾一起出售，创造了一种主导多年的风格。和他的竞争对手香奈儿一样，巴杜也认为服装是实用和简洁的，这是他对19世纪末的奢华和受波烈影响的东方主义时期作出的回应。不过，他借 Vogue 和 Harper's Bazaar 的报道抨击了香奈儿，强调了他们之间的差异。Vogue 的埃德娜·伍尔曼·蔡斯回忆说："每次他在 Vogue 上看到香奈儿的名字，他都要把她的模特儿占用的版面和自己的品牌占用的版面进行一番比较。"然而，从现代的角度来看，巴杜和香奈儿有着不少共通之处。

巴杜进军美国市场的速度要比香奈儿来得迟缓。不过，在1924年11月，一切有了转机，他在美国的报纸上刊登广告，招募三名美国模特到他的巴黎工作室工作一年，引起了媒体的轰动。在筛选了大约500份申请后，巴杜迅速决定将人数从3人增加到6人，并与 Vogue 的资深编辑一起亲自前往纽约面试。其中一位被选中的模特，也就是别名迪纳扎德的莉莲·法利回忆道，巴杜最关注的是模特的脚踝。"只有脚和脚踝通过了考核，他才愿意看看臀部或是臀部这个位置吧。其他的身体部位都不重要。"模特们搭乘"萨沃伊号"轮船穿越了大西洋。在航程中，巴杜担心法国新闻界的爱国人士可能会做出不利的宣传，于是派他的助手乔治·贝尔纳乘坐领航艇，在"萨沃伊号"进港前先去跟模特们会合。她们被警告要表现出最好的行为举止，还要不遗余力地取悦法国媒体。他们展出的第一个系列，由20位模特演绎了500套衣服，大获成功，尤其受到美国买家的捧场。

在设计方面，在1925年的春季系列，巴杜决定把重点放在自然的腰线上，推出了一系列玫瑰米黄色的收腰礼服，广受好评。色彩，是巴杜作品的设计重点。每个系列都会推出两种新色彩，并有着精准且令人回味的名字，比如"鸽颈灰"或"深色大丽花"。1927年，他推出了著名的"新蓝色"，也就是一种深紫色。而1929年的冬季系列，是巴杜设计生涯中最具影响力的时刻，他突然改变了设计思路，将裙长拉长，并创造出了一种新的廓型。这就是他的公主线设计，裙子从高腰的位置而不再是臀部开始垂下，裙摆降低到了盖过小腿。发布系列时，他待在自己办公室里，一反常态地表现紧张：掌控秀场的负责人乔治·伯纳德迅速安抚了他，向他报告称，观众席上的女人们都开始拉扯裙子，像是想试图遮住自己的膝盖。Vogue 则写道这是"自假小子风格出现以后，服装第一次有了戏剧性的变化"。而巴杜在这个系列中创造出的全新晚装造型，同样很有影响力，他利用白色绸缎的斜裁晚装作为对"小黑裙"的回击。（"我将竭尽所能，把那些平淡乏味的小黑裙从时尚的行列中驱逐出去。"他说道。)

在时尚界对巴杜的新设计津津乐道之时,这个世界正处于全球性经济灾难的边缘。1929年的大萧条,标志着时尚界和世界经济命运的转变。一夜之间,美国买家不再前往巴黎了。对此,巴杜以他一贯的虚张声势来回应,20世纪30年代初,他在家里举办了一场奢华的派对,花园里的树用银箔装饰着,送出的礼物中还包含了三只活生生的小狮子。只不过时尚的氛围说变就变,巴杜(还有香奈儿、浪凡等20世纪20年代的设计界明星一起)突然发现,自己对简约风格的偏好与时代格格不入了。巴杜的衰败伴随着夏帕瑞丽的崛起。1932年他设计的冬季系列犹如灾难,是为了夺回时尚主导权的一番绝望的尝试,他创造了一个专注于臀部设计的呆板中世纪造型,被市场和媒体彻底地否决了。巴杜自己也很痛苦,他显然已经老去,还失控地沉迷于赌博。他再也没有恢复他之前的影响力,并于1936年去世,报道称是因为中风发作。他的连襟雷蒙德·巴巴斯是这么解释的:"他是因为筋疲力尽而死的。第一次世界大战终于杀死了他。"当然,这个说法有点过于单纯了。

今天的让·巴杜是以香水屋而为人们所熟知的。在20世纪20年代,巴杜开发了一系列香水,包括为了配合头发颜色而设计的三重香水,如"别了贞洁(Adieu, Sagesse)"是给红发人士使用的。1929年推出的"他的(Sien)",是第一款男女通用香水。对他来说,真正的突破是一年后推出的"喜悦(Joy)",是由他和艾尔莎·马克斯韦尔一起在格拉斯构思出来的,并以"世界上最昂贵的香水"的名义营销成功。据说每瓶香水都用了336朵玫瑰和10600朵茉莉花。在他去世后,时装屋在雷蒙德·巴巴斯的引导下继续发展。一批年轻一辈的设计师,包括马克·博汉、卡尔·拉格斐和安吉洛·塔拉齐的加入,使时装屋活跃了许多年。20世纪80年代,在创意总监克里斯汀·拉克鲁瓦的启发下,巴杜品牌的定制时装业务蓬勃发展了好几年,拉克鲁瓦也为定制时装界注入了全新的华丽和大胆风格。最后,拉克鲁瓦因为成立了自己的品牌而离开。

让·巴杜是否得到了时尚史学家们的正确赏识?传记作者梅雷迪斯·埃瑟林顿·史密斯认为答案是否定的,她还指出,博物馆往往更关注特定场合穿着的服装,而不是设计师的日常作品。一件巴杜设计的剪裁是如此精美,如此贴合"你可以一直穿着它,直到它被穿坏"的理念。

延伸阅读:2013年,伊曼纽尔·波利的《让·巴杜:时尚生活》(*Jean Patou: A Fashionable Life*),有着深入的研究和丰富的配图。1983年,梅雷迪斯·埃瑟林顿·史密斯撰写的传记《巴杜》,也是一本出色的读物。

让·巴杜套装，*Vogue*，
1931 年。
Condé Nast via Getty Images.

让·巴杜泳装，
Vogue，1928 年。
George Hoynin-
gen-Huene/Condé Nast
via Getty Images.

穿着维奥内特的希腊风格模特，*Vogue*，1931年。
George Hoyningen-Huene/Condé Nast via Getty Images.

玛德琳·维奥内特
（1876—1975）

**维奥内特以她纯粹的
构想，迅速建立了声誉。**

20世纪伊始，玛德琳·维奥内特受到著名舞蹈家伊莎多拉·邓肯的启发，把女人们从胸衣的束缚中解放了出来，尽管维奥内特并没有见过邓肯本人，只是这么默默地欣赏着她。仅凭这一点，就足以让维奥内特成为时尚史上的权威人物，而她还有许多其他的建树。与同时代热情奔放的保罗·波烈相比，她的成就庇护着她的个性，因为她是一个沉默含蓄的人。维奥内特不喜欢参与顾客试衣的过程，她把自己关在蒙田大道50号的房间里，将面料缠绕在3英尺高的有着灵活关节的紫檀人台上，一工作就是几个小时，安静且与世隔绝。如果她不是那么地寡言少语，也许她会更加引人瞩目。1973年，也就是她去世的前两年，在纽约大都会博物馆举办的别具开创性的展览"创新服装：1909—1939"上，参展的41件维奥内特设计的复古礼服抢尽了风头。她的灵感来源是古典希腊服饰，她曾为此仔细研究了卢浮宫的古希腊花瓶。许多现代设计师依然崇尚她的设计，称颂她有着让面料活起来的能力。日本的三宅一生曾评价："维奥内特设计的服装是以身体活动时的动感为考量的，它们始终没有偏离这一根本的设计理念。"

与传闻不同的是，斜裁法并不是她发明的。在维奥内特之前，这种沿着布纹线45度夹角剪裁以便于强调人体形态的技术，就已经被用在领口、袖口和装饰的面料上。维奥内特的成就是充分发掘了斜裁的潜力，她用斜裁法创造出了一整件礼服，或者是将斜裁法用于插片或嵌料。尽管成品看起来很简单，但在斜裁时要保证面料不起皱也不起褶，是很有难度的。时尚史学家卡罗琳·埃文斯和米娜·桑顿指出，为了满足斜裁的要求，她所使用的面料织幅是当时常规宽度的两倍。能为她所试验的理想面料是罗马绉或双绉，虽然她也试图把斜裁法用在天鹅绒甚至厚实的粗花呢上。

虽然她有着无法被忽视的精湛技艺以及独创的剪裁方式，但是，却是以挂片剪裁制作礼服方面的天赋，使她更为独树一帜，在后世被诸如阿瑟丁·阿拉亚（Azzedine Alaïa）这样的设计师所推崇，他设想了维奥内特做斜裁的方法，并且用照片逐步说明展示。"维奥内特设计的裙装流畅自在地垂下，缠绕面料的技巧带给我们这种意想不到的垂坠效果。"他解释道。

生于1876年，辛勤工作对玛德琳·维奥内特来说早已习以为常。从12岁起，她就在卢瓦雷的奥伯维利耶村给邻居的妻子当花边工学徒，日复一日地劳作。她的家在汝拉山，但那称不上什么家庭，她的父母在她两岁时就分居了，而她的收费稽查员父亲只能让她年纪轻轻就开始工作。18岁时，她与埃米尔·迪鲁托特有过一场短暂且不愉快的婚姻，仅有的孩子在婴儿时期就夭折了。随后，年仅20岁的她展现出了非凡的勇气和坚韧的个性，离开她的丈夫和家乡来到英国，在伦敦的多佛街凯特·莱利事务所找到了一份工作，事务所专门制作巴黎设计师的高质量仿制品。经历了数年的学习，维奥内特迅速成为了一个由12名制衣师组成的工坊的负责人。

1901年，她回到巴黎，被卡洛特·苏尔家族中的大姐格伯夫人所雇用，担任首席制衣师。"多亏遇见了她，我才制造出了劳斯莱斯，"维奥内特在后来说道，"如果没有卡洛特·苏尔，我只能继续制作福特汽车"。不过五年后，维奥内特移师雅克·道塞特时装屋，在那里她才初次体验到了更大的创作自由。道塞特擅长挖掘新的人才，他希望维奥内特能为他的时装屋注入青春的活力。而他的所得超出了他的预想：1907年，维奥内特为道塞特设计了一个富有伊莎多拉·邓肯精神的系列（所有模特都赤着脚并且没有穿束身衣），但是，这个系列无论是在外界还是品牌内部，都没有收到好评。好在维奥内特还有一位早期的拥趸，那就是光彩照人的女演员安泰尔姆，她十分欣赏维奥内特设计的"可以在公共场合穿着的随意家居服"。

安泰尔姆的英年早逝，使维奥内特失去了一个能持续提供灵感的缪斯和金主。维奥内特和波烈都声称自己是第一个弃用束身衣的人，不过，时尚史学家卡罗琳·埃文斯和米娜·桑顿强调，1907年福图尼就已经在威尼斯制作他的德尔福斯裙了，而古斯塔夫·克里姆特更是早在1902年就在维也纳为芙洛格姐妹的时装屋设计了不含束身衣的礼服。

到了1912年，勤奋的维奥内特已经攒够了钱，可以在沃利街222号创立自己的时装屋了，而她也得到了另一位客户杰曼·利拉斯的经济支持。尽管她有了一些进展，但是，战争爆发了，她被迫关闭了店铺，直到1918年才恢复经营。维奥内特以她纯粹的构想和一系列构思完美的裙装，例如她精致的四角裙，迅速建立起了声誉。她的核心技巧在于，利用一种简单的面料形状，比如正方形、圆形或三角形，自然而然地以人体的肩膀和腰线作为固定点，打造出一件裙装。在20世纪70年代，来自美国的纺织品保管员贝蒂·柯克详细地研究了她的技巧，并重现了她的许多裙装，揭示了不少维奥内特制作衣服的方法，对现代的设计师来说，这些方法至今还是相当神秘的。而对于客户，这些裙装有时候也是难以琢磨的，一些人不得不特地打电话到工作室，询问该如何让面料呈现出正确的扭转与垂坠效果。

在20世纪20年代初，因为维奥内特的作品太过引人注目了，她开始跟人打起了版权官司，这是以前和现在的设计师一直会遭遇到的问题。1922年，她的生意势头越来越红火，于是品牌搬到了新地址，宽敞的蒙田大道50号，乔治·德弗尔受委托装饰那里的墙面，而他使用了饰带装饰来向古希腊和维奥内特的设计致敬。在那里，她的时装屋具备足够人力和物力，在20世纪30年代的鼎盛时期拥有26个工坊和1200名制衣师。维奥内特为制衣师们提供的待遇大大超过了当时的行业标准，赢得了人们的赞誉。蒙田大道工坊的室内光线充足，制衣师们坐在有靠背的椅子而不是板凳上。年轻的制衣师还可以在员工食堂用餐，并且使用时装屋内部的医务室。她的教女玛德琳·查普萨尔说："她骨子里的确是个不折不扣的女权主义者，尽管我从来没有听她提过这个词。"

整个20世纪20年代，时装屋稳步发展着。1924年，玛德琳·维奥内特股份有限公司在纽约成立，并在第五大道上开设了一家精品店，出售尺寸通用但裙摆仍是半成品的设计，以便根据顾客的身形做出修改。1925年，她在故乡法国的比亚里茨开设了另外一家精品店。除了斜裁的礼服，其他的新设计包括在颈前垂下的大翻领，有时也被称为"维奥内特装（the Vionnet drip）"，以及对围巾的开发，维奥内特认为围巾是造型中不可或缺的一部分，无论是绕在脖子上、围在臀部还是系在手腕上。她还通过调整浸染面料时间的长短，创造出一件渐变色的裙装。而勒萨热工坊甚至为她开发了新的刺绣技术（比如细面式直纹，刺绣的每个点跟着经纱或者纬纱一起走），用于制作与斜裁的礼服配合使用的刺绣。玫瑰是维奥内特最喜欢的图案，尤其是美国的红蔷薇，在1924年的美国之行时，她就被这种玫瑰深深地吸引了。

1929年经济大萧条后，裙摆迅速降低，而维奥内特设计中的古典元素和雕刻形态，比以往任何时候都更受推崇了。最能代表维奥内特设计精髓的，是1931年11月刊载于*Vogue*，由霍宁根·华内拍摄的一系列迷人的黑白照片，时装屋的模特索尼娅像是在古希腊浮雕里跳着舞的仙女。她的身体与裙装和谐不费力地融为一体，面料像空气一般轻盈飘逸。紧随20世纪30年代中期浪漫风格复兴的脚步，维奥内特推出一系列拥有更大裙摆的裙身与相应时代风格的礼服，尽管这种风格可能更符合马塞尔·查萨尔的口味，也就是她整个职业生涯中最密切的合作者。维奥内特本身并不喜欢时尚总是在转换方向的本质。1937年5月，她罕有地接受了*Marie Claire*的全面采访，说道："我证明了自己是时尚的敌人。每一季总会出现一些既浮躁又肤浅的奇怪新时尚，那对我的审美来说是一种冒犯。"与之相反，她说自己关注的重点总是一致的，严格地遵循"比例、动态、平衡和精准"这四个原则。

　　虽然晚年时的她声称自己处于时尚圈之外（大部分对她的采访，时间都是在她退休之后），但是，仔细地观察她的设计系列，可以发现她也曾想要回应时代的氛围。马德琳·金斯伯格的报道指出，1934年，有一个系列在发布前两周被弃用，因为当时的时尚业铺天盖地都是更具浪漫氛围的风潮，而维奥内特也想要尽快跟上。

　　维奥内特衣着朴素并且勤奋工作，但她也有自己的私人生活。1923年，她第二次结婚了，虽然她的丈夫人选不太靠谱。迪米特里·内奇沃洛多夫（又称"尼奇"）是个俄国人，他铺张浪费，而且没有维奥内特那样自律的工作态度。她曾残忍地自嘲自己是他的银行，尽管他确实工作过，在特罗永街8号经营着一家由维奥内特资助的鞋店。他们也曾有过一些快乐的时光，比如在她枫丹白露周边塞利恩比以及巴黎安东宁阿诺德3号地的家里，还有她在法国南部邦多勒的度假屋（也被称为白宫），她和尼奇、马塞尔·查萨尔一家一起在那里度假。但这段婚姻逐步瓦解，直到1943年以离婚告终。

　　当时，她的时装屋也已经关闭了。在品牌关闭前的最后几年，因为与品牌的长期股东，也就是老佛爷百货公司的持有人瑟菲利·贝德闹得不可开交，维奥内特过得很艰难。贝德提议在店内设立一家精品店，同时销售维奥内特和其他时装品牌的仿制品，这激怒了她，引发了一场法律诉讼，维奥内特在1939年打赢了官司。但是贝德此刻已经获得了对公司的控制权，导致维奥内特决定退出。1940年，时装屋进入了清算阶段。1952年，维奥内特将服装、样衣和版权画册捐赠给了法国服装艺术联盟（UFAC），这些资料也确保了她在设计上的贡献能得到应有的认可。

　　现代的设计师一次又一次地借鉴着维奥内特。正如贝蒂·柯克指出："只要是柔和的廓型，人们……就会参考维奥内特。"退休后的维奥内特经历了多个年代，作为定制时装界德高望重的人物，她总是乐于提供建议，有时也会开设关于缝纫或是斜裁的课程。当她卧病在床时，她穿着一套巴伦西亚加为她制作的粉红色印花丝绸绗缝裤装套装招待客人。1975年，她去世，享年99岁。1998年，维奥内特的商标被卢门家族收购，2009年2月，他们把它卖给了马特奥·马尔佐托和贾尼·卡斯第里奥尼，而后者在2012年又把商标转手卖给了戈加·阿什肯纳兹。2009至2010年，在巴黎装饰艺术博物馆（MAD）举办的回顾展"玛德琳·维奥内特：时尚的纯粹主义者"受到了媒体极其热烈的反响。

延伸阅读：为了让维奥内特的名字持续曝光，美国作者贝蒂·柯克做了许多工作，特别是她在1998年出版的《玛德琳·维奥内特》，2012年已经是第三次再版了。2009年，由策展人帕梅拉·戈尔丁编辑的《玛德琳·维奥内特》，是关于装饰艺术博物馆展览的精彩目录。同样值得一读的还有1996年由杰奎琳·德莫内克斯撰写的传记《玛德琳·维奥内特》。

玛德琳·维奥内特的海报，1919年。
Apic via Getty Images.

维奥内特的连衣裙和斗篷，1923年。
Séeberger Frères/General Photographic
Agency via Getty Images.

工作中的玛德琳·维奥内特，约1930年。
Apic via Getty Images.

10 | 艾尔莎·夏帕瑞丽（1890—1973）

放在当下，她的佳作也具有不同凡响且令人震撼的现代感。

艾尔莎·夏帕瑞丽的出现，标志着艺术对时尚的正面冲击，虽然这位意大利设计师在时尚业的起步比较晚，却为这个过度古板严肃圈子，注入了一丝新鲜的空气。她有着超现实主义的直觉，有着将熟悉的物品变得难以想象的搞怪能力。超现实主义者，或许还有意大利式的未来主义者，他们的活力、蓬勃和生活乐趣，都让年轻的夏帕瑞丽兴奋不已。这一切能量都被封装在浓烈的粉色——"震惊粉"——之中，并成为她的标志色彩。在一本自传中，她以恰如其分的夸张语调说道："鲜艳的、意外的、粗犷的、美妙的、有生命力的，就像是世界上所有的光芒、飞鸟和鱼都融合在了一起……一种令人震惊的色彩。"而这本自传和她的设计作品一样，有着不少超现实主义的元素。

放在当下，她的佳作也具有不同凡响且令人震撼的现代感。不管是填字游戏毛衣和拉链裙装、针织帽和服饰珠宝、裙裤和连体裤，还是对新型合成面料的探索，以及最重要的，对色彩的大胆运用。她那著名的泪水裙，使用萨尔瓦多·达利所设计的面料制作而成，创造出了一种面料被撕裂开来的假象：以现代的眼光来看，这完全就是朋克精神。对这位从未接受过专业训练的时装设计师来说，一无所知是她受到的恩泽。规矩就是要被打破的，夏帕瑞丽享受着颠覆资产阶级的乐趣。"夏帕瑞丽夫人践踏了一切司空见惯的东西。"为她设计衣服并崇拜她的伊夫·圣·洛朗这样说道。而传记作者帕尔默·怀特说她"鲁莽冒失又天赋异禀"。不过，她的死对头香奈

夏帕瑞丽连衣裙，*Vogue*，1947年。
Horst P. Horst/Condé Nast via Getty Images.

Elsa Schiaparelli

儿却对她嗤之以鼻，称她为"那个做衣服的意大利人"。

夏帕瑞丽的背景再传统不过，1890年出生在罗马，父亲塞莱斯蒂诺是一个来自皮埃蒙特的知识分子，负责管理罗马历史悠久的林且图书馆。她的母亲玛丽亚·路易莎来自那不勒斯的一个贵族家庭。在罗马的科西尼宫度过童年，被充满艺术和历史的氛围所环绕，她的成长伴随着源源不尽且亟待开发的灵感。作为一个敏感又害羞的少女，她开始尝试写诗，并在20岁出版了她的第一本书。满怀激情的写作题材让她的父亲大感震惊，他立刻将女儿送进了修道院。而她以绝食反抗，修道院不得不让她离开。1913年，夏帕瑞丽第一次来到巴黎，并且为这座城市的活力而兴奋不已，她穿着急急忙忙缝制的波烈风格的灯笼裤，出席了一场舞会。离开巴黎后她又前往英国，应邀到肯特郡的一家孤儿院当帮手。在到访伦敦的时候，她结识了瑞士籍法国人神学家威廉·德温特·德克勒伯爵，他们迅速在1914年结婚。这段婚姻是一场灾难，在1919年她迁居到纽约时便宣告终结。不过正是因为到了纽约，她遇见了弗朗西斯·皮卡比亚的妻子加布里埃尔·皮卡比亚，并成为马塞尔·杜尚和曼·雷所在的艺术圈子中的一员。

1922年，一贫如洗的夏帕瑞丽带着她尚年幼的女儿伊冯（昵称"果戈"）和一位美国朋友布兰奇·海斯回到了欧洲。她身无分文，但她拥有巴黎所有艺术和创意圈里最好的人脉。她为她的老朋友加布里埃尔·皮卡比亚制作了一件礼服，并得到了时装设计师保罗·波烈的赞赏。尽管她缺乏专业的知识，但是受到鼓舞的她制作了更多的礼服，并再度得到了波烈的鼓励，波烈成为了她的朋友和支持者。1927年1月，在法国商人M.卡恩的支持下，她制作了"一号展品"系列，设计中包含了手织的毛衣和与之配套的双绉半裙。显然，这些设计中的运动感、条纹和几何图案，都是对当时艺术运动的借鉴，包括装饰艺术、立体主义和未来主义。她的突破是一件错视风格的蝴蝶结图案毛衣，由一位亚美尼亚难民织成，使用了一种结合黑色底色与白色底线的技术。罗德与泰勒第五大道百货的一位购货员订购了40件，它也被美国版 *Vogue* 誉为"艺术杰作"。

接下来的一年里，夏帕瑞丽开始认真经营品牌，并在和平街4号为品牌找了一个驻地，尽管这个地方只是一个杂乱又不起眼的阁楼。入口处她的名字下方，标注了"为了运动"的字样，直接表明了她最初创作的重点。而"二号展品"系列成为一连串灵感创意的体现，包含了像度假睡衣（后来演变为宫殿睡衣）这样的沙滩装，以及粗花呢日装。除了已经成为她的标志的趣味设计，夏帕瑞丽还将精力投入对实穿性的改良，例如后背开低和肩带透明的泳装，能让肩膀的肤色被晒得更均匀。这个系列包括了美容产品和一支富有新意的中性香水，以"S"简单命名。配饰，尤其是围巾，和服装一样引人注目，包含可拆卸的羊羔皮和狐狸皮领，以及同样可拆卸的围巾领。1931年，她的项链式围巾在美国版 *Vogue* 杂志上大受欢迎，而1930年以圆筒针织制成的"疯帽子"，更是成了畅销到失控的单品，这位设计师甚至因为觉得它太过随处可见而渐渐感到厌倦，并且不再售卖它。

　　1929年经济大萧条及随后的经济衰退，明显没有影响到夏帕瑞丽事业的进展。一部分原因是，她脱离了极其有限的高级定制客户圈，创造出了可以打入更广阔市场比如美国中产阶级的服装。而许多富有影响力的女人接二连三地来到和平街4号，包括玛琳·黛德丽、葛丽泰·嘉宝、社交名流戴安娜·库珀夫人、著名的豪门继承人黛西·法罗以及巴黎的舞台明星阿莱缇。因此，品牌的名声越来越红火。虽然夏帕瑞丽在她的自传《轰动的一生》中形容自己很害羞，但她承认这并不影响她的穿着。20世纪30年代初，她因身穿一件纯黑色的双绉晚礼服而引起了轰动，这件晚礼服结合了1928年后背开低的"晒伤"造型，与之对比鲜明的，是搭配穿着的白色鸡毛装饰双绉短夹克。晚装短夹克的概念演变成了"夏帕瑞丽短上衣"，这个贯穿了她整个30年代设计系列的亮点。可以说，夏帕瑞丽设计的晚装是很性感的，但日装却是恰恰相反，她肆意地借鉴男士的服装，创造出后来被称为"硬派时髦"的日装。1933年对她来说是重要的一年，归功于她设计的有着大肩章的宝塔袖大获成功，致使宽肩造型成为了时尚业的主导，一直持续到1947年迪奥的"新风貌（New Look）"问世。这一风格的极致，是她那设计得犹如摩天大楼剪影般的廓型，有着宽广的方形肩线和狭窄的臀部。含蓄简化，强调的是稳重严肃的剪裁中简洁又精准的线条：难怪巴伦西亚加会成为她最忠实的崇拜者。在即将开战的前几年中，军装制服的细节贯穿着她的系列。

　　1935年，夏帕瑞丽的品牌迁址到旺多姆21号，在那里她开设了首创的"夏帕精品店"，她的影响力到达了巅峰，创造出了一系列结合了服装与艺术的奇幻设计。或许最具有感召力的是1938年2月的"马戏团（Circus）"系列，坚持在欧洲战争爆发之时推出。这个系列通过一场精心策划和极具戏剧性时装秀来推广，而这场秀为服装的展示树立了一个全新的标准，直到20世纪60年代才出现了其他能与之匹敌的时装秀。如果仔细观察维多利亚与艾尔伯特博物馆收藏的一件该系列的作品，会发现它的制作并不精良，不过，夏帕瑞丽从来就不是一名出色的工艺师。她喜欢围绕着一个主题创作系列，开创了一种现代时尚设计的风潮。不仅是设计的产品，她的精品店也以稀奇古怪而闻名，那里有一只由萨尔瓦多·达利设计的染成粉色的巨大玩具熊，它的肚子里塞着抽屉。在这个时期，她的品牌有600名员工，每年生产1万件产品，一年会以两个主系列和两个小系列的方式进行宣传。

　　对面料的积极探索，是她的职业生涯中不太为人们所熟知的事。夏帕瑞丽使用人造丝和尼龙、纸张和玻璃纸，甚至橡胶和乳胶。1934年，她用一种名为罗多芬的合成材料，制作了拥有玻璃外观的外衣。而她也以更多不同寻常的方式，来使用许多传统的面料。粗花呢被用于制作晚装，防水塔夫绸被用在了雨衣上，而棉布则被假装成亚麻布来使用。在退休之后，她也能迅速感觉到牛仔布的新兴影响力。每一个设计细节都经过了夏帕瑞丽的重新思考，她对平凡的事物不屑一顾。比如她使用的纽扣，极其闻名。"最不可思议的东西都被用上了，"后来她回忆道，"动物和羽毛、漫画和镇纸、链条、锁扣、夹子和棒棒糖。有些是木头做的，有些是塑料做的，但没有一个看起来像普通纽扣本该有的样子。"

　　尽管夏帕瑞丽轻松地挺过了经济大萧条，但遇上第二次世界大战，情况就不太一样了。她坚持在巴黎待了一段时间，制作出了一批影响被低估但富有创见的系列，最大程度地利用了短缺的材料，并满足了当时人们对功能性和实用性服装的需求。她的最新传记的作者梅雷尔·塞克雷斯特指出，在法国被占领期间，夏帕瑞丽以擦边球的形式处理着与身为维希政府的朋友们之间的关系（最起码是这样）。1941年5月，她在美国领事的建议下离开了巴黎，在战争期间她基本上一直待在美国，充当着募款人和护士的角色，而联邦调查局则一直监视着她的一举一动。

　　战争结束了，夏帕瑞丽希望重回时尚业，但克里斯汀·迪奥（Christian Dior）的"新风貌"大肆驱逐了大部分的战前设计师。而曾与法国维希政府合作过的暗示也困扰着她。除此以外，夏帕瑞丽的弱点——喜欢虚张声势、依赖噱头也暴露无遗。激发她创作出最出色作品的超现实主义巅峰时期，已经成为了过眼云烟。她在20世纪40年代创作的一系列设计收到了客套而非热烈的响应。她的创新精神依然不改，比如为新一代太空旅行者设计星座旅行大衣和包袋，只不过她已经过气了。战后，女人们想要逃离现实，回归到能展现传统女性特质的氛围中去。

　　只有在美国，这个夏帕瑞丽在20世纪20和40年代初常驻的国家，她似乎依然保持着相同的魔力。1949年，她在纽约市第7大道530号开设了一家分公司，大量生产西装、连衣裙和大衣。她的"短款"夹克、金字塔型大衣和"震惊粉"内衣都很受欢迎。不过回到法国，她的生意一直亏损到50年代初。尽管如此，她还是继续坚持创作不同的设计系列，直到1954年，她推出的香水特别是"震惊（Shocking）"接连获得成功，缓解了品牌的经济压力。退休后的她积极地四处漫游，在位于突尼斯的另一个家中享受生活，直到一连串中风发作，把她困在了巴黎贝里街22号的家里。在经历过第一次灾难般的婚姻后，夏帕瑞丽再也没有结婚。虽然她也有过一些情史，但她会刻意避免太过认真的情感关系。1973年，她在睡梦中去世，享年83岁。

　　作为一个雇主，夏帕瑞丽的要求很高，并且从不轻易夸奖员工。虽然如此，她给的薪酬却很高，也强烈激发了员工的忠诚感。她还跟专业人员们保持着长期的联系，这也对她很有帮助，她为勒萨热刺绣工坊提供支持，并与查尔斯·科尔科贝特一起研究新型合成纤维面料。对艺术家们来说，几乎没有人不知道夏帕瑞丽，甚至都曾与她合作过，作品由晚礼服上萨尔瓦多·达利的龙虾，到变成勒萨热刺绣的让·谷克多的动人素描。这种将艺术与时尚融合共生的创作方式，使她在20世纪时尚史中获得了独特的地位。美国策展人理查德·马丁称她是"一位很有眼光的人，拥有将服装转化为艺术的能力"。

　　夏帕瑞丽经常因为时尚的转瞬即逝而感到沮丧。"服装设计……对我来说不是一项职业，而是一门艺术，"她在自传中写道，"我发现它是一种最有难度而且最无法令人满意的艺术，因为当服装一出现，它就已经成为了过去的事物。"在1954年出版的自传中，夏帕瑞丽总结了她的"女性十二诫"。第五条戒律说道："90%（的女人）害怕引人注目，害怕被别人议论。所以她们买了一身灰色的套装。她们应该勇敢地成为不一样的人。"这也是她自己打从心底最遵循的理念。

延伸阅读：2014年，美国传记作家梅雷尔·塞克雷斯特的《艾尔莎·夏帕瑞丽：传记》（*Elsa Schiaparelli: A Biography*）是对她一生的精彩总结。1986年，帕尔默·怀特也撰写了一本趣味性的传记《艾尔莎·夏帕瑞丽：巴黎时尚皇后》（*Elsa Schiaparelli: Empress of Paris Fashion*）。一如书名，1954年出版的夏帕瑞丽自传《轰动的一生》（*Shocking Life*）也很有意思。2003年，迪莉斯·布鲁姆为她在费城艺术博物馆授权策划的展览制作了一份资料充足的目录，《震惊！夏帕瑞丽的艺术与时尚》（*Shocking! The Art and Fashion of Schiaparelli*）。1987年，理查德·马丁的综述《时尚与超现实主义》（*Fashion and Surrealism*）中有许多与夏帕瑞丽有关的参考资料。

工作中的夏帕瑞丽，1938年。
John Phillips/The LIFE Picture Collection via Getty Images.

夏帕瑞丽连衣裙，*Vogue*，1937年。
Horst P. Horst/Condé Nast via Getty Images.

曼波彻礼服，*Vogue*，1931年。
Eduardo Garcia Benito/Condé Nast via Getty Images.

11 曼波彻 （1890—1976）

曼波彻喜欢简单而非复杂的风格，痛斥浮夸的时尚。

　　美国时装设计师曼波彻漫长的一生，经历了"美好年代"的浮华蓬松造型，到20世纪六七十年代成衣的爆发热潮，是时尚史上一段非凡卓越的时期。一方面，他以身为定制时装设计师而自豪，他不愿成为纽约第七大道上的量产公司之一，并缅怀着早在他出生前就已成为历史的时代。另一方面，他最出色的作品中的那种纯粹和精致严谨表明，他所希冀的是后来出现在20世纪90年代的极简主义。职业生涯后期，在曼波彻已经70多岁的时候，他创作了一系列简约的礼服，表明了他依然具有引领潮流的实力，其中包括了一件被*Harper's Bazaar*给予好评并用于拍摄的白色斜裁绉绸晚宴装。从更广泛的意义来说，作为巴黎的第一位美国定制时装设计师，他是美国时尚业自信崛起的重要象征。

　　如果他的成就被低估，可能是因为他不太愿意去营销宣传的缘故。他回避采访，在晚年就像是一位孤僻的隐士——1963年的《时代》杂志称他为"伟大的孤独者"。有点讽刺的是，在20世纪20年代，曼波彻本身曾是一位杰出的时尚记者。尽管怀念着这段职业生涯，却也没有促使他向以前的同僚们伸出友谊之手。*Vogue*的编辑贝蒂娜·巴拉德猜测这是他的一种策略："他常常会让*Vogue*的人为某件事情感到内疚，这样在他提条件的时候，我们就会无条件答应他了。"他身材矮壮，总是衣着优雅并且风度翩翩，举止庄重，带着一种旧世界的礼节。

　　他说："我就是时尚界的劳斯莱斯。"评论家戴尔·麦康纳蒂称他为"最后一批超级势利眼之一——一个18世纪法国红衣主教，不知怎的竟然出生在芝加哥西区"。

与此对应的，是他对自己的中西部出身所持有的强烈情结。他的朋友，作家珍妮特·弗兰纳在1940年指出："虽然曼波彻觉得用岚颂21号香槟搭配甜点很有面子，但他仍然认为自家制的香蕉冰淇淋是一场晚宴派对的完美收尾。"曼波彻很喜欢约翰·辛格·萨金特画作中的女性，欣赏她们的个性和时尚感。他能看出外在和内在自我之间的关联，在1964年他告诉 Vogue："大部分时候，我见到的那些真正时髦的女人，她的外表一定是她内在自我的外在反映。"他从来不用东方主义作为设计系列的参考——他不是保罗·波烈的粉丝，他说自己的衣服是"更昂贵的表达，更应该被视为服装造型而不是日常穿戴"。

他为自己是15世纪40年代率先抵达美国的法国胡格诺派的后代而感到骄傲。曼·卢梭·波彻（在1929年他缩短了自己的名字）于1890年出生于芝加哥，在门罗街一个其乐融融的家庭中长大，有一个名叫莉莲的姐妹。年轻时，他最大的兴趣在于音乐，特别是让他沉迷一生的歌剧。他还擅长绘画，这是他学习艺术的契机。在芝加哥大学读一年级时，父亲的去世让曼波彻迅速长大。1909年，他参加了纽约的艺术学生联盟，并带着自己的作品集想要在杂志社找到画插图的工作。但他真正的目标是前往欧洲，就像许多美国年轻人一样，欧洲在这个年轻人的心中也有着崇高的地位。

1911年，曼波彻说服母亲卖掉他们在芝加哥的房子前往欧洲，后来他说自己在欧洲"重生"了。他在慕尼黑学习艺术，并经常访问巴黎，感受着旧世界的音乐和文化。洛可可是他钟爱有加的时期，作为一个定制时装设计师，他选择了这种华丽的风格来反衬拘谨的轮廓。1914年战争爆发，促使他和家人回到了美国，这让他迈出了进入时尚业的第一步，为一个朋友设计了参加慈善时装秀的衣服，并为一家服装批发工厂绘制时装画挣钱。1917年，他作为美国远征军情报团的中士长，再次回到了法国。在战后的巴黎，曼波彻决心专注于音乐，学习声乐和歌剧。就在曼波彻准备登台演唱前，他失声了（花了三年时间才恢复），而他的兼职工作，为 Harper's Bazaar 的巴黎出版社绘制素描，则成为了他的主业。在时尚新闻这个相对新兴的行业中，他那建立在对细节的精确观察和与生俱来的风格感之上的精湛画功和优雅文笔，是他备受推崇的特质。在 Harper's Bazaar 工作了三年以后，曼波彻转投 Vogue，在那里他先是成了巴黎特派编辑，然后担任了7年的法国版 Vogue 编辑，一直到1929年。这些年里他最大的功劳，是发现和勉励了摄影师霍宁根·华内男爵和插画家卡尔·埃里克森，也就是埃里克。

许多时尚记者都曾尝试向设计转型。但没有一个人像曼波彻那样成功。后来他声称这是一个突然的决定。"这并不是我蓄谋已久的……而是当机立断迸发的想法。它是无意识产生的，而且只花了一天就做好了决定。"他从老佛爷百货购买了一些人台，并将它们放置在他位于左岸公寓的书房里。通过剪裁、钉布和试身修改，他自学了定制时装的原理。他还迅速展现出与生俱来的商业天赋，缩短了自己的名字，这可能是在效仿奥古斯塔伯纳德，一位他特别欣赏的时装设计师。他在乔治五世大街12号的豪华店面里摆满了镜面壁炉、宁芬堡瓷器和鲜花。打从一开始，曼波彻就被一种特别的光环围绕，尽管他更喜欢用冰水而不是香槟来招待客人。他告诫所有参加时装秀的客户——必须保证购买，以最便宜的裙装为底价。他只允许少数杂志和报纸比如 *Vogue*、*Harper's Bazaar* 和《纽约时报》报道他的系列。如果有特辑，他会坚持自己的衣服必须出现在首页。尽管他对时尚杂志的影响力不屑一顾，但正是因为这些杂志的有利报道，在初期就为他造势，使他迅速建立起了成功的业务。

奥古斯塔伯纳德看似简单且精致的设计影响了他，尽管前者在1934年因为经济问题被迫退休。另一个影响，来自更有名的维奥内特夫人，曼波彻仔细研究了她对斜裁的使用和挂片剪裁的技巧。他为设计亲手缠绕面料，再让一位助手绘制成草图。少即是多，多余的细节被无情地剔除。这些服装是如此精简，被媒体称为"不盛装的裙子"。因为每年推出四个系列，并有着令人钦佩的客户群，比如世上最会穿衣的女人艾尔西·德沃尔夫，也就是门德尔夫人，曼波彻的业务迅速增长。除了社会精英外，曼波彻也受到那些交际花的青睐，在20世纪30年代的巴黎，她们公开招摇。巅峰时期，时装屋雇用了350名员工，年销售额达1亿法郎。他最有名的客户温莎公爵夫人，和他一样是一位生活在欧洲的美国人。在她的婚礼上，曼波彻为她设计了一件有着收衬束腹和合身夹克的蓝色丝绸绉纱礼服——这是欧洲历史上被提及和仿制次数最多的一件定制礼服，至少在威尔士王妃戴安娜的婚礼之前是这样的。为了公爵夫人，他创作出一种特别的蓝色，华里丝蓝——是她眼珠的颜色。这件婚纱现在被纽约大都会博物馆收藏，后来颜色逐渐褪成了灰色。1980年，一位名叫欧内斯汀·卡特的时尚作家形容它是"他最不满意的一件设计，不幸的是，也是被仿制得最多的一件"。

1939年，迫在眉睫的战争威胁宣告了曼波彻巴黎时代的结束。他在巴黎的最后一个系列主打收腰和束腰的设计，虽然时机不对，却展示了他作为定制时装设计师的长远眼光，提早8年就预测到了克里斯汀·迪奥的"新风貌"。没过多久，曼波彻关闭了巴黎的店铺，与母亲和姐妹一起乘船回到了纽约。1940年初，《纽约客》对他进行了热情洋溢的报道，曼波彻很快就在自己的家乡安定了下来。"即使他在欧洲生活了20年，但他骨子里伊利诺伊州的身份却不曾改变。"《纽约客》总结道。多亏了与华纳兄弟胸衣公司的合约，他有了在第五大道附近的东57街6号重开时装屋的资金，他重现了乔治五世大道店铺里的氛围，重新展开了在巴黎被中断的事业。他的顾客名单再次暴增，包括诸如葛洛莉娅·范德、比尔特·库珀、芭芭拉·佩利和塞泽·盖斯特等知名社交名媛。

1942年，曼波彻自告奋勇为WAVES（妇女志愿服务应急部队）设计制服，创作出了大受好评的蓝白剪裁造型夹克和微叭六角裙。一些女性甚至是因为被曼波彻制服名声吸引而想要加入WAVES的。"战后我可以拆下徽章，至少能再穿个三四年，直到把它穿坏。"一位新兵说。这个评价对曼波彻来说似乎颇具吸引力，他喜欢这个能让他的顾客多次反复穿着他设计的想法。他也很欣赏那些崇尚自我和完美主义的客户，他们愿意忍受他人尽皆知的长时间试装，却毫无怨言。在他的诸多成就中，最闻名的是他设计的黑色晚礼服，通常是短款的裙装并且用途广泛。他设计了一些简单的裙装，再搭配系上蕾丝或锦缎的围裙或套裙，就能创造出完全不同的造型变化。皮带常用于比较简单的风格。他的钉珠羊绒毛衣也备受推崇和被大量地仿制，它非常适合搭配晚装造型，平衡了正式和非正式的风格。此外，曼波彻还喜欢尝试各种面料，比如细亚麻布、薄纱、欧根纱和灯芯布，创造出令人意想不到的面料混搭，比如薄纱制的伐木夹克或是双色小方格子布的晚礼服。他多用途的设计契合了20世纪40年代初美国的氛围（以及规章制度），当时这个国家正处于战争状态。重复，是他设计系列的核心主题。以他在音乐领域的经验，曼波彻说自己的设计与古典音乐的发展相似，都是一直重温和重述着主题。评论家戴尔·麦康纳蒂写道："对曼波彻来说，时尚里没有什么新东西。他的作品有着很强的自我理念，使他可以一次又一次地回溯自己的创作。他经常会重复自己的设计，并且对那些已经穿着他的设计二三十年依然希望他再复制出相同款式的女性们大加赞赏。"

在美国，曼波彻保持着他作为定制时装设计师的地位，并远离第七大道和成衣业。他从未将自己的品牌名授权给别人，除了在1948年推出的一款名为"白色花园（White Garden）"的香水。虽然他为百老汇设计的服饰，尤其是1943年玛丽·马汀在《接触维纳斯》中穿的衣服，为他带来了更多的关注者，但他并没有展现出想要开拓更大市场的意愿。*Harper's Bazaar*的编辑卡梅尔·斯诺直到1956年退休的时候始终都是他的设计的拥戴者。在60年代初，曼波彻依然是美国最有人脉的女士们的最爱，她们喜欢用他的箱型西装搭配无袖上衣，他的四骨紧身礼服，以及他那由始至终一如既往，既可以追溯20世纪30年代也可以展望70年代风格的斜裁晚装。他喜欢简单的而不是复杂的风格，斥责浮夸的时尚（他特别嫌恶30年代的夏帕瑞丽）。"我不喜欢那些像鞭炮一样会在你手里爆炸的时尚。"他说道。时装编辑贝蒂娜·巴拉德这样描述他："对拥有足够金钱、成功和社会地位的女人来说，穿上他那设计低调的服装，就像攀上神奇的时尚之巅。"不过，随着20世纪60年代成衣业的发展，曼波彻逐渐与时尚业前进的脚步失去关联。1971年当他退休时，他曾经的辉煌岁月已经成为了遥远的记忆。

....

延伸阅读：1940年1月13日珍妮特·弗兰纳在《纽约客》上发表的文章《先锋》（*Pioneer*），是对曼波彻返美前生活最权威的描述。1975年，由戴尔·麦康纳蒂撰写、莎拉·托梅林·李编辑的《美国时尚》（*American Fashion*）也对曼波彻进行了简单介绍。2016年，芝加哥历史博物馆馆长佩特拉·斯林卡德的《成就曼波彻：美国第一位时装设计师》（*Making Mainbocher: The First American Couturier*），是博物馆展览的相关书籍。

曼波彻，1938年。
ullstein bild via Getty Images.

Mainbocher

玛丽·简·拉塞尔身穿曼波彻礼服，*Vogue*，1949年。
Horst P. Horst/Condé Nast via Getty Images.

《情重身轻》中的琼·克劳馥，1932年。
George Hurrell/John Kobal Foundation via Getty Images.

12 | 阿德里安 （1903—1959）

阿德里安并没有创造出任何改变了时尚进程的造型或风格，但是，他影响了美国和其他地区数以百万计的女性。

被简称为阿德里安的他，无论从什么标准来衡量，都能称得上是一举成名。在20世二三十年代，他成为为葛丽泰·嘉宝、琼·克劳馥以及一众好莱坞明星打点服装的美国戏服设计师，而后在40年代转而创立了自己的成衣时装屋。作为好莱坞黄金年代为米高梅工作的首席戏服设计师，他为260多部电影设计了戏服，对一代美国女性有着惊人的影响，而他的设计被第七大道的制造商没完没了地仿制。艾尔莎·夏帕瑞丽说道："好莱坞今天设计的衣服，你明天就能穿上。"

在电影上映之前就提前设计好衣服，使阿德里安必须去设想将来的时尚，对他来说特别有压力。1938年，他解释道："我和现代时尚目前的潮流趋势完全脱节了，服装必须早在电影在世界各地上映之前就被设计好。"

尽管他才华横溢，但是，如果要把他归入设计大师的行列，可能会遭到与他同时代的美国时尚编辑的质疑。在Vogue的编辑埃德娜·伍尔曼·蔡斯1954年出版的回忆录中，她仿佛大发慈悲般地提了他一嘴："凭良心说，还真有一段时间，我不得不认真看待他的设计。"阿德里安在时尚史中的重要作用之所以被低估，有一部分原因可能是他戏服设计的出身，还有对他为好莱坞明星制作的那些简陋的奇装异服的嗤之以鼻。再来就是他身处的西岸地区，对比起（现在依然）推动着美国时尚业发展的纽约第七大道来说，就是万年老二。最后一点，他最出色的设计是在美国时尚业仍然受制于巴黎时装屋的时期出现的：当时美国设计师这个概念还太过新奇，容易被忽视。

到他在世的最后几年，巴黎时尚的影响力已经不再所向披靡，其中也有阿德里安的功劳。正是这位设计师，在一场备受关注的公开辩论中就迪奥的"新风貌"展开了讨论，大胆地直面克里斯汀·迪奥。毫无疑问，他是这场辩论的输家，但是他却替美国时装设计师展现出了一种全新的挑战之姿。好莱坞也有其他的设计人才，像是邦妮·卡辛和来自加利福尼亚的艾琳。但是，用时尚历史学家卡罗琳·雷诺兹·米尔班克的话来说，阿德里安证明了"美国可以拥有自己的时装风格，它不一定非得是从运动装演变而来的，它完全可以避开巴黎的影响，出自好莱坞"。

或许阿德里安并没有创造出任何改变了时尚进程的造型或风格，但是，他影响了美国和其他地区数以百万计的女性。在1930年，每周有800万美国人会去电影院看电影。1938年，*Vogue*证实好莱坞"无疑是有史以来最理想的宣传时尚的视觉媒介"。关于阿德里安所产生的影响力，一个最杰出的例子就是他为1932年的电影《情重身轻》中女演员琼·克劳馥设计的一件白色欧根纱长裙，有着超多层叠荷叶边袖子，被第七大道的制造商们纷纷仿制。电影制片厂甚至在电影上映前就泄露了这件衣服的细节，鼓励仿制。据报道，梅西百货卖出了5万件，这可能有夸大其词的成分，但也不算夸大了太多。而阿德里安自己则认为，美国女人不必去尝试穿着那些他为好莱坞设计的奇特作品。"在中等城市里……普通人最多借鉴一下轻喜剧女主角的穿着就行了。"在20世纪40年代，阿德里安从戏服设计转向成衣设计，直接建立了好莱坞与美国时尚业之间的关联，而这一关联持续延续到了今天。他也是自己品牌极佳的宣传者和代言人，总是衣冠楚楚，并且妙语连珠。

对一位设计师来说，他的家庭背景堪称理想。1903年，他出生于康涅狄格州的诺加塔克，是磨坊主吉尔伯特和海伦娜·格林伯格的儿子。一位来自瑞典的保姆教会了他缝纫技巧，而在他的叔叔马克斯·格林伯格（一名景观设计师）的鼓励下，他展露出了成为一名绘图师潜在而非凡的天赋。1921年，纽约的帕森斯美术与应用艺术学院张开双臂欢迎他，而老师们迅速一致认同了他那毋庸置疑的天资，将在帕森斯的巴黎分校得到更好的机遇和发展。在改名阿德里安后，1922年，他抵达巴黎，并在那里仅短暂停留了四个月——他才刚刚为参演著名戏剧《巴尔杜大奖赛》的朋友设计了一套戏服，就收到了欧文·柏林的邀请，去为他的纽约剧团设计服装。

这项委任使阿德里安迅速地回到了美国。虽然阿德里安对剧团的贡献远比他所期待的要小得多，但是很快地，其他的戏剧界人士注意到了这个自信的年轻人。鲁道夫·华伦天奴那高调的妻子娜塔莎·兰波娃邀请他前往好莱坞，为华伦天奴的一部电影工作，这使阿德里安的事业迎来了第一个重大的突破。他为自己买了一套白色西装和一件有着红色绸缎内衬的黑色斗篷，准备在西岸掀起风暴。这个年仅24岁的年轻人，发现自己居然要为塞西尔·B.戴米尔的《万王之王》设计戏服，这是一部耗资巨大的圣经史诗电影。阿德里安就此登场。

这位颇受欢迎的戏服设计师新手十分幸运，他对自己的实力有着非凡的自信，还拥有与生俱来的魅力，这使他成为了好莱坞社交界的红人。米高梅公司专制却敏锐的老板路易斯·B.梅耶迅速相中了他。葛丽泰·嘉宝主演的《小霸王》，是他为梅耶工作的第一部电影。而从一开始，阿德里安就引起了第七大道制造业的注意：嘉宝那帽檐低垂的帽子和束着腰带的风衣，刊登在了美国的行业报纸《女装日报》上。在阿德里安为米高梅工作的12年里，好莱坞成为美国女性时尚的一个重要影响，可以说和巴黎的时装屋具有相同的影响力。

阿德里安的产出非常高，常常一天就能画出50多张草图。他有着毫不松懈的工作节奏，尤其是像《绝代艳后》这样的时代级史诗，需要4000多套服装，其中女主角瑙玛·希拉就有34套。从1929到1943年，琼·克劳馥在荧屏内外几乎所有衣服都是由他设计的，包括她标志性的方肩套装。与方法派演员相似的是，阿德里安会花时间去思考每部电影的时代背景，必须在开始设计戏服之前就抓住那个年代的精髓。他的工作方式是一丝不苟并且有条不紊的，力求在上午开拍前为他的女演员们试衣，避免她们因为拍摄而变得疲惫不堪。从他最喜欢的女演员葛丽泰·嘉宝在《瑞典女王》中所穿的华丽加冕袍，到珍·哈露在《八时晚宴》中所穿着的有着22英寸鸵鸟毛袖口的玻璃珠装饰晨衣，他全力以赴，实现了所有导演的幻想。他在《玛塔·哈里》中为嘉宝设计的未来主义服装特别引人注目，也许只有像她这样的女演员才能驾驭这样的服装。而他的设计中相对而言比较好穿的，是朱迪·加兰在《绿野仙踪》里穿着的蓝白小方格围裙，以及亮片装饰的红色鞋子。

好莱坞的电影公司直接与零售商合作，捆绑销售。在纽约的梅西百货中开设的一家电影商店里，可以买到女演员所穿服装的仿制款。比如在1933年，那里就有以电影《瑞典女王》为灵感的套装、大衣和女主人袍出售。学者安妮·梅西提道，一些缝纫和针织的图案也是模仿大银幕上的时尚而制造出来的。她指出"在创造和传播最新的现代风格上，好莱坞电影起到了至关重要的作用，在国际上产生了巨大的影响"。

阿德里安的生活是舒适而奢侈的，每周有1000美元的薪水支撑他的开销。他举办午餐派对，并经营着日落大道上的一家古董店。他还在棕榈泉的沙漠中买了一间牧场小屋，作为专门用来绘画的休憩地，如果好友们不介意简陋的设施也可以到那里探访。与福克斯电影明星珍妮·盖诺结婚后，他的设计师生活就更加圆满了。在她怀孕的时候，阿德里安为她设计了一件色彩鲜艳的佩斯利印花罩衫，引来了媒体的关注，而第七大道上的抄袭者自然也不甘落后。

好日子没能继续下去。20世纪30年代末，随着米高梅和其他电影公司开始实施成本控制，这种制作电影不吝耗资的氛围，被更为谨慎的态度所取代。嘉宝的最后一部电影《双面女人》，也是阿德里安参与的最后一部米高梅作品。一天下午，被这种新的工作氛围所压抑的阿德里安，撕毁了他的草图，就此离开。他的下一步酝酿已久，也早就和具有时尚行业经验的朋友伍迪·费尔特探讨过，那就是在比弗利山庄成立阿德里安有限公司。最初，情况并不乐观，其他国家都在打仗，而美国在日本袭击珍珠港之后也准备投入战斗。为了应付成立时装屋所面临的物流和财务上的挑战，阿德里安只能在自家的天井里展示他的第一个系列。在1942年8月展示的第二个系列中，阿德里安决定竭尽全力。结果他取得了巨大的成功，订单源源不断地涌入这个崭露头角的新品牌。他的宽肩西服套装备受好评，还有一件黑色连衣裙成为了长年的畅销款。

阿德里安意识到战争迫使大多数巴黎时装屋关闭了出口业务，这为美国设计师提供了机会。他和公关家埃莉诺·兰伯特一起，敦促他的设计师朋友们抓住这个好机会。材料，尤其是羊毛面料的供应短缺，迫使设计师发挥所有的聪明才智以保持造型的新鲜感。阿德里安响应L-85法规的要求（战争时期限制时尚业对材料的使用），收窄了袖子的宽度，并在夹克的前襟绑上系带取代纽扣。他混合利用各种材料，将最好的材料节省出来制作主打的款式。他设计的宽肩剪裁廓型是战时的宠儿，使阿德里安成为家喻户晓的名字——尽管东岸的时尚杂志编辑不怎么支持他。1944年，他获得了著名的科蒂奖。

阿德里安处理面料的技巧是出类拔萃的。他在制作夹克、半裙和连衣裙时最爱使用的，是波拉·斯托特设计的条纹和几何梭织面料。他喜欢将面料裁切成片，然后变成拼贴补缀，重新缝在夹克上。他还将相似的面料用在同一个造型里，让视觉效果更显著。他的套装通常由腰间单独闭合的无领长款夹克以及带有大幅生褶的直筒半裙组成。他的晚礼服完美地垂坠着，展现出他为米高梅明星们设计惊艳礼服的经验。有时候，他的鸡尾酒会礼服和舞会礼服的风格跟他的戏服设计老本行很相似，这显然与 Vogue 和 Harper's Bazaar 的风格仲裁者们的口味差了十万八千里。时尚史学家卡罗琳·雷诺兹·米尔班克认为，在有主题限制的时候，他能更好地创作，比如希腊系列的柱状白色裙装，或是哥特系列的针织裙装和中世纪风格。这和他过往的好莱坞职业经历之间的关联是不言而喻的。

战后，克里斯汀·迪奥的"新风貌"复兴了大摆裙和被箍紧的细腰，抓住了一种新氛围。而阿德里安对此的回应，是在一场广播辩论中与迪奥叫板，并坚持他自己的宽肩造型。"我不喜欢垫着的臀部，"他告诉《生活》杂志，"在现在这个时代试图让女人们垫高臀部，有点像是让她们把自己的盔甲出卖给男人。"为了不失去势头，1948年，他第一次到纽约展示了自己的系列，引发消费者和商店买手到巩特尔·杰克尔店铺中的疯狂购买。最终使阿德里安停下脚步的，并不是时尚潮流的变化——尽管这对于设计师来说是很不称心的——而是健康状况不佳。1952年初，他心脏病发作，和他的商业伙伴伍迪·费尔特再三考虑之后，他决定关闭品牌业务。此后，他和他的妻子与家人在巴西度过了大部分时光，他在那里设计了一处丛林幽居。1958年，在朋友们的诱惑下，他重新开始设计戏服（这次是为了一出音乐舞台剧），他准备好再次开始工作，却在1959年9月不幸遭遇了第二次心脏病，被夺走了生命。

延伸阅读：2008年，克里斯蒂安·埃斯奎文的《阿德里安：从大银幕到定制品牌》（*Adrian: Silver Screen to Custom Label*）是这位设计师迟到的职业生涯总结。1975年，在莎拉·托梅林·李编辑的《美国时尚》中，罗伯特·赖利撰写了一个关于阿德里安的章节。2015年，杰伊·乔根森和唐纳德·L.斯科金斯的《创造幻觉：好莱坞服装设计师时尚史》（*Creating the Illusion: A Fashionable History of Hollywood Costume Designers*），充满了关于好莱坞明星的趣味资讯和图片。

阿德里安的妻子女演员珍妮·盖诺，1935年。
Hulton Archive via Getty Images.

阿德里安，约1930年。
General Photographic Agency
via Getty Images.

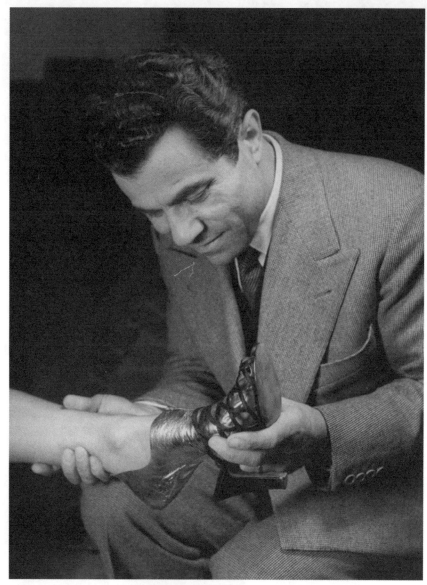

试鞋中的菲拉格慕，1950年。
Time & Life Pictures via Getty Images.

13 | 萨尔瓦多·菲拉格慕 （1898—1960）

菲拉格慕是一个坚定而有魄力的人，从小就知道自己注定要做的事。

在着装史上，鞋子从未得到过它们应有的待遇。如果时尚是一场戏的主题，那么鞋子这种配饰就相当于是配角，它们是为了推动剧情而存在的，排在演职员名单的后列。在21世纪的前十年，鞋类的确挤上了舞台的中央，但这更可能是营销导致的结果，而不是我们的想法真的改变了。不过，在大部分历史中，一提到性别定义、阶级和情色意味时，鞋子都比单纯的服装更具影响力。人类对穿戴的其他物品，都不会有如此彻底与反复的痴迷。尽管如此，时尚界和当代的评论家们还是喜欢忽略鞋匠，把他们当成工匠，而不是艺术家或设计师。

很多鞋匠都曾是伟大的设计师和创新者，但第一个打破了这种默默无闻的状况的，是萨尔瓦多·菲拉格慕，他是意大利人，出生于那不勒斯附近的博尼托，家境贫寒，在十四个孩子中排行第十一，他留下的家族企业，最后成为了一个奢侈品帝国。他在自传中写道，自己并没有怎么学着去做鞋，更像是有着做鞋的"记忆"，仿佛在前世甚至前世的前世，他就已经是一名鞋匠了。"我生来就是要当鞋匠的，"他写道，"我知道，我一直都知道。回顾我漫长的一生，可以清晰地看到我心中的热忱是如此地强烈、如此地无悔、如此地坚定，驱使着我沿着这条布满艰辛的道路不断前进。我常常在想，为什么我不能像其他人那样……满足于所拥有的东西，不渴求明天的结果。但是，无论需要付出什么代价，我都不能偏离我的宿命之路。这是违背自然,违背上帝的。"

关于他无师自通的制鞋技艺,他的解释很神奇:"我的知识从何而来?并不是遗传。晚年时,我翻阅了关于我的先祖们400年的记录。他们之中没有鞋匠。我找到了许多小地主,我找到了一位诗人,甚至找到了一位炼金术士,但是没有鞋匠,一个都没有。我也无须经过通常需要的训练。从我第一天开始做鞋——没错,就是为我的妹妹们做小白鞋——开始,我就已经知道了关于做鞋的一切。我是有记忆的:这是唯一的解释。我只需要坐下来想一想,记忆就会在我的脑中显现——只能这样解释——在我的某个前世中,我是一名鞋匠。"

菲拉格慕一生都在研究材料和结构,他发明了楔形鞋、圆头鞋、罗马凉鞋、隐形尼龙凉鞋、水晶底鞋、雕花高跟鞋、"手套"型足弓鞋、贝壳底和尖跟高跟鞋(他称之为"钉子")。在他所处的时代,政治和经济的危机迫使他锻炼出的创造力,甚至超越了他多产的能力,他开发使用了最令人意想不到的材料来制作诱人美丽的鞋子:水晶和玻璃纸、鱼皮、羽毛、钩织丝绸、绸缎、刺绣和镶嵌的切割水晶以及威尼斯玻璃珠、镜面玻璃、珍珠、钻石和钻石粉、酒椰和软木、木材和橡胶、合成树脂和尼龙线、毛毡和各种动物皮包括羚羊、袋鼠和蜥蜴。

他是一个坚定而有魄力的人,从小就知道注定要做的事。他的父母都是贫穷的农民,两个成为裁缝的兄弟都是接受过培训的,但是在乡村社会的环境中,鞋匠是"所有阶级中地位最低的",让儿子去当鞋匠的学徒是有失家庭尊严的。"这会让家族名誉扫地。"他回忆道。直到他屡次从其他的学徒培训中逃学,并且在没有接受过训练的情况下,彻夜坐着,用帆布和纸板初次为他的小妹妹们做出了圣餐鞋(他的父母太穷了以至于没办法买给她们),父母才终于让步了。还不到10岁,他就已经学会了村里鞋匠能教给他的一切。1909年他的父亲去世,11岁的萨尔瓦多离家前往那不勒斯,希望能更好地提高手艺。他在不同的鞋匠和不同的地方之间辗转,吸收了知识,然后向一位做牧师的舅舅借了钱,回到家乡博尼托当起了鞋匠。他是个天才,不仅是在手艺和天赋方面,他还有着早熟的商业头脑。很快地,他发展出了为当地的富豪制作鞋子这门好生意。1912年,他被怂恿前往美国与长大后移民了的哥哥姐姐们会合。14岁的他,独自踏上了漫漫跨洋路,先是在东岸短暂停留,但是回绝了他姐夫上班的鞋厂提供的工作,后来又前往西部的圣巴巴拉,与哥哥们会合,他们在那里开了一家修鞋店,就这样,萨尔瓦多开启了成为明星们的鞋匠的辉煌事业——最初是为了电影,后来也为他们制作私下日常穿的鞋子。

当他跟随着刚刚起步的电影产业来到好莱坞时,年仅24岁,他向银行借了35000美元的巨额贷款,在好莱坞和拉斯帕尔马斯大道的拐角处开设了他的"好莱坞靴店"。他的工作室紧挨着店铺,他还发展出了一个小规模的工厂,雇用的外包工人人数不断增加。他逐渐与全国的工厂建立了联系,批发销售给全美各地的商店,而他自己的店铺则专注于零售。受到塞西尔·B.戴米尔的委托,他为《十诫》和《万王之王》中的演员和大批临时演员制作要穿的鞋子,也为大卫·格里菲斯的

《一路向东》和《白玫瑰》以及詹姆斯·克鲁兹的《篷车队》做鞋。

他会在图书馆里研究古装，但相关的记载很少，他再次凭借着"记忆"制作出了鞋子——结果相当成功。他还在洛杉矶的南加州大学学习解剖学。虽然在风格和材料的使用方面，他的创造力和发明能力无穷，但是他真正追求的是舒适度，而通过对解剖学的研究，他发现了其中的奥秘。他了解到身体的重量是由足弓承担的，那是需要被支撑的部位，而前掌和脚跟（大多数鞋匠喜欢放支撑的部位）应该是自由舒展的，这样骨骼和肌肉才能自在地活动。正因如此，只要穿过菲拉格慕品牌鞋子的舞者，都拒绝再穿其他牌子。好莱坞所有的女主演都穿着菲拉格慕，从玛丽·毕克馥到艾娃·加德纳，从珍·哈露到玛莲莲·梦露，从凯瑟琳·赫本到奥黛丽·赫本。

在发现机器制鞋无法满足他的高标准时，菲拉格慕决定搬回意大利，他相信在那里可以雇用到不少熟练的鞋匠来为他手工制鞋。1927年，他回到了自己的祖国，但却是一个灾难般的开端，由于贪心的美国投资人、欺诈的借贷人和背信弃义的债权人，再加上顽固的意大利鞋匠们，他以破产告终。在接下来的几年里，菲拉格慕偿还了所有的债务，包括他自己欠下的债款还有被欺诈的部分，他重建了自己的事业，并且收购了佛罗伦萨的费罗尼·斯皮尼宫和位于菲索莱山坡上俯瞰城市的帕拉吉奥别墅。

之后，世界再一次逆转了他的命运。1935年，意大利法西斯独裁者贝尼托·墨索里尼入侵埃塞俄比亚，于是在1936年，国际联盟对意大利实施制裁，这扼杀了菲拉格慕的出口贸易，也切断了他的原料来源。这迫使菲拉格慕的应变能力到达了新高度。他摆弄着巧克力的透明玻璃纸，一边寻找可以用于制作晚装鞋的，并且能被漆成银色或者金色的小羊皮的替代皮，最后他想到可以利用薄薄的透明玻璃纸，再用金线和银线来镶边。鞋子的成品材质结实，并且看来很迷人。他在同一时期迫于无奈的第二项发明是"楔形鞋"。当时他只能买到级别最低的钢材料，导致他制作的鞋芯垫片一直断裂。多番思考以后，他尝试利用撒丁岛软木将脚跟和前掌之间的空间塑形填满。随后，他说服佛罗伦萨最时髦的公爵夫人穿上这双楔形鞋去教堂做礼拜——结果到了周一，他的店铺门外大排长龙。

到了1939年，菲拉格慕已经成为了欧洲大部分皇室成员还有好莱坞明星们的鞋匠。据他回忆，曾有一次有四位皇后同时在他罗马的店铺里试鞋——南斯拉夫、希腊、西班牙和比利时的皇后。意大利的埃琳娜皇后是他忠实的顾客，他也为墨索里尼制作靴子和鞋子，因此治好了他的鸡眼和老茧。他还为这位独裁者的妻子和情妇，以及希特勒的情妇爱娃·布劳恩制作鞋子。在自传中他自问道："这怎么可能呢？一个在1933年破产的人，怎么会在五年半的时间内就拥有了一座大宫殿和一座美丽的别墅，而最不可能的是，他的客户居然都是世界上最伟大的人物？"

他给出的答案是，他的鞋子有着特制的鞋楦，能让顾客的"伤脚"被"自然"治愈。他的理论是，无论是坏脾气、肥胖还是精神错乱等一系列疾病，都是不合脚的鞋子导致的。在他的职业生涯中，虽然对鞋子造型的开发能使他感到特别快乐，但是注重结构和合脚才是更重要的。他写道："通常我是不会开创新的时尚的。有不少服装和鞋子设计师为了跟别人不同而努力做得不同，这就意味着他们想把一个惊世骇俗的全新时尚风格强加给女人，不过，如果设计师必须等到顾客对新的风格产生意识，那么，到底是谁在决定时尚呢？答案是，新的时尚起源于设计师的想法。他不能只因为这个世界还没有准备好接受这些想法，就扼杀掉它们。我的设计不是按照季节时间表来走的。"

　　1939年战争爆发，他的事业受阻，因为工人们被征召入伍，贸易也随之停止。趁着这段相对清闲的日子，41岁的菲拉格慕找到了他的妻子。万达·米莱蒂是博尼托的医生和市长的女儿，比他小23岁，但两人一见钟情。他们的六个孩子后来全部都在家族企业里工作。1947年，在赴美接受尼曼百货颁发的"时装杰出贡献"奖时，他与克里斯汀·迪奥（当时他还没听说过迪奥）一起同行。两位设计师惊讶地发现，菲拉格慕的鞋子与迪奥的衣服可以完美搭配——俩人不约而同地使用了相同的材质、色彩以及氛围感。他反思道："多年来我一直相信，时尚潮流不是某位设计师的专属特权，而是'存在于周围'——是这个世界意愿的一种体现，如果我能这么说的话——而两个相隔400英里距离，互不相识，灵感来源大有不同的人（我从我的记忆中汲取创作灵感，而迪奥喜欢从绘画和素描等实际物品中寻找灵感），可以在相同的时代得出相似的结论。"

　　1960年，萨尔瓦多·菲拉格慕去世，年仅62岁。万达·菲拉格慕领导了公司20年，逐渐把各个职位交接给了她的六个孩子。她于2018年去世，享年96岁。这家公司至今仍由他们家族控制，是一个非常成功的奢侈品品牌，并拥有成衣系列。2017年，英国鞋履设计师保罗·安德鲁被任命为创意总监。

....

延伸阅读：1957年出版的萨尔瓦多·菲拉格慕自传《梦鞋匠》（*Shoemaker of Dreams*）依然是必读的书籍。想得到良好的历史视角，可以阅读2008年斯特凡妮娅·里奇的《萨尔瓦多·菲拉格慕：1928—2008进化的传奇》（*Salvatore Ferragamo: Evolving Legend 1928–2008*）。想了解关于鞋子领域的方方面面，可以阅读2006年乔治·里埃洛和彼得·麦克尼尔的《鞋子：从凉鞋到运动鞋的历史》（*Shoes: A History from Sandals to Sneakers*）。

菲拉格慕的鞋子，1953年。
Corbis Historical via Getty Images.

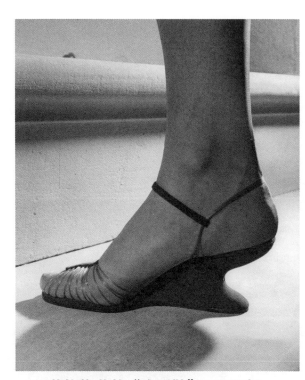

菲拉格慕的"隐形鞋"，1947年。
Alfred Eisenstaedt/The LIFE Picture Collection via
Getty Images.

利奥·德兰格夫人穿着格蕾礼服，*Vogue*，1936年。
Horst P. Horst/Condé Nast via Getty Images.

14 | 阿历克斯·格蕾夫人 （1903—1993）

格蕾和香奈儿一样，都是战后最重要的定制时装设计师。

　　古典服饰的复兴往往是为了反对主流文化，是对腐败、压制或是铺张浪费政权的批判，是对回归到有着纯净理想的希腊时期或是罗马共和制时期的一种渴望。值得注意的是，这种风格只在18世纪末，也就是经历革命和建立新政治秩序的英国摄政时期和法国执政内阁时期，成为过主流。最初，古代的衣服并没有真正的裁切和缝制，就是将简单的长方形布料披挂在身上，并且用别针、胸针和皮带加以固定。希腊的希顿或及膝短袖袍有部分是缝合的，而佩普罗斯袍（peplos）是折叠之后用别针和腰带固定的。希马申（himation）宽松地围裹着身体，穿起来像是一件斗篷或披风。罗马男人穿的是及膝短袖袍和托加（toga，类似于裹身衣），而罗马女人穿着长款短袖袍或是斯托娜（stola），外面围着帕拉（palla）。这些基本上都是简单的衣服，没有什么多余的布料，款式的多样化靠的是昂贵的染料、刺绣和装饰。但是，当希腊和罗马文化伟大而不朽的纪念者们，也就是雕塑家们展现这些服装时，就是另一回事了。总结起来的话，在希腊，它们变成了艺术家构图中神秘浪漫，多是与情爱相关的元素，平衡着、隐藏着、揭示着、强调着人类之美；在罗马，它们变成了宏伟的、可塑的、庄严的、坚守着自我的存在——简而言之，这就是我们所知的纪念碑（因为在很多时代，如果纪念碑上没有一个身着长袍面孔严肃的雕像，就显得不够完整了）。

虽然希腊和罗马衰落消亡了，但是理想主义和精雕细琢的雕像依然存在，为艺术家、哲学家、政治家和制衣师们带来灵感。和保罗·波烈、马里亚诺·福图尼和玛德琳·维奥内特一样，阿历克斯·格蕾曾经希望通过学习成为一位雕塑家，她喜欢垂坠面料的简单与纯粹，可以轻柔地攀附环绕在身体周围，不受紧身胸衣和衬垫的人为限制。1981年芭芭拉·伯曼·贝恩斯写道，曼·雷在1937年为 *Harper's Bazaar* 拍摄的一张照片，是格蕾风格最佳的总结与体现："模特穿着一件像是由各式各样的褶裥制成的白色挂脖领长礼服，斜倚着一尊带翅膀的胜利女神古董雕像，而雕像身穿有着流畅褶皱的长款短袖袍。"

在照片拍摄的前一年，也就是1936年，这本杂志曾写道："阿历克斯代表着人体至上，代表着礼服覆盖着的圆润且女性化的雕塑般的形体。"在学者瓦莱丽·斯蒂尔看来，格蕾和香奈儿一样，都是战后最重要的定制时装设计师。他们的设计方法截然不同。香奈儿潜心于根据现代生活装扮女性，正如安妮·霍兰德所言，她专注于"性别政治和社交信号"。而格蕾只是单纯地想要利用"面料作为基本的艺术物体"来创造美。霍兰德补充道，格蕾的衣服能够回答抽象的疑问，美感是一切的首要标准。像雕塑家一样，她直接利用面料，没有给后人留下任何草图或纸样。传记作者帕特里夏·米尔斯点明了格蕾是如何迅速又熟练地缠绕和处理布料的。有时，这些直接在人台上进行挂片剪裁的衣服，使用了20多米长的布料。哈罗德·科达写道："在格蕾的新古典主义里，她遵循了古代直接使用无间断布料的方式，不裁切形状，直接缝合。从最早的作品开始，格蕾就采用了裸露背部和腹部的剪裁方式，为身体留出开孔。"

1903年，阿历克斯·格蕾出生于巴黎，本名杰曼·艾米丽·克雷布斯。这位神秘的女商人讨厌自己的名字，在她的职业生涯中使用了两个化名。第一个化名阿历克斯·巴顿，可能是取自她之前的雇主朱莉或朱丽叶·巴顿，但格蕾乐意让记者认为这是她的娘家姓。不过，她的确透露过她来自资产阶级家庭，她的父亲是一位"实业家"，她的一位祖母是意大利人，一位祖父是德国人。她一开始想成为一名舞蹈家，后来又想成为一名雕塑家，但这两个志向都被她的家人打消了。

格蕾不由得选择了制作衣服，因为这既能让她发挥创造力，同时也能赢得独立。她在经济大萧条前夕入行，而经济大萧条给巴黎所有时装设计师的业务都带来了不利的影响。华尔街在1929年大崩盘，而格蕾于1930年加入普雷梅特的定制时装屋，开始为期三个月的素描和剪裁学徒训练。下一步是未知的，就像格蕾一生中的大部分境遇。米尔斯在传记中引用了一些相互矛盾的版本，其中包括自由职业的样衣师、为朱莉·巴顿工作、开了一家店，并补充道，比较能确定的是她在1934年创立了属于自己的时装屋，命名为阿历克斯（而在格蕾告诉《纽约时报》的凯西·霍林这个版本中，则是朱莉·巴顿以格蕾这位比她更有才华的助手的名字，重新命名了自己的公司）。

在20世纪30年代，阿历克斯·巴顿受到了媒体的高度关注，她的作品出现在杂志上的次数跟香奈儿、夏帕瑞丽、曼波彻和维奥内特一样多。1938年 *Harper's Bazaar* 的一份简介评论道："她还没有30岁，而她看起来更像是一个修女而不是制衣师。"这值得留意，或许格蕾已经开始谎报自己的年龄了。她也获得了商业上的成功，尤其是在美国，同时也吸引了巴黎波希米亚精英群体的注意。1935年，让·谷克多和让·吉罗杜委托她为他们的戏剧《特洛伊战争不会发生》设计戏服。"飘逸的藏蓝色雪纺"戏服得到了媒体的好评。

在20世纪30年代期间，格蕾并没有将自己的设计风格局限在古希腊雅典服装。她也尝试了民族风格，比如纱丽或者中式长袍，被米尔斯描述为"'异国情调'宽松风格的典型。以'尼罗河之蛇''荷兰低地'命名的服装，就像它们的名字一样充满了幻想。"而在20世纪50年代，她更是成功开发出借鉴了阿拉伯长袍、南美披肩、墨西哥披肩以及日本和服等传统造型的服装结构。

1937年，格蕾与俄罗斯画家谢尔盖·安纳托利耶维奇·切雷夫科结婚，并为此改信俄罗斯东正教。切雷夫科以自己名字的部分拼字"格蕾"为画作署名，而他的新婚妻子也采用了它，改名为"阿历克斯·格蕾"。尽管他们的女儿安妮在1939年出生，但切雷夫科却选择了分居生活，回到了塔希提岛的家中并与来自波利尼西亚的情妇发生了不少风流韵事。阿历克斯在安妮的教母"穆尼"的帮助下将女儿养育成人，穆尼曾是一名模特和演员，她与阿历克斯·格蕾一起生活了40多年。

1940年春天，在纳粹到达巴黎时，格蕾逃了出来，在西班牙边境附近的一个小村庄定居了下来。在流亡期间，她用干草、铁皮和木头拼凑成人台来创作，因为不能去理发店，她用头巾遮住长发。这成为了她的一个标志性造型。米尔斯拼凑出了接下来发生的事情。同年她回到巴黎，将自己业务50%的股份卖给了她的合伙人和前雇主朱莉·巴顿。1942年，巴黎高级时装公会的主席卢西恩·勒隆劝说格蕾用这笔钱开立一个新的时装屋"格蕾"，选址和平街。1944年，因为她违反了对面料的使用限制，纳粹当局关闭了这个时装屋。后来她说："我所做的总是事与愿违。"

在巴黎即将解放之前，她获准重新开张，及时推出了一个传奇又醒目的红白蓝三色法国国旗的系列。接下来的两年很艰难：两个严冬，生活必需品实行定量配给，其他物品都很短缺。唯一兴旺的是黑市。1944年10月，就在巴黎解放后几周，《费加罗报》发布了一份来自公会的公报："这些新发布的时装秀是在物资极其困难的时期准备的，少量的款式是集体努力的惊人成就，展现出巴黎时装屋渴望引领国民经济迅速复苏的愿望。"

定制时装设计师们为一个名叫"时装剧院"的国际巡回展装扮小型的假人模特。这些模特被摆放在由克里斯蒂安·贝拉尔、让·谷克多和鲍瑞思·考切努设计的舞台上。第二次巡回展特地为美国打造了一个与历史服装相关的"感恩列车"系列，"格蕾夫人创造了一件有着高腰和垂坠式上身的希腊式礼服裙，参考了1808年前后约瑟芬皇后的裁缝勒罗伊的设计。"经历了多年的衣服功能化和对面料的限制，格蕾夫人终于重新开启了事业。

但很快就发现，巴黎时装的重心明显已经转移了。虽然私人客户依然很重要，但向成衣制造商尤其是美国的成衣制造商出售样衣，并且授权许可，才是推动行业发展和促进法国经济的关键。克里斯汀·迪奥的"新风貌"出现后，格蕾调整了自己的设计风格，将腰部收紧、肩线变浑圆、制作加长大摆的裙子。她甚至还用上了艾丽丝·卡尔尔为她制作的打底束身衣，这让她创造出了在20世纪50年代大获成功的无肩带希腊式裙装。虽然"新风貌"的意图之一是推广使用大量面料，但是格蕾本来就偏爱使用的长达几十米的布料也很难适用于大量生产。尽管如此，她也不愿意破坏自己的艺术的完整性。

在整个20世纪60到70年代间，格蕾一次又一次反复展示着新古典主义的高腰礼服，但她也选用了更硬并且更重的面料开发出了更多的几何造型，这些造型不是那么性感诱人，却更有气势。这些礼服与希腊式礼服的共同之处在于，它们都是以人体的三维立体感为出发点。在60年代，她的时尚嗅觉依然敏锐，她为富有的嬉皮士设计了欧普艺术裙装和"花之力"礼服，而在70年代，她借着时尚界对30年代的怀旧之风，将自己最出色的作品进行了改良。

1979年她的确做出过让步，不再拒绝创作成衣系列，但这只维持了两季。两年前她曾对《女装日报》的玛丽安·麦克沃伊说："定制时装总是能给成衣设计带去灵感。成衣设计师总是能被定制时装设计师所影响。我感到成衣的确带给了街头女性更出色和更整洁的外表衣着，但定制才是创意的关键。它是一项伟大的工作——这是事实——定制时装带给世界一些意义。"

格蕾继续设计着精美绝伦的定制服装，并与时尚和现代潮流保持同步（她开发了没那么正式的日装和年轻的休闲装），但未能将她的成衣系列发扬光大，只是她犯的错误之一。米尔斯说，她深受穆尼和一位名叫穆塔赫的员工的影响，而他们的一些决策使她陷入了持续多年的法律诉讼。慢慢地，媒体的报道越来越少，而她的知名度也随之降低了。

不过，格蕾却在行业的政治事务中活跃了起来，1972年，她接替卢西恩·勒隆成为公会的主席。1983年，她出售了自己时装屋的控股权，最终由日本八木通商公司全资拥有。在推出1988年春季系列后，阿历克斯·格蕾退休。她和女儿安妮在圣保罗的另一处私宅中安顿下来，后来安妮将母亲送到瓦尔河地区一家廉价的疗养院，1993年，格蕾在那里去世，一穷二白。安妮将母亲的死讯隐瞒了一年多。在米尔斯的总结描述中，在最后，这个不成熟的女儿只想独自霸占享受她这位知名母亲的全部财产。

1998年，在格蕾的名气逐渐衰落时结识她的休伯特·德·纪梵希（Hubert de Givenchy），买下了阿历克斯·格蕾的个人系列："三百件裙子"，1998年他在《纪梵希风格》的序言中写道："美得足以令人痴狂。"

Madame Alix Grès

延伸阅读：1994年，理查德·马丁和哈罗德·科达为大都会博物馆展览撰写的《格蕾夫人》的内容可能有点过时，但它充沛的热忱重新唤起了人们对这位设计师的兴趣。2007年，帕特里夏·米尔斯的《格蕾夫人：时尚的狮身人面像》（*Madame Grès: Sphinx of Fashion*）是最权威的读物。2012年，奥利维尔·赛拉德的《格蕾夫人：雕塑般的时尚》（*Madame Grès: Sculptural Fashion*）介绍了他为布尔德尔博物馆策划的展览，是一本充满见地的书。2014年，保罗·迪特罗奇奥的《格蕾夫人：工作中的时装设计师》（*Madame Grès: Couturier at Work*）是这场展览在时尚理论领域的一篇评论文章。

阿历克斯·巴顿，也就是后来的阿历克斯·格蕾，1933年。
Lipnitzky/Roger Viollet via Getty Images.

格蕾夫人的礼服，*Vogue*，1952年。
Frances McLaughlin-Gill/Condé Nast via Getty Images.

格蕾夫人的真丝针织连衣裙，1959年。
Chicago Hlistory Museum via Getty Images.

第三部分

20世纪40至50年代
1940s—1950s

引言

这一时期的时尚，可以被看作是精英主义的最后一场狂欢。起初，定制时装占据着主导地位，催生出无数大打折扣的仿制品；而最后，大量生产的成衣，特别是为年轻人设计的成衣，推动了创新，新一批接受过艺术院校训练的设计师准备大展拳脚。第二次世界大战带来了萧条——材料和劳动力，被用在其他更迫切需要的地方；服装是配给的；对大多数人来说，时尚成为一种无关紧要的浅薄行径。

尽管如此，这种浅薄，在法国却成为了一种抵抗行动，巴黎定制时装的地位尤为重要，不仅是作为出口产品，它也已经成为法国的一种象征，为了能继续留存和运作，它努力地奋斗着。在1940年法国沦陷前，政府给了应召入伍的定制时装设计师两周的休息时间，用来设计和制作他们的系列，之后再返回前线。美国买家对春季系列下了大量的订单。随着巴黎被占领，巴黎的设计师再也无法出口到以往大部分销售地：许多人搬到了维希法国；查尔斯·克里德搬回伦敦，曼波彻和查尔斯·詹姆斯放弃了欧洲，彻底回到了纽约；还有一些人，在巴黎高级时装公会的主席卢西恩·勒隆的带领下，开始了漫长的斗争，竭尽全力反对纳粹将时尚业转移到柏林或维也纳。

此时，伦敦和纽约的定制时装设计师使巴黎的设计师丧失了光彩。伦敦时装设计师联合会（ISLFD）由爱德华·莫利纽克斯主持，成员包括诺曼·哈特内尔、沃斯时装屋的埃尔斯贝斯·尚普尔、迪格比·莫滕、彼得·拉塞尔、比安·莫斯卡、维克多·斯蒂贝尔和赫迪·雅曼——他同时也是一名特工。按照英国政府在1942年推出的"实用服装计划"，ISLFD创造出了简朴版的定制时装，这些衣服具有功能性，保暖而且很节省布料。在美国，好莱坞设计师阿德里安·奥马尔·基姆，以及查尔斯·詹姆斯（Charles James）引领着定制时装界。

诺曼·诺雷尔在1940年展示了他的第一个系列，克莱尔·麦卡德尔（Claire McCardell）抓住了属于她的时机，舍弃了垫肩，重新将时尚引向舒适且方便活动的趋势，她成了量产设计师运动装这一流派最著名的代表人物，这也是第一个真正的美式服装风格。在她的影响之下，鲁迪·吉恩莱希进一步发展出解构的、运动的、自然的身体轮廓，这也是他所移居的加州地区放松和户外型生活方式的缩影。

战争结束时，法国政府将重建法国在时尚界的领导地位视作首要任务。可可·香奈儿因为与德国军官的关系而名誉扫地，被流放到瑞士，而巴伦西亚加、格蕾、夏帕瑞丽、勒隆、法斯和巴尔曼都回到了巴黎。尽管如此，在1947年，克里斯汀·迪奥基于"美好时代"的风格推出了"新风貌"，使得现代感的设计被摒弃。21世纪的学者重新详尽地分析了他的"花冠系列"的意义，包括从女性主义的角度，还有从"新风貌"尤为怀旧的女性化特质入手，而其中所反映出的战争创伤程度，也是一部分研究。亚历山德拉·帕尔默发现，在法国文化中，对纳粹占领时期的屈辱和卖国行为有着一种集体遗忘的策略。她还认为，参考法国历史上一些最伟大的时期的服饰——18世纪、第二帝国以及"美好年代"——是对战时维希法国所制作的农家少女风格的一种回击，这种风格可耻地模仿了穿着紧身连衣裙的希特勒式雅利安女孩。用经典城市女性的优雅，去抹煞法西斯乡村歌剧合唱队的记忆。

当然，"新风貌"以及它对沙漏型女性身体的赞美，准确地捕捉到了灾难性战争后人们的心情。从前线归来的男人目睹了许多令人不愿再提的可怕事情。他们需要恢复传统的关系，他们需要从被征召去工作的女人手上找回工作——他们还需要生儿育女来补充大大减少的人口。

战后的岁月对于整个欧洲，以及被冲突蹂躏的亚洲和非洲国家来说，都是艰难的。在20世纪50年代，许多国家的经济变得越来越萎靡不振。而在40年代，美国率先从以支持战争为基础的生产，转向了健康的消费主义，同时美国本土设计界人才辈出。然而，美国时尚业却被欧洲不合理地忽视了，欧洲时尚业认为它是狭隘、幼稚和模仿剽窃的乡巴佬，而且几十年来一直如此。而东欧的铁幕国家控制着他们的企业家和创意人士，用制服般的服装作为简陋却代表着朴素平等的有力标志。因此，高端时尚依然是以西欧，特别是以法国为中心的。

20世纪60年代伊始，婴儿潮一代受益于不断增长的经济，人人都有工作机会，尤其是在新兴发展的媒体和普及化的时尚产业。这一代人的母辈所穿着的相当女性化的服装，被一种源于童装和男装的简约风尚所取代。价格高昂、劳动密集型的定制时装，受到了成衣、工厂制造文化的威胁，后者使人每逢周六就想添置点便宜的新衣服。"青年动乱"运动催生了迷你裙，它来自于伦敦街头的"摩斯族"，还有伦敦的玛丽·官（Mary Quant）、巴黎的皮尔·卡丹（Pierre Cardin）和安德烈·库雷热的创造力。香奈儿、夏帕瑞丽和休伯特·德·纪梵希等定制时装设计师纷纷跟上潮流，推出精品线，并向成衣领域发展。一场大规模的变化蓄势待发。

15 | 克里斯托巴尔·巴伦西亚加 (1895—1972)

他逐步精炼的制作方式，是在他主导高级时装这30年间，点点滴滴所形成的进步。

巴伦西亚加是设计师中的佼佼者，他最常被其他的设计师奉为灵感之源，连香奈儿也不得不钦佩他（是唯一一位获得这一殊荣的男性定制时装设计师），而克里斯汀·迪奥也大方地承认他是自己的导师。这位严肃、腼腆而孤僻的西班牙人是一位工艺天才，他是面料的建筑师，能创造出迷人、戏剧性的轮廓。他也是最有远见的杰出创新者，能够感知到社会氛围的变化。他在战前的系列，预示了战后迪奥"新风貌"的到来，而在战后，他抵制迪奥的怀旧幻想，致力于打造简洁且线条纯粹的现代风格。在1954年将巴伦西亚加称为"当今最伟大的制衣师"的塞西尔·比顿写道："如果说迪奥是制衣界的华托——他的设计充满了细节感、雅致感、精致度和时效性——那么巴伦西亚加就是时尚界的毕加索。就像这位画家一样，在巴伦西亚加富有现代感的设计尝试中，有着对传统的深切敬意，以及纯粹而经典的线条。除却独特的个人天赋，所有艺术家都是传递过往艺术理念的媒介，必然能做到既适时又经典。"

在《麦克道尔的20世纪时装目录》中，科林·麦克道尔将巴伦西亚加称作"毋庸置疑的20世纪最伟大的设计师"。弗朗索瓦·波多特以带着敬畏的夸张修辞写道："也许你会认为自己看到的是苏巴朗、委拉斯开兹或戈雅，但实际上都是巴伦西亚加。在一种神秘而平静的气氛中，他为视他为偶像的富有且美丽的少数精英女士，设计出了淡漠超然的服装，这令模仿者望而却步。"自诩是他的助手和终身好友的休伯特·德·纪梵希在2006年回忆道："巴伦西亚加就像他的衣服一样，完美无缺。他一直都是我的神。"

1895年，克里斯托巴尔·巴伦西亚加·艾萨吉雷出生在赫塔里亚，一个巴斯克小渔村。他的父亲是一艘游船的船长，在克里斯托巴尔还是个孩子的时候就去世了，他的母亲玛蒂娜·艾萨吉雷靠做针线活来养活三个孩子，也让她的小儿子对这门手艺产生了浓厚的兴趣。据说，这个不同寻常的男孩很超前，懂得欣赏当地年迈的贵族卡萨·托雷斯侯爵夫人前往教堂时穿着的由德莱塞尔制作的衣服。令侯爵夫人感兴趣的是，她发现这个13岁男孩的志向是成为一名定制时装设计师。她给了他一块昂贵的布料和德莱塞尔套装让他去模仿。巴伦西亚加描述过当时的自己，是多么地战战兢兢却又如此兴高采烈。他鼓起勇气剪开了布料，而不管制作出来的衣服质量究竟如何，侯爵夫人都很豪爽地穿上了它。伯爵夫人成了他的第一位赞助人，安排他到圣塞巴斯蒂安的一位裁缝那里当学徒。

1919年，巴伦西亚加成立了自己的工坊"艾萨"，工坊的所在地后来成为了西班牙皇室和高官重臣们喜爱的度假胜地。1932年和1938年，他在马德里和巴塞罗那各设立了一家分店，并邀请他所在的大家族的成员们来经营。工作室的员工们都接受了高标准的传统工艺培训，而他经常以买家的身份访问巴黎，参加时装秀并且购买样衣，通过修改再卖给他自己的顾客。莱斯利·埃利斯·米勒强调了另一个促成巴伦西亚加独特而严谨的设计方法的背景因素。"他对艺术的鉴赏力也是这样形成的。在西班牙各地，每个人都能在教堂和街上接触到绘画和雕塑——就像在艺术馆和博物馆里一样。巨大的巴洛克式教堂与小小的村庄形成反差，而教堂里面往往有着精致的小礼拜堂以及震撼人心的祭坛画。"

巴伦西亚加是一个虔诚的人，教堂及其宏伟的建造空间、不朽的画像、雕刻的帷幔以及奢华的彩绘、衣装华丽的圣徒都牢牢地扎根于他的视觉想象中——形成了一种符号语言，被他利用来展现充满庄严和意义的威严气派美。

他的色彩感既微妙（他对灰色系、棕色系和黑色系的使用是媒体关注的焦点）又大胆，色彩的深度和丰富程度常常会让人想起文艺复兴后期或者巴洛克时期的宗教画。他会冒险尝试一些不同寻常的色彩组合，而这些颜色的组合效果让人觉得不可思议：姜黄色和瓶绿色、灰色和花岗岩色、黑色和棕色、蜜糖米色和黑色。

1937年，巴伦西亚加搬到巴黎，在乔治五世大道上创立了一家定制时装店，两位合伙人中有一位也是巴斯克人。一些评论家认为他是为了逃避西班牙内战时期的危险和动荡（马德里和巴塞罗那都在1935年被围攻，圣塞巴斯蒂安在1936年被佛朗哥的军队攻陷），但也可能是巴伦西亚加预感到，在佛朗哥胜利之后，经济会变得停滞且封闭，贫困也会随之而来。他先试着迁居伦敦，但无法获得工作许可，之后才听取了时尚记者也就是后来成了教育家的马奇·加兰的建议，他认为巴伦西亚加在巴黎会更受欢迎。

他绝非流亡在外——从1940年起，他已经能回到西班牙经营自己的生意了——但是，正如1971年他在退休后接受《泰晤士报》采访时告诉普鲁登斯·格莱恩的："当时的巴黎有着一种特殊的时尚氛围，因为那里有非常多专业的工匠，他们专注于制作纽扣、鲜花和羽毛，以及其他任何地方都无法找到的所有奢华装饰。"

在战争期间，他一直表现得坦率而勇敢，当纳粹试图将法国的定制时装业转移到柏林或维也纳时，他支持巴黎高级时装公会的主席卢西恩·勒隆，站在"6个魁梧残暴的德国人"面前，建议"（希特勒）不如将所有的公牛带到柏林，试着在那里训练斗牛士看看"。虽然布拉克、夏加尔、毕加索、米罗和帕拉祖埃洛等艺术家都在他的朋友圈里，但他并没有收藏他们的作品。*Vogue*杂志的编辑贝蒂娜·巴拉德形容他喜欢的装饰是"简单的，几乎可以说是朴实的"，他的定制时装屋的氛围就像"修道院似的"。拍摄于他在故乡西班牙伊格尔多的私宅的照片中，可以看到有着暗雕的西班牙传统家具和宗教古董文物。

战后，法国政府集中精力振兴时尚业，对所有出口产品征税，这样能让巴黎高级时装公会及其成员办得起时装秀，将世界各地的客户引回巴黎。经济原因只是一部分，因为巴黎就是定制时装的化身，定制时装就是巴黎的代表。定制时装的复兴，是这个尊严遭受过侮辱的民族复兴的关键。因为香奈儿在战时与敌人的合作，必须自己流放到瑞士，而她的缺席使情况瞬间变得明朗，在下一个十年里，两大巨头将占据时尚界的主导地位，他们就是克里斯汀·迪奥和克里斯托巴尔·巴伦西亚加。这两位巨擘的设计风格是截然不同的。

正如克莱尔·威尔科克斯在2007年所写的："迪奥是一个有着敏锐直觉的人，他对所处的环境特别敏感。即使他对自己的创新感到羞涩和紧张，他的行动是很迅速的……1947年2月12日，他发布的首个系列大受欢迎，让这位设计师走上了一条螺旋式上升的道路，必须不断地创新来维持媒体的兴趣。"这种创新也包含了商业化的因素——生产成衣系列和允许授权经营。威尔科克斯继续写道："相比之下，巴伦西亚加对生产高端奢侈成衣的概念是很抵触的，理由是只有他全身心投入设计的高级定制时装，才能满足他自己的严苛标准。他是一个传统的人，循序渐进地完善他的设计，用两到三年的时间来发展自己的想法。"

1985年在里昂举办的"向巴伦西亚加致敬"展览目录中，来自瑞士的纺织品制造商古斯塔夫·祖姆斯特格提到，巴伦西亚加常常对他说，一个好的定制时装设计师必须同时集建筑师、雕塑家、画家、音乐家和哲学家于一身。否则，他将无法应对在规划、造型、色彩、平衡和比例上遇到的不同问题。事实上，身着白大褂的巴伦西亚加，在他所钟爱的幽静且宛如修道院般的氛围中，一定是一个如终极噩梦般的充满控制欲的老板。为了达到他完美的严格标准，从最初的草图绘制和选择面料，到通过试穿、缝制、重新试穿、拆线和重新缝制来裁切和钉布，再到选择配饰、监督时装秀挑选和培训模特的每个细节，他都亲力亲为。普鲁·格林的采访表明，他的员工都称他为"主人"。

他逐步精炼的制作方式，是在他主导高级时装这30年点点滴滴形成的进步，去掉多余的细节，以达到纯粹的线条，以及震撼人心的犹如雕塑般的简约造型，如同耳语一般轻柔地包裹着身体——即使它们看起来有着强烈的结构感。"巴伦西亚加的衣服是最超凡脱俗的，"2006年，休伯特·德·纪梵希这样说道，"他的设计环绕轻抚着女性的身躯……巴伦西亚加的衣服就像一阵清风拂过。"

尽管他设计的日装总是以灵活舒适为目标，但他的晚装却是巴黎最迷人、最奢华、最气派、最有西班牙风味的，常常会通过利用严格的内在构造，去展现隆重气派的排场。不过，和当今的时尚界一样，要在战壕中赢得战争夺得头条，靠的必须是时髦的日装设计。巴伦西亚加并不像迪奥那样，为每一个新系列取名，但是，随着设计造型的变化，时尚媒体不断为他定义出新的轮廓和比例。1947年，当迪奥的"新风貌"夺走媒体版面时，巴伦西亚加宽松且延伸到臀部的囊状或酒桶状夹克，比迪奥的有着束腰收腰设计的合身夹克，要更受时尚编辑的青睐。巴伦西亚加逐步开发了茧型夹克（1947年）、箱型夹克（1949年）、水手系列（1951年）、束腰外衣系列（1955年）、袋装或无袖宽松裙（1957年）和帝国系列（1958年）。

然而对他来说，1947年是艰难的一年。他的许多客户因为迪奥而抛弃了他，他的侄子奥古斯丁·梅迪纳·巴伦西亚加描述了这位定制时装设计师的反应：

"他有着很严格的是非观，如果有人因为其他设计师而离开他，他就会有被背叛的感觉。1947年'新风貌'成功后，很多长年老客争相涌向迪奥的时装屋，这让他感到失望。从那时起，对于能信任的人，他变得更加挑剔了。最终他只专注于自己的工作，并不关心大环境里社会群体的意见。不过，如果有人有幸加入了他的圈子，就能和他建立起真正密切的情谊，而他的朋友们也很喜欢他那顽皮的幽默与毒舌。"

他的作品里也有着无法被忽视的趣味元素。他偏好建筑般的几何形状，尤其是线条硬朗的弧线和球体，这也让人联想到东方人的着装方式，衣服并不是牢牢攀附着身体的，而是包裹身体，框住身体，将身体环绕。这一点同样启发了卡丹和库雷热。1958年，巴伦西亚加获得了法国最高荣誉奖"法国荣誉军团勋章"，表彰他对时尚界的贡献。1968年，他关闭了自己的高级定制时装屋，准备退休，彻底地放松，据说他反思道："我这一生可真是不得安宁啊"。1972年，他在西班牙去世。

2006年，一场在德州举办的巴伦西亚加回顾展的记事录中，休伯特·德·纪梵希这样写道：

"他会说，'休伯特，你必须坦诚地对待你的顾客。别只是为了取悦别人而设计。认真地对待你的作品。要尽责。如果你想用上花朵元素，就要思考如何去使用它们。如果毫无意义，那么不需要为了增加垂感或是剪裁而刻意使用花。'他还有一句谚语：'不要把绵羊做成五条腿的！那是其他设计师为了震惊媒体或者顾客会做的事，不是你该做的事。更重要的是，要尽心尽责，并且时刻保持清醒。'"

时装屋由巴伦西亚加的侄子和侄女继承，并在1987年由米歇尔·郭玛担任设计师的时期，恢复了定制时装屋的业务。它曾几度易主，现在由开云集团所有。品牌的设计总监包括约瑟夫斯·蒂米斯特、亚历山大·王和尼古拉·盖斯奇埃尔,其中尼古拉·盖斯奇埃尔担任了15年的设计师,在2012年离任。德姆娜·格瓦萨利亚是品牌目前的掌舵人。2011年,西班牙的索菲亚女王在赫塔利亚开设了巴伦西亚加博物馆,而法国、西班牙和美国等地也曾多次为他举办大型展览。

延伸阅读: 关于这位设计师最全面且分析得最有深度的两本书,是2007年由莱斯利·埃利斯·米勒撰写的《巴伦西亚加》,以及2006年由帕梅拉·哥布林编辑的《巴伦西亚加,巴黎》(*Balenciaga Paris*)。1989年,塞西尔·比顿在《时尚之镜》(*The Glass of Fashion*)一书中提到了巴伦西亚加,这是一本有趣的读物。

巴黎世家的图卢兹·罗特列克系列,1951年。
The LIFE Picture Collection via Getty Images.

克里斯托巴尔·巴伦西亚加，
1927年。
Lip News Service/Roger Viollet via
Getty Images.

巴黎世家，*Vogue*，1942年。
Horst P Horst/Condé Nast via Getty
Images.

巴黎世家，1951年。
The LIFE Picture Collection via Getty Images.

16 | 克里斯汀·迪奥 （1905—1957）

迪奥设计的"花冠系列"所表达的怀旧情绪，是利用打造文化来遗忘过去的关键一环。

在20世纪所有时装中，克里斯汀·迪奥的酒吧套装（Bar Suit）是最令人难忘的造型，套装中的白色夹克收紧的腰部，衔接着硬挺支撑着的装饰裙边下摆，黑色的长裙附带了传统的臀垫，再戴上一顶白色草帽。即使在迪奥去世以后这么长的时间里，他的名字仍始终代表着极富吸引力且极具精英化的定制时装。塞西尔·比顿称他为"针线之王"和"最后一位伟大的定制时装设计师"，并引用了他的话："什么都不是凭空发明出来的。在最初，总会有一些东西启发着我们。显然，是莫利纽克斯的风格给了我最大的影响。"

爱德华·莫利纽克斯（1894—1974）是一位杰出的裁缝，他作品的精致风格使他在世界大战期间取得了巨大的成功。他极富修养，同时也为电影做设计，人们都觉得，他受到温特哈尔特感性当代肖像画的启发，在1933年他为电影《红楼春怨》（关于维多利亚时代的诗人伊丽莎白·巴雷特和罗伯特·布朗宁的爱情故事）做的极其美妙的设计，始终留存在迪奥魂萦梦绕的想象之中，犹如一个等待成真的怀旧梦境。

那是在1947年，第二次世界大战结束后，欧洲在经济、社会和道德都遭遇重创的情况下，艰难地恢复着自身的文明。"新风貌"的冲击之所以如此震撼，并不仅仅是因为女人们厌倦了定量配给布料制作的短裙、制服的方正肩线，以及没完没了地

迪奥的定制时装，1957年1月。
Loomis Dean/The LIFE Picture Collection via Getty Images.

回收利用战前的破旧衣服。这只是其中一个因素。也不仅仅是因为迪奥时装屋的资金支持者，布料制造商马塞尔·布萨克，需要工厂恢复日常的生产制造。甚至也不仅是整个法国都需要工厂恢复运作，工人恢复劳作，时尚业恢复元气，出口开始增长。所有的一切都至关重要。实际上，当时法国政府正在对所有出口产品征税，用来补贴努力重建的定制时装业。还有一点，所有人都觉得疲惫不堪了。长达6年的战争给人们带来了创伤，无论是男人还是女人都屈从于一种最简单的渴望，那就是回归经济有保障、社会秩序和道德稳定的和平时代。

从战场归来的男人们恢复了普通百姓的身份，却发现女人们在做着他们以前的工作，并且不愿意放手了。女性已经品尝到独立自主、拥有经济实力、一定程度的性别自由以及在工作中建立同僚情的滋味，并喜欢上了这一切。而想回归以往的正常生活秩序，需要女人们离开工作场所，回到厨房、卧室，尽快地恢复育儿的角色。人口急剧地减少，对未来的投资决定了一个国家的士气，简而言之，取决于下一代。

法国一向宏伟的国家形象，是如何被战败的屈辱还有参与并协助侵略者的行为所摧毁的，是近期研究中的强调重点。亚历山德拉·帕尔默认为，迪奥设计的"花冠系列"所表达的怀旧情绪，是利用打造文化来遗忘过去的关键一环，能协助法国重新创造出辉煌的文明神话，重塑被破坏的国家尊严。伊利亚·帕金斯写道："这一切不仅是对战争年代的回应，也是处理历史创伤的手段。"1947年出现的以维多利亚时代为灵感的浮夸的"新风貌"，它那带着裙撑的裙身、束腰般的腰部设计以及柔和圆润倾斜着的肩线，正是历史上反复出现的生育女神所拥有的典型沙漏身型。它呼应着那些当法国占据着世界舞台的伟大时期的造型风格——包括17和18世纪、第二帝国时代以及"美好年代"时期。

迪奥在其1956年的回忆录《克里斯汀·迪奥与我》中写道：

"在1946年12月……女性的外表和穿着依然十分彪悍。而我是为了像花儿一样的女性设计衣服的，设计有着圆润的肩线、丰满的胸部以及大摆裙所能突显的纤细腰身的衣服。只有硬挺的服装结构才能实现这种娇柔的氛围。为实现我对建筑和简约剪裁的喜爱，我只能使用与当时截然不同的设计技巧。我希望我制作的裙子可以像建筑一样被构型，依照女性的身体曲线来塑造它的轮廓。我强调了胯部的宽度并且让胸部自然地挺起；而为了让我的模特更加有'风采'，我重新开始使用传统的细棉布以及塔夫绸衬里。"

迪奥还在衣服的夹衬中使用了马鬃制作的衬垫，并让那些身材缺乏曲线感的模特儿添置一对"假胸"。

克里斯汀·迪奥出生于格兰维尔，那是诺曼底海边的一个渔港和造船小镇，后来变成了一个时髦的度假胜地。他的父亲曾经很富有，是一家生产农用肥料公司的老板，并与合伙人将业务扩展到了诸如洗涤剂之类的其他产品。他的母亲是一位有才华的园艺爱好者，而这份爱好在她和她的二儿子之间建立了一条特殊的纽带。在迪奥6岁的时候，全家迁居巴黎，而位于格兰维尔的别墅则保留作为度假屋。在小镇的狂欢节上，克里斯汀学会了缝制衣服，帮助女仆们制作他为自己和朋友们设计的衣服。克里斯汀的外祖母见闻广博、固执己见，并热衷于听信占卜师和算命师，这也对这个男孩产生了强烈的影响，使他变成了一个迷信的人。

这就是"美好年代"，一个属于洛可可式装潢和奢侈逸乐的女人们的时代，在欧洲历史上也是一段漫长且和平繁荣的时期，直到1914年被第一次世界大战所终止。迪奥在自己的回忆录中描绘了一个宛如田园诗般的童年。他写道：

"我现在正想象着它的样子：这是一个开心的、欢乐的、和平的时期，我们只想尽情享受生活。我们无忧无虑地认为没有什么会威胁到富人们的财富和生活，也没有什么会伤害到穷人们单纯和简朴的生活。对我们来说，未来只会让所有人过得更好。在那之后，无论生活带给我什么，都比不上我对那些甜蜜岁月的回忆。"

毫无疑问，是这样的回忆帮他塑造出了"新风貌"。

在迪奥完成学业后，他想进入艺术学校学习，但他的父亲作为一个讲究体面的彻头彻尾的资产阶级，否定了他的想法。父亲把迪奥送进了巴黎政治学院，试图满足奶奶希望家里有个外交官的心愿。然而，克里斯汀却被巴黎左岸包括克里斯蒂安·贝拉尔、让·谷克多、拉乌尔·杜菲、乔治·德奇里科和莫里斯·萨克斯在内的波希米亚和艺术群体所吸引，他考试落榜了。在伤透脑筋之后，父亲同意为克里斯汀出资成立一个艺术画廊，然而，在承诺兑现之前，父亲突然因为一系列糟糕的投资而导致家财散尽，一切也随之化为乌有。于是，克里斯汀变得贫困潦倒，住在朋友家里，不知所措地四处求职，这样漫无目的地漂泊使他染上了肺结核。迪奥在南法康复疗养的时候，学会了织布，并开始思考是否有从事设计工作的可能。回到巴黎后，他开始向设计公司和《费加罗报》出售自己的时装画，直到1938年，罗伯特·皮埃特聘请了他担任设计助理。1939年，当德国准备入侵法国的时候，迪奥被征召入伍。而在法国投降后，他于1941年回到了巴黎，与年轻的皮埃尔·巴尔曼一起并肩在卢西恩·勒隆工作。

1946年，纺织业大亨马塞尔·布萨克提出资助迪奥成立属于自己的定制时装屋。迪奥犹豫不决，直到他的占卜师让他放心，在举办过一场让人们充满期待的未公开发布会之后，1947年2月，这位42岁的设计师展示了他的第一个设计系列。他把它命名为"花冠系列"。以*Harper's Bazaar*的卡梅尔·斯诺为首的美国媒体将这个系列称为"新风貌"。时尚作家欧内斯汀·卡特也在现场：

"模特走进沙龙，她们戴着由莫德纳诺设计的偏向一侧的小帽子，帽子由长及下颌处的面纱支撑着，或者干脆违背了重力般地固定在头上。就像香奈儿发明了一种站姿，迪奥发明了一种危险的后倾的走路方式，这使模特那穿着长及小腿的宽大半裙（其中一条裙子用了80码的布料）转圈的姿态看起来更高傲了。令人惊讶的不仅仅是裙子的长度（距离地面一英尺以上），还有合身上衣所展露的纤细腰肢、大摆裙的摇曳、圆润的肩线以及不经意后倾、敞开的领子，这些细节的相互衬托。"

卡特也描述了头排充斥着的惊愕：

"在身着锐利肩线（夏帕瑞丽遗留下来的被战争时期冰封的时尚）、限量配给轻薄面料西装的英国记者看来，这样的柔软和丰盈，正如一位记者所说，是'极具诱惑力的'。可以看见围绕着沙龙的海外媒体记者都拽着自己身上的裙子，试图想把下摆拉过自己的膝盖。咄咄逼人的模特正如迪奥所写的'超然得有点傲慢'，她们轻蔑地旋转着，厚重的半裙就像在站立式烟灰缸上打转的保龄球瓶。"

不过，为《观察家报》报道这场秀的艾莉森·塞特尔并没有被诱惑："这些裙装适合现今这种活跃又忙碌的生活吗？"而 Vogue 的主编埃德娜·伍尔曼·蔡斯写下了颇为含蓄的赞美："他的衣服给了女人们一种被优雅装扮着的感觉。"关键就在这样的论调里。对许多女性来说，克里斯汀·迪奥回归了他最初的挚爱，华丽的服饰。但绝不是每个人都会为这样的幻想买账。

当时仍处于一个物资短缺和定量配给的时代，广为人知的是，第一个勇于穿着这种危险裙装上街的女人，遭到一群排队购买食物的穷苦劳动妇女愤怒围攻。然而对巴黎定制时装业来说，迪奥惊人的变革是一剂灵丹妙药。战争期间，因为与欧洲断绝了联系，美国时尚业不得不着手培养本土设计师，而他们做得很不错，美国消费者也对新品牌产生了忠诚度——只有一小部分是基于爱国主义。然而，多亏了迪奥，1947年2月，巴黎恢复了其在时尚圈的主宰地位，并且重回美国市场。

在接下来的十年里，迪奥每一季都会巧妙地推出一个新"造型"，吊足了公众的胃口，也为时尚的全球化发展注入了动力。在"花冠系列"之后，是"飞行系列""插翅系列""垂直型系列""倾斜系列"和"铃兰系列"，大手笔地开拓市场，加快了时尚界的变革速度。1953年，他将裙摆缩到离地面40厘米的长度。他将它称为"生动系列"，而记者更爱把它叫作"震惊造型"。1954年，他推出了"H型"服装，绰号"法国绿豆荚"或"扁平造型"。1949年，他成为第一位将自己的产品授权经营的定制时装设计师。他带着设计系列到美国巡回展示，在各大城市的崇拜者面前演出。因此，在20世纪50年代，迪奥时装屋的产品占据了出口美国的定制时装份额的50%。由于授权经营，以及对通过香水、配饰、长袜、皮草、礼品和餐具来开发品牌有着敏锐的见解，迪奥时装屋和迪奥本人都变得非常富有——而满怀感激的法国认识到，它能恢复全球时尚的领导地位完全仰赖于迪奥，决定将一切荣誉赠予他。此时的迪奥，在塞西尔·比顿的描述中看起来像是"如粉色杏仁软糖制作的和蔼乡村牧师……他那如鸡蛋般圆圆的脑袋可能会左右轻晃，但永远不会因为成功而改变。"比顿以及很多同时代的人都认为，迪奥唯一且真正的追求是对美好生活的向往，特别是园艺和美食。来自《卫报》的菲利斯·希斯科特曾观看过"新风貌"的初次展示，她在1960年写道：

"克里斯汀·迪奥是一个可爱的人。在高级时装界，你不会遇到什么有着能在瞬间就让人产生好感这样个性的人（如同他们的人生经历一样艰难）。但迪奥是个例外。他善良、淳朴、友善，即使多年来一直拥有着时尚界罕见的溺爱和吹捧，他也完全没有被宠坏。他一直都是那样的亲切可爱。"

　　1957年，迪奥因心脏病突发而去世，他曾明确指示要让他年轻的助手伊夫·圣·洛朗来接替他的位置。多年后，戴安娜·弗里兰在与科林·麦克道尔的对话中回忆起迪奥的暴饮暴食，坚称："可怜的克里斯汀。他是因为餐桌而死的。"盖着棺材的黑色欧根纱枢衣上缝着带着叶子的铃兰花，这是他最喜欢的花。

　　在他走后，迪奥时装屋惊人地存活了下来。自1984年起由LVMH集团所持有，担任过设计总监的有马克·博昂、詹弗兰科·费雷、约翰·加利亚诺、拉夫·西蒙以及目前的玛丽亚·嘉茜娅·蔻丽。在2017至2018年，巴黎装饰艺术博物馆举办的展览"克里斯汀·迪奥：梦之设计师"吸引了史上最多的参观者，随后在2019年，展览移师伦敦维多利亚与艾尔伯特博物馆，门票一售而空，因而延长了展出时间。

延伸阅读：1956年，迪奥自己撰写了回忆录《克里斯汀·迪奥与我》，2007年由安东尼娅·弗雷泽为伦敦维多利亚与艾尔伯特出版社翻译成英文。在1996年奈杰尔·考恩的《新风貌：迪奥的革命》(*The New Look: The Dior Revolution*)、1997年科林·麦克道尔的《40年代时尚与新风貌》(*Forties Fashion and the New Look*) 以及2007年克莱尔·威尔克克斯的《时装的黄金年代：巴黎与伦敦1947-1957》(*The Golden Age of Couture: Paris and London 1947–1957*) 中，都有关于迪奥的背景介绍。近期关于"新风貌"的重要论述，可以在2009年亚历山德拉·帕尔默的《迪奥》和2012年伊利亚·帕金斯的《波烈、迪奥和夏帕瑞丽：时尚、女性主义以及现代性》(*Poiret, Dior and Schiaparelli: Fashion, Femininity and Modernity*) 中找到。2015年，劳伦斯·贝纳伊姆的《迪奥：新风貌的革命》(*Dior: The New Look Revolution*)，是一本绘制克里斯汀·迪奥博物馆展品的精美图片目录。

迪奥的酒吧套装，1947年。
Keystone-France via Getty
Images.

克里斯汀·迪奥在为礼
服试衣，1957年。
The LIFE Picture Collection
via Getty Images.

迪奥的"新风貌"礼服，
Vogue，1947年。
Erwin Blumenfeld/Condé Nast
via Getty Images.

查尔斯·詹姆斯的晚礼服，1950年。

17 查尔斯·詹姆斯 （1906—1978）

詹姆斯之所以有名气，是因为他从20世纪30年代起就开始设计的大型礼服。

对查尔斯·詹姆斯的看法褒贬不一。他有着将朋友变为敌人的天赋，并且喜欢报复性地起诉别人，所以评判标准可能会被厌恶之情所影响。然而，巴伦西亚加曾将他称为"他们之中最伟大的设计师"，而克里斯汀·迪奥则形容，他设计的通常是直接在身上完成挂片剪裁的大礼服宛若"诗"一般。设计师后辈们，包括伊夫·圣·洛朗、蒂埃里·穆勒和阿瑟丁·阿拉亚，都宣称他是缪斯和灵感，这位伟大的"被遗忘的"时装设计师于1978年在纽约的切尔西酒店去世，他的身边没有朋友，一贫如洗，被人遗忘。不过，他的传记作者米歇勒·格伯·克莱因却对此有所怀疑，她曾对詹姆斯以及他的朋友和敌对者都有过长时间的录音采访。可能在最后的时刻，他的确是身无分文的，但他并不是没有朋友，也没有被遗忘。

业内人士和时尚史学家们从未忘记过他，但他的名字却逐渐淡出了公众视野，直到时尚作家们认定，他就是2017年保罗·托马斯·安德森执导的电影《魅影缝匠》中那位英国定制时装设计师的原型。的确，由丹尼尔·戴·刘易斯饰演的虚构人物雷诺兹·伍德科克与詹姆斯一样，在执着追求完美的同时，作风专制并且习性残忍。但是，他设计的衣服是真正的馈赠。它们有着詹姆斯式的辉煌荣光。

不过，很多时尚评论家和学者们都认为，詹姆斯能获得这么重要的地位，是不太令人信服的。他们之中包括时尚史学家理查德·马丁，在1999年去世之前，他一直是备受尊敬的纽约大都会博物馆服装学院院长。在他撰写的《时尚回忆录》系列中，关于查尔斯·詹姆斯的部分这样写道：

"人们常常会用'天才'这个词来形容詹姆斯，他当然也拥有天才通常会有的暴脾气。但是事实上，他所取得的成就不足以让他被称为天才。他在20世纪四五十年代创作的作品，背离了他在30年代所呈现的优雅风格，而他在图像方面的想象力也比他在设计上的创新要来得强。尽管他可能不算是一个天才，但可以肯定他已经很接近天才了，使我们依然要敬畏且更谦逊尊重地去看待他的服装。T·S·艾略特曾经说过，四月是混合着'记忆和欲望'的。而在时尚界，没有人比查尔斯·詹姆斯能更令人信服地将二者融为一体。"

在《时装：伟大的设计师》一书中，卡罗琳·雷诺兹·米尔班克将他与巴伦西亚加、卡普奇、卡丹和库雷热归类到一个最小众同时也是最有趣的类别——"建筑师"，并认证他的地位是"美国最重要的定制时装设计师"。他之所以能建立起声望，是因为他从20世纪30年代就开始设计的大型礼服，而这些礼服主要是将沙漏型的生育女神的身体曲线，强加给了身材没那么丰满圆润的人，而这些设计都比克里斯汀·迪奥的"新风貌"要早了十年。他似乎是从19世纪最后几年的服装中得到了灵感，并使用了类似的方法，将马鬃填充物堆积在层层帆布、硬的薄纱以及克利诺林风格的裙撑上，以厚重的束胸固定身体和腰部。虽然如此，衣服的整体结构却是如此出色，平衡得如此恰到好处，尽管它可能有15至30磅（7至14公斤）的重量，但穿在身上却感觉轻如鸿毛而且舒适无比。詹姆斯用最细腻有仙气的雪纺、绸缎或塔夫绸制作出飘逸的纱层，并通过披裹和塑形形成褶饰，来增加活力轻盈的视觉，他经常用对比鲜明的色彩来制作衣身和巨大的裙子，让（人为营造出来的）纤长细小的躯干更突出并且更性感，就像是雄蕊从玫瑰或是娇艳兰花的花芯里探出头来。时尚之于他的意味，被米尔班克所引用："是罕有并且恰如其分的比例，十足慎重却又充满了诱惑。"

理查德·马丁认为，基于詹姆斯早期的女帽商身份，他创造出注重情欲偏好的服装是理所当然的。一顶帽子必然会框住，或是以其他的方式衬托和聚焦到脸部，同时它也必须与全身的比例协调，而逛帽子店时，这一点常常会被女人们所忽视，因为店员只在化妆台上为她们服务。1978年在《Soho周报》刊登的詹姆斯的讣告中，摄影师比尔·坎宁汉引用了他对服装的观点，詹姆斯说一件绝妙的定制时装作品靠的是"顾客和制衣师之间的对话"，"没有对话，时尚界就不可能存在"。马丁对此表示怀疑，事实上詹姆斯和他的客户之间到底有多少对话呢。他写道："他构想中的女性缪斯，主要都是由他自己创造的，这一形象在不同的顾客之间几乎没有体现出差别。"

1906年，查尔斯·威尔逊·布雷加·詹姆斯出生在位于伦敦附近萨里郡坎伯利的一个上层社会家庭。他的父亲是一名军官，母亲路易丝·恩德斯·布雷加是来自芝加哥的豪门女继承人。据说"神经质且有着艺术家气质"的查尔斯，被送进了英国最顶尖的私立学校之一的哈罗公学，在那里他结识了伊夫林·沃和塞西尔·比顿，后者成为他一生的朋友。1922年，詹姆斯因为一些恶劣但又无法定性的不端行为被学校开除，不堪忍受的父母将他送往芝加哥，在一家公用事业公司的建筑设计部门工作。无论是这份工作，还是之后在 *The Herald Examiner* 这家芝加哥报社的工作，詹姆斯都没有干多久，1926年，他用在学校里认识的朋友的姓氏，在北州街开了一家帽子店。在那之后他又开了两家小店，直到1928年，他搬到了纽约，在诺埃尔·考沃德曾经租住过的马车房里又开了一家帽子店。就是从那时起，他同时开始设计服装。

1930年詹姆斯回到英国，在伦敦的布鲁顿街以E.霍维斯·詹姆斯的名字成立了一个定制时装屋。米尔班克指出，欧内斯特和霍维斯是他父亲的两个中间名。这不算她的猜测，毕竟考虑到詹姆斯人尽皆知的尖酸刻薄的本性，让人不得不怀疑他的目的是否是为了激怒生他养他的这位军人。詹姆斯并没有将自己定义为一名定制时装设计师，而是以他标志性自命不凡的性格，将自己定位为一名"服装结构设计师"。这家公司几乎是快破产了，而詹姆斯很快又在同一条街的另一座房子里重新开张。乔治娜·豪厄尔确认，查尔斯·詹姆斯第一次出现在英国版 *Vogue* 上是在1932年。照片里是一身看似保守但轮廓柔和的西服小套装，而标题上写着："一套海蓝色面布的春季套装，售价12几尼。连肩袖上衣用腰带束起，脖子上缠着一条带有斑点的围巾。"1934年，他遭遇了另一次经济危机，结果由他的母亲出资举办了在芝加哥马歇尔·菲尔德百货公司韦奇伍德厅的时装秀。1937年他初次在巴黎展示了他的系列，在接下来的几年里，他在伦敦和巴黎轮番展示了自己的系列，这让 *Vogue* 将他称为"那位巡回设计师"。

他把设计出售给美国最主要的几个商店，包括马歇尔·菲尔德、波道夫·古德曼、罗德与泰勒、贝斯特公司，所以当他在1940年离开欧洲（巴黎被纳粹占领，伦敦被闪电战袭击）回到纽约，在东57街开设查尔斯·詹姆斯公司时，一切都是早已准备停当的。他与伊丽莎白·雅顿的"时尚线"签约并设计定制时装，1945年，他在为雅顿新店开业而举办的红十字会慈善晚会上展示了25件礼服后，结束了合作关系。他以自己的名字在麦迪逊大道上设立了另一家时装屋，1947年他回到巴黎，简短地展示了他设计的系列并一举获得成功，他设计的华丽礼服与迪奥的"新风貌"步调完全一致。2007年，安妮特·比索内特在肯特州立大学策划了詹姆斯的作品展，她写道：

"'他对色彩的敏锐度'产生了意想不到的组合，南瓜色和淡紫色和谐共存，衬里增添了浮夸感，多种颜色层层叠叠的薄纱形成了神奇的效果。而他将布料剪切制作成抽象而复杂的形状，并通过试验和想象力为它们赋予生命的能力，是他在21世纪留下的宝贵财产。"

詹姆斯对自己的工作以及严格完美主义的必要性十分推崇。他为普瑞特学院的服装设计策划了学术课程，并将其中一门课程命名为"时尚微积分"以表达时尚不断变化的状态，他还从19世纪初的作家约翰·沃尔夫冈·冯·歌德那里挪用了"形态学"这个词来描述这一现象。

尽管他的事业充满动荡，对待客户的方式严苛（格伯·克莱因对他印象深刻，称他是"优雅举止和可怕行为的完美结合体"），他还是获得了一批非常重要的客户。其中包括奥斯汀·赫斯特（威廉·蓝道夫·赫斯特夫人）、哈里森·惠特尼夫人、多米尼克·德梅尼尔和罗丝伯爵夫人安妮，以及两位竞争对手设计师卢西恩·勒隆的夫人和阿德里安的妻子珍妮·盖诺，还有在出版界具有影响力的女性，如柯列尔·布兹·卢斯、康泰·纳仕夫人、艾尔莎·柏瑞蒂、卡梅尔·斯诺和戴安娜·弗里兰，以及那两位长年针锋相对的定制时装设计师，艾尔莎·夏帕瑞丽和可可·香奈儿。米尔班克说道，夏帕瑞丽的讥笑声犹在耳边，因为她收到了账单，但是香奈儿却没收到。理查德·马丁写道："他冒犯了一些最忠实的顾客，他们渴望拥有这位设计师的衣服，并为此付出了高昂的代价，不仅要付出金钱，还要忍受侮辱和谩骂。"詹姆斯最优质的顾客之一，是标准石油公司的女继承人蜜丽·罗杰斯，她十分美丽，有着一头洋红色的秀发，以塞西尔·比顿的说法，她的奢侈挥霍程度超过了其他所有的"可怜小富婆"。在很长一段时间里，罗杰斯只购买查尔斯·詹姆斯的衣服，1948年，她举办过一个以她拥有的时装系列为主题的展览，名为"为蜜丽·H.罗杰斯夫人设计的十年"，次年也就是1949年，她赠送了一整套詹姆斯的衣服给布鲁克林博物馆。

很大程度上，詹姆斯的声誉是被他的衣服所挽救的，也正是通过这些服装，服装史学家们了解了他是怎样设计礼服的结构的。他的设计被他自己命名为——花瓣、天鹅、郁金香、蝴蝶、四叶草、树——这些设计更多是与抽象的形状、弧线或平面有关，是一些从物体中提炼出来的元素，而不是具体的事物。他最著名的设计应该是"美人鱼"，衣服使用柔软丝绸包裹、披挂和缩缝在纤细而坚硬的贴身内衣上。不过，他认为自己职业生涯的巅峰之作，是1953年设计的"四叶草"礼服。

在想象中，詹姆士如变戏法般创作的大型礼服，该是在有着高高的天花板和古典装饰的宽敞房间里穿着的。1948年，与詹姆斯有着相同教育背景的塞西尔·比顿，将九件这样的礼服聚集在了一个第二帝国风格的有着淡奶油色雕刻装饰镶边的大厅中，拍摄了一张名为"詹姆斯作品大全"的照片。照片中的女士们裸露的肩膀以及优雅脆弱的脖颈，在柔和的粉色灯光下熠熠生辉，巨大的裙摆挤占着空间，她们临时围在餐桌周围抽着烟，一边喝着咖啡一边等待着绅士们的到来。这正是怀旧者们所渴望回归的、想提升社会地位者所渴望进入的战前世界。对于比顿来说或许这很富有吸引力，但安妮特·比索内特写道："就像他启发的那些人，如克里斯汀·迪奥……虽然他创造的服装在视觉上令人陶醉，却让女性们重返了那个不自在并且需要屈从的时代。不过，他的才华还是受到了广泛的追捧，他为顾客提供的定制作品以及与制造商的合作之促进了新廓型的诞生，对时尚界产生了巨大的影响。"

1955年，众所周知是同性恋并传闻他会穿着自己设计的华服跳舞的詹姆斯，与富有的南希·李·格雷戈里结婚了，还生了两个孩子，这让所有人都感到大吃一惊。电影《魅影缝匠》中也呼应了类似情节,女服务员阿尔玛被伍德科克挑逗并嫁给了他。1956年詹姆斯开始设计童装,但到1958年他发现自己又破产了。这场婚姻在1961年以失败告终,1964年詹姆斯搬进了切尔西酒店,并在那里建立了一个小型工作室。他几乎没有吸引到什么客户,他因为爱闹别扭、不按时交货和常常毁约而变得名声扫地。不过,他结识了插画家安东尼奥·洛佩斯,在之后的几年里,洛佩斯以绘制詹姆斯最出色的设计作为自己的私人项目。1975年,他在纽约锡拉丘兹的伊弗森美术馆举办了个人展览。三年后,查尔斯·詹姆斯死于肺炎,是"自我忽视"心理症状的受害者。1980年,布鲁克林博物馆为他举办了更为大型的回顾展。

....

延伸阅读: 2017年,米歇勒·格伯·克莱因撰写的传记《查尔斯·詹姆斯: 荒唐之人的肖像》(*Charles James: Portrait of an Unreasonable Man*)文笔优美,同时细节丰富。理查德·马丁的《查尔斯·詹姆斯》是《时尚回忆录》(*Fashion Memioir*)系列的一部分,出色地分析了詹姆斯的职业和个性,1985年,卡罗琳·雷诺兹·米尔班克的《时装: 伟大的设计师》(*Couture: The Great Fashion Designers*)中也有关于詹姆斯的内容。蒂莫西·A.朗的《查尔斯·詹姆斯: 设计师的细节》(*Charles James: Designer in Detail*),以精彩的插画形式分析了不同博物馆珍藏的服装。

查尔斯·詹姆斯与模特,1950年。
Eliot Elisofon/The LIFE Picture Collection via Getty Images.

模特伊芙琳·特里普身穿查尔斯·詹姆斯，*Vogue*，1951年。
Horst. P. Horst/Condé Nast via Getty Images.

18 克莱尔·麦卡德尔 （1905—1958）

她制作的产品立刻就成了经典，并为美国设计师运动装这一时尚流派奠定了基础。

出于对一种能切合20世纪女性生活和着装的现代风格的迫切需要，克莱尔·麦卡德尔发明了它，而这种风格在实用性和概念上都能体现这一诉求。她的理念深深地影响和渗透了当代时尚界，因此在1990年，《生活》杂志将她评为20世纪最重要的100位美国人之一。四年后，《纽约时报》的伯纳丁·莫里斯将她称为"这个国家最优秀的设计师"。作为一个与弗兰克·劳埃德·赖特、雷蒙德·罗维和玛莎·葛兰姆同列的典型美国设计师，克莱尔·麦卡德尔从大众的视角出发来设计服装，使得日常衣着也富含风格，并且引领美国时尚摆脱了长期以来被法国设计师主导的状态（理查德·马丁曾将此描述为"巴黎设计的奴隶"）。

1956年，在麦卡德尔出版的《我该穿什么？》一书中，她回顾了自己20世纪20年代身在第七大道的早年工作。"我做了大家都在做的事，"她写道，"剽窃巴黎的设计。"她特别仿制了莫利纽克斯、梅吉·罗夫和阿历克斯（当时还没改名为格蕾夫人）的作品，并拆解了阿历克斯和维奥内特的衣服，以便研究它们的结构——她为了自己所从事的大量生产工作，将这些结构简化。但是，她的本能是永远无法被这些二手灵感所满足的。麦卡德尔是一位基本规则的质疑者，一位革命者。她对一位采访她的人说道："衣服应该是实用并且舒适的。我总是在想，为什么女人的衣服一定要精致——为什么她们不能在有女人味的同时，务实又耐用呢？"她从各种工

克莱尔·麦卡德尔的晚装衬衫和半身裙，1955年。
Frances McLoughlin-Gill/Condé Nast Collection via Getty Images.

作服和童装中挑选出简单的款式和耐穿的面料，并将它们变得时髦：例如以牛仔布制作的西装，以粗密布或棉布制作的大口袋衬衫，双色小格子、马德拉斯格子和法兰绒制作的宽松连衣裙和连体裤。她的基本原则是简洁且实用的设计，符合现代主义的理念，即形式应该服务于功能、产品应适合它的用途，还有每个人都应该重视面料。

她制作的产品立刻就成了经典，并为美国设计师运动装这一流派奠定了基础，而且她有着许许多多属于这一流派的后继者。理查德·马丁写道：

"值得注意的是，他们重新思考时尚的根本，并不是简单地剔除掉一些传统美，而是为那个时代的女性建立了一个有着实用且现代风格的日常新标准。此外，推动这一标准的主力来自女性设计师，而不是男性设计师。原本美国运动装是由男性制作商和一些如悉尼·拉格以及后来的约翰·韦茨等早期先行者推动的，但是，能推动时尚创新的，是想要满足女性需求的女性设计师。"

这份名单很长：这些女性包括伊丽莎白·霍斯、安妮·福加蒂、穆里尔·金、艾米丽·威尔肯斯、蒂娜·莱瑟、弗朗西丝·西德、卡罗琳·施努尔、乔·科普兰、邦妮·卡辛、西尔·查普曼、路易拉·巴莱里诺、维拉·马克斯韦尔、莫莉·帕尼斯、克莱尔·波特、内蒂·罗森斯坦、波琳·特里盖尔和瓦伦蒂娜。在20世纪三四十年代，进入职场的美国女性人数越来越多，她们享受的活跃社交生活通常以体育活动为基础——高尔夫球、网球、骑自行车、游泳——并且想在这些场合里都能穿上价格适中、大量生产的衣服。于是有着同样生活方式的女性设计师，满足了女性们的需求。在她们之中，麦卡德尔是最有创造力和领导能力的，是她让时尚产生了真正重大的转变。

1905年，克莱尔·麦卡德尔出生在马里兰州的弗雷德里克。她的父亲是州参议员兼弗雷德里克郡国家银行总裁阿德里安·勒罗伊·麦卡德尔，母亲是密西西比州杰克逊市一位联邦军官的女儿埃莉诺尔·克林根·麦卡德尔，她是他们的第一个孩子。她有三个弟弟，阿德里安、罗伯特和约翰。克莱尔初次接触时尚是因为她的母亲，这位来自南方的美人儿订阅了所有美国和欧洲的时尚期刊。在学校里结识她的一位朋友回忆道，5岁的克莱尔从杂志上剪下照片，然后用她的剪刀重新拼图，用一件衣服的胸衣搭配另一件衣服的裙子，改变领型，剪掉一些袖子。半个世纪后，麦卡德尔回忆道，就是从那个时候开始，"我的眼睛开始接受（时尚的）训练"。当然，她也会穿上母亲的衣服并且表现得像个大人，"让我感兴趣的并不是穿上这些衣服的自己，也不仅仅是为了穿上它们——我感兴趣的是衣服和我之间建立的联系感——当我穿上它们时，能感受到怎样的变化。"

或许对麦卡德尔影响最大的是家里的制衣师安妮·科格尔，她能熟练地使用 *Vogue* 杂志的纸样，常常在身上进行挂片剪裁和试衣。麦卡德尔从她那里学会理解服装与身体的关系，还有服装的构造。作为一个运动型的女孩，她马上开始把自己和弟弟们的衣服拆开再重新制作，想为运动时间制作出更舒适的衣服，尽管她的尝试并不是次次都能成功。然而，正是这样对男装的深入了解，影响了她设计女装的方法。她发现男装的设计要比当代女装更为合理，于是她为女装设计了宽大的裤子侧袋，更深的夹克袖孔，借鉴自李维斯牛仔裤的结实装饰线，以及像棉质细平布一样实用并且可水洗的面料。

1923年，麦卡德尔即将从弗雷德里克高中毕业，她宣布自己打算去纽约学习时尚插画和戏服设计。她的父亲不同意，于是在接下来的两年时间里，她在家附近的一所文科学院胡德学院学习家政学。她在二年级即将结束的时候退学了，在母亲的支持下，她说服父亲让她去纽约的美术与应用艺术学院学习，这个学院后来成为了帕森斯设计学院。在预科期间，她和另外两个学生在三艺俱乐部合租了一个房间。令她欣喜的是，那些富有的会员会将他们不想要的巴黎时装原作以几美元的价格卖给住宿生。她尽可能地把自己能负担得起的衣服都买了下来，并将它们拆开来研究它们的结构，然后再重新制作。升上二年级以后，她持续这样练习着，并且终于得到机会，1926年秋天，她前往巴黎学习时装设计和构成。从早年就开始探索包括斜裁和利用腰带缠绕束起衣服技巧的玛德琳·维奥内特，对麦卡德尔的影响特别大，她开设的内衣设计师方向的培训，让麦卡德尔对于面料能在女性身体上呈现的潜在美感有了更深刻的理解。麦卡德尔说，她从维奥内特那里学到了"服装的本质，它们自己的感受"。

回到美国的麦卡德尔在1928年春天毕业，在一开始经历过几次失败的工作，包括一些模特儿合约工作，还有短暂的针织品设计工作，后者的解雇原因是她在工作了八个月之后，开始"为了自己开心"而制作衣服。约哈南和诺尔夫指出，她这样的偏好正是她成功并且获得重要时尚创新者地位的原因。1965年，《时代》杂志引用了她的话，她说她设计的东西都是自己需要的，而"事实证明，其他人也需要它们"。

接下来她成为独立制衣师罗伯特·特克的设计助理，两年后，当他的公司被亨利·盖斯所有的第七大道中档礼服和运动装制造公司汤利弗洛克斯收购，她也跟着他加入了。当时的做法是，第七大道的制造商匿名聘请设计师，尽管买家和媒体十分了解这些设计师的名字，但是品牌的辨识身份是投注在其所有者和企业家身上的。1932年，罗伯特·特克在一次划船事故中溺水身亡，于是盖斯让27岁的麦卡德尔制作秋季系列，而她完成得很成功。被任命为首席设计师后，她采用了所有同时代美国设计师都有的习惯，每一年前往巴黎（和其他地方）两次，模仿当下的设计灵感。麦卡德尔并不想模仿巴黎的定制时装设计师，但她的确在欧洲找到了灵感——有时来自博物馆的肖像画，有时来自民俗服饰，比如她为美国市场改造了奥地利的阿尔卑斯山少女装。在另一次旅行中，她在匈牙利的跳蚤市场上购买了大量彩色的玻璃珠，并将它们大量使用在了自己简单的衣服还有展厅里的衣服上。

她在20世纪30年代开始发展的设计主题，而后在40年代臻于完美。在由约哈南和诺尔夫撰写的麦卡德尔专著的序言中，瓦莱丽·斯蒂尔列举了一些诸如此类的"麦卡德尔主义"和设计上的创新："她的标志包括金属扣合件（比如钩装扣子），双

Claire McCardell

排装饰线, 细长的领带, 长腰带, 裹身和绑带配件, 以及男装细节。"她还以混搭的理念来玩转分体式服装, 在连衣裙上加上厚实的绑带丝绸, 在制作女装外套时利用男装粗花呢和精纺西服料, 她制作"蜂腰"宽皮带时选用了弹性皮革, 并借鉴了当时寒冷天气时的运动装备, 设计出带扣扣合。

1938年秋, 麦卡德尔设计出了第一个属于自己并获得成功的原创廓型——修道院装——这是一种无褶的、无腰线的、斜裁的、帐篷造型的连衣裙, 加不加腰带都可以。它一次又一次地销售一空, 被广泛仿制, 以至于盖斯感到他的精力和财富几乎完全都用在起诉抄袭者上了。1938年, 精疲力竭又倾家荡产的盖斯关闭了汤利弗洛克斯。哈蒂·卡内基立刻邀请麦卡德尔为他工作(他已经雇用了诺曼·诺兰和特拉维斯·班通), 这家公司的业务主要是仿制和拆分巴黎设计师的风格。尽管这份工作进行得并不顺利, 但通过这份工作, 麦卡德尔认识了戴安娜·弗里兰(她当时在*Harper's Bazaar*工作), 她成了麦卡德尔一生的朋友和支持者。同时, 她也遇到了最终要与她步入婚姻的男人, 欧文·德劳德·哈里斯, 他是一位来自得克萨斯即将离婚的英俊建筑师, 但是完全不符合麦卡德尔的父亲对她的期望。

1940年, 汤利弗洛克斯在阿道夫·克莱因的运营下重新开张, 他是一位年轻且富有想象力的经理, 他相信麦卡德尔的才华, 邀请她回归, 让她掌控设计, 并将她的名字标在品牌上。这是前沿时尚设计和大量生产的初次结合, 并且孕育出了一个全新的服装流派。如果不是第二次世界大战爆发, 剥夺了美国制造商继续剽窃法国设计的机会, 美国设计师运动装可能就需要更多时间才能够树立起自己的地位了。而依靠自己的资源, 第七大道的制造商们振作了起来, 让本土设计师大展拳脚。麦卡德尔带起了头, 她尝试探索南方各州制造的精细棉布的其他用法, 以往这种棉布通常被用于制作童装、男士衬衫、睡衣以及各种家居用品。1942年, 她推出了"松饼裙(Popover)", 这是一种包裹式的、简便的、实用的牛仔裙, 可以穿在更时髦的衣服外面。这是麦卡德尔对*Harper's Bazaar*所代表的女性提出的着装需求的回应, 在战时, 许多妇女家里的帮佣离开并到工厂去工作了, 丽贝卡·阿诺德在报道中一本正经地说:"裙子还附带了一个用带子连接着的绗缝'锅子把手'(烤箱手套)"。在战争时期的办公室和工厂里, 女性可能是不可或缺的一员, 但家务事依然由她们全部包办。在之后的系列中, "松饼裙"演变成了连衣裙、大衣、沙滩装和女主人袍。

1941年, 她展示了她设计的第一件"厨房晚餐装", 这是一件有着大裙摆和配套围裙的棉质衬衫裙, 适合那些喜欢做饭但是又不想看起来像个家庭主妇的职业女性。因为鞋子的皮革配给十分严格, 所以麦卡德尔将芭蕾舞鞋作为街头服饰推广, 使用和衣服相同或是能相互搭配的面料来制作。对战争时期来说, 朴素而保守的穿着是合理的, 但随着战争接近尾声, 麦卡德尔意识到了既要有预示着"新风貌"的女人味, 又要带着一些轻松氛围的需求, 她开发出了她的运动装和休闲装, 为女性的衣橱增加了许多新单品, 包括无胸衣的挂脖款式、连帽毛衣、针织紧身连体衣、短裤、泳装(包括著名的亚麻泳装)和沙滩装。

　　20世纪40年代末到50年代，麦卡德尔的名字在公关界女强人埃莉诺·兰伯特的宣传下，成了美国时尚界的主导。1958年，她因癌症去世。1998年，在她逝世40周年之际，至少三场回顾展为她而举办，足以证明她的重要地位。

....

延伸阅读：1998年，科尔·约哈南和南希·诺尔夫的《克莱尔·麦卡德尔：重新定义现代主义》（*Claire McCardell: Redefining Modernism*），内容非常全面，而理查德·马丁的《美国创造力：20世纪30至70年代的运动装》（*American Ingenuity: Sportswear 1930s–1970s*）是大都会博物馆1998年展览的目录，无论是文字说明还是细节插图都十分出色。2009年，丽贝卡·阿诺德的《美国造型：1930和1940年代纽约的时尚、运动装和女性形象》（*The American Look: Fashion, Sportswear and the Image of Women in 1930s and 1940s New York*）是对这一时期社会和经济发展的详细分析。

克莱尔·麦卡德尔，1940年。
Serge Balkin/Condé Nast Collection via Getty Images.

克莱尔·麦卡德尔泳装，1945年。
Serge Balkin/Condé Nast Collection via Getty Images.

克莱尔·麦卡德尔
的牛仔装，*Vogue*，
1943年。
Horst P. Horst/Condé Nast via Getty Images.

纪梵希与奥黛丽·赫本。

19 | 休伯特·德·纪梵希（1927—2018）

纪梵希的本质是一位定制时装设计师，专注于为真正（富有）的女性制作定制服装。

第一件"小黑裙"可能是香奈儿设计的。1926年，当她推出它时，*Vogue*把它和T型福特汽车（著名的说法"只要你买了黑色的福特汽车，就等于拥有了其他任何颜色"）相提并论，并预言它将"成为品味女性的制服"。巴伦西亚加专注于对它进行改良和雕琢，使它成为时髦和社交场合舒适穿着的代名词。但是，毫无疑问，最具标志性的小黑裙是纪梵希设计出来的。它就是奥黛丽·赫本在1961年的电影《蒂凡尼的早餐》中穿着的那件全长款式。时尚作家们冥思苦想，到底是因为赫本意识到了纪梵希那斯文、现代而简洁的完美风格会是时尚界的一股重要力量，并明智地利用这种风格来巩固自己的形象呢，还是因为一代女性将她作为自己的榜样，使她的定制时装设计师和朋友也自然而然地获得了明星般的地位。当然，赫本娇小迷人的造型和缺乏曲线的身材，正是20世纪50年代末和60年代的年轻女性们所渴求的。而也有很多时尚评论家认为，纪梵希并不是创新者。

不过，正如卡罗琳·雷诺兹·米尔班克在1985年写道：

"他的设计是有原创性的，而且总是经过了全盘考量：他的任何一件衣服或搭配组合都不会是抢眼、霸气或具有攻击性的。30多年，从初入社会的少女到豪门贵妇这些不同年龄段的顾客，都被纪梵希这位完美的绅士装扮着，他为她们提供青春、优雅、纯洁、具有雕塑感、清新的淑女风格，令人上瘾。他的顾客都不只是追求表面的优雅，而是全方位言行优雅的女性。对她们来说，纪梵希就是质感的终极保障。"

从某种意义来说，他的设计思路正来自这个关键词，顾客。尽管在1968年纪梵希创立了成衣系列，但他的本质是一位定制时装设计师，专注于为真正富有的女性制作定制服装。在丝毫不牺牲质量或精致度的同时（他是一个特别追求完美的人），他把她们的衣橱单品变得富有现代感，在1955年推出单件服装（**译者注：定制服装一般是成套出现，单件服装是独立的上装或者下装，可以和其他服装组合换穿**），没过多久又推出了奥纶等方便打理的合成面料。他认为这是对经典穿衣风格的一种青春化的更新。与同时期的其他定制时装设计师不同，他认同现代女性的忙碌的、多重身份的、职业的生活；他设计的简便舒适的连衣裙、西服套装和大衣，受到温莎公爵夫人、杰奎琳·肯尼迪·奥纳西斯、玛丽亚·卡拉斯、葛丽泰·嘉宝、摩纳哥格蕾丝王妃、格洛丽亚·吉尼斯、邦妮·梅隆和卡普西尼等女性的喜爱。1963年，当遇刺的美国总统约翰·F.肯尼迪在阿灵顿国家公墓下葬时，肯尼迪家族的女人们穿的都是纪梵希，她们的丧服是特地从巴黎空运来的。据说当时纪梵希的工坊拥有肯尼迪家族每位女性成员的个人身型纸样。在许多方面，比起史上任何一位时装设计师，休伯特·德·纪梵希这位谨慎的贵族，参与了很多国际性的重大事件。

他是一位极富教养的人，能自在地融入任何社会的最高阶层，他在很多方面都是专家，艺术、家具、建筑，以及他最热衷的园艺，他打造了很多花园——包括主导修复了凡尔赛宫的厨房花园。他是一个非常正直的人，不会用任何低级的把戏自吹自擂。他说："我坚持不去理会那些华而不实的刻意设计，在我看来，它们的唯一目标就是震惊他人。"他总是对纯粹的名气和成功不屑一顾，说道："对那些关心质量的人来说，声望才是至关重要的。成功不是声望，而只有声望才能在你死后长存。"

与奥黛丽·赫本之间的情谊是他职业生涯的关键。他们这样的时尚搭档是天作之合。1953年，她与威廉·霍尔登和亨弗莱·鲍嘉一起拍摄她的第二部主演电影《龙凤配》。导演比利·怀德让她去巴黎挑选一些能让司机女儿这个角色变身的时髦衣服。赫本的首选是巴伦西亚加，但是他正忙于准备他的系列，没办法会见她。纪梵希是她的第二选择。他以为来为电影挑选衣服的女演员是凯瑟琳·赫本。他掩饰了自己的失望。当时他也正忙于创作系列，无法特地为她设计衣服。赫本没有打退堂鼓，翻遍了挂在工作室里的所有往期系列，找到了她想要的衣服。然而出现在电影中的这些衣服，却被归功于派拉蒙的戏服设计师伊迪丝·海德，在首映礼上，尴尬的赫本向纪梵希保证，她会补偿他。她做到了——她不仅在私人时间穿着他的设计，并坚持只有他才能设计她在1957年的《甜姐儿》、1957年的《黄昏之恋》、1961年的《蒂凡尼的早餐》、1963年的《谜中谜》、1964年的《巴黎假期》和1966年的《偷龙转凤》中的服装。"他的衣服是唯一让我穿上以后感觉到这就是我自己的衣服，"她在1956年说道，"他远不止是一位定制时装设计师，他是一位个性的缔造者。"

　　她最初穿着纪梵希拍摄的两部电影，集中体现了衣着改变的力量，是给定制时装设计师献上的厚礼。1998年，纪梵希写道："在一部又一部电影中，奥黛丽在穿衣上有着如此了得的才华和天赋，以至于她创造出了一种风格，而这种风格对时尚产生了重大影响。她的时髦、她的青春、她的气质和她使用的廓型越来越受追捧，这让我笼罩在一种我从未希冀过的光环或光辉之中"。

　　1927年，休伯特·詹姆斯·塔芬·德·纪梵希出生于博韦，是纪梵希侯爵的小儿子，侯爵于1930年死于流感。休伯特和他的哥哥让·克劳德由母亲贝塔瑞斯和外祖母抚养长大，他们的外公是艺术家朱尔斯·巴丁，曾师从柯罗，是历史悠久的戈贝林和博韦挂毯厂的艺术总监。事实上，休伯特·德·纪梵希的母系先祖是一个创意家族，曾参与设计了博韦工厂和剧院。纪梵希对美丽事物的初期鉴赏力是由他的外祖母培养的。1998年，他在《纪梵希风格》中写道：

　　"当我还是一个学生时，我的外祖母会为了奖励我取得好成绩，向我展示她的宝贝——满满一柜子的各种布料，全都让我眼花缭乱。是否，从那时起我就能感觉到，终有一天，成百上千米的面料会经过我的手呢？

　　"在多年的定制系列中，总有一些面料会比其他面料更让我心仪。丝绸的美丽与气息、天鹅绒的手感、公爵绸缎的噼啪作响——那么令人陶醉！那么真切美妙！罗缎的色彩与光泽、塔夫绸的闪光、天鹅绒衣片的摩挲——多么幸福！多么非凡的感官享受！"

　　在纪梵希的职业生涯中，他始终为面料所着迷；他经常与纺织工厂紧密合作，创造出独特的纹理、色彩和效果。

　　1937年，10岁的他被带去参观巴黎世博会的"优雅馆"，他就此决定想要在时尚界工作。他在博韦上了大学，然后搬到巴黎，在巴黎美术学院学习。他非常渴望在他的偶像克里斯托巴尔·巴伦西亚加的工作室学习，只不过事与愿违。17岁的他被拒绝了，直到多年之后他们才再次见面。1944年，多亏了家人的关系，纪梵希在杰奎斯·菲斯的定制时装屋找到了一份工作——这是一个欢乐的地方，到处都充满了模特的欢声笑语，还有杰奎斯和热纳维耶夫·菲斯的慷慨大方——纪梵希上午在那里工作，下午去上课。1946年，在克里斯蒂安·贝拉尔的推荐下，他离开了菲斯到罗拔·贝格的品牌工作，那里的氛围就比较严肃了，一年后他离开，加入卢西恩·勒隆的品牌。他在勒隆停留的时间更短，只待了六个月，之后在勒内·卡隆的推荐下，他令人羡慕地成为了艾尔莎·夏帕瑞丽的首席助理还有她"旺多姆宫"精品店的总监。在那里，他设计了鲜艳的单件服装——常常用的是战前时期的超现实主义印花——深受夏帕瑞丽那些精明的都市买家的喜爱。无论以何种标准衡量，这都是一个飞速的进步。

　　1952年，年仅25岁的纪梵希在巴黎蒙梭公园附近开设了自己的定制时装屋。他广受好评的第一个系列是以巴黎的顶级模特贝蒂娜·格拉齐亚尼的名字命名的，她负责时装屋的宣传事务，系列是用石膏模特来展示的，因为真人模特太贵了。这个系列主要是用低价的白色棉质衬衫面料制作的，其中贝蒂娜上衣的特色，是黑白英格兰刺绣的荷叶边钟形泡泡袖。这件上衣被广泛地仿制（甚至在21世纪再次回归），并协助纪梵希在美国和欧洲树立起了自己的名气。他用它搭配肉豆蔻色的窄裙或是宽大的黑色阿尔卑斯山少女装和平底鞋，有时也搭配草编鞋。迪奥依然主导着巴黎的定制时装，而纪梵希被视为年轻的挑战者，他的风格以普通的面料和青春简洁的线条而著称，这也成了他的标志。他说："我曾梦见一个无拘无束的女人，她不再被布料缠住，不再被盔甲禁锢。我所使用的全部线条都是为了快速和自如地活动。我设计的衣服是真正的衣服，特别轻盈，没有填充物和束胸，是摆脱了束缚环绕着躯体的衣服。"他在时装屋所在的建筑一楼迅速开设了精品店，灵感来自于他在夏帕瑞丽的工作经历，并让他的顾客混搭他简洁轻松的单件服装，这是一种真正的创新。

1953年，在纽约的一场派对上，他终于见到了巴伦西亚加，这次相遇成就了长久的友谊，并对纪梵希的生活和工作产生了深远的影响。"当时我的时装屋已经成立了，"他写道，"然而，与我从小就崇拜的巴伦西亚加先生见面时，我依然觉得很震撼。他对我的工作的影响是巨大的，而且我意识到一切都需要我继续学习。我必须得承认，从根本上来说，我对自己的职业知之甚少。"他没法重新当学徒了，而巴伦西亚加确实扮演起了导师的角色，让纪梵希预览他的系列。"他教会了我，无须在不必要的地方刻意地使用纽扣，也无须为了让衣服显得美丽而刻意地使用花朵元素，让衣服散发它自身的美。"纪梵希说道。纪梵希从巴伦西亚加那里学到了两个最重要的原则，这两个原则也贯穿了他的职业生涯，那就是"永远不要糊弄"以及"永远不要和面料作对，它有它自己的生命"。

渐渐地，在新闻界和公众的心目中，这对师徒常常被联系在一起。1956年，他们一致禁止媒体在买手下单前参加他们的时装秀，保证买手不会受到任何时尚编辑的意见的影响。正因如此，他们的衣服才会在一个月后被一起点评。随着纪梵希的风格逐渐成熟，与巴伦西亚加风格的步调越来越一致，变得更简约而且更具雕塑感了。两位设计师都在1955年推出了布袋裙，在1957年推出了无袖连衣裙。纪梵希与巴伦西亚加的不同之处，在于他对色彩的热爱——奶油黄、电光蓝、胡椒红、愉悦的紫色和粉色。在他的作品中，也常常会出现一种甜美又妩媚的俏皮感，这是巴伦西亚加从未使用过的。1958年，纪梵希推出了"娃娃"造型，包括无领的夹克和不对称的连衣裙，在1967年，他又推出了轻松的短裤套装，这是他对庸俗的"超迷你裙"的反击。1968年巴伦西亚加退休后，他把自己的大部分客户都安排给了马路对面的纪梵希。同年，在"青年动乱"让定制时装黯然失色的时候，纪梵希推出了成衣线——"纪梵希新式精品店"，以豹纹印花的长裤套装和有着装饰缝线的橙色牛仔装，完美地抓住了时下的趋势。

1981年，纪梵希将他的时装屋出售给了LVMH集团，而他还是继续掌管着创意方向。他在国内外获得了许多奖项，在1983年被授予荣誉军团骑士勋章。1991年，纪梵希在巴黎时尚博物馆举办了一个名为"四十年的创作"的大型回顾展。他在1995年底退休，但仍积极担任法国世界古迹基金会的主席和法国佳士得拍卖行的总裁。退休之后，他有着充裕的时间和充满意义的生活，跟他的伴侣、时装设计师菲利普·维内相依，2018年，他在自己位于巴黎附近的城堡中去世。在一批备受瞩目的年轻设计师的带领下，时装屋继续发展着，他们是约翰·加利亚诺、亚历山大·麦昆、朱利安·麦克唐纳德、里卡多·提西，以及从2017年开始接任的克莱尔·维特·凯勒。

延伸阅读：1998年，弗朗索瓦·莫特的《纪梵希风格》（*The Givenchy Style*）的精彩前言，是由休伯特·德·纪梵希本人亲自撰写的。2000年，帕梅拉·克拉克·基奥的《奥黛丽的风格》（*Audrey Style*），出色地介绍了他们的伙伴关系。

纪梵希，*Vogue*，1953年。
Horst P. Horst/Condé Nast Collection via Getty Images.

纪梵希1988春夏系列。
Niall McInerney, Photographer. ©
Bloomsbury Publishing Plc.

纪梵希，1952年。
Nat Farbman/The LIFE Picture Collection via Getty Images.

诺曼·诺雷尔
（1900—1972）

> 诺雷尔的个人风格是
> 整洁而得体的。他认为
> 日装应该是简洁的，
> 而绚丽的单品则
> 应该用在晚装。

在1972年美国设计师诺曼·诺雷尔与世长辞时，他的创作生涯回顾展才刚刚在纽约大都会博物馆开幕没多久，《纽约时报》的讣告标题是："令第七大道成为了巴黎竞争对手的人"。这就是诺雷尔在美国享有的拥戴。尽管从纯粹创意的角度来看，这个标题有点牵强附会（巴黎的霸主地位一直延续到了今天），但诺曼·诺雷尔把以第七大道为中心的纽约成衣业，变成了美国时尚的核心力量，这是不争的事实。他开发出了一系列适合美国人生活方式的衣橱单品，主要是日常的着装，以及实穿且不浮夸的衣服。在晚装方面，他也制作出了惊艳之作：缀满亮片的贴身连衣裙是他最著名的作品之一。设计师拉尔夫·鲁奇甚至将他称为"美国的巴伦西亚加"，因为他"有着大道至简的精湛技艺，无论是衣服的制作、裁切还是合身度"。

以设计师的标准来看，诺雷尔的生活就是遵照每天的例行工作进行，平淡无奇。大多数日子里，从上午十点到下午六点，他在第七大道550号10楼的工作室里工作，然后在43街的施拉夫餐厅吃午餐（永远是炒鸡蛋和脆培根）。他通过翻阅纽约公共图书馆的时尚杂志来为他的服装系列搜集资料。设计的过程从通常向欧洲订购的面料开始，然后他的想法被转化为粗略的草图。他很少使用样衣，诺雷尔以他直截了当的方式展开工作。他避开了名人圈，更喜欢和他的朋友、同事一起待

诺曼·诺雷尔套装，1961年。
Horst P. Horst/Condé Nast via Getty Images.

在施拉夫餐厅。诺雷尔也对夸大时尚重要性的言论而感到尴尬。"附庸风雅地谈论高级定制会立刻让我觉得痛苦。"他在1962年说道。在他临终前的一次采访中，他评论说："我更愿意看到一个人穿得有质感，而不是看到一个人穿着最流行的俗气衣服。"

他出生于印第安纳州的诺伯斯维尔，原名诺曼·大卫·莱文森，是哈里·莱文森和妻子内蒂的孩子。哈里经营着一家男装店，还在印第安纳波利斯开了一家男帽店，所有东西的价格都是两美元。生意非常不错，于是在诺曼5岁的时候，全家搬到了印第安纳波利斯。他后来回忆说，他是个脾气火暴的瘦弱小男孩。19岁时，他想要选修时装设计，但当时没有这样的课程，于是他开始在纽约的帕森斯学习插画，而这所学校也与他终身相伴。他还缩短了自己的名字，抛弃了平庸的莱文森，改成诺雷尔。他解释道："Nor代表诺曼，L代表莱文森，再多一个L是为了写起来更好看。"

1922年，诺雷尔迈出了成为设计师的第一步，开始在派拉蒙电影公司的阿斯托里亚工作室工作设计戏服。他为诸如《扎扎》中的葛洛丽亚·斯旺森和《圣魔》中的鲁道夫·瓦伦蒂诺等明星做设计。没多久这间工作室就关闭了，诺雷尔先是为一些百老汇的音乐剧工作，之后加入了查尔斯·阿莫尔的服装制造公司，是后者让他初次前往欧洲。1928年，他加入哈蒂·卡内基，这是他职业生涯的决定性时刻。卡内基是一个极端的完美主义者，从个人意义上来说她做得十分出色，尽管她的创作过程缺乏原创性——拜访巴黎的定制时装设计师，购买单品，在回到纽约后把衣服拆分，了解它们是如何被设计的，然后将它们改造成美国消费者也买得起的衣服。这就是美国时尚业运作的方式，基于对美国本土产业创意的不信任，而主导权在通常有着傲慢态度的巴黎定制时装设计师手上。对诺雷尔来说，定期访问巴黎就像是经历一场特别的训练，他有机会了解到那些著名的欧洲定制时装设计师的设计诀窍，并对创造出非凡时装过程中所需的工艺，有了深刻的心得体会。经历了12年，得益于卡内基挑剔的指导，他的技艺和眼界都得到了发展。他一笔带过："我所知道的一切，都是她教给我的。"

卡内基从不将功劳归于诺雷尔。正如*Vogue*的一位编辑所说，他在"完全匿名"的状态下工作了十多年。他是一个害羞又温柔的人，似乎并没有因此而感到沮丧。1940年，他因为与卡内基发生冲突而离开，但是他的离开更多是关乎创意的施展，而不是野心的驱动。他们曾因百老汇《黑暗中的女士》演出中格特鲁德·劳伦斯穿的一件衣服发生了争执（他认为那件衣服很完美，而她则希望它的设计能更低调一点）。他决定单干的时刻，正是美国时尚业脱离战时巴黎的影响，准备打上自己的烙印，走向成熟的时期。以大码服饰著称的制造商安东尼·特拉纳联系了他。"如果不标注我的名字，他会给我更高的薪水，"诺雷尔回忆说，"如果要署名，会给得少一点。"就这样，特拉纳诺雷尔公司应运而生。从一开始，品牌的设想就是要创造出一个完整的系列，而不是像在第七大道上很常见的一连串独立单品。巴黎定制时装的本质基于精准的剪裁，而现在也被应用到成衣上了。正是诺雷尔在定制时装和成衣之间缔造了联系的桥梁。*Vogue* 颇具影响力且视角敏锐的编辑贝蒂娜·巴拉德在她的自传中回忆道："我爱诺曼的衣服。它们跟巴黎世家或者香奈儿的衣服一样。是被全心全意制作出来的，而且也有着同等的高质量。……只要是我负担得起的我都会买下来。"

他从他最喜欢的20世纪20年代汲取灵感，包括他第一个系列中的丝绸针织连衣裙和长款羊毛晚礼服。诺雷尔对时机的把握十分精准，这是成功的设计师所拥有的关键因素。同样在1941年展示的全长毛衣裙，是他的另一件著名作品。后来他的朋友，时装编辑伯纳丁·莫里斯写道："诺曼·诺雷尔以第一个系列取得的成就，让美国时尚摆脱了对外国灵感来源的依赖——无论是制作者还是穿着者。美国时尚业察觉到它可以自己设定自己的方向和风格。"诺雷尔继续主导了美国时尚界30年。一开始在1943年，第一届科蒂美国时装评论家奖就认可了他的成就，肯定了他设计的贴身连衣裙、亮片鸡尾酒连衣裙和毛皮衬里大衣的好质感。一份诺雷尔时装秀的邀请函被视如珍宝：设计系列在晚上九点开始展出（着装要求是"黑领带"），直到1969年，展出时间才被改到下午五点。

毫无疑问，凭借着自己12年来到访巴黎的体会，诺雷尔对流行趋势有着敏锐直觉，而且他的感觉很少出错。1942年，他推出了自20世纪20年代以后就再也没有出现过的无腰线贴身连衣裙，也叫作衬衫裙，这成为他的设计系列的主打产品。当他被问到，从他自己的角度来看，他对时尚最主要的一个贡献是什么时，诺雷尔选择了一个细节：简单且高领窝线的圆领。"我讨厌领子。我一直认为它们让女性看起来更老。所以我开始做简单的彼得潘领，或者干脆不要领子。只需要一个普通的圆领，没有多余。……我确实认为它改变了衣服的造型。"另一个经常出现的主题是航海，灵感来自于他小时候穿过的一件水手服，而早在1933年他就曾为哈蒂·卡内基推出过这样的款式。事实上，根据伯纳丁·莫里斯的说法，他的许多灵感，都来自20世纪30年代他到巴黎为卡内基采购的款式。而来自男装的影响，可以追溯到他父亲和男装零售业渊源，也渗透在了他的作品中，比如他创造的用来搭配蝴蝶结领女士上衣和窄身羊毛裙的无袖夹克。

诺雷尔本身的个人风格是整洁而得体的。他认为日装应该是简洁的，而绚丽的单品则应该用在晚装，这种态度至今仍是纽约着装风格的核心。然而，在20世纪50年代，他迎合了不断变化着的品味，创造出了有着大裙摆的丝绸蕾丝衬衫裙，并将有着绸缎领子的粗花呢夹克和绸缎舞会礼服混搭。诺雷尔的亮片连衣裙备受推崇，因它们光滑而性感的魅力被称为美人鱼裙。1960年，安东尼·特拉纳因健康状况不佳不得不辞职，在一定的资金支持下，他让诺雷尔完全接管了公司的业务。特拉纳诺雷尔成为了诺曼·诺雷尔，而他的首个个人系列就立即以创造出了一身法兰绒羊毛日间七分裙裤套装而引起了轰动。最后，得益于与露华浓合作香水的成功推出，他也收购了赞助者的所有权。当然，诺雷尔也被模仿了。但是这一次却是反过来发生在了大洋彼岸: 位于巴黎的公司采用了他的许多设计, 比如他的七分裙裤套装还有他的溜冰片裙。诺雷尔以大度的胸襟, 免费为业界绘制了七分裙裤套装的制作草图, 以确保他的设计能被正确地被仿制——这一非凡的举动为他在第七大道内外都赢得了绝佳的口碑。

在整个20世纪60年代, 诺雷尔保持着美国时尚界生力军的地位, 总是遥遥领先于其他设计师。他在1961年设计了第一件晚装连身衣, 1963年创造了裤装套装, 并在1966年通过重新引入腰带的使用而再次引领潮流, 宣告了注重腰线的设计的再次回归。他也制造了新闻事件, 1963年, 他将自己的科蒂名人堂奖退回, 抗议他们给设计风格张扬挑逗的鲁迪·吉恩莱希颁奖。但他也有过错误的判断: 他在1960年设计的裙裤, 被认为太超前所以并没有马上成为畅销品。连当时在约翰·费尔柴尔的积极引领下进入黄金时期的美国行业报纸《女装日报》, 也在那段时间里选择了冷落他。不过, 此刻的诺雷尔已经拥有了显赫教主般的地位。作为美国时装设计师联合会的创始人和第一任主席, 他被誉为美国时尚业之父是当之无愧的。遗憾的是, 诺雷尔来不及看到1972年大都会博物馆为他举办的回顾展。就在开幕的前一天, 他中风了, 并在十天后过世。时装屋在设计师古斯塔夫·塔塞尔的带领下继续经营了5年。2004年, 帕森斯的讲师帕特里克·迈克尔·休斯曾试图重振该品牌。

诺雷尔总是对自己的设计方法轻描淡写。他可以让设计看起来非常简单, 但这是建立在他数十年的研究和思考之上的。"我会思考下一个合乎逻辑和自然规律的时尚趋势是什么,"1952年他这么说道, "一旦我做好了决策, 剩下的就很容易了。我只需要用最直截了当的方式把它创作出来, 不用任何额外且花哨的修饰。我不喜欢过度设计任何东西。"

延伸阅读: 2018年, 设计师杰弗里·班克斯的《诺雷尔: 美国时尚的一代宗师》(*Norell: Master of American Fashion*), 是关于他职业生涯的详细而深入的最新概述, 是一部满怀深情的致敬之作。在1975年出版的由莎拉·托梅林·李编辑的《美国时尚: 阿德里安、曼波彻、麦卡德尔、诺雷尔和特里基尔的生活和生平》(*American Fashion: The Life and Lines of Adrian, Mainbocher, McCardell, Norell, and Trigére*) 中, 身为诺雷尔友人的《纽约时报》时尚编辑伯纳丁·莫里斯, 总结了他的职业生涯。

工作中的诺雷尔，1963年。
Bert Stern/Condé Nast via Getty Images.

诺曼·诺雷尔大衣，1961年。
Horst P. Horst/Condé Nast via Getty Images.

21 | 皮尔·卡丹 （1922—2020）

卡丹是20世纪60年代最具有划时代意义的设计师之一。

2006年，当皮尔·卡丹被问到可以用什么词来定义他时，他回答道："一个雕塑家"。也许一位时装设计师说出这样的话会显得有点高傲，但他的说法其实很公道。他的风格——被我们称为未来主义，因为很多设计灵感似乎来自20世纪50年代的现代主义、太空竞赛的浪漫情怀，以及粗糙的科幻小说杂志上的图像——实际上是将大胆的抽象主义应用于人体的结果。三维的、塑料的，他的设计总是有着雕塑般的质感，简洁的轮廓，以及偶尔出现的不朽感和制度感。

最重要的是，这些作品无论是在设计还是目标消费群体上，都大大打破了传统。在20世纪50年代，卡丹就已经意识到，美国的科技乐观主义，伦敦充满活力的青年文化还有它那征服全球的音乐、富有创造力的时尚场景，共同推动着社会走向未来世界——而未来世界正是卡丹一直想抵达的地方。众所周知，他试穿了尼尔·阿姆斯特朗的登月宇航服，并设计出了有功能性的宇航服。他让模特戴上太空头盔、穿上月球靴。同时，他为世界带来了泡泡裙、茧型大衣、梯形剪裁、巨大的圆领和线条锋利的不对称剪裁，再加上乙烯基塑料、珀思配克斯有机玻璃和可塑的"卡丁布"等材料，宣告了它们是高科技的未来。远在他成为第一个认定中国是新兴市场的设计师之前，中国戏曲和传统服饰中对几何图像、幻象和戏剧的热爱，就已经体现在了他的设计手稿中。1974年，《星期日泰晤士报》的欧内斯汀·卡特写

皮尔·卡丹设计的连衣裙，1968年。
Bill Ray/Life Magazine/The LIFE Picture Collection via Getty Images.

道："他是一个才华横溢的人，有着源源不断的灵感，就像撒花庆祝时不断抛撒着的彩纸，他一直都是一个创新者，除了他设计的男装不太具有影响力。"

尽管如此，最常被用来描述这位设计师、超级企业家和法国学者的形容词，是"自负"。他设计的服装——妙趣横生、无忧无虑，以及十分性感迷惑了你，让你期待他是幽默诙谐的。你可能会希望，如果见到这位推崇中式风格并为他的男士套装加上"宝塔"肩的设计师，一定会被逗笑得合不拢嘴，但是，他本人却毫无一丝轻佻感。在接受采访的时候，他不会等着别人提问，而是会声明自己的品牌是有史以来声势最浩大的，并且不断地重复这一概念，以确保没有人会遗漏一点。曾对他有过两次深度访谈的布伦达·波兰，并不是唯一一个因为他总是在索求认可与赞美而感到失望的记者。

"我是一个白手起家的人，"1989年他这样对她说，并继续说道：

"我曾是全世界时尚界里最年轻的人，最年轻就取得了极其巨大的成功的人。一开始人们认为我很古怪。当时挺艰难的。在1950年到1958年，我只能咬牙坚持。我需要极大的信心。过去和现在的区别是，过去会因为你富有创造力而获得成功，现在会因为你有商业头脑而取得成功。我两者皆有。我有两重人格——这在时尚界是很不寻常的。"

"卡丹极其不可靠，"1991年理查德·莫里斯写道，"卡丹是一个徒有虚名的人，一个连自己的路都走不通的人，更别提去经营一家跨国公司了，但卡丹却取得了非凡的成功。"据说，卡丹还用着小学生那种练习本子，亲自为公司做账。他的公司估值虽然有几十亿欧元，但也没人能确定。尽管他曾经说过要将品牌的所有权出售，并传播自己即将退休的传闻，但是他将近100岁了依然在工作。

在1989年波兰对他的采访中，他说道：

"时尚是我的初恋，也是我持续的乐趣。我的剧院、餐厅和酒店都有团队在打理，但是在时尚方面，所有的事情都是我在负责。这是我保持坚强的理由。我不想让大家失望。我必上头条，为我的店铺和购买我的衣服的顾客确立品牌知名度。请记住，我的第一场秀在1950年举行。要在头版待上这么长的时间是很难的。我就像是一个火车司机，所有的货车车厢都跟在我身后。"

从许多方面和各种层面来看，他都是一个伟大的创新者和现代主义者，对20世纪的时尚进程和它在全球的传播产生了强有力的影响。2016年他94岁了，依然精神矍铄，他在巴黎的法兰西艺术院举办了一个回顾展，庆祝他70年来的创作，他是第一个被这样邀请的定制时装设计师。2017年，他将展览带到了意大利和美国罗德岛的纽波特。它的高潮是一场展示了90套服装的时装秀——远远超过了平时时装秀展示的服装数量。第二年，这场时装秀在北京再次举办，秀后是名为《马可·波罗》的芭蕾舞表演。他的巴黎精品店依然在销售他的双季系列，这些系列经常在他位于蓝色海岸的家，也就是占地面积巨大的泡泡宫中展出，那里很多房间的形状模仿了曲线、圆形、泡泡和球体——他设计的衣服也是关于这些形状的。今天的衣服，依然展示出他对于结构的精湛技艺，同时也不断重复着他的构想，用弗朗索瓦·波多特的话说，这一视角让他成为"跨越过去、走向未来世界的时尚新浪潮的资深人物"。

而他在商业机会上的天赋，跟在设计创意方面的一样出众。卡丹是20世纪60年代最具有划时代意义的设计师之一。他和库雷热、圣·洛朗一起，为年轻女性创造出了属于自己世代的衣橱单品，与她们的母亲的着装区分开来。而作为授权商之王（2005年的一项估算显示，他在全球拥有900个授权），他塑造了当代时尚，促成了著名的大牌设计师与大众市场销售的结合，而在当下，这种结合已经占据了主导地位。

1922年，皮尔·卡丹出生于一个曾经富裕的务农家庭，家中位于威尼斯北部的几亩土地在第一次世界大战中被一些最血腥残暴的战役所破坏。他的原名是皮埃特罗·科斯坦特，是亚历山德罗·卡丹和玛丽亚·卡丹的11个孩子中年纪最小的一个，1924年，为了逃离经济灾难和墨索里尼的黑衫军，他们一家搬到了法国，在那里，工业缓慢复苏，工人人手供不应求。在法国中部的一个煤矿小镇圣埃蒂安长大的卡丹，因为自己移民的身份被人欺负霸凌，他告诉他的传记作者理查德·莫赖斯，他幻想着能复仇。1930年，在卡丹8岁的时候，有一位学校的督学询问他所在班级里的学生们长大以后想要做什么。年幼的皮尔毫不犹豫地宣布："一名服装设计师"。当时他已经在为一堆洋娃娃做衣服了。

14岁时，他成为圣埃蒂安最出色的裁缝切兹·波普伊斯的学徒，开始学习剪裁和缝纫。他从一个面黄肌瘦的害羞少年，蜕变成长为一个漂亮的年轻人，加入了一家健身中心和一个业余剧团——这是他与戏剧一生情缘的开端。1940年，法国被纳粹占领，圣埃蒂安成为维希政府管辖的地区，皮尔·卡丹掌握住自己的命运，逃往巴黎。他的父母很担心，卡丹回忆道："他们知道我被一股不可抗拒的召唤驱使了。"

于是他将一个纸做的行李箱固定在他的自行车上，踏上了挤满难民的7号国道，骑行了480公里。在被德国侵略者抓捕和抢劫后，卡丹转道去了离他最近的城市维希，那里原本有着光鲜奢侈的水疗中心，现在成为了法国非占领区的繁忙首都。他凭借自己缝纫技术的优势，在镇上最好的商店曼比找到了一份工作。不过，1943年，他被德国工厂征召去做义务劳工。起初，他四处逃亡，生活艰难，后来他在腿上假装制造出伤口来，避免被驱逐出境。然而，他还是被派到维希政府的法国红十字会做秘书工作。晚上，他学习会计，并且为他的女同事和朋友们制作衣服。战争结束了，卡丹终于被引荐到帕昆的定制时装屋，前往巴黎。

当卡丹作为首席裁缝加入品牌时，西班牙人安东尼奥·德尔·卡斯略是品牌的首席设计师。就在半年后，克里斯蒂安·贝拉尔和马塞尔·埃斯科菲耶为让·谷克多的电影《美女与野兽》制作服装，他们突然出现在帕昆的工作室修改设计，在电影的明星主演让·马雷不在场的情况下，他们让皮尔·卡丹来试装。"我高兴极了，"

舞台上的卡丹说，"我曾经在晚上梦到过这样的情形。"他是如此热情，于是制作团队指定由他来剪裁和缝制。他的传记作者指出，后来卡丹篡改了这段经历，声称他设计了服装。他并没有参与设计，但是，因为他在谷克多这部非主流电影制作中所起到的那么一点作用，将他引入了知识分子的行列，激发了他在艺术和定制时装领域取得成功的无穷野心。

这一经历让他被引荐给了夏帕瑞丽，使他在1946年以裁缝的身份加入了著名的位于旺多姆的"夏帕精品店"。他在那里待了两个月，之后成为埃斯科菲耶在法兰西学院的助理，这一职位很快促成了他与克里斯汀·迪奥的会面，当时克里斯汀·迪奥正在筹建自己的定制时装屋。卡丹为迪奥设计、剪裁、制作了一件大衣和一身套装，于是被任命为大衣和套装工坊的首席。他是迪奥最初的47人团队成员之一，创造了迪奥复古女性化的"花冠系列"，以及随后的"新风貌"。

1948年，有证据显示迪奥的草图被泄露给了一家没有原则的大量生产商。警方接到报案，而卡丹在同事面前接受了长时间的问话。最终，另一个工作室的一个人被起诉了，但卡丹被严重冒犯了。他辞职离开，与马塞尔·埃斯科菲耶合作，自立门户，制作戏服。一向慷慨的克里斯汀·迪奥，也将需要奢华服装参加化装舞会的客户介绍给了他。大约就是在这个时期，卡丹遇到了年轻人安德烈·奥利弗，他成为卡丹的生活伴侣和设计合作者。

在1953年，皮尔·卡丹终于推出他的高级定制品牌，他的作品收获了人们的尊重，但并没有在时尚界引起轰动。不过，第二年的情况就不同了。他推出了他的"泡泡裙"，这是一个世界级的成功，并开设了他的两家精品店："伊芙"，还有"亚当"。实际上，"伊芙"精品店是设计师品牌推出成衣系列的萌芽。卡丹很快地察觉到，和以250至500美元的适当价格将一件定制样衣"卖"给制造商相比，生产和分销自己设计的更简易便宜版本的"复制品"，能赚到更多的钱。他随后也意识到，通过授权设计，并从每一件制造和卖出的复制品中抽取分成，甚至还能再赚到更多。作为商标狂热的教父，卡丹是第一个对授权别人使用自己名字完全不觉得难为情的设计师，也是第一个将印有他名字的衣服摆在百货公司里销售的设计师，而这两种模式都是当今品牌的标准做派。

1959年，卡丹在奥斯曼大道上的春天百货里设立了一家成衣精品店后，他被巴黎时装设计师的严格管理机构巴黎高级时装公会开除了。他义无反顾地将自己的品牌第一次授权给了男士衬衫和领带产品，随后又授权了童装，而之后在1968年，他把第一份非时装类的授权给了瓷器产品，从而开创了时装设计师品牌授权生活用品的时代。1989年，他得意扬扬地告诉波兰："最近，公会邀请我回去担任主席。我拒绝了他们，因为我太忙了。"

20世纪70年代，卡丹实现了自己的梦想，成立了"卡丹空间"大道，由剧院、电影院、画廊、展览馆和餐厅组成，这是他的"文化宇宙"。1977年，他开设了"进化"画廊，并推出了他命名为"实用主义雕塑"的首个高级定制家具系列。他还在他位于圣奥诺雷郊区的大楼里开了一家马克西姆精品店，这一合作使他在1981年收购了马克西姆品牌的全部业务。

1979年，他成为第一个在中国举办时装秀的西方设计师，打破了中国长期以来与时尚隔绝的局面，并打开了通往如今强大的亚洲市场的大门。紧随着苏联的第一次改革，他也是第一个在俄罗斯开设精品店的设计师。事实证明，他为大众提供好设计的构想是十分坚定的。"我为什么要只为有钱人工作？"1983年，卡丹在接受《卫报》的布伦达·波兰采访时说道："为什么只有富人才能进入某些场所，拥有某些东西？每个人都有权拥有自己想要负担的最好的东西。我想为街头的人们而工作。"

卡丹的900多个授权经营——保守估计每周产生100万欧元的价值——涵盖了几乎所有产品类型。只要他用到什么东西，他就希望在上面标上自己的名字。"所有的东西都是皮尔·卡丹的，绝对是所有东西，"他说的是他巴黎的家和泡泡宫，"早上我可以在我的皮尔·卡丹床单中醒来，用我自己名字的剃须刀刮胡子，用我自己名字的须后水，无论是领带、裤子还是衬衫都穿上皮尔·卡丹。然后我可以去我的皮尔·卡丹餐厅——巴黎马克西姆餐厅——或者去我的皮尔·卡丹剧院。"

延伸阅读：1991年，理查德·莫赖斯的《皮尔·卡丹：成为商标的男人》（*Pierre Cardin: The Man Who Became a Label*）是一部优秀的传记，有着对文化和个性的分析。1990年，瓦莱丽·门德斯的《皮尔·卡丹：过去，现在，未来》（*Pierre Cardin: Past, Present, Future*），在时尚方面的分析更为有力。1998年，瓦莱丽·斯蒂尔的《巴黎时尚》（*Paris Fashion*），对于这座城市在60年代的定位危机有着出色的描写。2010年，让·帕斯卡尔·赫斯的《皮尔·卡丹：60年的创新》（*Pierre Cardin: 60 Years of Innovation*），是这位业内人士对卡丹作品的看法。

皮尔·卡丹设计的连衣裙，
1981年。
Wojtek Laski via Getty Images.

皮尔·卡丹，1980年。
Kenneth Stevens/Fairfax
Media via Getty Images.

卡丹的"宇宙军团"系列，1968年。
Keystone-France/Gamma-Keystone via Getty Images.

玛丽·官热裤，1966年。
Keystone-France/Gamma-Keystone via Getty Images.

玛丽·官
（1930— ）

这一代女性已经
不希望像她们的母亲
那样，穿着由巴黎定制
时装设计师设计的
犹如资产阶级制服般
的衣服。

在是谁"发明"了迷你裙的争论中，面对海峡对岸皮尔·卡丹和安德烈·库雷热争相提出的声明，玛丽·官总是表现得很冷漠，她不屑地说："是国王路上的女孩们发明了迷你裙。当时的我正在制作舒适、青春、简单，能让人活动自如的衣服，穿上它你能跑也能跳，而我们可以按照顾客想要的长度制作衣服。我穿着非常短的衣服，而顾客会说：'短一点，再短一点。'"

玛丽·官没有接受过设计师的学习训练。她是威尔士的教师家庭的女儿，父母都来自矿业家庭，通过奖学金资助完成了在文法学校和卡迪夫大学的学业（他们都在那里获得了一等学位），来到伦敦并成为中产阶级。1930年，玛丽出生于布莱克希斯，1950年，20岁的她得到金史密斯艺术学院的奖学金，学习成为一名美术教师。因为她的父母更希望她能上大学，为了取悦他们，她在白天努力学习，到了晚上才与后来成为她丈夫和搭档的同学亚历山大·普朗基特·格林尽情玩乐。"对于长大成人并且来到伦敦的艺术学校，我们感到兴奋，"1982年，亚历山大·普朗基特·格林告诉布伦达·波兰，"但这是一个沉闷的城市，真的，对穷学生来说。餐厅要么是昂贵，要么就是威尔士式的毫无吸引力的地方，卖着鸡蛋和薯条，或是肉和两份蔬菜。酒吧里只卖温酒，没有食物。年轻人无处可去，除了电影院或者爵士俱乐部。"当亚历山大收到零用钱，这对夫妇就前往夸利诺这种价位非常高昂的餐厅，而当零用钱用完时，他们又回到破旧的切尔西酒吧和烟雾缭绕的爵士地下酒吧，就这么来回地奔波着。

但他们正处在一场历史性社会变革的风口浪尖。玛丽的学业没有合格（她从来都不想做一名美术老师），而她渴望着离开家，她在布鲁克街的帽商埃里克那里找到了一份工作。因为没有钱买衣服，官自己为自己做衣服，而且这些衣服开始成为"相当奇怪的造型……我开始更大胆地创作自己穿着的衣服。无论我们走到哪里，人们都会看着我们。他们会嘲笑我们，有时还会跟在我们身后大喊：'天啊，这些个现代青年！'"他们的基地在国王路，在那里他们成为后来被称为"切尔西人"的小团体的创始成员，这个散漫的圈子里有"画家、摄影师、建筑师、作家、社会名流、演员、骗子和高级妓女。有赛车手、赌徒、电视制作人和广告人"。这些富有创造力同时声名狼藉的角色，事实上就是人们熟知的"摇摆的60年代"。

有了繁荣的经济作为羽翼，全职受薪的年轻人有能力去质疑他们口中的"当权派"，挑战它的社会阶层、它的价值观、它的道德和伪善做派。这股热潮创造出了新式媒体：作家、摄影师和出版商，他们采取更概念化、更情境化和更具有政治色彩的方法来报道时尚，并且愿意认同新一代设计师的服装，他们的服装青春、有想象力、具有挑战性和现代感。他们也赞扬新一代时尚的平等态度，重视实用性而不是特权排他性。很难断言20世纪60年代不是一个精英的时代；只是精英分子不同于以往了——身处其中的人喜欢把这称作是唯才是举。约瑟琳·史蒂文斯，破除传统的《女王》杂志的出版人，后来皇家艺术学院的校长，在1966年写道："所有一贯被公认的做派都被证明是错的。……我们对一切都进行了报复性的抨击。所有家喻户晓的神灵都被攻击了。……那是让一切归零重启的最神奇的时刻。"

1965年，他旗下的时尚编辑克莱尔·伦德沙姆用《女王》杂志的黑边版面，提前刊登了巴伦西亚加及其弟子纪梵希的讣告，宣告了巴黎定制时装的灭亡。在杂志《周末电讯报》上，威廉·克莱恩以"巴黎死去了吗？"为题，发表了一篇图片报道，其中展示了卡丹、迪奥、浪凡和温加罗的服装。克莱恩回答了自己提出的问题，他宣称："不！巴黎跳起来了！"而事实上，巴黎奋起直追了。那一年，在法国从事高档成衣设计的新一代年轻设计师伊曼纽尔·卡恩坚持认为，"高级定制已死"。她说她将"为街头的人们而设计……为普罗大众设计出社会主义式的人人都能享受的时装"。

那是时尚的一个关键性的时刻，所有人都明白，未来真的势不可当。但这是一场酝酿了十年的变革，在玛丽·官终于能释放自己长期被压抑的渴望，开始从事时尚时，就已经播下了种子。1955年，与前律师及企业家阿奇·麦克奈尔一起，玛丽和亚历山大在国王路开了一家精品店，她在自传中写道，那里"将成为衣服、配饰……毛衣、围巾、内衣、帽子、珠宝和奇特零碎物品的大杂烩。我们把它称为'集市（Bazaar）'。我充当了买手的角色。亚历山大在他21岁生日时继承了5000英镑，阿奇也准备拿出5000英镑。"在地下一层，亚历山大开设了一家餐厅。

这是她"极其殷切想做的"工作，但因为缺乏经验，他们差点在开业后几周内就倒闭了，她采购来的衣服定价太低了，而且一直缺货。当一个美国制造商抢购了一套休闲睡衣，并告诉她可以通过大量生产的仿制品赚很多钱后，玛丽才开始认真去设计。出于赌气和被激起的斗志，她买了一台缝纫机和一些巴特里克牌纸样，她修改了这些纸样，并用在哈罗德百货买的布料做成衣服。"没有人告诉过我批发买布的事。"她回忆道。她最初的设计灵感，一部分来自在国王路上游行的"垮掉的一代"，一部分来自于早年芭蕾舞课上的记忆，她曾经从一扇敞开的门中瞥见一个女孩为了跳踢踏舞，穿着一件短小的半身裙，底下是厚厚的黑色紧身丝袜搭配白色的及踝短袜、闪亮的黑色漆皮玛丽珍踢踏舞鞋。

事实上，这一代女性已经不希望像她们的母亲那样，穿着由巴黎定制时装设计师设计的犹如资产阶级制服般的衣服，而她是最早承认这一点的人之一。她们选择了像无胸、无臀的孩子一样的装束，轻浮又瘦削，天真无邪的大眼睛，涂着满满唇膏的嘴唇，还有小鹿斑比似的睫毛。"我希望每个人都能保留孩童般的美好，"她说道，"而不必变成呆板的、拘谨的、丑陋的生物。所以我创造出可以让人们奔跑、跳动、跃起的衣服，以保持他们珍贵的自由。"

慢慢地，玛丽·官购买了更多缝纫机，并开始雇用女裁缝在她那狭小又拥挤的小居室里工作。"集市"轰动一时，它的产品一上架就被抢购一空。这些衣服独特、简单、干净、干脆，使用的都是有点像幼儿园和小学校服也会使用的便宜又结实的面料——这是在之后被称为"青年动乱"的初期象征。

"跟当时的时代环境有关。"1982年，官在采访时告诉《卫报》的布伦达·波兰：

"当然，当时的我们并没有意识到，我们正处于一场社会革命中。这个国家花了十年的时间才开始从战争中恢复过来，突然间经济发展繁荣起来了，而我们是第一代在年轻时就拥有了财务实力的人，因此也有了为自己创造文化的自由。

"在那之前，中年人总是试图将他们认为年轻人需要的东西提供给年轻人，'青年动乱'是一场可怕的冲击，因为中年人并没有留意到新式的经济自由，而且不理解到底是什么冲击了他们。他们深陷在老旧的观念中；女人在成为别人的妻子之前，都是父亲的女儿。20世纪50年代中期，女人们不假思索地抓住这个可以自己独立的时代，从爸爸的家里搬了出来，和其他女孩合租在一个通常是拥挤不堪并且邋遢脏乱的公寓里。

"迷你裙也是其中的一部分。迷你裙说：'看我呀。'那是非常热切又纯粹的快乐。回忆起来，那是妇女运动的开端。你知道，总是先借着衣服表达出来，然后产生效应。20世纪70年代里所有的复古时尚，都暴露出了即将到来的不安氛围。"

官在她的自传中写道："时尚是千变万化的产物。它是将一大堆难以捉摸的想法、影响、逆反的潮流和经济因素捕捉糅合成形，并且由两样东西主导……对他人的影响以及自己的乐趣。它是不可预知的且无法定义的。只有当一个女人从她所穿着的衣服中得到乐趣，只有当她的感受和她看起来都是无与伦比的美妙时，它才是成功的。"

正如艾米·德拉海伊在1996年所写的："'集市'引发了一场时尚革命。它在短时间内生产出来的青春化成衣服装，与正式的、有构造的和利用大量配饰风格的既定模式相去甚远。与高级定制单品相比，玛丽·官的服装被认为是廉价的。她摒弃了传统的日装、晚装和季节系列，一年四季都有新的设计。"

在1955年，短裙仍然盖过膝盖——而在1961年一张"集市"的橱窗照中，它们也还是这个长度（直到1966年，《时代》杂志才留意到相当重要的事件正在发生，于是使用了"摇摆伦敦"作为封面故事）。2009年，科林·麦克道尔为他在BBC广播第4频道的栏目《膝盖的震荡》采访官时，她说道："尽管如此，打从一开始就有戴着圆顶礼帽的人会敲我们的橱窗，摇着他们的雨伞向我们训话。"当被问到她是不是在故意挑衅那些人的时候，她说自己确实是有意的。在20世纪60年代担任《每日镜报》时尚编辑的费利西蒂·格林，因为支持官并且经常在自己负责的版面上提到她，被报社的董事休·库德利普批判。她拒绝改变自己的做法，于是被告知"也许我应该炒你鱿鱼"。

1957年，第二家"集市"在骑士桥开张，1962年，官与美国连锁商店集团彭尼公司签订了一项合约，每年为他们制作四个系列。她扩大了自己使用的面料范围，包括尼龙、PVC、男式西装布和橄榄球运动衫针织布。她的创新包括紧贴肋骨的毛衣以及热裤，而她的许多设计都是基于经典服装的趣味颠覆：诺福克夹克、灯笼短裤、有着领尖衬片领的衬衫，以及自由胸衣。1961年，她推出了第一个批发系列，两年后又推出了价格更低的"活力集团（Ginger Group）"支线。到了20世纪60年代中期，她设计着内衣、泳装、睡衣、丝袜和裤袜、雨衣、皮草，提供给巴特里克的缝纫纸样，以及因为妙趣横生的产品名称（亚历山大想出来的）而大获成功的化妆品系列。1965年，她带着她的系列到美国进行了一轮巡回演出。她带上30套服装和她自己的模特儿们，花了14天时间在12个城市展出。模特穿着运动迷你裙，配上和官本人一样的维达·沙宣五点式几何发型，在伸展台上奔跑和舞动。这正是"摇摆伦敦"的缩影，由此席卷了美国。1966年，公司使用抽象的雏菊作为商标，玛丽被授予大英帝国官佐勋章。1970年，她的儿子奥兰多出生。

在20世纪70年代初，玛丽·官三人组采纳了生活方式品牌的概念，在随后的几十年里，官的名字被用在了文具、眼镜架和太阳镜、家居用品和地毯、葡萄酒和玩具上。1981年，她重新推出了一个新的时装系列和一个鞋类系列。20世纪90年代，在生活方式零售业蓬勃发展的环境中，玛丽·官一直保持着一个真正的时尚创新者的角色。她的顾客群与她一起成长，她能够预测到顾客群的需求。除了她的自传 *Quant by Quant* 之外，她还写了几本关于美容和化妆品的书。

玛丽·官曾获得英国时装委员会和多所大学的多项荣誉。亚历山大·普朗基特·格林于1990年去世，玛丽·官也于2000年卸任玛丽官有限公司的董事一职，但她仍然充当着在她漫长的职业生涯中所开创出来的无数产品的顾问。她在2015年被封为女爵士，并且是2019年在伦敦举办的两场展览的重要人物，一场是在时尚与纺织品博物馆举办的"摇摆伦敦：一场生活方式的革命——特伦斯·考伦和玛丽·官"，另一场则是在维多利亚与艾尔伯特博物馆举办的回顾展"玛丽·官"。她的儿子为后者提供了参考建议。

延伸阅读：1965年由玛丽·官撰写的自传*Quant by Quant*是必读书目。1996年艾米·德拉海伊的《前沿：英国时尚50年》(*The Cutting Edge: 50 Years of British Fashion*) 以及2006年克里斯托弗·布雷沃德、大卫·吉尔伯特和珍妮·李斯特的《摇摆的60年代：伦敦和其他地区的时尚1955—1970》(*Swinging Sixties: Fashion in London and Beyond 1955–1970*) 提供了出色的背景资料。2019年，珍妮·李斯特的《玛丽·官》是维多利亚与艾尔伯特博物馆展览的配套书籍，里面包含了不少新资料。

玛丽·官和丈夫亚历山大·普朗基特·格林。
Keystone/Getty Images.

玛丽·官裤装套装，1967年。
Reg Lancaster/Express via Getty Images.

玛丽·官网眼迷你连衣裙，*Vogue*，1968年。
Art Kane/Condé Nast via Getty Images.

鲁迪·吉恩莱希
（1922—1985）

吉恩莱希认为巴黎定制时装设计师制作的衣服束缚和困住了女性。他的任务是解放她们。

鲁迪·吉恩莱希是20世纪50年代时尚界的一阵清风，他的设计集合了20世纪60年代青春活力、玩世不恭的精神。而他在自我宣传方面，既有着天赋，又有着近乎痴迷的热情，这使他走在了同辈设计师的前面。两者结合，使他成为时尚史上颇具争议的人物，而1964年全世界媒体对他创作的袒胸泳装的热议，掩盖了这位来自加州的设计师更重要的成就。正如他多年的缪斯和朋友佩姬·莫菲特所说的："我一直觉得这些头条新闻让鲁迪的伟大才华被人们忽视了。"

事实上，吉恩莱希不太想发布他的袒胸泳装，尽管他早在1962年就预测过这种泳衣的出现。他承认它超前于这个时代，并没有计划投入生产，直到颇具影响力的时尚编辑戴安娜·弗里兰敦促他发布。他也担心自己在大西洋彼岸的竞争对手，也就是青年推动创新的倡导者艾米里欧·璞琪，可能会在这方面超过他。关于这套泳装的著名照片，当时只是发表在了行业报纸《女装日报》上，而作为泳装模特的莫菲特回忆起来，认为这是一个不明智的举动。"鲁迪设计这件泳装是为了发表社会声明。"她在1985年说道。她强调，这件泳装是与自由相关的，并不能从外观上对它进行评判。吉恩莱希对时尚发展做出的更重要的贡献，是将克莱尔·麦卡德尔在运动装方面的开拓精神带给了新一代人，生产出没有构造、不被束缚，并且总是

鲁迪·吉恩莱希塑料迷你连衣裙，1967年。

能让人感到自由的服装。他认为巴黎定制时装设计师制作的衣服束缚和困住了女性。吉恩莱希的任务是解放她们。1965年，他发明了被称为无胸罩内衣的内衣，制作上只用到了柔软透明的尼龙，既没有使用衬垫，也没有使用支撑架。

　　1922年，他出生在奥地利维也纳，与他成年后居住的加州相距甚远。他的父亲西格蒙德·吉恩莱希是一位袜业制造商，在1930年吉恩莱希年仅8岁的时候自杀身亡，因此他是在母亲和阿姨的监护下长大的，阿姨经营着一家服装店，后来他形容这家店是在第二次世界大战的严酷世界中位于维也纳的"避难所"。在这样的温馨环境中，他可以尽情地画着素描，并且学习服装知识。奥地利对他的影响，多年后依然持续出现在他在美国的职业生涯中：1953年，劳伦·白考尔在为《生活》杂志拍摄照片时，穿着的令人难忘的格子裤装，让人想起包豪斯运动的几何图形。1938年，奥地利与阿道夫·希特勒的德国政府德奥合并，使得犹太人从维也纳出逃，吉恩莱希和他的母亲也在选择逃往加州的人之中。诡异的是，他在美国的第一份职业是在太平间工作。"每当人们告诉我，我的衣服如此注重身体，我一定是学过解剖学时，我总是微微一笑，"吉恩莱希回忆道，"我当然是研习过解剖学的！"

　　更为遵循传统的是，他也在洛杉矶城市学院学习了艺术。随后他在雷电华电影公司的宣传部门短暂地工作了一段时间，之后受到了舞蹈指导家玛莎·葛兰姆的作品的启发，对舞蹈界产生了浓厚的兴趣，并加入了莱斯特·霍顿的西海岸剧团。20世纪40年代中期，他兼职为加州霍夫曼面料公司做面料设计的工作，以补贴舞蹈学习生活。1950年，他意识到舞蹈不能成为他的未来，于是离开了莱斯特·霍顿搬到纽约，在制作大衣和西装的乔治卡梅尔工作。很快地，对于美国服装产业痴迷于巴黎的话语权的状况，吉恩莱希产生了深深的厌恶。"每一个有着一定天赋的人——设计师、零售商、编辑——都被一种上层阶层的品味和对巴黎的绝对忠心所驱使。……大约过了六个月，只要我一想到这一切是如此地傲慢，我就会作呕，"他回忆道，"我制作的是劣质版本的迪奥设计。我终于被解雇了。"

　　20世纪50年代初，对吉恩莱希来说，是一段起起伏伏的时期，然而在1951年，他与 *Harper's Bazaar* 的戴安娜·弗里兰的一次传奇性会面，给了他一些鼓励。"年轻人，你叫什么？"她说道，"你非常有天赋。"而当他遇到沃尔特·巴斯时，在一定程度上稳定了下来，即使吉恩莱希说自己从来不能与他和睦相处。然而，他们的商业合作关系持续了8年，部分原因是巴斯怂恿吉恩莱希签署了一份为期7年的苛刻合约。当合同到期时，吉恩莱希已经是一个明星了。他的第一件双色小格子布和棉质粗花呢的连衣裙，被洛杉矶一家名为贾克斯的颇具影响力的店铺采购一空。纽约的买家疯狂地赞美着他。在巴黎的影响力逐渐减弱之际，吉恩莱希在设计出清新、青春、无拘无束的运动装方面的天赋，引起了买手和时尚编辑的共鸣。

　　比起许多其他的同代设计师，吉恩莱希更早地意识到了，时尚杂志正在成为越来越重要的风格仲裁者，而他充分地利用了这一点。1952年3月，他用羊毛针织创造出了第一件袒胸泳装的原型，搭配了一件贴身背心。1953年2月号的《魅力》杂志，刊登了他的首个杂志曝光作品，展示了一件筒状针织连衣裙，那是20世纪80年代末弹力迷你裙的前身。1955年，他为韦斯特伍德针织厂制作羊毛针织的弹性泳装，是泳装设计真正让他走上了成功之路。20世纪50年代末到60年代，是吉恩莱希创意的黄金时期，他稳步将自己的业务扩展成一个真正的帝国。在1956年，他制作了他的第一件男装设计，最初是为一家中国餐馆的服务员所制作的夹克，后来被重新改造成了适合在海滩或是居家穿着的衬衫式夹克。第二年，他为特德·萨瓦尔设计了一个女鞋系列，并在1959年再次补货。对吉恩莱希来说，配饰是很重要的，他是推崇整体造型这一概念的。

这一刻终究来到，吉恩莱希与沃尔特·巴斯的合约到期了，他终于在1960年成立了自己的公司，G.R.设计。吉恩莱希设计系列中的年轻活力与鲜艳色彩，是20世纪60年代的"青年动乱"的预兆——早在1961年，吉恩莱希设计的裙摆就在膝盖以上了。在位于圣莫尼卡大道8460号的总部里，吉恩莱希非常努力地工作着，他一开始先画出缩略草图，然后再结合布版和色板进行设计。他的灵感常常在起床前或入睡时来到，对他来说，这样的时刻有着深远而神秘的意义。《纽约时报》注意到了吉恩莱希节节攀升的经历，封他为"加州除了橙子之外最成功的出口产品"。

不过，吉恩莱希的设计师同行们，尤其是东海岸的设计师，却不怎么热情。1963年6月，当吉恩莱希获得科蒂美国时装评论家奖时，诺曼·诺雷尔把自己的科蒂名人堂奖退了回去以示抗议。在筹备科蒂奖颁奖典礼时，甚至连欣赏他的评论家也认为，他计划列入表演秀的一套内衣式白色绸缎裤装泳衣有点太不合时宜了。科蒂奖的评委会让他放弃这件单品，而他罕见地默许了这样的要求。

在欧洲，和吉恩莱希表达出来的设计精神最为相似的设计师，是身在意大利的艾米里欧·璞琪。璞琪和吉恩莱希都曾经预测，在几年内将有袒露胸部的设计。佩姬·莫菲特相信与璞琪的竞争促使吉恩莱希迅速行动，但他也受到了来自察觉到这会是一个独家新闻的时尚编辑的鼓励。吉恩莱希自己后来形容，袒胸泳装是他镂空设计自然而然的延伸。"到了1964年，我已经做了很久的镂空泳装，所以我决定让身体本身——包括胸部——可以成为泳装设计的一个组成部分。"这件具有争议性的泳装收到了涌来的订单，但是在美国各地的商店里，店长们纷纷出面阻止这件泳装出货。有一家商店被纠察，另一家商店收到了炸弹威胁。大约有3000件泳装被售出，尽管几乎没有任何证据表明它们曾被穿到公开场合，除了一个俱乐部的艺人和一个19岁的芝加哥女孩托尼·李·谢利，后者被迅速地逮捕了。袒胸泳装的诞生，使吉恩莱希在之后的职业生涯里成为了一个热门人物和媒体宠儿，对他的评价褒贬不一。这一切都让他那些更具实质性的成就变得黯然失色。

虽然《女装日报》很快就刊登了一张这件泳装的照片，但出版商约翰·费尔柴尔德在他1965年的著作《时髦的野蛮人》中否定了吉恩莱希，说他的衣服结构很糟糕。与之相反的是，另一位批评者，也就是设计师诺曼·诺雷尔，在1966年做出了让步，承认了吉恩莱希作为现代时装设计重要人物的地位。那是吉恩莱希极具创造力的时期，无论是从创意上还是商业上，他都创造了一系列的史上第一，从第一部时装录像带（题为《基础黑》），到第一次和连锁店（与蒙哥马利·沃德合作）合作创作了雪纺的T恤裙。在1966年10月，吉恩莱希的系列展示了两种造型：短裙摆和彻头彻尾的"摇摆60年代"风格，与长下摆的款式和盛装形成对比。这位设计师转而成为社会评论员：时尚界不再有对错之分——而社会也是如此。第二年，他在为自己的度假系列发布的声明中宣称："这是世界历史上第一次……由年轻人领导着我们。现在有一批由年轻人组成的权力精英。"一旦开始走上了社会评论的道路，吉恩莱希就停不下来了。1968年，他大肆评价电影《邦妮与克莱德》，抨击它所引发的具有年代特征的服装趋势。"历史必须是被利用的，"他说，"而不只是去还原。"

当时吉恩莱希的综合主题是中性着装。"今天，我们对于男性化和女性化的观念遭遇了前所未有的挑战，"他说道，"男性和女性的基本魅力在于人，而不是衣服。当一件衣服变得足够基本的时候，它就可以不分性别地被穿着。"他甚至声称连半身裙都完蛋了，引来了《女装日报》的尖锐指责，说吉恩莱希"把自己关进了一个角落"。对吉恩莱希来说，接二连三的回击让他无法招架，于是在1968年10月，他宣布休假一年，并隐遁在摩洛哥和欧洲。不过，休假归来的他，还是一如既往地精神抖擞，为《生活》杂志的未来主义特刊制作了一个中性的精简造型，由剃光了头发和体毛的男女模特参与拍摄（这一造型在大阪举办的"世博70"上重现了）。在这一阶段，人们觉得吉恩莱希是靠噱头而不是创意来保证自己名字的曝光率，尽管他的许多想法引领着20世纪八九十年代的潮流。1971年的春季系列中，展出的模特儿拿着枪，戴着狗牌，穿着战斗机能靴。吉恩莱希变得对科技越来越着迷，包括通过喷射制作服装，以及使用再生面料的概念。1971年，他预见到"设计师会变得不再是艺术家，更多是技术员。……在机械方面的知识是必不可少的，比如电脑。"

吉恩莱希的家庭生活就比较低调了。他和他的多年伴侣、法语教授奥瑞斯特·普契亚尼住在月桂谷。在1998年接受采访时，普契亚尼评价说，吉恩莱希"生活在一个永恒的当下"。这位设计师自己曾经说："我觉得我必须不惜一切代价去试验，而那意味着一直处在成功或者砸锅的边缘。"在20世纪70年代，丁字裤可能是他做出的最简单同时也是最伟大的创新，这一纤细的布条在世纪末成为女性内衣里的畅销款。他还设计制作了家具、地毯和厨房用品，以及一支使用化学家的烧杯包装的香水。在他最后的岁月里，他痴迷于汤水的美食潜力，1985年，在临别之际，他制作了"普比基尼（pubikini）"并由赫尔穆特·牛顿拍摄了照片，不久后他因肺癌去世。在牛顿的照片中，这块薄薄的布料几乎没有给人留下什么想象空间，模特儿的三角形阴毛袒露着，而吉恩莱希将它染成了绿色。直到最后，吉恩莱希还是忍不住想要恶作剧。

2012年，洛杉矶当代艺术博物馆的太平洋设计师中心举办了一场名为"全面风貌：鲁迪·吉恩莱希、佩姬·莫菲特与威廉·克莱斯顿的创意合作"的展览，在美国多地巡回展出，使新一代人也能了解到他的影响力。2018年底，欧洲企业家马提亚斯·凯得宣布重启这个品牌，并推出了一个由洛杉矶艺术家丽莎·安妮·奥尔巴赫设计的针织系列。

延伸阅读：1998年5月号《名利场》中，凯西·霍林的《赤裸裸的雄心》（*Naked Ambition*），是对吉恩莱希职业生涯最出色的总结。1991年，曾担任过吉恩莱希的模特和缪斯的佩姬·莫菲特，与她的摄影师丈夫威廉·克拉斯顿合作出版了一本插图精美的《鲁迪·吉恩莱希之书》（*The Rudi Gernreich Book*）。

模特罗丝·麦克威廉姆斯穿着吉恩莱希泳装。
Bettmann via Getty Images.

鲁迪·吉恩莱希，1972年。
Toronto Star Archives/Toronto Star via Getty Images.

缪斯佩姬·莫菲特穿着鲁迪·吉恩莱希，1971年。
Bettmann via Getty Images.

第四部分

20世纪60至70年代
1960s—1970s

引言

20世纪六七十年代这两个年代的特点,是经济繁荣与萧条相伴相生。在60年代,战后婴儿潮一代为扩大旧工业和重要的新工业提供了劳动力和消费者。时尚界也随之有了信心,许多设计师如皮尔·卡丹和安德烈·库雷热都以未来主义和科幻小说为设计主题。这个年代初期的穿衣榜样是杰奎琳·肯尼迪,她的丈夫约翰·肯尼迪总统致力于让美国参与到太空竞赛中。1962年,美国时装设计师协会成立,第一任主席是诺曼·诺雷尔。

"摇摆伦敦"时尚,使巴黎定制时装黯然失色——不计算盈利,单以杂志专栏的版面篇幅而言——1968年,在巴伦西亚加关闭了自己的时装屋时,他宣布定制时装的时代已经终结。在接下来的十年里,他的判断是准确的,意大利、美国、英国,甚至是法国自己的成衣品牌,纷纷抢占了定制时装在创意方面的主导地位。不过,80年代的状况,又表明了他的结论有误,因为定制时装逐渐复苏,在试验、创新方面夺回了它的声誉,并且常常令人为之激动。

街头时尚的性别分界变得模糊,男人穿得花枝招展,而女人则过着更积极且更注重自我的,所谓男性一般的生活,她们穿上了裤装套装、连体裤、连身衣,以及越来越短的迷你裙和宽松直筒连衣裙。"避孕药一代"觉得可以自由地释放自己的性欲,沉迷于"自由的爱"而无须承担任何后果。尽管如此,因为体面礼仪,连裤袜取代了丝袜和袜吊。时尚变得与音乐领域密切关联,两者都是基于反抗的反主流文化的核心。

20世纪60年代的越南战争,促使弱势的少数群体的革命情绪日益高涨,包括美国黑人、同性恋者、妇女和政治青年,引发了巴黎的骚乱(1968年的五月风暴),伦敦格罗夫纳广场、美国大学校园,以及欧洲和美国的左派恐怖组织的暴力示威。大多数年轻设计师来自英国的艺术学校,而不是巴黎的公会学院,他们从街头风格和现代艺术运动(主要是波普艺术和图形欧普艺术)中汲取灵感。1965年,在这20年主导时尚界的伊夫·圣·洛朗,展示了他的蒙德里安系列。他也向波利亚科夫、布拉克、马蒂斯、凡·高、雷诺阿、利希滕斯坦和沃霍尔等艺术家表达敬意。

20世纪70年代初,经济周期下滑,高失业率,断电,罢工——还有嬉皮士的出现。60年代高度政治化的势头,让位给了一种精神上的利他主义——激发热情、内向探索、脱离体制(**译者注: 心理学家蒂莫西·利里的名言**)——而时尚变得浪漫、复古、不拘一格,从其他年代和其他地区获取灵感。

在巴黎,伊夫·圣·洛朗、卡尔·拉格斐、三宅一生和高田贤三(Kenzo)推出了青春化的系列,并以"大廓型"到达巅峰。在伦敦,奥西·克拉克、比尔·吉布、桑德拉·罗德斯和罗兰·爱思创造出了浪漫精致风格的服装,而同样是历史主义者的维维安·韦斯特伍德,则有着更为打破传统的设计方法。意大利时尚业的种子在此时埋下:罗西塔和泰·米索尼、乔治·阿玛尼、克里琪亚的马里西亚·曼德利,以及沃尔特·阿尔比尼,开始在米兰展示作品,而同时,包括瓦伦蒂诺(Valentino)在内的一小批定制时装设计师,则在另一边的"甜蜜生活"时期的罗马生存了下来。

在美国,一个极简主义者的设计世代,正追随着麦卡德尔的脚步继续发展，涌现的设计师包括罗伊·侯司顿（Roy Halston）、杰弗里·比尼（Geoffrey Beene）、比尔·布拉斯，之后是卡尔文·克莱恩。拉尔夫·劳伦（Ralph Lauren）以简单的经典设计起家，而唐纳·卡兰（Donna Karan）则担任安妮·克莱恩品牌设计师运动装的学徒。至于20世纪70年代令人百感交集的浪漫主义，它的精神从未完全在时尚界消失，在21世纪，这一精神被约翰·加利亚诺诠释得赏心悦目，而亚历山大·麦昆的品牌则展现得极具戏剧性。不过，它并没有重新成为时尚的主导。

自文艺复兴以来，亚洲一直是纺织品和灵感的来源，新的制造资源越来越多，为全球化的时尚产业提供了低价的服装。不同工厂的制作水准和安全程度各不相同，但在这个时期还没有出现令人棘手的问题。

24 | 伊夫·圣·洛朗 （1936—2008）

对于他所处的时代氛围和需求，圣·洛朗做出了完美的回应。

用他最亲近的人的话来说，伊夫·圣·洛朗天生就神经脆弱。尽管如此，他也许是20世纪下半叶最具影响力的时装设计师。他综合了可可·香奈儿的巧妙现代感与克里斯汀·迪奥的感性抒情，后者是他的导师和第一个雇主。此外，正如弗朗索瓦·波多特在描述20世纪的时装时所指出的："青春的气息以及他对同辈人的需求超越感官的感知……让YSL这个标志，印刻在了这整个时代中。"

圣·洛朗为年轻一代重新打造了巴黎时尚，为婴儿潮一代女性提供了一个新的衣橱，里面装满了轻松又青春的衣服——充满了活力又妩媚的自信，并借鉴了男士的"休闲"衣橱——预示着女性刚刚开始觉醒渴求的社会及政治解放。他是第一个意识到，与其让想法被他人复制和传播给大众市场，不如自己来生产"支线"或精品"成衣线[象征性地命名为"左岸（Rive Ganche）"]的设计师，是让年轻且不够富有的女性更容易接触到这些衣服的定制时装设计师。他是第一个真正理解了配饰对于塑造造型的重要性的定制时装设计师。他的服装通常十分简单，是配饰的"点缀"增添了华丽与浪漫感。

尽管伊夫·圣·洛朗特别敏感、以自我为中心、孤芳自赏、情绪脆弱，但是他也非常有教养、真才实学、腼腆、以调皮的幽默感而显得迷人。20世纪70年代，当他为YSL的男士香水广告拍摄裸体照片时，他对摄影师吉恩·洛普·西夫说："我就是

圣罗兰透明上衣，1968年。
Jean-Claude Deutsch/Paris Match Archive via Getty Images.

想制造一些流言蜚语。"最终拍摄出来的肖像照令人记忆深刻。在阴影下,背着光,这位设计师直视着镜头,全身的穿戴只有他的眼镜,对自己纤瘦且少年般的美充满了自信,却同时释放出了一种欲望与试探的情色意味。在其他任何一个时代,设计师也许会因为这种自负而被人揶揄,但当时正处于水瓶座年代(**译者注: 意味着全新的时代**)、花之力(**译者注: 20世纪六七十年代初期年轻人信奉爱与和平、反对战争**)、伍德斯托克(**译者注: 美国地名, 在1969年举行了夏季摇滚音乐会, 吸引了大批青年蜂拥而至**)、爱与和平的嬉皮时期。他用他的花边新闻,在一夜之间成为同性恋的标志性偶像。其他闲言碎语一路伴随着他: 那套让1000名服务员惊慌失措的长裤套装,第一件抢占头条的透视上衣,以及(十年后)他在座无虚席的喜歌剧院台上,与鲁道夫·努雷耶夫热烈拥吻,感谢他又发布了一款新香水"科诺诗(Kouros)"。

他吸引了一个由保护者、捍卫者和朋友组成的黄金社交圈,对于他们的忠诚度,他有着很高的要求。然而,到了晚年,他却不再有娱乐消遣。他的顽皮变成了忧郁,羞涩变成了封闭。偶尔能在伸展台上看到他发胖而步履蹒跚的身影,染着红褐色的头发,面色苍白,表情茫然。因为他陷入了内向的孤立状态,连那些及时行乐的富有朋友和艺术合作者的小圈子也消失了。"他对其他人根本就不感兴趣。"他最亲密的朋友、前情人以及商业伙伴皮埃尔·贝尔热如是说(他还被诊断出患了产后神经衰弱)。

他荣华富贵并且举世闻名,被他的祖国和同侪认可与尊敬,但他却向绝望和痛苦屈服,并任其困扰一生。他将自己的痛苦公开表露。作为他天才的附属物,他接纳它,甚至放纵它。在他的办公室里,他将马塞尔·普鲁斯特的一则名言装裱,后者的《追忆似水年华》他一生都在反复阅读:"神经病患者这个华美而可悲的族群是高尚的。正是他们且只有他们,创立了宗教,创造出了杰作。"

作为风格庄重且非常女性化的大师迪奥的接班人,伊夫·圣·洛朗只是在追随前者的短暂时间里接受过真正的训练学习。然而在创新上,唯一能与他匹敌的人是香奈儿,1967年,84岁的她宣布圣·洛朗是她的"唯一继承者"。与香奈儿在20世纪二三十年代一样,对于他所处的时代氛围和需求,圣·洛朗做出了完美的回应。他们二位都以自己的直觉响应了政治和社会解放活动带给女性的巨大冲击,让她们穿上能争取到平等身份的服装。但是,在圣·洛朗走向衰落的几十年,他用陈腐不堪和一意孤行的理念,将自己曾经最出色的创意一一改造,而这些引人注目而美好的具有划时代意义的系列,变得轻易就被人们所遗忘。1965年的蒙德里安系列有着鲜艳的色块,1966年的波普艺术以安迪·沃霍尔为灵感,1967年的非洲系列,1968年的狩猎装系列,在1969年以马琳·黛德丽为灵感的系列中,他推出了迷你装和燕尾服,1970年的摩洛哥系列,1976年的歌剧与俄罗斯芭蕾舞团系列以穿着华丽的农人和吉卜赛人为灵感(圣·洛朗曾说那是"我设计的最美好的系列"),1977年的委拉斯凯兹系列,1977年的中国风系列,1979年的毕加索系列,1980年敬献给文学和诗歌、阿拉贡、谷克多和阿波利奈尔的莎士比亚系列,1981年的马蒂斯系列和1988年的立体派艺术系列——所有的这些，都是时尚史上的里程碑。

克里斯汀·拉克鲁瓦，是被圣·洛朗的阴影笼罩着成长起来的一代设计师，他对圣·洛朗的传记作者爱丽丝·拉沃斯特霍恩说："这个世纪还有许多伟大的设计师，但是没有一个人能有这么大的影响力。香奈儿、夏帕瑞丽、巴伦西亚加和迪奥都有着非凡的设计。但他们的设计风格是固定的。伊夫·圣·洛朗更加多才多艺，就像是他们所有人的结合体。有时候我认为他有着香奈儿的设计形式，又有迪奥的华丽，还有夏帕瑞丽的风趣。"

1936年，伊夫·亨利·多纳·马蒂厄·圣·洛朗出生在阿尔及利亚奥兰一个富裕且显赫的家庭里。他从小就知道自己与这个封闭、保守以及天主教"殖民"的社区格格不入。"毫无疑问，因为我是同性恋。"1991年他告诉《费加罗报》。这是个可怕的秘密，一种只有在偷偷摸摸与街头的阿拉伯男孩接触时，才能表达的取向。这个温柔、脆弱、害羞的年轻人受到母亲以及姐妹们的宠爱，他为她们的娃娃着装打扮。他在学业上成绩优异，但他被同学欺负和殴打，因为他们觉得这个瘦弱、有着艺术天赋并且缺乏运动的男孩是不能被接受的异类。"也许，我并不具备做一个男孩的条件。"他在很久以后说道。然而，受到排挤的他却带着所有的虚荣心和傲慢，他知道，自己比那些折磨他的人更优秀。他梦想着逃离，梦想着巴黎，正如他在1983—1984年纽约大都会博物馆展览目录的介绍中所写的，他梦想着"用醒目的字体将自己的名字写在香榭丽舍大街上"。

他最初的激情来自于剧院和戏服设计（后来他被认可是罗兰·佩蒂特芭蕾舞剧的剧场版和电影版的杰出设计师），而17岁时他抓住了第一个表现自己才华的机会，他参加了由《巴黎竞赛》杂志和国际羊毛秘书处（IWS）举办的青年时装设计师大赛。当他与母亲一起去巴黎领取三等奖时，他遇到了法国版*Vogue*杂志颇具影响力的编辑米歇尔·德布伦霍夫，后者建议他完成学业，然后去巴黎高级时装公会学院学习设计课程。1954年秋天他开始了这门课程，但很快地，他就对课程感到厌倦，在当年的IWS比赛中获胜后，德布伦霍夫让他去向克里斯汀·迪奥展示他的素描本，迪奥马上聘用了他。当这位"新风貌"的创造者在1957年因为心脏病突发过世前，就已经明确地表示过，他认为伊夫是他顺理成章的继承人。

1958年1月，他发布了迪奥猝然离世后的第一个系列，在系列中他推出了"梯形廓型"，并且取得了成功。《星期日泰晤士报》的时尚编辑欧内斯汀·卡特在之后提到，它成为了孕妇装造型的永久经典。因为迪奥品牌的形象是法国定制时装和"巴黎时尚"商机的核心，于是第二天的报纸招贴宣布："圣·洛朗拯救了法国。"当时，他年仅21岁。在四分之一世纪之后，他写道："幸运的是，有一种毁灭性的痛苦，是我从未遭遇到的，那就是缺乏认可的痛苦。"

也许因为最初的反响不错，使得迪奥的所有者纺织业巨头马塞尔·布萨克，给了这位年轻的设计师太多自由。圣·洛朗并没有以能让顾客适应的节奏循序渐进地推进随后的每一个系列，而是每一季都在追求全新的造型。当他在第二个系列中将裙长延伸至小腿时（正如卡特所言，这一举动早了十年），法国媒体就转而开始反对他。他匆忙地想要扭转局势，于是在1959年春季，他踉踉跄跄将裙摆改到膝盖以上，遭到了尖刻的抨击。之后在1960年，为了寻求一种"诗意的表达"，他选择向左岸"垮掉的一代"文化致敬，推出了一个包括黑色机车皮夹克（但有着貂皮装饰）、黑色羊绒高领毛衣和泡泡半身短裙的系列，而这些只适合年轻与缺乏臀部曲线的人。以成熟风格为主的定制时装客户表示了他们的恼怒之情。连一直通过拉拢政治关系让圣·洛朗免于被征兵的马塞尔·布萨克，也开始觉得不满。布萨克选择了国家和利益，放弃了诗意，也放弃了对圣·洛朗的保护。

圣·洛朗在法国军队里待了一段时间，期间参加了与阿尔及利亚民族主义者之间的凶蛮战斗，这是他人生的一个转折点。布萨克迅速地启用了马克·博昂来取代他担任迪奥的设计师，他被迫因此创立了自己的品牌。而这也促使了他的第一次精神崩溃，当时他才刚刚参军19天，他接受的治疗摧毁了他的健康，并导致他吸毒和酗酒的一生。在圣宠谷医院，他们对他使用了一种原始的、危险的、易上瘾的重型镇静剂。他无法进食，两个月后，当他的朋友兼情人皮埃尔·贝尔热将他解救出来的时候，他已经虚弱到了极点。在一向拥护圣·洛朗的《女装日报》的协助下，贝尔热开始起诉迪奥时装屋，并成立了圣·洛朗自己的定制时装屋。"我完全没有想过成为一名商人，"贝尔热说，他的兴趣是艺术和政治，"但我允诺为他做这件事。"他找到了一位美国赞助人杰·麦克·罗宾逊，1962年2月，他们在帕西的一栋小别墅里，向众多时尚界人士展示了YSL的第一个系列。它的风格里带有一丝巴伦西亚加的冷静节制，好评如潮；《生活》杂志称它为"继香奈儿以来最出色的套装系列"。

而在六个月后发布的第二个系列，奠定了他成为未来20年国际时尚主宰者的地位。这个系列把从街头搜集来的青春化风格变得光彩夺目，推出了铅笔裙搭配腰带上衣、诺曼式女衬衫和工人冬季双襟水手服的高阶版。从这些设计来说，圣·洛朗的作品与在年轻时偷用了法国水手和苏格兰吉利人服装的香奈儿很相似。

20年后，圣·洛朗回顾道："在我所有的作品中，我最喜欢的是我借鉴自男装衣橱的单品：西装、裤装套装、风衣、膝下灯笼短裤、短裤、狩猎夹克、T恤、套装、全套套装的使用方式，它们模棱两可的性别都让我充满兴趣。"在雌雄同体式的着装中，强烈的性元素是一个要素。他喜爱那些有着小男孩般身材的女人，但他也创造出了线条简洁并且最合理贴合女性身体的衣服。他其实并不忌惮乳房，但他希望它们看起来小巧、自由而挺拔，更喜欢让它们出现在一件严肃燕尾服内的透明雪纺衬衫里，而不是被过时的胸衣里的胸垫挤压出醒目的乳沟。他的风格正是20世纪六七十年代的年轻女性所感知到的自我——纤细、轻盈，有一种坦率而自然的妩媚风情。和她们一样，他讨厌被他称为"异装癖"或是"复活节游行"的服装，这些复杂又折磨人的花样，暴露出了许多男性设计师的厌女症。

1983年，圣·洛朗成为了第一位在大都会博物馆举办个人展览的在世设计师。2001年，他被授予荣誉军团骑士勋章，并在第二年正式退休。虽然晚年的伊夫·圣·洛朗和皮埃尔·贝尔热在感情生活上出现了分歧，但是在圣·洛朗于2008年6月在巴黎去世之前，他们才刚刚完婚。直到2017年贝尔热去世，他证明了自己始终是圣·洛朗形象有力的守护者，他为数量庞大的档案作品举办了多次大型展览，并赞助了许多特刊。

1993年，圣罗兰品牌的业务被出售给赛诺菲。在2002年之前，圣·洛朗一直继续设计着高级定制系列，而在1998年，阿尔伯·艾尔巴茨被任命设计成衣线。一年后，古驰集团（曾隶属于PPR，现名开云集团）收购了品牌，汤姆·福特接管了创意控制权。随后接任的有2004年的斯特凡诺·皮拉蒂，2010年的艾迪·斯理曼（Hedi Slimane）。2016年，后者又被安东尼·瓦卡莱洛所取代。

延伸阅读：圣·洛朗的私宅和财产，在很多生活方式画册中都有呈现。1998年，艾丽丝·罗斯特霍恩撰写的传记《伊夫·圣·洛朗》非常出色，而2006年，艾丽西亚·德雷克的《美丽的秋天：时尚、天才和辉煌的20世纪70年代巴黎》（*The Beautiful Fall: Fashion, Genius and Glorious Excess in 1970s Paris*）则是很不错的背景读物。想了解评论家的观点，可以阅读1988年出版的目录《伊夫·圣·洛朗：设计画册1958—1988年》（*Yves Saint Laurent: Images of Design 1958–1988*）中玛格丽特·杜拉斯的评价，以及她在2010年的著作《伊夫·圣·洛朗：时装设计的标志》（*Yves Saint Laurent: Icons of Fashion Design*）。2008年，哈米什·鲍尔斯的《伊夫·圣·洛朗的风格》（*Yves Saint Laurent Style*）也十分具有启发性。2010年，法里德·切努恩的《伊夫·圣·洛朗》是巴黎回顾展的目录，有着精美插画。有三部水准不一的叙事电影，都以伊夫·圣·洛朗早期的生活和工作为主题。

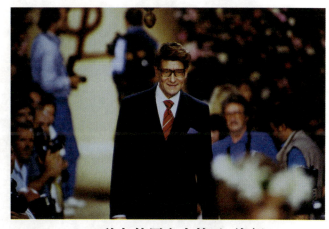

1991秋冬伸展台上的圣·洛朗。
Niall McInerney, Photographer. © Bloomsbury Publishing Plc.

1995春夏的圣罗兰狩猎夹克。
Niall McInerney, Photographer. © Bloomsbury Publishing Plc.

1988春夏圣罗兰的"摩洛哥氛围"。
Niall McInerney, Photographer. © Bloomsbury Publishing Plc.

安德烈·库雷热
（1923—2016）

库雷热想让女性自由、充满生命力、充满现代感。

终结究竟是谁发明了迷你裙这一争论的最佳方式，是引用曾经轰动时尚界的设计师克里斯汀·迪奥的话。他对 *Harper's Bazaar* 的编辑卡梅尔·斯诺说："只靠一个人是无法改变时尚的——一场巨大的时尚变革是由它自身促成的。"确实，如果跟着装有关的所有理论能有什么共通点，无疑是这一点。设计师基本上就是对当下的政治、经济和社会氛围做出回应。安德烈·库雷热、皮尔·卡丹、玛丽·官、约翰·贝茨、伊夫·圣·洛朗，他们都在同一时间将裙长缩短到靠近膝盖的位置。而他们也都在同一时期创造出了展露膝盖和大腿的设计。当有着太多战争的阴影、太多失去的东西需要被重新恢复的20世纪50年代让位给60年代，巨大的变化一触即发。在战争期间和战后不久出生的这一代人，不存在贫困生活的记忆也不畏惧风险。欧洲和美国蓬勃发展的经济，更加普及的持续深造教育，包括女性在内，每个人都能得到工作和可支配收入。

在20世纪50年代，青少年市场被发掘，它被证明是广告史上最容易操纵的市场，于是文化重新聚焦在青年群体身上。年轻人被征召去填补那些曾经需要花上半辈子时间才能获得的工作和专业职位。他们发明了新的工作，特别是在新兴媒体，他们为了自己日常事务的需求而重新改造了这些工作。同时，由于受到庇护和宠爱，他们开始发展出一个利他主义的世界观，包括各式各样的乌托邦政治，以浪

库雷热，1968年。
Reg Lancaster/Hulton Archive via Getty Images.

漫的视角来看待可以尽善尽美的世界，在这样的世界里，科学的所有益处都可以服务于大众，在那里，疾病、无知和饥饿可以被消灭，宇宙可以被征服。

而女性，特别想在生活上与她们的母辈保持距离，她们的母亲穿的是"新风貌"的一些衍生款，而她们认为，它的束腰沙漏廓型，代表着传统的女性身份，以及传统的母亲和靠人养活的妻子角色（至少在中产阶级是这样）。她们需要一种新造型，以便将生育置于次要地位，同时建立一种"预先服用避孕药"的"悦己式"性行为，以表达独立、自主和一种新权益。

安德烈·库雷热并不属于这一代人，但在很大程度上，他能够理解并认同这一代人。1979年，他在接受《卫报》采访的时候告诉布伦达·波兰："我在1965年掀起的革命并不是一个精心策划的大转变；它是一种本能，是对同时包含着进步与激进的时代做出的回应。一个设计师必须是一位社会学家，他必须观察人们的生活，他们的房子是怎么建造的，他们的需求和关注点是什么。"

这次采访的时间，距离那个让整个巴黎都为之震撼的系列发布，正好过了15年，波兰详细地描述了库雷热的沙龙：

"今天的它（沙龙）依然能体现出他的标志，一个锃光瓦亮并且表面硬邦邦的理性世界，里面是带按键的机器和硅芯片。它的内部全是令人震撼的高光白色，而它后面的办公室和工作间也一样。……在这里，巨大又干净的镜子反射出亮白的墙面、闪亮的白色瓷砖地板、白色皮革的铬合金家具，还有货架上使用鲜艳的棉布、绸缎、丝绸、精细的羊毛以及由美妙的羽毛和雪纺制成的独特剪裁的服装。"

在当时，装饰风格很容易和一个人的人生观联系起来。曾被邀请到卡纳维拉尔角的美国宇航局任务控制中心旁听的他，依然沉浸在科幻小说构想的未来，在那里，男人（和女人）可以在月球上行走，并且生活在一个目前只能靠模糊的想象构筑的、因为神奇科技而一尘不染的家中。不过，这样的装饰还有其他原因。那就是来自巴伦西亚加的影响。

1923年，安德烈·库雷热出生于法国南部比利牛斯山脉附近的波城。他的父亲是一座私人庄园的总管家，将儿子送进了一所土木工程专业的学校——在那里他了解了三维结构，这也成为他的创新性服装结构的基础。成长于第二次世界大战期间的维希法国，年轻的安德烈在普罗旺斯的艾克斯接受了法国空军飞行员的培训，但他确定自己的兴趣是时尚。伟大的克里斯托巴尔·巴伦西亚加的出生地，就在距离仅几英里之外的西班牙边境另一边的巴斯克地区。而库雷热认定，自己就是要拜巴伦西亚加为师的。因此在1945年，当战争一结束，22岁的安德烈就前往巴黎。他在公会学院学习时装设计，并试图在他的偶像身边找到一份工作。在一开始，他无法通过预约与巴伦西亚加会见，表达自己的诉求，所以他在珍妮·拉福瑞时装设计公司找了一份工作。在1950年，他终于找到了一个法子。"我去了昂代伊的一个走私团队，他们在巴黎和巴伦西亚加在西班牙的办公室之间运送他的纸样和设计，"他告诉瓦莱丽·纪尧姆，"我的信传给了他，于是我见到了他。我提议自己可以做他的初级学徒。他雇用了我，让我在剪裁工坊工作。"

进入了巴伦西亚加的时装屋，库雷热形容自己就像一个准备接受圣职的新晋修道士。1989年，他对乔治娜·豪厄尔说："工坊是纯白色的，没有任何装饰，并且非常安静。人们低声细语，走路蹑手蹑脚，就连客户说话的声音也很小。巴伦西亚加办公室的门每天会打开一两次，然后你可以听见他离开了大楼，前往马尔索大道的教堂做祷告。"

五年后，为了让库雷热"更自由、担当更多责任"，巴伦西亚加让他到自己位于西班牙的艾萨定制时装屋工作。库雷热告诉瓦莱丽·纪尧姆，自己回去找巴伦西亚加，并对他说："大树底下不会长出什么的。我是一棵小橡子，而你是一棵大橡树。我必须离开你才能生存。"巴伦西亚加置若罔闻。三年过去了，每当库雷热提起这个话题，巴伦西亚加都装聋作哑。直到有一天，他徘徊着走进了库雷热的工坊，问："你准备离开吗？你需要钱吗？我可以给你一些。在管理方面安排需要帮忙吗？我可以把我的经理安排给你。你需要客户吗？我可以让客户去找你。"

于是，1961年，有了大师的一部分资助，库雷热与科奎琳·巴利耶合伙建立了自己的时装屋，巴利耶曾与库雷热一起在巴伦西亚加的时装屋工作过，随后在1966年，她成为库雷热的妻子。在时装屋成立伊始，他们俩依然深受大师的影响。"在他的工坊里，我必须像他那样去思考。这对我来说是没有问题的。巴伦西亚加让我了解了17世纪的风格。我和他设计的衣服里那种简约的美感，都来自那个时代的启发。"

不过，这对夫妇渐渐开始发展出了他们自己的风格——从足部开始。库雷热始终偏爱平底鞋，平底鞋正适合那个时代，适合当时女性所需的氛围，但它们决定了一种全新的身材比例。科奎琳·库雷热告诉纪尧姆："女性再次需要能够健步如飞。而我自己曾经是一名舞者。"她说，平底鞋迫使设计师重新估算女性的身材比例。这创造出了一种微妙的平衡，而帽子则成为了"补充廓型"的必备品。衣服必须从肩线开始垂下，同时搭配中筒袜或是中筒靴。库雷热继续说道："衣服在身体周围飘浮着。你不会感觉到它们。我不会强调腰线，因为全身是一个整体。区别对待上半身和下半身挺可笑的。"1964年8月，《纽约时报》赞美了他的"充满争议的裤装套装和膝上半身裙……它们很有意义，为女性的生活提供了一个大胆的新视角"。

1965年1月，库雷热的迷你装初次作为下一季的时装展出，对某些人来说，这种全新的风格视角有点过于超前了。这些设计由特别矫健、活跃、运动感的模特穿着展示，包括长度到膝上4英寸的棱角分明的迷你连衣裙，以及使用了像华达呢这样厚重面料的裤装套装。许多衣服都有着镂空的腹部，以及裸露着背部，而且没有搭配胸罩一起穿着。为它们搭配的配饰是白色的平底靴、护目镜和头盔，灵感来自宇航员的装备。这些利落的形状、白色与银色的配色组合，立即被贴上了"太空时代"的标签。一开始，时装秀的观众们瞠目结舌、鸦雀无声。库雷热与模特儿和化妆师一起待在后台的房间里，没有听到一点掌声。惊人的寂静笼罩着一切。讲到这里时，这位设计师的眼里噙满了泪水。"我收到了一张纸条。*L'OFFICIEL*的编辑写的：'安德烈，你疯啦，你设计的下摆太短了，还在夏天穿靴子。这是行不通的。你是怎么回事？'"

"我所想的是，我希望让女性自由、充满生命力、充满现代感，"库雷热回忆道，"我觉得我实现了这一切。"而事实是，就在这场秀结束三小时后，时尚摄影师彼得·克纳普打电话对他说："安德烈，我听说你的系列非常出色；是天才之作。*Vogue*杂志的女孩们都激动极了。她们说你彻底改变了一切。"

瓦莱丽·斯蒂尔调查了法国时尚业对于青年文化和法国"耶耶派"孩子们的冷漠反应，而她表扬库雷热的设计是"青年时尚出色的定制时装版本"。1979年，库雷热对波兰说道："我想让女性穿上一身能完全感到自由的套装，一件罗纹针织长袜般的紧身装。为了让设计元素显得流畅，也因为拥有完美下半身身材的女性很少，我加上了一件华达呢的时髦迷你裙和一顶太空人遮阳帽。"这成为时尚界最不朽的形象之一，可能也是时尚史上被模仿次数最多的造型。对于自己的设计被无情和大肆地剽窃，库雷热感到沮丧又失望，直到1967年，他才再次将自己的设计展示给媒体，而他持续制作只面向客户展示的系列。在接下来的几季中，他继续发展这一造型，在服装中加入明亮的色彩和新颖抽象的图案。

1966年，巴黎装饰艺术博物馆主办了一场展览，这是关于世纪初艺术运动的首批展览之一，目的在于重新评估这些运动的意义。"二十五年：装饰艺术、包豪斯、风格派、新艺术"标志着一个转折点，是浪漫主义复兴的开端，为芭芭拉·胡兰斯基的比巴，以及奥西·克拉克和桑德拉·罗德斯的作品提供了灵感，让大部分70年代的复古时尚成型。库雷热意识到，这无疑标志着现代主义对时尚产生的影响已经终结。"一大堆民族风和嬉皮士的打扮，简而言之，这一切你都能在卖破烂的人那里找到。"他哀叹道，看着富有的农人、俄罗斯草原人、贝都因人、蒙古人、墨西哥人、印度人以及吉卜赛人通常穿着的造型，想象着它们互相挤占争夺着时尚的空间。1970年，他将自己的定制系列更名为"原型（Prototype）"，将他的成衣系列改名为"夸大（Hyperbote）"。

在淡出的十年结束时，库雷热的远见并没有离开他。时尚再次开始与他的构想步调一致。一段时间以来，他始终在为全世界设计并销售一些最适合运动的理想服装——滑雪服、网球服、舞蹈服、运动服——而他知道，即将到来的慢跑和有氧运动风潮，将对女性们日常生活的服装选择产生巨大影响。1979年，他告诉波兰：

"现在我们到了另一个转折点，我又一次开始发展我在1965年发起的运动。其他设计师想为女人提供20世纪40年代的精致风格。这并不适合她们的生活方式。

"因此，为运动而制作的衣服必须是高贵的，使它们成为生活的一部分。我们必须将一种更放松且更自在的风格引入到每一天的服装里，甚至晚装里。将运动服变得高贵，不是靠简单地使用丝绸或是羊毛制作运动服，而是通过研究运动服，将能让它穿着舒适的元素，融入时髦并且使人看起来更美丽的衣服中。"

在这一点上，他是正确的，他预言了运动服、贝壳装、卫衣面料和高科技合成材料在日常穿着中的升级换代，以及莱卡对于所有衣服包括紧身衣和商务套装的重要性。

但他对时尚体系的轻视是错误的。他宣称：

"15年来，女性已经解放了自己。复古的造型又把她们关进了监狱。她们不再是只能充当花瓶装饰卖弄风情，或者只是受到庇护的妻子；她们可以卖弄风情，也可以是妻子，但她们也是有着完整和自主独立生活的劳动者。前一年是多层褶裥的民俗风，后一年又是宽大的方肩细腰造型，每年都改变风格对她们来说有什么好处呢？这种创新精神是很陈腐的。"

然而，女性依然沉迷于时尚的变化无常。1983年，法国《解放报》写道："库雷热唤起的现代主义实在太过时了，让人惊讶他竟然还存在着。"但他确实依然活跃着。1990年，他还在设计和营销一个全球化的精品时装系列（从1979年的50家精品店减少到14家），并掌管着一个授权经营的帝国，据报道，他每年在男装、香水、家居产品、香槟和食品的总收入达2.85亿美元。20世纪90年代中期，经历了数次冒险让投资者参与、收购和兼并之后，安德烈和科奎琳·库雷热重新获得了他们企业大部分的控制权，并在2011年再次出售品牌。1997年，安德烈退休，专注于绘画和雕塑，而他因为帕金森病慢慢丧失了行动能力。他于2016年去世。

延伸阅读：1998年，瓦莱丽·纪尧姆的《库雷热》，属于《时尚回忆录》(Fashion Memoir)系列的一部分，是最全面的叙述。1998年，瓦莱丽·斯蒂尔的《巴黎时尚：一段文化史》(Paris Fashion: A Cultural History)出色地描述了历史背景。

安德烈·库雷热和他的妻子科奎琳·巴利耶，1968年。
Hulton Archive via Getty Images.

库雷热1968春夏成衣系列。
Bill Ray/Life Magazine/The LIFE Picture Collection via Getty Images.

库雷热。
Reg Lancaster via Getty Images.

瓦伦蒂诺1992春夏。
Niall McInerney, Photographer. © Bloomsbury Publishing Plc.

瓦伦蒂诺·加拉瓦尼
（1932—　）

瓦伦蒂诺本质上依然是有钱人和名流的制衣师。

　　尽管在21世纪，意大利是时尚的重要制造者，是奢侈品行业的主导力量，意大利制造的产品在迷人和完美程度上都仅次于巴黎，但这一杰出地位还是相对新晋。意大利可能是文明的摇篮之一，带给了世界伟大的艺术和文化，但是在现代，它的时尚血统并不悠久。

　　意大利的历史是由几个独立的并且经常交战的城邦构筑而成的，每个城邦都有着自身鲜明的特点；各自的贵族阶层、土豪阶级、专业人士和商人阶层，各自的大学和发达的文化，以及各自时髦且衣着华丽的精英。在19世纪统一之前，意大利并不是一个单一的国家，没有一个能主导政治、商业、艺术和文化的首都。可以这么说，虽然现在的意大利是一个单一的国家，但它还是没有那样的首都，而是有着一些美丽的、有文化的、有活力的城市，每个城市都有着截然不同的个性。

　　在统一之后，随着这个新国家的工业化，国家努力让意大利的风格和技术技能资本化，主要出自政治和民族主义的考量，但都没有成功。1932年，墨索里尼训斥说："意大利的时尚……仍然是不存在的。我们必须创造它。"索菲娅·诺利曾经描述过在法西斯时期时，一个全新的国家时尚机构是怎样去规范整个生产体系的，这为战后的发展奠定了基础。

　　第二次世界大战后，有两个因素进一步推动了这一新兴产业的发展：美国以马歇尔计划的形式投资欧洲，而贬值的里拉吸引了美国电影制作人来到罗马和罗马电影城，也就是人员配备精良的意大利电影业的基地。一批国际女演员来到这座城市，还有所有"甜蜜生活"时期的演员和离经叛道的新贵阶层，也紧随着他们的菲拉格慕高跟鞋来到了这里。为了满足他们的需求，像丰塔纳姐妹这样在战争中幸存下来的传统制衣公司，被新一代具有现代思想的设计师扩张发展，其中不乏像西蒙内塔·科隆纳·迪塞萨罗和艾琳·加利茨因这样的贵族。他们一起创立了罗马的高级定制时装。1949年，好莱坞明星琳达·克里斯汀和泰隆·鲍华在罗马举行婚礼，使得世界上的其他国家开始对这里产生兴趣。新郎穿的是卡勒塞尼的晨礼服，而新娘穿的是丰塔纳姐妹的礼服。

自此，意大利时尚在战后迅速发展，从1951年开始，代理商和企业家乔瓦尼·巴蒂斯塔·乔治尼出色地推动着时尚成衣行业，"在巴黎时装秀刚刚结束后"，他立刻邀请地位崇高的美国媒体参加了一系列在佛罗伦萨皮蒂宫及其周边举行的时装秀和时尚展。《女装日报》的约翰·费尔柴尔德收到了第一张邀请函，他在1992年回忆道："当时的法国人正在为进入成衣业而挣扎，因为他们眼睁睁看着对高级定制时装的需求逐渐消失了。乔治尼所做的，就是让意大利人大胆地抢先于法国人发展成衣业，法国人总是迟迟不愿意进入新的领域。"

1959年，当27岁的瓦伦蒂诺·克莱门特·卢多维科·加拉瓦尼，这位在巴黎接受训练的定制服装设计师，回到意大利成立自己的工作室时，他本能地选择了罗马。他想要的，是能够负担得起他严苛完美、手工制作的服装，能在公开场合自信着装的客户。他接着发展出了许多产品系列，包括成衣系列，但他本质上依然是有钱人和名流的制衣师。在这份庞大的客户名单里，包括丽塔·海华斯、伊丽莎白·泰勒、杰奎琳·肯尼迪（她嫁给亚里士多德·奥纳西斯时身穿瓦伦蒂诺）、格蕾丝王妃、奥黛丽·赫本、索菲娅·罗兰、莫尼卡·维蒂、克劳迪娅·卡汀娜、奥尔内拉·穆蒂、吉娜·劳洛勃丽吉达、马里莎·贝伦森、艾尔莎·柏瑞蒂、杰西卡·兰格、莎朗·斯通和朱莉娅·罗伯茨（她获得2001年奥斯卡奖的时候穿着瓦伦蒂诺）。早在"红毯礼服"这个词被发明出来之前，瓦伦蒂诺已经是这类着装的大师了，他制作的礼服华丽光鲜并且令人印象深刻，无论从任何角度欣赏都如此赏心悦目，而且保证穿起来并不困难。

他最喜爱的色彩，是地中海夏日郁郁葱葱的罂粟红，比猩红色要更偏橘一点，被时尚家们称为"瓦伦蒂诺红"，没有什么能比它更适合在最隆重的场合穿着出场。他之所以能发现这种颜色，是因为学生时代在巴塞罗那的一次度假，他前往观赏了歌剧。"舞台上所有的服装都是红色的，"他后来说，"包厢里的大多数女人都穿着红色的衣服，楼座上的她们像天竺葵一样前倾着，而座位和窗帘也是红色的。……我意识到，除了黑与白，没有什么色彩能比它更美妙了。"

这是一种热烈的色彩，能吸引在场每一个人的目光。2000年，瓦伦蒂诺对 *Dazed & Confused* 的苏珊娜·法兰克尔说："我知道女人常常会说：'啊，如果你想买晚礼服，就买瓦伦蒂诺吧。'如果没人注意到你，出门还有什么意义呢？待在家里吧！待在家里，邀请一些朋友来做客，你可以穿自己喜欢的衣服。但是，如果你想在某个夜晚走出家门，让自己看起来是美丽的，很有诱惑力、很性感的，展现出一切这样的感觉，你的派头就得足一点，不是吗？"

1932年，瓦伦蒂诺·加拉瓦尼出生于沃盖拉，那是位于意大利北部地区都灵和米兰之间的一个小镇，是这个国家工业的中心地带，他的家庭富裕——父亲是一家电器用品商店的老板。在孩提时代，他就喜欢画画，并在学校里表现出对时尚的兴趣，后来他进入了米兰的圣玛塔时装画学院学习，同时在贝里兹学校学习法语。1950年，他的父母资助他去了巴黎，他就读于巴黎高级时装公会学院。他赢得了国际羊毛秘书处举办的设计竞赛，在让·德塞的定制时装屋得到了一份工作。他在那里待了五年，学习了德塞对大面积布料和异国情调的审美，还有德塞设计的受到了古典罗马和希腊的垂褶面料以及古埃及装饰物的启发的服装。

瓦伦蒂诺于1991年举办的回顾展，以他在这个时期创作的十张素描作为展览的开幕。《纽约时报》的伯纳丁·莫里斯写道：这些素描"显示了它们是他之后的职业生涯里拓展创作的那些主题的前身"。她指出：

"除了一些到小腿或脚踝长度的蓬松连衣裙，瓦伦蒂诺设计的日装和晚装的基本造型是修长的，类似于20世纪50年代初期迷你裙出现之前的风格。纤细的长款晚礼服表面镶满了珠宝刺绣，背后倾泻而下的雪纺面料或是披肩使得细窄的轮廓变得柔和。……在这个迷你系列中，我们可以看到'瓦伦蒂诺红'的首次出现，突出的黑白刺绣图案使人联想到梅森瓷器，而黑白连衣裙的轮廓则让人想到了一只希腊花瓶。然而，远比其中任何细节都更显眼的，是那毋庸置疑的优雅感和威慑力。"

1957年，德塞的首席绘图师姬龙雪离开，建立了他自己的定制时装屋，瓦伦蒂诺跟着一起离开了。两年后，瓦伦蒂诺在父亲出资支持下，在自己位于罗马孔多蒂街的沙龙展示了他的第一个系列。为出席《斯巴达克斯》的全球首映礼，在罗马拍摄《埃及艳后》的女演员伊丽莎白·泰勒向他订制了一件白色礼服——这让世界各地的美丽女性开始争相涌向他的店铺。1960年，建筑生吉安卡洛·贾梅蒂加入了这家年轻的公司，成为了瓦伦蒂诺的人生伴侣（直到1972年）和公司的总经理；在瓦伦蒂诺退休之前，他一直负责公司的业务。这一年，瓦伦蒂诺推出了他的成衣系列。1962年，他和乔瓦尼·巴蒂斯塔·乔治尼的明星们一起，在佛罗伦萨的皮蒂宫首次亮相。当时他年仅30岁，被安排在日程表上最后一个时段，使得买家不得不多停留一晚，耽误了他们回家的航班。但他们听到消息时，还是留了下来。

20世纪60年代中期，瓦伦蒂诺放弃了佛罗伦萨和皮蒂秀，成为罗马时装秀的闭幕设计师，为丰塔纳姐妹、伊琳娜·加利策公主、玛丽亚·安东内利、罗伯特·卡布奇和埃米利奥·舒伯思的时装秀增光添彩。瓦伦蒂诺的晚间发布会本身成了盛大的社交活动，观众包括女演员以及政治家、权贵和百万富翁的妻子们，他们都穿着晚装，还佩戴着他们最上乘的珠宝。这位晒得黝黑的定制时装设计师，在一大家子哈巴狗的陪伴下,成为了他所装扮的阶层中的一员,在他的多处私宅和游艇上招待他的客户。此时,他的标志性风格已经确立。始终如一的优雅,很少突然改变思路,坚持经典的原则以及良好的品味,同时沉迷于昂贵的细节和华丽的装饰。这些衣服看起来贵气十足,而且是富裕世家的贵气,毫不庸俗,总是富有魅力,总是成熟稳重。1968年,他告诉《女装日报》:"我只相信高级时装。我认为一个定制时装设计师必须确立他的风格并且坚持下去。许多定制时装设计师会犯的错误,是他们试图为每个系列改变他们的路线。我每次会改变一点,但从来不会太多,以免失去我的辨识度。"他主打的主题——花卉与动物印花、厚实镶嵌的钉珠、鲜明对比的黑与白、精美的褶皱——人们殷切盼望着它们在每个系列里再度出现。

2008年,帕梅拉·戈尔宾在她为这位设计师撰写的专著中写道:

"正如瓦伦蒂诺自己所说,在时尚领域,他并非创新者。然而,纵观高级定制时装的历史,他是一种独特廓型的公认赢家,他对风格的感知力,结合了至高无上的优雅与永恒经典的魅力。……流畅的廓型、绝妙的女性气质,以及微妙的性感,是瓦伦蒂诺式风格的标志。这种感觉——以简洁的、形象的轮廓为特色——是他的设计语境中不可或缺的一部分,形成了一种精炼的低调奢华风格。"

1970年1月,瓦伦蒂诺把裙摆下移到小腿中部,成为第一位宣告迷你裙时代终结的定制时装设计师。在商业上,他也发挥了自己的影响力,在纽约、日内瓦、洛桑、伦敦和巴黎都开设了成衣店铺。1975年,他开始在巴黎展示他的成衣系列。尽管法国的定制时装设计师都不会承认意大利的工艺水准足以跟"巧手"相匹敌,但是,意大利的成衣制造业已经领先于法国,而最终,这一形势使得意大利在制造高质量时装方面获得了卓越地位。20世纪70年代末,瓦伦蒂诺从18和19世纪的浪漫主义肖像画中汲取灵感,设计出他的大裙摆舞会礼服,尽情展示自迪奥之后再未出现过的童话般的动人美妙。

20世纪80年代,是属于瓦伦蒂诺的年代。这个年代的时尚,包含了招展炫耀式的时尚,为了成功而着装的时尚,用金色纽扣的宽肩西服套装搭配紧身半裙、配饰是明晃晃的大量金色珠宝以及细高跟鞋的时尚。随着20世纪80年代的推进,服装风格有了一种更强烈的锋芒,一种更有气势且犹如吸血鬼般的风格。瓦伦蒂诺开发出能塑造出雕塑般身形的复杂皱褶、以东方为灵感的刺绣和装饰艺术风格的贴花作品,以及他的动物印花(包括以他心爱的哈巴狗为灵感)和他的复杂色彩组合。

对于意大利在时尚界的影响力,瓦伦蒂诺有着诸多贡献,于是他被授予了许多荣誉,包括1986年获得了最高级别的勋章——"巨十字武士"(相当于英国的骑士勋章)。在1982年,由戴安娜·弗里兰时任总监的纽约大都会博物馆,邀请瓦伦蒂诺在那里展出他的设计系列。1991年6月,罗马市特别为庆祝他的品牌成立30周年主办了一场时装秀,秀上展出了300套服装,并举办了一场500人的"黑领带"晚宴。

2007年,瓦伦蒂诺退休,而他早在几年前就已经将公司出售给了一个投资集团。亚历山德拉·法奇内蒂接任首席设计师，直到2009年，她在展示春季系列后突然被解雇。玛丽亚·嘉茜娅·蔻丽和比尔·保罗·皮乔利被任命为新的创意总监。在此前，这对双人组合曾为品牌设计配饰，并深受欢迎。2016年，蔻丽离任成为了迪奥的首位女性设计总监，而比尔·保罗·皮乔利则继续单独在瓦伦蒂诺做设计，并赢得了高度的评价。

延伸阅读：2008年，帕梅拉·戈尔宾的《瓦伦蒂诺：主题与变奏曲》（*Valentino: Themes and Variations*）是一本优秀的著作，其中涉及了许多方面的内容。2015年，德鲁西拉·贝弗斯为*Vogue On*系列撰写的《瓦伦蒂诺·加拉瓦尼》是一本最新的著作。想了解全面背景的话，在2014年出版的由索内·坦尼菲尔为V&A展览编辑的目录《1945年以来的意大利时尚魅力》（*The Glamour of Italian Fashion Since 1945*）中，有由多位作者撰写的一些很有价值的文章。关于历史分析调查的部分，可以阅读2014年索菲亚·格诺利的《意大利时尚起源1900—1945》（*The Origins of Italian Fashion 1900—1945*）。

1996春夏时装秀，伸展台上的瓦伦蒂诺·加拉瓦尼。
Niall McInerney, Photographer. ©
Bloomsbury Publishing Plc.

瓦伦蒂诺1995秋冬。
Niall McInerney, Photographer. ©
Bloomsbury Publishing Plc.

瓦伦蒂诺1992春夏。
Niall McInerney, Photographer. © Bloomsbury
Publishing Plc.

卡尔·拉格斐
（1933—2019）

尽管拉格斐十分熟悉历史，他并没有尊重历史。

除了可可·香奈儿，没有哪位设计师能像她的衣钵继承者卡尔·拉格斐那样，保持着如此长期的影响力。直到2019年2月，在他因胰腺癌去世之前，拉格斐始终被公认为是一股充满活力且鼓舞人心的力量，也是香奈儿品牌魅力得以延续不可或缺的角色，而大多数他的同辈设计师（包括他多年的对手伊夫·圣·洛朗）都早已退休并且不再具有竞争力。

尽管如此，作为一个设计师，拉格斐始终有点令人难以捉摸。他更新与塑造其他时尚品牌标志风格的技巧，使得他自己的个人风格被掩盖。他在20世纪80年代推出的以自己名字命名的品牌线，拉格斐，从没有像他为香奈儿、蔻依（Chloé）或是芬迪做出的设计那样赢得赞誉。也许，他是一个终极的、灵活的、现代的、佣兵类型的设计师，他能够适应、变换、使设计现代化和令人惊喜——是一只无敌的变色龙，他创造了诸多当代时装的模板，他被一群缪斯和盟友启发和激励，比如他与意大利时尚编辑安娜·皮亚姬之间的友谊。他倾向于避开时尚的理论化，制作出他称为"就是出色的衣服，背后没有什么了不起的理论"。但是，在那时常表现得无礼且轻浮的表面之下，他是一个工作异常努力并且对待时尚极其认真的设计师。在他职业生涯的晚期，拉格斐依然保持着能令人惊喜和愉悦的能力，他为香奈儿所做的设计就像出自一位年轻小伙子之手，充满了心灵的喜悦。他努力工作的能力是出了

香奈儿1994春夏。
Niall McInerney, Photographer. © Bloomsbury Publishing Plc.

名的，1993年，他同时为香奈儿、芬迪、蔻依和他自己的卡尔·拉格斐品牌做设计，即使是他最狂热的支持者也意识到，他已经超负荷工作了。他的同名品牌，发展的历程起起伏伏；主线卡尔·拉格斐在1997年倒闭，但之后又重新推出，并始终有着一定数量的投资者，包括汤米·希尔费格集团、安佰深私募股权投资集团和PVH集团。

他不想与新一代年轻人脱节的决心是再明显不过的了，2001年，他大幅减重（13个月内减掉了94磅），向世界宣告他是一位不老的设计师，并且还有很多事情有待实现。同样的，2000年，他在佳士得拍卖了他收藏的18世纪艺术和家具收藏品，明确地表示了自己向着未来的决心。而在2004年，他为面向大众市场的时尚零售商制作了联名的胶囊系列，这一存在争议的决定，也是他对保持年轻心态的大胆挑战。

尽管卡尔·拉格斐十分熟悉历史，他并没有尊重历史。他的口头禅是"现代"，在几十年来的无数次采访中，他反复说着这个词。1982年，在他被任命为香奈儿的设计主管后，他一边摧毁香奈儿的传统，一边又呵护着它。最初，这一任命震撼了巴黎时尚圈——拉格斐被认为是一个企业设计师，而不是定制时装设计师，而且他是一个来自德国的外来者。然而，他的设计技巧通常（尽管并非总是）带着一种轻松的风格和智慧，使得他与现代版本的香奈儿品牌齐名。"在时尚里，只有最新的和将来的才是有趣的——时尚的存在就是为了被摧毁，"他说道，"如果每个人对每件事都充满敬意，你将一事无成"。掌控着这个私有品牌的沃特海姆家族明确表示，他在香奈儿的任职是终身的，他们只公布过一次财务数据（在2018年6月），透露香奈儿是一家营收达100亿美元的企业。

拉格斐以狂热的速度工作着，他创作出大量细节丰富的草图，拥有真正蓬勃的创造力。无论是拉格斐为哪个品牌设计的系列，都自信且胸有成竹地表达着清晰的思路，往往还蕴含着高度的智慧。1983年，他为香奈儿设计的首个系列取得了巨大的成功，其中的明星单品，是一件由勒萨热工坊制作的有着珠宝效果刺绣的错视丝绸绉纱连衣裙，趣味地致敬了香奈儿夫人对珠宝的喜爱。他设计的第一个香奈儿系列的灵感，来自对20世纪二三十年代的回顾，而非战后香奈儿的复出。打从一开始，他就频繁地大量使用香奈儿的交错C字图标。尽管总是有一些人不认可拉格斐的风格，认为他是巴洛克式的炫耀，与香奈儿的宿敌艾尔莎·夏帕瑞丽更为相似，但是，到了20世纪80年代末，几乎已经没人能够撼动拉格斐在时尚金字塔顶端的地位了，尤其在伊夫·圣·洛朗即将退休的情况下。

多年来，拉格斐为香奈儿所做的设计，参考了这个时装屋历史上的每一个阶段，并常常把不同时期的单品以令人意想不到的方式做结合，比如用牛仔裤混搭经典的柔软粗花呢外套，或者用厚重的机车皮夹克搭配丝绸纱网舞会礼服。拉格斐的设计美学，总是比香奈儿原本的风格更为大胆——无论是粗花呢强烈的色彩搭配，还是浮夸的奢侈品手袋和其他配饰，抑或是对恰到好处的街头风格的一贯追求，都能体现出这一点。但是，拉格斐一向醒目的美学，反映出了一个更为高调的时代。"我提炼出她的设计准则和她的语言，并且把它们通通混合在了一起。"他在2004年说道。幽默，是拉格斐兵器库中最有力的武器之一。连一流的时尚怪杰安娜·皮亚姬，都被拉格斐玩味的折中主义所吸引着：她衣橱里拥有的第一件由拉格斐设计的丝绸连衣裙，上面的图案是一个流行点唱机，由亮片刺绣而成并且带有装饰主义风格。

　　拉格斐在金钱和奢侈品的包围中长大，从未经历过他那些同辈设计师遭遇的经济困境。他原名卡尔·奥托·拉格斐，出生于德国汉堡，他的父亲是一位瑞典的商业大亨，从事炼乳行业赚了不少钱。他宣称自己的出生日期是1938年，而洗礼的记录显示他早在5年前的1933年就出生了。他的德国籍母亲伊丽莎白，对这位年轻的设计师产生了深远的影响，她的苛刻个性，使她的儿子练就了同样钢铁般的意志；她始终是他生命中的重要力量，直到1978年她的离世，享年81岁。1953年，他随母亲移居巴黎，并在两年后取得了重大突破，他得到了国际羊毛秘书处的大衣设计奖。而年轻的伊夫·圣·洛朗则获得了礼服设计奖，这为他俩在20世纪六七十年代以及后期齐头并进的事业奠定了基础。然而，拉格斐走向成功的速度，要比圣·洛朗慢得多。1955年获得的大衣设计奖，让拉格斐在皮埃尔·巴尔曼找到了第一份工作，三年后，他又从那里离开到了简·帕昆手下。但他很快就感到厌倦，待了一年不到就再次离开，他做出了一项重大转变，从定制时装的世界转向了成衣领域，以自由职业者的身份为祈丽诗雅、查尔斯·卓丹、马里奥·瓦伦蒂诺和连锁超市Monoprix等品牌做设计。他公然自认是一个"企业设计师"——在法语中，这个词指的是为成衣品牌工作的设计师。这使得他在一向势利眼的法国时尚界，比起作为定制时装设计师的伊夫·圣·洛朗，地位要低了许多。而拉格斐的回应，却是以作为一个企业设计师为荣，他嘲讽高级定制的工艺是过时而落后的。20世纪70年代，拉格斐与圣·洛朗之间原本就激烈的专业竞争，演变成了更深的私人恩怨，因为后者与拉格斐的多年恋人雅克·德·巴斯彻发生了外遇。

　　拉格斐始终无法安定下来，20世纪60年代初，他一度对时尚设计界不再抱有幻想，并在1964年迁往意大利学习艺术。不过，三年内，他又重返时尚界，为芬迪家族工作，他与芬迪家族结下的缘分，甚至比他与香奈儿的合作持续的时间更久。1964年开始，多产的他还与蔻依成衣品牌一起工作，品牌创始人加比·阿格依奥的指导，使他学会了如何编排和简化他制作出来的大量设计。20世纪70年代，他为蔻依设计的作品使他成为国际时尚界的顶尖设计师之一。1972年的"装饰（Deco）"系列，以黑白印花和灵感十足的斜裁连衣裙为特色，广受好评。在担任蔻依首席设计师的十年里，他制作出一系列汇聚了那个时期典型时尚精神的作品，促成了他在1982年与香奈儿的合作。1992年，他曾短暂地回归蔻依，但并没有那么成功。

　　拉格斐的才华不仅限于时尚设计，还延伸到了摄影和插画领域——毫无疑问，他的传记最出色的作者，会是他自己。不过，他在1994年对罗杰·特雷德说，他永远不会写自己的故事，原因很简单——"我写不出真相"。作家艾丽西亚·德雷克在她于2006年出版的著作《美丽的秋天：时尚、天才和辉煌的20世纪70年代巴黎》中，大胆地全面深挖了拉格斐与伊夫·圣·洛朗在20世纪70年代的竞争关系。这本书的内容让拉格斐感到被伤害，他采取了法律行动，最终使得出版商布鲁姆斯伯里中止了它在法国的销售。

不安分且容易厌倦的拉格斐，曾是巴黎时尚界流言蜚语中从德国来的外人，却在最终，成为了最资深的圈内人。他是媒体梦寐以求的采访对象，平易近人又乐于助人，总是热情地说出精辟的名言，并且喜欢恶作剧。他广泛的兴趣和独特的说话之道，使得他一个人就能为任意一个品牌做宣传。他有点儿戏精的感觉（事实上，他曾为剧院、歌剧和电影设计过戏服），会面时一定会恰到好处地姗姗来迟，而他总是精力充沛又缺乏耐心，香奈儿工坊的同事都已经习以为常地平静承受。2005年首次上映的法国电视纪录片《香奈儿的签名》，完美地展现了他喜欢表现自我的个性，以及超乎寻常的工作速度。他本人就是一个时尚界的奇观，被人们所钦佩着（有时也被嘲笑着）。在20世纪50年代，拉格斐曾经开着父亲送给他的乳白色敞篷奔驰车，穿着高跟鞋并且握着手拿包，在圣特罗佩度假。在50年后，他节食减肥的惊人举动，一部分是因为他想要挤进任职于迪奥男装（Dior Homme）的年轻设计师艾迪·斯理曼所设计的窄版剪裁里，他一向支持着后者的作品。他经常表示自己与18世纪举止文雅的欧洲贵族有着文化亲缘，甚至半开玩笑地说自己的前世就是18世纪的绅士。自2012年，他的宝贝猫咪邱佩特（Choupette）凭借它自己的推特（Twitter）、Instagram账号以及美容产品线，成了明星。

在21世纪的前二十年，香奈儿的发布会变得越来越奢华，无论是在巴黎大皇宫还是全世界的豪华场地设立的秀场，都有着昂贵的布景。2014秋冬成衣系列，他将常见的粗花呢夹克与运动裤和球鞋混搭，巧妙地用香奈儿"超市"（购物篮是用香奈儿的链条制作而成的）呈现出来。不太成功的是2015春夏系列的女性主义主题，在时装秀中模拟了一场女权运动：尽管它迎合了时代的氛围，但左倾的评论家批评香奈儿是在跟风随大流。从2002年开始，拉格斐每年都会在世界各地为香奈儿高级工坊系列举办一场时装秀，从严格意义来说，这就是早秋系列。不管这场秀在哪里举办，都会引发媒体的狂热，它强调了香奈儿的工艺和与之合作的专业工坊，如勒萨热的刺绣、洛尼翁的褶饰，以及莱马里埃标志的羽毛状山茶花。2018年12月在纽约大都会博物馆举办的时装秀，成功地融合了古埃及和现代曼哈顿街头的风格。同在12月，香奈儿开始禁止使用野生皮革与皮草，体现了它的与时俱进。

尽管卡尔·拉格斐的职业生涯漫长，与媒体打交道也很开诚布公，但他依然很神秘，这位快言快语的"恺撒大帝"背后真实的个性，往往被他的媒体人格所掩盖。他偏爱深色眼镜或是扇子这样的保护壳，表明了这是他想展现出来的部分。也许真相并没有那么复杂——他的生活就是他的工作。当然，1989年，他的多年伴侣雅克·德·巴斯彻去世后，这大概就成为事实了。谈及工作，拉格斐说道："你要记住，我不做其他的事情。那就是我应对工作的方式。一天24小时，我不放假的。"

艾丽西亚·德雷克对拉格斐与圣·洛朗在20世纪70年代竞争关系的探究，对于拉格斐显然是极大的冒犯。德雷克试图深入了解拉格斐的心理，从各个渠道征集说法。她挖掘了他许多私人的恩怨，以及他常常与朋友闹翻的倾向，甚至是最亲密的朋友，从蔻依的加比·阿格依奥到模特伊娜·德拉弗拉桑热。关于他执着于保持年青，德雷克引用了拉格斐的一位匿名的前同事的话："如果你想了解卡尔，你必须了解他对死亡的恐惧。……他不停地说着未来，是因为当他回顾过去的时候，他意识到他的人生已经过去了很多，剩下的时间不多了。这就是他如此努力工作的原因。"

作为一名设计师，他持续为产出和精力创造新的标准，推动着时尚向前发展、进入现代。他还创造出了一个被古驰的汤姆·福特以及21世纪第一个十年的众多设计师纷纷效仿的模板，演示了时尚和时尚品牌不断复兴，并且与每一代新人息息相关的方法。

....

延伸阅读：2006年，艾丽西亚·德雷克这本停止在法国发行的《美丽的秋天：时尚、天才和辉煌的20世纪70年代巴黎》，提供了许多关于20世纪70年代的拉格斐的有趣见解。拉格斐接受过无数次采访，包括1994年8月7日罗杰·特雷德为《观察家报》撰写的《恺撒卡尔》（Kaiser Karl）。

20世纪90年代，获得掌声的拉格斐。
Niall McInerney, Photographer. © Bloomsbury Publishing Plc.

Karl Lagerfeld

卡尔·拉格斐1992春夏。
Niall McInerney, Photographer. © Bloomsbury Publishing Plc.

侯司顿粘胶针织裤装套装，*Vogue*，1972年。
David Bailey/Condé Nast via Getty Images.

侯司顿
（1932—1990）

侯司顿设计的造型，
是穿着者财力的低调
展现：羊绒毛衣、丝绸
衬衫式连衣裙、简单
优雅的羊毛裤装。

时尚爱好者可能会说，时尚中的极简主义者的确有过属于他们的时刻，但随后就变成了无趣。如果詹姆斯·拉弗"衣服是思想组成的外在体现"这一观点正确，那么有人会说，极简主义者的思维与想象里一定有很多空白空间。不过，那些只想要一种看起来优雅且精致的穿衣方式，似乎并不在意时尚变化的实用主义者们，可能会说他们永远不会感到无聊。罗伊·侯司顿·弗罗威克，简称侯司顿，就是极简主义者之中的佼佼者。当代评论家赋予了他特别高的地位，可能是因为他英俊的外形和自身的明星气质，在汤姆·福特现身之前，这样的情景已经很久没能在其他的时装设计师身上显现过了。帕特丽夏·米尔斯在2001年出版的《侯司顿》中写道："侯司顿是一个开创性的人物。他最为人们所熟知的身份，是一位全力推崇极简主义美学的现代主义者，侯司顿并没有理会20世纪60年代过度装饰风格的时尚，他的设计融合了简单且精炼的廓型和最奢华的面料。"

卡罗琳·雷诺兹·米尔班克在《时装：伟大的时装设计师》中，将他定义为"纯粹主义者"，她写道，他是在特定时期必然要出现的设计师：

"当侯司顿开始制作衣服的时候，已经不再流行炫富了。在这种新的社会环境里，住在派克大街和萨顿广场的夫人们，更愿意将她们的'重要'的珠宝放在保险库里，而不是把它们留给抢劫犯；文化名人为黑豹党举办派对，并向古板、传统和正式的服装发起挑战。也许正是因为侯司顿对时尚的知觉在这样'激进时髦'的时期变得成熟，他摒弃了大多数正规裁缝所采用的方式。侯司顿制作的服装没有拉链或口袋，没有褶皱或V型剪口翻领襟，几乎没有接缝。"

　　1932年，罗伊·侯司顿·弗罗威克出生于爱荷华州的得梅因市，是一位乐于发明创造的挪威裔美国会计的次子（家里共有四个孩子）。因为他的母亲，罗伊培养了对缝纫的兴趣，从青少年时期他就开始为母亲和姐妹们制作帽子，还有为衣服做装饰。因为他的父亲酗酒并且总是无法保住工作，一家人经常搬家，先是搬到伊利诺伊州，然后是印第安纳州。1950年，罗伊高中毕业后，在印第安纳大学学习了一个学期。1952年全家搬到芝加哥后，他报名参加了芝加哥艺术学院的夜校课程，并在卡森·皮里·斯科特百货公司以一名橱窗设计师的身份工作。此时被称为"弗罗"的他，开始与安德烈·巴兹尔交往，安德烈·巴兹尔是一位比他年长25岁的名人发型师，他的沙龙就在芝加哥顶级的大使酒店。巴兹尔把沙龙的一角给了弗罗，作为他的女帽工作室，在那里，他吸引了巴兹尔的顾客们的注意，包括芝加哥社会的精英和住在酒店里的名流。

　　1956年，巴兹尔将弗罗引荐给了纽约女帽界的女王莉莉·达切，1958年，他在达切位于公园大道的公司里为她工作。从此他开始使用自己的中间名，侯司顿。他的抱负很快就超越了达切的品牌，于是他接受了美国最豪华的商店波道夫·古德曼的邀请，成为了首席帽匠。1961年1月，当杰奎琳·肯尼迪出席丈夫的总统就职典礼时，她穿着奥列格·卡西尼设计的大衣，还佩戴了侯司顿设计的药盒帽。这顶帽子与肯尼迪夫人的大脑袋完美相称。帽子没有赘饰、简单且充满了青春气息，很适合新一代掌权者的形象，也是有史以来被全世界女性购买和佩戴的、仿制次数最多的服装产品之一。

　　侯司顿制作的女帽风格通常要比这顶简单的药盒更别出心裁。他的许多设计都近乎梦幻；他用镜子、流苏、珠宝和花朵来装饰风帽、无边帽、头巾和头盔。他创新的丝绸方形边框围巾帽，在20世纪60年代是被大量仿制的设计。他是一位富有创造力并且技术出众的幽默制帽师。戴安娜·弗里兰说："他可能是世界上最伟大的制帽师。我会对他说，'H，昨晚我梦到了一顶帽子'，接着开始描述它，然后，上帝啊，他就会把这样的帽子制作给我，一字排开。"

　　不仅如此，为波道夫·古德曼工作最大的好处，是让他开拓了眼界，拥有了关于时尚设计之源的更广阔的国际视野。从20世纪初开始，波道夫·古德曼就一直以拥有一个定制设计沙龙为傲，在那里，他们为客户仿制来自法国的设计。类似于很多早年的美国时装公司，波道夫依然会派它旗下的"设计师"前往巴黎参加高级定制时装秀，一年两次，收集创意和购买样衣。对侯司顿来说，这就相当于他的公会学院。帕特丽夏·米尔斯写道，他以"敏锐的眼光，如饥似渴地吸收着加布里埃·可可·香奈儿、伊夫·圣·洛朗、休伯特·德·纪梵希以及他最喜欢的克里斯托巴尔·巴伦西亚加作品中的每一个细节和每一道接缝的剪裁方式。"

在波道夫·古德曼，侯司顿赢得了一批优雅的上流社会女性、百老汇女演员、好莱坞明星以及具有影响力的时尚编辑的拥戴，一旦他推出成衣，她们肯定会成为他的预备客户，于是在1966年，波道夫不情愿地为他推出了成衣系列。当60年代过去，帽子和高级定制时装都变得越来越不流行了。克莱尔·麦卡德尔率先将原创设计与大量生产的技术相结合。侯司顿的目标并不是去接触如此广泛的客户群，但他明白，将奢华的面料与适合大量生产的简单剪裁结合起来，可以吸引那些曾经习惯于定制，现在开始购买欧洲"精品"系列的女性。波道夫·古德曼让他加入德尔曼制鞋沙龙，为服装设计配套的鞋子，并在二楼为这个系列开设了一家精品店。第一个设计系列由18件可以互相搭配的单品组成，由随着音乐起舞的年轻模特来展示。这场发布会让媒体为之激动，但是销售进展缓慢，18个月后，侯司顿离开了波道夫，在得克萨斯州的埃斯特尔·马什·沃特灵顿夫人的一定支持下，建立了他自己的定制时装品牌。

此刻，侯司顿身处于一个熠熠生辉的圈子，圈中的客户和朋友包括杰姬·肯尼迪·奥纳西斯、伊丽莎白·泰勒、丽塔·海华斯、玛琳·黛德丽、戴安娜·弗里兰、玛莎·葛兰姆、芭芭拉·沃尔特斯、劳伦·白考尔、碧安卡·贾格尔、安杰丽卡·休斯顿和丽莎·明奈利。1972年，《新闻周刊》杂志将他称为"全美首屈一指的时装设计师"。他标志性的简约设计，被认为是修长而优美的、有风度的、完全美式的，与所有欧洲设计师创造的过度装饰、颓废派的民俗风格造型形成了对比。侯司顿讨厌复杂，1973年，当他应邀参加美国和法国设计师共同展示作品的凡尔赛时装秀时，他设计的精准而纯粹的服装震撼了时尚界。

侯司顿设计的造型，是穿着者财力的低调展现：羊绒毛衣、丝绸衬衫式连衣裙、简单优雅的羊毛裤装。"我不想为孩子们做衣服，"他说，"我想为22岁到55岁的女性设计有女人味的衣服。"即使是他设计的晚装所展现出的魅力与性感，也并非因为任何巧妙的剪裁，而是大大取决于面料。他的色板以象牙色、黑色和红色为主，但他深谙亮点和强调的作用，也会使用紫红色、电光蓝和深酒红色。他最著名的服装是1972年推出的"超麂皮"衬衫式连衣裙。这种仿麂皮的合成织物成了他的标志性面料，这件简单的连衣裙成为了他系列中的主打产品，并在70年代以多种不同颜色反复推出。它能获得成功，是因为它的简单明了，以及它不会产生褶皱并且可以机洗的特点。值得欣喜的是，侯司顿签署了一系列"超麂皮"产品的授权经营协议，包括手袋、鞋子、靴子、皮带和床单。

尽管侯司顿很早就开始利用身材瘦削的模特展示他的衣服，其他的设计师后来也纷纷开始这么做，但是，他自诩是在为大众身材的美国小姐们做衣服。1978年，他对《纽约时报》的伯纳丁·莫里斯说："你必须为超重的女人准备一些衣服——宽松的袍子和裤装是出色的，因为它能拉长身材。你必须为臀部丰满的女人准备一些单品——公主线会适合她。束腰长袍对那些身材不够完美的女人来说也不错。"那一年，他搬进了圣帕特里克大教堂隔壁的奥林匹克摩天大厦，并用镜面玻璃覆盖了所有的墙面，包括洗手间。当他坐在他的红漆办公桌前，就可以从各种反射中俯瞰到曼哈顿的天际线。

在20世纪70年代初，侯司顿的情人是一位来自哥伦比亚的橱窗设计师，名叫维克托·雨果，侯司顿通过他认识了安迪·沃霍尔，并成为密友。70年代末80年代初，他热衷于沉浸在名流的生活方式里，经常出现在八卦专栏中，往往与常惹麻烦的美丽女人同行。他是纽约臭名昭著的夜总会54俱乐部的代言人之一。1977年，侯司顿为碧安卡·贾格尔举办生日派对那个夜晚，在这个俱乐部堕落的历史上是很出名的。在这段时间，人们还看到他和他的朋友莉莎·明奈利在同性恋度假胜地火岛举行派对。帕特里夏·米尔斯报道说，通过经常光顾的夜总会，他充分地享受生活。自50年代侯司顿搬到芝加哥以来，一直是狂放的同性恋派对的一大景观。当70年代迪斯科兴起时，他经常出入最热门的俱乐部，与名流社交并尝试最流行的事物，还为名流们设计去迪斯科时穿的衣服。1974年，他设计的挂脖露背连衣裙成为舞池的主流穿着，同时还有他标志性的无肩带连衣裙、单肩套裙以及不对称的领口。他的所有设计都很简单，没有定型的结构，通常采用纯色和奢华的面料。他那窄长的廓型轻拂过身体，无论是年轻和年迈的身材都能适用。侯司顿的标志性太阳镜，无论是在白天还是晚上都能佩戴，让造型更加完整。

1973年，诺顿·西蒙以约1200万美元的价格收购了侯司顿的一切，包括公司、商标和独家设计服务。两年后，这个帝国增加了男装和香水业务，香水被简称为"侯司顿"，装在由艾尔莎·柏瑞蒂设计的豆子形状的瓶子里。1977年，侯司顿应邀为布兰尼夫航空公司重新设计制服、飞机的内饰以及机场空间。他的任务是创造出一种能够表现出20世纪70年代末和80年代初都市化的精致外形。在他职业生涯的这一阶段，他被认为是最能理解良好的教养与气质造型的设计师。尽管如此，侯司顿与诺顿·西蒙工业的合作，并没有带来他所希望的财富。他拒绝让自己的名字出现在任何不是自己亲自设计的物品上，他发现很难达到人们所期望的产出效率。一切物品，从眼镜到安飞士租车公司员工所穿的制服上，都能看到他的签名，但他感到压力越来越大，因为他要生产出更多产品。

1982年，随着授权经营激增，诺顿·西蒙工业让侯司顿为百货公司集团杰西潘尼设计一个系列。他同意了，但这一举动被认为是过于低端，波道夫和玛莎舍弃了他的系列，而以前忠实的朋友和客户则转向了其他设计师。虽然侯司顿为杰西潘尼设计的"侯司顿三世"系列很成功，但他与老板和同事之间的关系却每况愈下，直到最终，在1984年，他在大发脾气后被关在了自己的办公室外面。随后他被解雇，失去了自己品牌的所有权。1988年，他被诊断出患有艾滋病，于是卖掉了他在纽约的联排别墅，搬到了旧金山，1990年，他在那里去世。他那群光鲜亮丽的伙伴，只有明奈利始终真心相待，陪伴他直到最后一刻。他的品牌几经易主。2012年，它的现东家希尔科将所在地迁往洛杉矶，并重新将其命名为侯司顿传承（Halston Heritage）。

延伸阅读: 2001年由史蒂芬·布鲁塔编辑、帕特里夏·米尔斯撰写的《侯司顿》,图片丰富。2011年,哈丽特·沃克在《少即是多:时尚中的极简主义》(*Less Is More: Minimalism in Fashion*) 一书中提到了侯司顿。

侯司顿与碧安卡·贾格尔,1981年。
Rose Hartman via Getty Images.

侯司顿,1978年。
Denver Post via Getty Images.

侯司顿礼服，*Vogue*，1976年。
Albert Watson/Condé Nast via Getty Images.

高田贤三
（1939—2020）

在20世纪70年代初，是高田贤三的时装秀吸引了狂躁的人们，是他的名字定义了青年时尚。

1970年，高田贤三成为首位在巴黎展示作品的日本时装设计师。很快地，他的同胞三宅一生和山本宽斋也走上了时尚之都的伸展台。他们是三位风格截然不同的设计师，而他们都相当受欢迎。不过，在一开始，高田贤三是以他明朗欢快并且有着强烈青春气息的服装收获巨大成功的。当时的高级定制时装界才刚刚适应了改变了世界并转移了购买力的"青年动乱"。定制时装设计师与面向大众的成衣制造商之间的鸿沟正在缩小。随着伦敦、米兰和纽约开始挑战巴黎作为时尚仲裁者和生产者的主导地位，以卡丹和圣·洛朗为首的定制时装屋，也在创造精品系列和低价版本的定制时装，而年轻的设计师如索尼亚·里基尔、艾曼努尔·凯恩以及蔻依的卡尔·拉格斐，则推出了精准针对成衣市场的高级时装系列。

1973年，巴黎高级时装公会与迪迪埃·戈巴克的"设计师与制造商协会"联合，成立了"法国高级时装、成衣及服装设计师协会"。这个伞式组织成立了"高级定制设计师与创意设计师成衣公会"，作为与巴黎高级时装公会平行的独立组织。值得注意的是，高田贤三从成衣公会成立之初就是他们的成员了，从那时起，他一直被视为法国时尚界的明星。

回到三年前，当高田贤三推出他的品牌时，享乐主义主导的20世纪60年代正

高田贤三，*Vogue*，1977年。

Kenzo

逐渐过渡到更为理想主义的70年代，利他主义和全球化的视野将主导青年文化。在1968年以及"巴黎骚乱"（高田贤三见证了这一事件）的余波之下，那是一个要性爱不要战争，"激发热情、内向探索、脱离体制"的时代。一些人尝试去集体生活，另一些人走上嬉皮士的道路，寻求新的并且更简单的文化，并希望能得到启迪或者至少某种精神上的体验。高田贤三与生俱来的折中主义，他对印花和图案的感性欣赏，他的历史主义，以及他对通过大规模的数量、体积、层次相互叠加所形成的戏剧性强烈对比的理解——一切都能表达出当时的时代精神之中，色彩与自然之美所体现的欢愉，而从第一场时装秀开始，他就吸引了时尚媒体的关注。

可以说，历史对高田贤三是不公平的。在20世纪70年代初，是他的时装秀吸引了狂躁的人们，是他的名字定义了青年时尚。他的创新具有巨大的影响力：他真的把花朵变成了"花之力"，是彻底将高级时装民主化并且让它重新焕发出活力的队伍中的一员。但是，其后到来的日本设计师使他黯然失色，他们并非以同样的方式融入法国时尚体系。与三宅一生、川久保玲、山本耀司不同，高田贤三任命法国人担任品牌的管理者，同时招聘日本的创意人员。他可能是70年代初最受欢迎的设计师。

高田贤三在家中七个孩子里排行第五，他出生在临近一座巨大古城堡的姬路市。他年迈的父亲经营着一家茶馆，高田贤三是在茶馆里工作的艺伎们的陪伴下长大。他曾形容他的父亲是"正直、沉默、刚强的"；而他的母亲是"活跃、细心、勇敢的"。他不喜欢学校里男孩子玩的游戏，而是常常看到他在研究姐妹们的时尚杂志，用杂志上的免费纸样做衣服。他也制作娃娃，并且为他们打扮。他告诉吉内特·塞安德里钦："我就是这样慢慢开启我的时尚之路的，而在我的梦里，我就是这么为遥远西方有着圆圆眼睛的女性缝制衣服的。"

1958年，他从神户大学退学，进入刚刚开始招收男学生的东京文化服装学院。在大学期间他十分努力，得到了许多奖项，包括令人向往的"装苑赏"，也受到了媒体的关注。在日本，立体挂片剪裁是一项陌生的技术，衣服一般都是以平面剪裁的方式构思出来的，而传授高田贤三立体挂片剪裁的讲师，是毕业于巴黎高级时装公会学院的小池千枝。她成为高田贤三的导师，并鼓励他考虑去巴黎深造。他毕业后的第一份工作是为成衣设计师三仓（Mikura）工作，后来他又到了专门为年轻人制作快时尚的三爱（Sanai）品牌工作。那是一段重要的经历，他学会了每月制作出40个样式，同时还要让自己持续保有新鲜的构想。1964年，他用意外得到的35万日元，和同学兼朋友松田宏光（Hiromisu Matsuda）一起，坐船前往欧洲。这是一班出了名的慢船。他们在前往马赛的途中，经过了中国香港、西贡、新加坡、科伦坡、吉布提和亚历山大。在1965年春天定居巴黎之前，他们转道去游览了米兰、威尼斯、罗马、佛罗伦萨、慕尼黑、马德里和伦敦。这只是他们的一次旅行，但也是他们一生对于新地点和新文化充满热情的开始。

在高田贤三刚刚抵达巴黎的时候，他不会说法语。没有工作，除了母亲能够寄给他的钱，也没有多少钱了，他在街上游荡，观察、学习、研究商店的橱窗和张望路人。最后，他在皮桑特获得了一份工作，后来又到事务纺织公司工作，在那里他专攻针织技术。在所有到西方工作的日本设计师中，高田贤三被西方同化的程度是最高的，这一过程从他开始尝试找工作的时候就开始了。1985年，他写道：

"在巴黎的前四五年里，我观察和留意了巴黎式时髦和优雅的含义。无论是高级定制还是高级成衣，法国制造的衣服都很合身。剪裁精良且合身，做工无可挑剔，而他们还能突显曲线。那就是巴黎式的时髦和优雅。这种制作衣服的方式，对衣服轮廓、面料选择、色彩组合有自己的一套要求，而在我看来，甚至连你穿着这些衣服的方式，都要遵守规则。一切都被限制在了一个死板的思维模式里。那令我感到窒息。"

1970年，他与两位毕业于文化服装学院的同学近藤厚子（Atsuko Kondo）与安斋厚子（Atsuko Ansai），在巴黎皇家宫殿附近的薇薇安廊巷开设了第一家"日本丛林"精品店。它的内部装潢灵感，受到了海关关税员卢梭的黑暗威胁和异域风情的热带梦境画作的启发，也是对服装风格类型的顽皮暗示。他买不起想要的面料，就在跳蚤市场采购了一部分，又回日本采购了一部分，把印花棉布和丝绸剪切制作成新鲜、简洁、青春的风格，混搭了新旧面料。这就是使巴黎时装重新焕发活力的高田贤三风格的起源。在第一个系列中，为了吸引媒体的注意，他将多色格纹和花卉印花、条纹和直角格子混合，使人联想到童年陪伴着他的艺伎们，是如何层叠使用那些色彩鲜艳、有着丰富印花和刺绣的和服的，不畏惧撞色，也不畏惧同时利用完全不相干的图案。

高田贤三在三爱工作期间被锻炼出来的理念，就是持续以快节奏不断地更新时尚，而他在自己品牌成立的第一年就制作了五个系列。他的作品马上就引起了轰动，成为时尚媒体的宠儿，他们认为他的设计正符合时代的要求。他也从和服中提炼了他的剪裁——全部都是直线和简单的方形。回顾自己标志性风格的诞生，他在1987年的《自由：高田贤三》一书中写道："不再使用衣省，我喜欢大胆又笔直的线条。用棉布制作夏装，冬装舍弃衬里。将明亮的色彩结合在一起，自由地组合花卉、条纹和双色格子。这就是我的风格的起点。"

美国媒体称他的风格是"生机勃勃"，可能是因为模特们太喜欢这些衣服了，她们会在伸展台上蹦跳旋转并且开怀大笑。许多20世纪70年代的重要造型，都可以归功于高田贤三：袍子、毛式领、层次造型、披肩和图案丰富的提花梭织围巾、色彩鲜艳的秘鲁针织衫、毛球、方形剪裁大毛衣、宽松背心、和服袖、宽松的长裤、缀有褶边与荷叶边的塔夫绸少女装，以及受到世界各地传统服饰启发的民族和民俗风造型。在70年代中期，无结构且宽大的"大廓型"均码服装的推出，被认为是他的功劳，长长的圆摆裙搭配背带穿着，上衣是宽大的衬衫、宽大的大衣和斗篷，当穿着者走动起来，会显得很有气派。"超大的才是正确的尺寸。"1975年，高田贤三对*Vogue*说道。他甚至进一步放宽了他的设计造型，推出了帐篷裙和罩衫，以及巨大的有着"大象"腿的条纹粗棉布工作服，搭配厚底凉鞋穿着。

"大廓型"虽然是在美国引发轰动的，却席卷了整个时尚界。然而，第二年，高田贤三就投入提洛尔式的风格，将夹克剪裁得更贴身，开始使用棉布、精炼羊毛、编辫的滚边以及贴画图案，并推出了挂在臀部上的腰带，再一次被整个时尚界效仿。在1978年，他以摩洛哥轻步兵宽大的条纹马裤和浪漫的纵横缠绕着子弹带的长袖衬衫为灵感，捣鼓出了军旅风造型。此时，全世界的时尚已经呈现出非常花哨的衣着风格，和对复古风格的感性回顾。那年冬季，高田贤三展示了白色的尼赫鲁套装，以及神气的荷叶边海盗衬衫，罩在窄窄的骑马短裤外。

20世纪80年代带来了经济衰退，随后因为职场竞争激烈，妇女决心打破阻碍她们进入专业和商业界高层的无形限制，出现了"为成功而着装"的景象。一部分时尚风格变得极其严肃，想方设法地模仿男性的商务套装，试图暗示自身的权威性。这时，像卡尔文·克莱恩、阿玛尼和卓然这样的极简主义设计师成了主导，而伦敦、再来是安特卫普和日本的颠覆传统派设计师，则开始挑战已被社会认同的着装理念以及时尚体系本身。另一部分当权派的时尚则开始变得轻佻，效仿诺玛·卡玛丽的"拉—拉（ra-ra）"造型，制作更短且更蓬松的裙子，更可爱且更少女的配饰，几乎像是童装。高田贤三把自己定位在最后这个阵营里，他推出了轻松又有运动风的系列，他的设计依然青春、漂亮、纯真——可能对于80年代来说有点太过纯真了——而他的重要地位开始丧失。

1982年，Comme des Garçons品牌的创始人川久保玲，还有山本耀司，首次在巴黎举办时装秀。他们和三宅一生一起，成为日本设计师的代表。"川久保玲和山本耀司对时尚体系是一个很大的冲击，"2006年，高田贤三对艾丽西亚·德雷克说，"而在某种程度上，我跟他们更相似。至少我了解他们设计的服装的结构。但真正让我感到震惊的是穆勒和蒙塔那，然后是阿瑟丁。他们做的衣服很美，很壮观庄严，而它们就是我做不成的衣服，有着高度结构的衣服。对我来说，像蒙塔那那样的设计师与我所做的设计截然相反。时尚已经完全改变了。"

2004年，川村由仁夜简单总结了高田贤三的贡献，她写道：

"高田贤三是把在日本本土称不上时尚的元素带到西方世界的第一人，而他把这些元素变成了时尚。他可能不像其后的设计师那样激进或是前卫，但他的经历揭示了，把与时尚无关的事物变成时尚，取决于衣服所处的环境，以及衣服所历经的设计过程。"

在整个20世纪八九十年代，高田贤三的地位在下降，因为他试图跟上时尚的氛围，同时又想忠于自己的构想。1999年，他退休了，把公司卖给了LVMH集团，然后去打磨他的绘画和高尔夫技术。他以特有的活泼气氛向大家告别，他租下了巴黎的一家剧场来举办派对，整个剧场里都是气球和肚皮舞者，然后他骑在大象的背上，迎着落日离开。2005年，在四处旅行后，他成功地推出了家居产品线"五官工坊（Gokan Kobo）"。2013年，他接受了亚洲定制时装协会的主席职务。他在凯

卓的设计总监一职, 由吉尔斯·罗希尔接任, 之后是安东尼奥·马拉斯。2012年至
2019年, 品牌的系列由温贝托·梁和卡罗尔·李设计。

延伸阅读: 1998年吉内特·塞安德里钦的《高田贤三》, 是《时尚回忆录》系
列的一部分, 可以作为重点阅读, 而2004年川村由仁夜的《巴黎时尚界的日
本浪潮》(*The Japanese Revolution in Paris Fashion*) 可以作为背景阅读。
2010年, 安东尼奥·马拉斯的《高田贤三》, 详尽地记录了这个时装屋40年的
历史。

1996春夏的高田贤三。
Niall McInerney, Photographer. © Bloomsbury Publishing Plc.

高田贤三1994秋冬。
Niall McInerney, Photographer. © Bloomsbury Publishing Plc.

拉尔夫·劳伦1984春夏"先锋女性"系列。
Niall McInerney, Photographer. © Bloomsbury Publishing Plc.

拉尔夫·劳伦
（1939—）

拉尔夫·劳伦是美国时尚业伟大的浪漫主义者，也是一个神话缔造者。

2018年9月，拉尔夫·劳伦在纽约中央公园举行了一场明星云集的时装秀，庆祝他成为美国时尚之王50周年。一批杰出的名流致敬了他对现代美国的影响，其中包括希拉里·克林顿、奥普拉·温弗瑞、玛莎·斯图尔特、布鲁斯·斯普林斯汀、史蒂文·斯皮尔伯格、罗伯特·德尼罗、托尼·班奈特、杰西卡·查斯坦和坎耶·韦斯特。与他们同行的有劳伦的家人，还有设计师卡尔文·克莱恩、唐纳·卡兰、黛安·冯芙丝汀宝、迈克·高仕、汤米·希尔费格和亚历山大·王。所有的人都聚集在一起，参与见证了以劳伦的独特视角所呈现的美国风情。

黛安·冯芙丝汀宝宣称："他跟可口可乐一样，代表着美国特色。"的确，这场秀重温了劳伦那些伟大的，让人联想起草原与群山、城市与乡村小路、铁路与淘金热、大学校园与运动场的经典之作。这些为伸展台而造型的衣服，是精心考量过的完美搭配，却又带着漫不经心混搭的随意感。他展示了毛毯大衣、格纹衬衫和贴布夹克、牛仔粗棉布工作服裤装以及有着巨大标识的卫衣、机车夹克和充满能量色彩鲜艳的冬季运动装备、纹理面料的大毛衣和紧身的费尔岛式毛衣。用特别有军旅风感觉的卡其色毛衣搭配华丽的印花绸缎长裙；将男孩气的宽大刺绣皮夹克披在天鹅绒的斜裁晚礼服的肩上；传统用于野外的粗犷多色格纹，或是精缩羊毛外套，罩在都会风的细条纹上。

　　拉尔夫·劳伦是美国时尚业伟大的浪漫主义者，也是一个神话缔造者，对于如何利用服装和艺术品来定义一个时代和身处于其中的人们，他有着自己的感知，这使得他能够将那些时代重现——即使人已不同——在他的服装系列、他全然国际化的家居系列、他的精英主题公园商店，以及他最有力的广告宣传大片里。这位设计师那富有感情与诗意的构想，能够以它色彩风情画般的襟怀，横扫最简约的现代主义风格。简·穆尔瓦格曾经描述过，他是如何为欧美的实用性与运动感服装赋予怀旧的魅力，并推出这样的造型的。正如他所说："我描绘梦想。这些衣服蕴含着一种传统，它们是有价值的，是即使变得陈旧也值得被珍惜的物品。"

　　劳伦为美式魅力所折服——如特拉维斯·班通和伊迪丝·海德所构建出来的好莱坞——如他对美国历史上各种不同阶级的穿着情有独钟。他同时迷恋着东海岸富裕世家的马术、狩猎、射击、钓鱼、马球的装束，以及移民与拓荒者粗犷朴素的工作服。而他将这一切转化为具有永恒魅力的服装。

　　科林·麦克道尔在他关于这位设计师的专著中写道：

　　"他把服装从时尚仲裁的专制中抽离了出来，令人耳目一新。他特地研究了能让美国时装显得不仅是有所区别而且是更独一无二的方法：把运动装、休闲优雅、简约的优势与最高水平的工艺、最出色的面料和材质相结合——同时，他强调了这一风格内在的经典传承。……而拉尔夫·劳伦的本事并不只局限在服装方面。他教会了我们如何创造环境，他培养了我们的品味，还有，他彻底改变了我们的购物方式。"

　　劳伦是第一个领悟到后来被称为体验式购物的人，也许我们带走的只是装在购物袋里的产品，但我们真正购买的，是由商店所构建的氛围提供的体验——无论是在绅士俱乐部还是狩猎帐篷里。

　　1939年，拉尔夫·劳伦出生于纽约布朗克斯区，他是来自俄罗斯的新移民弗兰克·利夫希茨和弗里达·利夫希茨的第四个也是最小的孩子。弗兰克是一位技艺高超的室内装饰师，是木纹和大理石效果的专家。拉尔夫是一个普通的小男孩，他喜欢和他的哥哥们以及邻居家的男孩子一起打球。他并没有像其他那些知名的设计师一样，为姐妹们的洋娃娃做衣服。然而，据学校的朋友们说，劳伦从小就已经显现出了时尚意识，他会用他在课余打工赚的钱给自己买昂贵的西服套装。看起来时髦是最重要的。

　　在这个男孩身上，麦克道尔确认了两种行为方式，而这些成就了这个男人。他的幻想丰富，能让自己完全沉浸到某一刻扮演的角色中去，像他的偶像英雄米奇·曼托那样打棒球；作为约克公爵"或是其他任意公爵"与他的哥哥们斗剑；他装作乔·路易斯与哥哥扮演的舒格·雷·罗宾逊拳击。其次，他很自然地开始去赋予衣服宝贵的特质，从他的哥哥们穿过的旧衣服中获得一种身份认同与归属感。麦克道尔写道："你不需要水晶球，就能看出这是一种文化方式的雏形，而它将成为Polo Ralph Lauren帝国的基础，因为它基于一个前提，那就是，纵然时尚是善变的，但'实在的'衣服却是更好的，因为它们是延续传承的典范。对穿着陈旧的衣服更有感觉，并不喜欢时尚的概念，因为后者的前提必须是新鲜感，这种话拉尔夫·劳伦说过太多次了吧？"

在拉尔夫的少年时期，他的哥哥们把姓氏改成了劳伦，他也跟着改了名。读完高中时，他意识到自己从事运动的梦想无法实现了，于是他进入曼哈顿的城市学院学习商业管理，还没读完本科就退学了。在等待被征召入伍的时候，他在布克兄弟找到了一份工作，这家店里的商品——所有经典的和上流社会绅士衣橱里的元素——所定位的客户群体，是上过预科学校和东海岸常春藤大学的顾客。20世纪80年代初的所谓预科生造型就是这样诞生的。年轻的拉尔夫·劳伦为之着迷。他说："哇！我觉得这里就像圣城麦加一样。"

他被征召入伍，在1964年退伍，换过许多工作，最终为一家名叫亚伯·雷维茨的领带制造商工作，为了能打出"大领结"，他开始为公司设计出宽大的"腌鱼"领带。雷维茨告诉他："拉尔夫，世界还没有准备接受你。"于是在1967年，他借了5万美元，推出了他自己的领带系列，并卖给了布鲁明戴尔百货。"在男式领带售价为5美元的年代，我的领带要卖20美元。我在美国制作最好的产品，因为我相信美丽的事物可以在这里被制作出来。"他说。他把他刚刚起步的公司命名为"马球手（Polo）"，因为他希望有一个有运动感又经典的名称，也因为他一直认为自己是马球比赛中的勇猛英雄。在劳伦的想象中，关于他自己的人生电影不断地循环播放，剧本无休无止地调整，无穷无尽地变化，地点也常常变动。2008年，他对《星期日泰晤士报》的莱斯利·怀特说："我以制作衣服为开端，不一定是为了表达时尚。而是为了表达我希望我的孩子如何成长？我想要怎样度过周末假期？"

1964年，劳伦与里奇·洛比尔结婚了，她19岁，有着一头金发，是维也纳犹太移民的独生女。她是一个有品位且有教养的女大学生，是他的浪漫理想。他们生了三个孩子，安德鲁、大卫和迪伦。尽管有强有力的传闻（在迈克尔·格罗斯的书中有着详细描述）说劳伦与其他女人有染，但他显然对自己与里奇婚姻的持续性没有犹疑，这是他一生中最重要的关系。

Polo迅速发展。1968年，他推出了完整的男装线，第二年在曼哈顿的布鲁明戴尔百货开设了第一家男装店中店。1971年，他推出了他的第一个女装系列，一系列量身定做的衬衫，并在加州的比弗利山庄成立了第一家Polo店铺。一年后，他推出了棉质针织短袖马球衫，上面有着品牌的马球运动员标志。宣传马球衫的广告语是："每支球队都有属于自己的颜色——Polo共有24种颜色。"1974年，劳伦为罗伯特·雷德福主演的电影《了不起的盖茨比》提供了男装，并与他成为终身好友。1977年，他为《安妮霍尔》中的伍迪·艾伦和黛安·基顿设计服装，开创了中性化女装的风潮——宽松的长裤、男性化的衬衫、西装马甲和露出半截的领带。一年后，受到他位于科罗拉多州的牧场的启发，当然也是受到了旧式西部神话电影的启发，他推出了西部风格的男女装，这是他的经典作品中经久不衰的风格，也是对那些批评他受制于守旧和落后于时代的上流社会英式风格的人的反击。

1978年，劳伦推出了他的第一款香水——Lauren and Polo男士香水。第二年，他创造出他的第一个多图广告大片，把广告图片编排成电影剧照的样子。1981年，他的"圣达菲（Santa Fe）"系列以传统的纳瓦霍土著色彩、图案和细节为基础，美得让时尚编辑潸然泪下，也让人回味无穷，它成为了80年代被仿制次数最多的系列。与此同时，欧洲的第一家Polo店铺——也是第一家美国设计师品牌店——在邦德街开业。当女人们争先恐后地装扮成美国的土著少女和有篷马车里的女拓荒者时，男人们则开始走起了预科生风格。Polo的预科生造型被认为是20世纪80年代初的权力套装，是汤姆·沃尔夫口中"宇宙的主宰"华尔街人士的制服。劳伦设计系列中的许多元素，取材自英国，尤其是针织品和面料，他还为服装的剪裁到访伦敦，委托裁缝为他的顾客制作出诸如更精神且更青春的蓝色西装这样的经典。在80年代的中期，他的风格最终被阿玛尼的解构主义的、卷起袖子的"美国舞男"造型所取代。

1982年，劳伦推出了他的家居品牌，其中的每一个系列，都是他想象中的不同世界的完整模样。四年后，他在麦迪逊大道的莱茵兰德豪宅开设了他的旗舰店，并在巴黎开设了Polo店铺。1990年，他推出了"莎茇旅（Safari）"香水，并配以全套生活方式用品，随着90年代的时间推移，他开发了Polo Sport系列的男女装，以及为年轻人创立的Polo Jeans Co牛仔公司。同时为了扩大市场，他推出了紫标的男士剪裁系列，并亲自出演广告。1997年，劳伦将公司上市，并保留90%的控股权，而1999年，他在芝加哥开设了全世界最大的Polo店铺，在旁边开了一家拉尔夫·劳伦餐厅，他还推出了针对16岁至25岁女性的Ralph by Ralph Lauren系列，并且收购了零售品牌摩纳哥会馆。在2000年，劳伦将大量时间投入到慈善事业和电影节中，但也抽时间推出了一系列高档珠宝和手表。

2018年，拉尔夫·劳伦获得了英国王室颁发的荣誉爵位，一方面，是对他在时尚领域成就的认可；另一方面，是对他在公共卫生领域慈善工作的认可，尤其是在癌症研究的领域。他拥有万贯家财，以至于他曾经表示自己的钱多到花不完。他在科罗拉多州有牧场，在牙买加和长岛有住宅，在纽约贝德福德和曼哈顿第五大道都有房产，还收藏了一系列名贵的古董老爷车。

....

延伸阅读: 关于劳伦的作品，可以参考2002年科林·麦克道尔的专著《拉尔夫·劳伦: 其人、其构想、其风格》（*Ralph Lauren: The Man, the Vision, the Style*）。关于劳伦的生活，可以阅读2017年迈克尔·格罗斯的《坦诚相待: 拉尔夫·劳伦的真实生活》（*Genuine Authentic: The Real Life of Ralph Lauren*）。2017年，劳伦自己出版的《拉尔夫·劳伦》，呈现的视觉极为出色。

1996春夏拉尔夫·劳伦与模特。
Niall McInerney, Photographer. © Bloomsbury Publishing Plc.

拉尔夫·劳伦1990秋冬。
Niall McInerney, Photographer. © Bloomsbury Publishing Plc.

三宅一生1984秋冬。
Niall McInerney, Photographer. © Bloomsbury Publishing Plc.

31 | 三宅一生
（1935—）

三宅一生认为自己的很多思路都受到了玛德琳·维奥内特的影响。

第一本关于三宅一生作品的著作《当东方遇上西方》在1978年出版，序言中，当时从美国版 *Vogue* 杂志退休、担任纽约大都会博物馆服装学院院长的黛安娜·弗里兰写道："他的服装有着属于他的风格，并且这样的风格只属于他一人。我爱你，一生，爱你持续运用的设计方式，把你们那有着悠久历史的传统延续到了当下，你完全凭借着你的直觉，还有你那令人钦佩的诚实与正直，来表达艺术与美的灵感，而这一切，全都完美地适用于此时此刻的东方与西方。"

三宅的视角是独特的。他是日本新兴设计流派的先驱、领导者和导师，在20世纪80年代初风靡时尚界。他不是第一个在西方成名的日本设计师，但他是第一个创造出焕然一新并且富含颠覆意义作品的设计师。他深深地汲取了东方和西洋的服饰传统，创造出混合的风格，而这一风格改变了人们对服装样貌的固有认知。

1938年，原名三宅一成（Kazunaru Miyake）的他出生于广岛，1945年8月6日，当美国人投下原子弹时，他正在骑车去上学的路上。他失去了大部分家人，包括他的母亲，她被严重烧伤并在四年后去世。她曾不顾伤痛，继续担任老师。也许正因如此，三宅一生的身边总是围绕着坚强又聪明的女性。10岁那年，三宅患上了一种骨髓病，至今依然影响着他。"在我成长的时期，日本是一个非常贫穷的国家，"他告诉布伦达·波兰，"我们这一代人都梦想着去美国。我们相信未来就在那里。"

战后的日本在文化上被美国占领军所主导。在那样的文化里，男性最理想的着装是美国军官穿着的经典常春藤联盟休闲装——俱乐部领带、纽扣衬衫、便士乐福鞋和海军西装。当时的日本女性向往着刊载在 *Vogue* 和 *Harper's Bazaar* 上的传统巴黎时尚，他的姐妹会购买这些杂志，他也会好奇地阅读——这正是第一位在海外成名的日本时装设计师森英惠想要满足的渴望。

1971年和1973年，当三宅一生带着自己的服装分别来到纽约和巴黎时，他从未怀疑过这些服装的国际魅力。作为一个终生的实验者与合作者，三宅一生一直在寻找最优秀和最有创造力的人并与他们合作，他总是对自己在时尚方面的构想充满自信，一个避开了急剧的变化，着眼于进化与发展的构想。他是一个聪明、温柔、谦逊的男人，有着电影明星般的帅气和魅力；因此，无论走到哪里，他都能交到朋友，收获终身的粉丝。而很大程度上，他的魅力来自于他的热情投入，包括他的想法，以及他去阐释理念、去吸引他人注意、去向他人传导的意愿。

三宅一生在东京多摩大学学习艺术，1965年获得了平面设计专业的本科文凭。1962年，他开始设计服装，1963年，他在东京商工会议所展示了他的第一个真正的系列，名为"布与石之诗"。他宣称——也许这就是先兆——他的野心是展现出服装既是能满足实用性，也是能满足视觉创造性的。他在当时说道：

"我们希望通过服装来激发人们的想象力。虽然这些设计是从现代的风格中汲取灵感，但这并不是一场真正的时装秀。我认为下一步是去展望未来的服装。这场秀里有很多长裙，并不是想把它们归类为晚装，只是因为它们在形式上是长裙的样式。我希望这场秀能够成为视觉式服装在日本诞生的标志。"

为了拓展自己的技艺与思维方式，他报名参加了巴黎高级时装公会学院的课程，并在巴黎和纽约为一些知名的时装设计师工作了五年。比起为姬龙雪和纪梵希工作的时光，他对在伦敦度过的周末、参观剧院和画廊、漫步国王之路、购物和修剪发型时所发觉的，以年轻人为中心且喜欢迷你装扮的活力的印象，要显得更为深刻。

他在巴黎的时候，正值1968年5月的政治暴动，每个人的生活都被扰乱了，连定制时装沙龙的中产阶级常客也不例外。工人们占领了雷诺汽车的工厂，学生们走上街头，守卫着由被烧毁的电车和垃圾箱组成的现代版路障，并且挖出鹅卵石投向全副武装的警察，穿越了层层催泪瓦斯。伦敦也出现了学生的骚乱与街头暴行，年轻人和一些左翼人士激愤地参加游行，支持他们被征召到越南战争中的美国同龄人。

三宅的朋友建筑师矶崎新，在《当东方遇上西方》中写道：

"我不确定他是否已经对高级定制这一被国际时尚界严格规范的行业有了自己的批判性思考。然而，当他发现自己身处于巴黎这个充满猜疑与戒备的城市，面对阻碍了他的自由的语言障碍，他可能认为没有理由继续留在此地，因此，他逃离了。抗议运动的特点之一，是冲动的身体行为，能量被消耗殆尽。在那之后，在空虚中，问题再次隐约浮现在他的跟前：'作为一个设计师，该如何看待衣服？'"

他从定制时装的世界逃到了纽约和杰弗里·比尼的工作室。在那里，他的注意力被牛仔裤和T恤这种无阶级且无性别的美式制服所吸引，他看到工人、周末放松的管理层人员和激进的学生，都穿着这样的衣服。1970年，三宅回到东京，成立了自己的设计工作室，他回顾了自己国家的文化遗产，以便研究潜在的拓展方向，其中包括了日式工作服、颇为费工但廉价的日式纺织品、和服以及江户时代武士服装、由许多简单的直线型衣服和用布缠绕精心构造而成的装束。1983年，他告诉布伦达·波兰：

"我觉得西方的传统服装太紧身了。我想制作的是在精神上和身体上都让人自由的东西。我必须把自己从西方的传统、西方的方法、西方的观念中解放出来。但是，西方仍有很多东西值得学习，尊重悠久的传统以及巴黎定制时装的真正意义是很重要的——尽管它充满着精英主义。"

对于日本人，以传统来说，紧身的衣服一点都不性感。"日本人的身体没有雕塑之美也没有什么性感的表现，"画家横尾忠则写道，"性的魅力来自精神，而不是身体。"感官可以由大量的织物所展现，奢华的质地、磅礴的剪裁、几近抽象的形状、层叠且包裹着。日本人以身体为基础，塑造出立体的雕塑造型。在静态中，这些服装有一种华美的气势；在动态中，它们又有了一种流畅的优雅。它们通过想象力来挑逗人们的感官。它们精细巧妙，是为了缓和几个拥挤小岛上的人际关系而构建出来的社会制度的产物，并严重地依赖仪式、礼仪和自我约束。

三宅发展出了一个他称为"剥离到极致"的理论，他摒弃了西方文化帝国强加给他的所有关于服饰的禁锢思想，重新从头开始——一卷面料，一团纱线。他利用次子绣，一种日本农民穿着的传统绗缝棉布，通常是条纹图案的，开始了他伟大的实验。他选择了纺织品设计师皆川魔鬼子作为合作者，后者对于混合各种天然和合成纱线很有兴趣，这样可以凸显织物的"本质"，尽可能地探索它的律动、纹理和触感的潜力。

一开始，三宅的服装都是由形状不规则的布片组成，几乎是悬挂在身体上——三宅对于身体和服装之间"形成的空间"很感兴趣——每一片布都可以被剥开。随后他将服装发展为分层型和包裹型，展现出了他对于质地、数量和体积的无敌悟性。他认为自己的很多思路都受到了玛德琳·维奥内特的影响；她也喜欢把面料悬挂在身体上，让面料依照自己的特质，随着穿着者的动作而呈现出新的形状。他创作出神奇的服装系列，在走上伸展台的时候，它是一种单品——一件夹克、一件和服、一条细长的裙子——而因为耸动的肩膀，快速摆动着的手腕，它就会变成截然不同的单品，可能是一条裙子、一件短裤、一件连帽披风。他对不同材料的喜爱，使他利用塑料、竹子和各种纸来试验，制作出面具、僧侣的头饰、类似于武士装备的假盔甲，以及令人联想到风筝、纹章旗帜、折纸和现代抽象雕塑的衣服。

1997年，他在接受《卫报》的苏珊娜·法兰克尔采访时，是这样描述他在东京的第一场历时半个钟头的时装秀的：

"秀场没有播放音乐，只有一个能接收到每一点噪音的音响系统。女孩穿着层层叠叠的衣服走出来。她脱掉她的鞋子并扔到一边。砰！砰！她脱掉衣服。嘘。她把衣服扔到地上。一声巨响！她脱掉了所有的东西。她赤身裸体了。时装秀结束。这场秀成了东京的大事。赞助商求我停演。"

三宅一生有着让小事件成为大头条的天赋。1976年，他发布了以"十二个黑人姑娘"为模特的系列，由格雷斯·琼斯带头展示。20世纪80年代，他让各个年龄和不同性别的舞者与志愿者当模特，在巴黎展示了他的系列，而1995年由一群八旬老人展示的时装秀，成为了最终的高潮。他与艺术家的合作——比如森村泰昌、荒木经惟、蒂姆·霍金森和蔡国强等——还有他的展览所呈现出来的美感都成为了经典传奇。就是因为它们成就了如此非凡的景致，1986年，伟大的摄影师欧文·佩恩主动要求拍摄三宅的所有系列，关于这个项目，他自由地拍摄了十年，没有受到三宅的任何干预。三宅声称，看着佩恩拍摄的他的服装，使他更深刻地理解了自己的设计。三宅在日本、美国、法国和英国的博物馆和画廊都举办过大型展览，但是，为每个人制作真正的衣服，一直是他工作的核心。

1993年，他创立了品牌"三宅褶皱（Pleats Please）"，这一年他成为获得荣誉军团勋章的一员，这是法国的最高荣誉。1999年，他推出了"一块布（A-POC）"项目，和他发展的"用一卷布做衣服"的理念相似。三宅告诉法兰克尔：

"我的第一个梦想，也是我决定创立工作室的原因，就是我自己在想：'如果有一天，我能做出像T恤和牛仔裤这样的衣服，我会非常开心。'但我越是工作，越是觉得离这个梦想很遥远。我总是做着一些艰涩的事情，和人们的生活很远。当时我在思考，'你是傻子吗？你不记得当初为什么要做设计了吗？'然后我就想，'行，那就做出三宅褶皱吧。'于是我开始思考怎样制作、洗涤、搭配，甚至包装它。我还研究了如何降低价格。"

长期以来，褶皱一直是三宅在他的主要系列中反复利用的主题，而现在他开发了一个独立的系列，主要是可机洗的如羽毛般轻盈的、不怕皱的粘胶制作成的简单、实用、舒适的单品，把它压出竖直、横向、对角线、交叉线、直线和弯曲的褶皱，在身体上能形成有趣的形状，通常可以有多种穿法。正如1994年，理查德·马丁和哈罗德·科达在纽约大都会博物馆举办的"东方主义"展览的目录中所写的："三宅一生等设计师的混合风格，创立了一种服饰的类型，这类服饰并不会局限于某个特定的民族地区，而是属于全世界。"

虽然1999年三宅把主线设计移交给了泷泽直己（Naoki Takizawa），但他仍继续在"三宅褶皱"工作，品牌的产品可以明显地感受到他的风格和影响。2007年，泷泽直己离开，创立了自己的品牌，新的创意总监藤原大被任命。2010年，三宅被授予日本文化勋章，并荣幸地于2016年在东京国立新美术馆举办了大型回顾展。他获得了荣誉军团勋章的高等骑士勋位。

Issey Miyake

延伸阅读: 想了解背景资料，可以阅读1995年马克·霍尔伯恩的《三宅一生》，以及2001年克莱尔·威尔科克斯的《激进时尚》（*Radical Fashion*）。推荐两篇关于三宅2016年回顾展的评论：拉斐尔·A.巴尔博亚发表于*Domus*杂志的《三宅一生的作品》（*The Work of Issey Miyake*），以及塔姆辛·布兰查德发表在《观察家报》上的《三宅一生：时尚前沿45年》（*Issey Miyake: 45 years at the forefront of fashion*）。

三宅一生1994春夏。
Niall McInerney, Photographer.
© Bloomsbury Publishing Plc.

三宅一生1994秋冬。
Niall McInerney, Photographer.
© Bloomsbury Publishing Plc.

三宅一生1995秋冬。
Niall McInerney, Photographer.
© Bloomsbury Publishing Plc.

杰弗里·比尼1987春夏。
Niall McInerney, Photographer. © Bloomsbury Publishing Plc.

杰弗里·比尼
（1927—2004）

在对于面料的试验上，比尼几乎算得上是跨界了，引起了制造商们对新型合成纤维的关注。

跟所有促进时尚进入新轨道的伟大设计师一样，杰弗里·比尼挑战了公认的准则。他最擅长的领域，是对面料的探索试验。他是战后合成材料的先行拥护者，包括不怕皱的面料，为那些没有女佣或是无法一直花钱去干洗的女人们圆了梦。无论是他看待顾客所引领的现代生活的方式，还是他对旧式的着装规则或者是面料的等级制度的拒绝，都体现了他民主主义的态度。比尼是美国运动装风格关键的倡导者，这是一种注重穿着者的时尚理念，包括采纳服装的功能性和实用性，而所有关于特定时间的穿着规范，以及所有关于特定面料的使用界限，都被打破了。

通常情况下，美式时尚是拒绝区分白天和夜晚的穿着的，那种"晚上六点前绝对不可以佩戴钻石"的刻板规则，曾是为了让掌管上流社会的贵妇人在百步之外区别暴发户的方法。比尼本能地寻求年轻的顾客群，他们和他一样对那些陈词滥调毫不在意。正如简·穆尔瓦格所观察到的，他是一个腿控。"他的衣服，"她写道，"轻松、挑逗，并且秀出的都是腿、腿、腿。"

在剪裁的质量、结构或定制时装水准般的技术上，他从不将就，但他会运用一些玩味的搭配：用金属质感的光泽搭配灰色的法兰绒，用羊绒的针织搭配塔夫绸，用毛毯格纹的羊毛搭配蕾丝。他是最早引入娃娃造型、吉卜赛风格，以及传统民族面料——包括此前被认定为低端材质的简单棉布在内——的美国设计师之一。在20世纪80年代，当炫富成为主流趋势时，比尼设计的一些最迷人的晚装，是将传统的日装款式——比如衬衫连衣裙——变成拖地长度，然后使用亮片和钉珠将华丽的印花勾勒与包裹。大都会博物馆服装学院的策展人哈罗德·科达说："这就像一个说英语的人，因为频繁地使用语言，成为了一个诗人。他的喜好，他对抽象面料的探索，使他能够以我们无法想象的方式，推动面料的发展。"

1995年，认同皮格马利翁神话的比尼说道：

"仅有衣服本身看起来是不完整的；就像女人们因被它们包裹而诞生。这是依属的一种方式，是相互附属的关系。你将一个女人塑造成你所希望的样子。我的作品是我个人理想的产物。我想象女人身处于田园风光般的环境中。我创造了这个女人的视觉形象，无论她是否存在。每个人都是以完美为目标的吧？都是在追求实现完美的可能性的吧？"

设计师运动装的关键在于客户，那是一位行动积极并且生活忙碌女性，需要舒适、实用、轻松的，带有口袋的衣服。

关于这种风格，在历史上有两个先例：一个，是来自巴黎和美国，适用于各种场合的传统男装，包括正式的剪裁和休闲装；另一个，是来自第七大道，这一美国时尚业的商业和工厂中心，像美国19世纪末以及20世纪的所有产业一样，这里对现代化的推崇近乎狂热（现代运动的口号——"少即是多"——可适用于比尼的作品），专注于速度和实际，并且持续地发展和更新，为消费主义提供了动力。工业化的美国，一直在大力推销"最新的产品"，为了刺激消费者的欲望，为了强调大量供应的平等性。在服装方面，早期的运动装设计师中，克莱尔·麦卡德尔、薇拉·麦克斯韦尔、汤姆·布里甘斯、安妮·福格蒂、蒂娜·莱瑟、邦妮·卡辛、侯司顿采纳了意大利未来主义的相关形式，这是一场艺术运动，它的倡导者会构想不断变化着的世界。这是第一批设想女性大步走出去，而不是慵懒地休息着的设计师。可以说，他们并不是从女权的角度来看待衣着的，而是从现代性、自由度和美国人的方式来看待的。1995年，比尼与布伦达·卡勒顿交谈时，将美定义为"能量的体现"。

"我从来都不喜欢刻板的衣服或是任何束缚人的东西，"1984年，杰弗里·比尼在采访中告诉布伦达·波兰，"我喜欢自由。我是一个美国人，我喜欢自由和高明巧妙的衣服，那就是美式工作制服。我喜欢卫衣、半身裙和乐福鞋、牛仔裤、宽松的卡其裤，在我的工作中，我从来不会偏离自由和轻松这样的前提。"确实如此，1968年，他设计出了著名的以美式橄榄球衫为灵感的全长晚礼服，并且全身都使用了亮片。

在对于面料的试验上，他几乎算得上是跨界了，引起了制造商们对新型合成纤维的关注，这样的纤维成为了20世纪五六十年代时尚发展中的重要组成部分。60年代末，他是杜邦公司委托的10位国际设计师之一，为奎安那，也就是一种丝质尼龙纱线的宣传项目，做出了贡献。他选择将这种纱线织造成缎面丝绒的装饰，对此他说："利用这种材质创作的过程，让我认识到合成材料可以是完美的，因为它跟纯

228

丝绒是完全一样的，不同点在于它不会产生皱褶。"不过，令他感到失望的是，这些面料只是长存在了他的档案库中。

1927年，杰弗里·比尼出生于路易斯安那州有着田园风光的海恩斯维尔，原名小塞缪尔·阿尔伯特·博泽曼，他一直有着那种如蜜糖将冰淇淋融化般的温暖口音。也可能是因为他的措辞中带着一种已经过时了的正式感，但在文化人听起来却很是悦耳。把他称为南方绅士可以说是老套了，并且，他可能是最暴躁且最不耐烦的谈话者，这一点连他的传记作者布伦达·卡勒顿都抱怨过。作为一个有学识的孙辈，他的祖父分别是植物园的主人和镇上的医生。他初次展现出对时尚的兴趣，是在他还是一个小男孩的时候，他重新装修了自己的房间，让他的阿姨们把他买来的布料——有着橙色小花的粉蓝底色面料——用简洁牌的纸样做成沙滩睡衣。在新奥尔良杜兰大学医学院三年的学习中，他对布料与身体之间的相互作用产生了热情。"解剖尸体让我了解到了自己的真心。"他说道。他想为身体做剪裁，而不是探究身体内部，而他在自己的《格氏解剖学》副本的空白处，画上了电影明星礼服的草图。

他退学了，在加入美军的时候因为哮喘病住院了三个星期，出院后他搬到了加州，待在一个做电影生意的阿姨那儿，并在洛杉矶的I.马格宁的陈列部门找了一份临时工作。"我没有离开南方，"1995年他说道，"我逃跑了，我一直在逃跑。"1947年，他前往纽约，在特拉法肯时装学院学习设计的理论和实操，然后到巴黎的朱利安学院参加了一门课程，并在一位曾为莫利纽克斯工作过的裁缝那里当学徒。裁缝是他技术的核心，而他对几何尤其是三角形的热爱，很可能正来自于此。"我的人生从那里开始，"他告诉卡勒顿，"一个人的人生，通常始于明白自己想做的是什么的那一刻。"1951年，他回到第七大道的服装业，匿名为几家时装屋工作，直到被其中风格保守的哈迈时装解雇，因为他设计的一个系列包含了一件睡衣式的连衣裙，被认为前卫得太过有风险。1954年，他加入了提尔·特雷纳，在那里，他可以自由地进行原创设计，而不是整年跟着巴黎的变化。1963年，他离开了这家公司，在两位合伙人的支持下创立了自己的品牌。

公司一举成名，比尼在创业的前五年里就获得了他的头三个科蒂奖。第一个系列就已经让比尼满怀自信。《达拉斯时代先驱报》报道说："系列中像桌布一样的双色小格子布，上面的刺绣是令人惊喜的指甲花亮片"。同篇报道的后文提到："在这么一件线条简单而柔软的连衣裙的框架内，他创造出了真正令人激动的时尚，在他无法找到想要的现成面料的时候，他自己发明了它。"他以那些细节轻巧但结构坚实的礼服而闻名——美丽的盔甲，比如他在1968年为约翰逊总统的女儿琳达·伯德设计的婚纱。它们销量很好并且被大量仿制，然而他厌恶被模仿并且总是担心被仿制。一些评论家下意识地抵触他的设计，他们认为那是对结构的古板坚持——一种具有正式感的剪裁结构，就像杰基·肯尼迪所穿的小套装和礼服，那一类受到巴黎影响的利落风格。比尼的作品遭到了批评，尤其是肯尼迪·弗雷泽，他在1972年的《纽约客》杂志上将这些作品描述为"混凝土"。

后来比尼自己也否定了这些早期的作品，说它们是"掩盖了我所有疑虑的紧绷绷的小裙子"。1988年，在他的"时尚25年"回顾展的目录中，他把它们称为"超级结构"，并补充说："它们是如此僵硬，以至于它们自己就可以站立"。他认为它们是他对在巴黎学到的关于法国定制时装的一切的最终感伤致敬。他进入了一个实验时期，探索能让布料随着身体移动的技术——弯曲且有着工业重量的拉链，把螺环接头用在不常见的地方，插入蕾丝和雪纺，内衣肩带，以及利用合成材料，包括莫名就流行起来了的人造麂皮。他坚决表示："它们很有用，它们不会有折痕，它们不需要太多精心养护。"

修正后的比尼风格——正如他60年代末的助理三宅一生所描述的："干净、明确并且有力"——从未成为过大众市场的热门产品。他的顾客是那些跟他有着同等高明理解力的女性，比如帕洛玛·毕加索和杰奎琳·肯尼迪。他在1974年推出的价位稍低的支线"比尼手袋"，以及谨慎授权经营男式衬衫和古龙水所产生的版税，是对他肆意创作的补贴。他从来没有渴望过能成为一个大品牌，他承认："我不是一个奋发的商人，而是一个努力的艺术家，我从没有考虑过金钱——美丽的事物是能赚钱的。"

1976年，他到米兰展示了自己的系列，接着1978年又到巴黎展出。这让他花光了所有的钱，但他解释道："我想，如果在国内他们无法理解我，那么在另一个大陆他们就会理解我了。"欧洲媒体的凭空臆想可能也冒犯了他，他们认为当时的纽约设计师之所以通常迟于巴黎一个月才进行展示，是为了得到时间模仿巴黎的潮流趋势。显然，在巴黎，没有人能抢先于比尼，得到他那些将材料混合的灵感——马海毛上的亮片、塑料珠宝上的钻石、马鬃和羚羊皮、红宝石和粗麻布、床垫粗密布和金属饰片、丝绸网纱和稻草、蕾丝和皮革、男士衬衫布和雪纺、几乎透明的雪纺上的工业用拉链。没人用牛仔布或是T恤的针织面料制作晚装，也没人制作过运动装风格的正式服装。他有着熟练技术人员制作出了独特效果般的自豪感，也有像革命者一样推翻了一切的喜悦感。他称之为"炼金术。提升最简陋的面料，使它变得和最昂贵的面料一样奢华和令人向往，我为两者都赋予了新意。我去除了它们身上附着的污名"。1997年，《纽约客》的肯尼迪·弗雷泽写道："其他设计师展示了华贵的皮草和金属面料，它们需要的开销就像时代广场的霓虹灯一样醒目。但是在比尼展示了一件袖口装饰了一大圈紫貂、看起来很奢华的大衣时，大衣本身却是由相对简陋的巧克力色灯芯绒做成的。"

比尼申明："我喜欢标准，但我不介意打破规则。"在20世纪80年代末和90年代，他的衣服变得越来越简单，面料选择越来越丰富，就像他高兴地呐喊的"无法仿制！"他做的每一件衣服都有一种美妙的轻盈感，无论是简单的被亮片覆盖的紧身连衣裙，从领口到裙摆都带有马蒂斯图案设计的圆领长袖连衣裙，还是用不贴身的绸缎压花及贴花晚装短上衣衬托的黑色简单吊带连衣裙。他说："你对服装了解得越多，就越能明白到什么必须被拿掉。简化变成了一个非常复杂的过程。"

他获得了八次科蒂时尚评论家奖和四次美国时装设计师委员会的奖项。路易斯安那州每年都会举办一个比尼日。他的回顾展曾于1988年和1990年分别在纽约的国家设计学院和时尚技术学院举办。比尼品牌的男装目前仍由PVH集团授权生产。

....

延伸阅读：1995年，布伦达·卡勒顿的《杰弗里·比尼：解剖他的作品》（*Geoffrey Beene: The Anatomy of His Work*）有着丰富的资讯和思考。2005年，在设计师的自传*Beene on Beene*中，有詹姆斯·沃尔科特和马里鲁·路德的出色文章。2008年，金·哈斯特雷特的专著《杰弗里·比尼：时尚叛逆》（*Geoffrey Beene: Fashion Rebel*），充满了有趣的资料。

杰弗里·比尼，
1990年。
Niall McInerney,
Photographer. ©
Bloomsbury
Publishing Plc.

杰弗里·比尼
1987春夏。
Niall McInerney,
Photographer. ©
Bloomsbury
Publishing Plc.

杰弗里·比尼1986春夏。
Niall McInerney, Photographer.
© Bloomsbury Publishing Plc.

卡尔文·克莱恩1991春夏。
Niall McInerney, Photographer. © Bloomsbury Publishing Plc.

卡尔文·克莱恩
（1942—）

克莱恩的功劳是为
崇尚紧身衣造型的
一代人，完善了美国
设计师运动装
这一流派。

在20世纪80年代，当电影《华尔街》中迈克尔·道格拉斯饰演的狂热角色戈登·盖柯大肆宣称"贪婪是个好东西"，使这句话成为乐于给自己贴上"雅皮"标签的一代人的口号时，有三位美国设计师从第七大道走了出来，成就了全世界规模最大的时尚品牌。拉尔夫·劳伦、唐纳·卡兰和卡尔文·克莱恩有着颇为相似的背景，但他们是迥然不同的设计师。或许1977年劳伦为《安妮霍尔》设计了衣服（**译者注：如劳伦篇所说，此处指的是中性化风格的女装**），但在随后的80年代，是克莱恩成为时尚突然转向的雌雄同体风潮的代表。1988年，尼古拉斯·柯勒律治撰文描述了一次拜访克莱恩办公室的经历。设计师向他展示了模特何塞·博兰的照片，她身着男士的白衬衫、母鹿皮的法兰绒裤装和大衣。克莱恩问他：

"你喜欢这些照片吗？我觉得这样看起来很性感。就像她套上了男朋友的衬衫、男人的裤子、她朋友的风衣。这种性感，和妓女的衣服完全不同。如果我用丝质软皮革这样的面料去混合粗花呢，你就可以看出这个女人的身材，而她的上衣微微敞开，对我来说那就是最性感的了。一个穿着斜纹骑兵裤装的女人，不用任何装饰。"

正如当时巨大的垫肩所呈现的，男人和女人的理想身材是健美的、宽肩、窄胯、平坦的腹部和值得夸耀的小男孩般的臀部。这就是卡尔文·克莱恩选择装扮的，所有瘦削而如运动员般健美、酷炫且悠闲的美式成功人士。在1979到1980年，克莱恩推出了他的"设计师"牛仔裤，这是它们同类产品中的第一件，6个电视广告由理查德·阿维顿执导，出演广告的是波姬·小丝，她15岁时就在路易·马勒执导的1978年的电影《艳娃传》中扮演了童妓。在最挑衅的广告中，小丝问道："想知道我和我的卡尔文牛仔裤之间有什么吗？什么也没有。"反应可想而知，电视台禁止这则广告继续公开四处播放。在一档电视访谈节目中，沉浸在这场争议中的克莱恩声称："牛仔裤越紧身，卖得越好。"

在某种程度上，卡尔文·克莱恩设计方法的核心是存在矛盾的——或许，他的生活也一样。与拉尔夫·劳伦一样，克莱恩也是美式风格的代表人物，也是在布朗克斯区长大的犹太男孩，卡尔文有着将男男女女打扮成看起来就像是出身富裕世家阶级的直觉理解力，他是在一个讲究品味和奢侈内敛的世界中长大的。他明白丝绸、手套般柔软的麂皮和皮革、羊绒粗花呢和华达呢所带有的阶级联想。而他也知道这种造型是一种派头。而他的功劳，是为崇尚紧身衣造型的一代人，完善了美国设计师运动装这一流派。而与此同时，他也喜欢脱光衣服，用最粗俗的越轨形象来让自己显得肮脏。如迈克尔·格罗斯所写："在卡尔文的世界里，多变的反常乖张司空见惯，儒雅的道德观被舍弃。"

除了之后十年时期的詹尼·范思哲（Gianni Versace）还有又一个十年后的汤姆·福特之外，其他高档设计师都不曾以如此直白的方式利用性来营销（而且比对他的男士内裤广告的描述还要更直白）。甚至连他的香水广告都带着色情和明显的同性恋色彩，直到1986年他终于抛弃了酗酒、滥交和整个54俱乐部的生活方式，转而拥抱全然美式的家庭梦，与一个叫凯莉·雷克托的年轻女人再婚了（他们于2006年离婚）。当他圈子里的第一批朋友开始因艾滋病过世时，卡尔文·克莱恩重塑了自己，成为化身中产阶级家庭价值观的"洗白"卡尔文。他对《女装日报》说："爱情……婚姻……承诺。我认为整个国度都在散发这种感觉。"他卖掉了他在同性恋胜地火岛和基韦斯特的房子，并在长岛买了一套东区乔治亚风格的联排别墅和一栋巨大的海滩别墅。在货架上，1988年的香水"永恒（Eternity）"取代了1985年的"激情（Obsession）"，而在一向代表着品牌的广告中，在海滩上野餐的家庭，让在阴暗沙发上汗流浃背的裸体三人组靠边站了。这是一个罕见的品牌，能在如此彻底的转变后生存下来。

2003年，莉萨·马什在她的商业传记中写道："卡尔文·克莱恩无疑是世界上最知名的时尚品牌。"她补充道："可以肯定地说，美国的男女老少都曾拥有过带有卡尔文·克莱恩标签的某样物品。对于大多数时尚观察者，无论是专业人士还是普通路人，这个公司的品牌都可以用这几个词来概括——现代、简洁、时髦，以及美式。"

1942年，他出生于纽约布朗克斯区，是一位犹太杂货商的儿子，年轻的卡尔文自学了素描和缝纫。他的母亲是一位优雅的女性，在拜访她的制衣师的时候都会带上他，这对于塑造他的时尚感发挥了重要作用，他的祖母则教会了他使用缝纫机。

Calvin Klein

1962年，克莱恩从纽约时装技术学院毕业，并为一系列第七大道的中低端顾客群的制造商工作，他厌恶这些制造商的产品。"真是妓女的衣服。"他是这么称呼它们的。在他与布朗克斯小学的同学珍妮·森特结婚后，他开始做兼职，在他位于皇后区家中的厨房桌子上创作自己的系列，并由科尼岛的一个犹太裁缝制作。他当时的老板发现了，威胁要起诉他并且没收了他的新设计。"我崩溃了，并且开始哭，"他告诉科勒里奇，"他当时要我立刻离开，于是我再也没有为任何人工作过。"

1968年，他儿时的朋友巴里·施瓦茨继承了父亲的超市，邀请克莱恩跟他一起做生意。然而，施瓦茨反倒成了克莱恩的生意的合伙人，他借给这位设计师1万美元，在第七大道的约克酒店开了一个小展厅，设计并销售青春且简单的女式大衣。接下来发生的事情成为服装业界的传奇故事。邦维·特勒百货的采购经理走错了电梯楼层，瞥见了克莱恩的大衣，很是喜欢，于是邀请他将它们展示给百货著名的总裁米尔德里德·卡斯汀看。为了保证衣服不被弄皱或是弄脏，这位设计师用服装货架推着他的系列在第七大道上走。最终，卡斯汀下了一笔价值5万美元的订单。

克莱恩始终专注于现代感和简约感。"我一直有着清晰的设计理念和观点，就是要现代、精良、性感、干净和极简。这些都适用于我的设计美学。"他对《女装日报》说。他对定制时装的传统没什么敬意，而是觉得克莱尔·麦卡德尔对他的影响很大。关于麦卡德尔的服装，他是这样说的："它们是唯一一今天穿起来依然很美的来自40年代末和50年代的衣服。"在20世纪70年代，他经典而优雅的简洁造型，成为这一代许多女性工作时选择的"制服"，而这代人在妇女运动的推动下，开辟出通往各行各业的道路。他的休闲运动装造型通常采用中性色调和大地色系，这些色彩与美国西南部的半沙漠和原始景观，以及安德鲁·怀斯画作中的石头、沙子、赭石、无处不在的骆驼，还有乔治亚·欧姬芙画作中的天蓝色、紫色、白色、牡蛎最为相关。他的日装经典是用欧洲能找到的最昂贵的法兰绒、精纺面料和粗花呢剪裁制作而成的。他批评美国纺织品生产商产品质量差而且缺乏创新。许多夹克的剪裁就像宽松的衬衫，既可以搭配裙装也可以搭配裤装。在1971年，他是"大廓型"、简单宽松上衣（他的罩衫轮廓大获成功）、宽松的裙装和裤装的典型代表。1976年，他的T恤和紧身晚装成了头条；1977年，他设计了金属质感效果；而1978年，他创作出了棉质的弹力针织吊带连衣裙，以及一年四季皆可穿的如黄油般柔软且无结构的麂皮和皮革单品，它们的色彩淡雅并且各具特色。

克莱恩和他的第一任妻子于1974年离婚，他们有一个名叫玛西的女儿，之后他开始了享乐主义式的生活。他经常出现在名流汇集的夜生活场所，如54俱乐部，身边还有一群散漫的朋友，包括设计师侯司顿和乔治·迪圣安杰罗，艺术家安迪·沃霍尔和他的工厂的助手们，以及比安卡·贾格儿。关于克莱恩吸毒和滥交的八卦比比皆是，还有他感染了艾滋病的传闻。一家意大利电台甚至错误地宣布他死于了艾滋病。1978年，12岁的玛西被绑架并被勒索10万美元；克莱恩支付了赎金并在纽约的一间公寓里找到了她，被捆绑的她还活着。他的生活方式和他的广告所传达出的愈发性感的形象，都引起了人们对克莱恩自身性取向的广泛猜测。在史蒂芬·盖恩斯和莎伦·丘吉尔于1994年撰写的非官方传记《激情》

中，他们宣称他是所谓的"天鹅绒黑手党"的成员，这个组织里都是会交换情人的百万富翁。在1986年他与凯莉·雷克托结婚后，他们依旧分居于不同的公寓。

1982年，克莱恩实现了他的第二次重大变革，推出卡尔文·克莱恩牌内裤。他在纽约时代广场一个巨型广告牌的宣传广告中发布了这种贴身的白色内裤；画面里是毫不掩饰的性感形象，一位身形矫健并且肌肉发达的男人只穿了白色的内裤。当《纽约时报》杂志的凯伦·斯泰宾质疑这则广告是为了吸引同性恋时，卡尔文·克莱恩品牌的一位发言人面无表情地说："我们并没有吸引同性恋者的意图。我们试图表现出吸引力，如此而已。如果那个群体有着健康和仪容整洁的意识，他们当然会对广告有所回应。"是克莱恩的广告牌，开创了广告中男性形象的新时代。他与布鲁斯·韦伯和赫伯·里茨等当代摄影师合作，继续制作出更多类似的作品。

1983年，他推出了男士风格的棉质女式内衣。《时代》杂志称其为"卡尔文的新式变性人"，而《女装日报》则认为它是"自比基尼内裤以来最性感的女性内衣造型"。这条四角内裤有着一个拉链开口。"有拉链才会更性感，"克莱恩说，"这些细节都是经过深思熟虑的。"为了迎合80年代的风气，他展现了自己打造经典魅力的能力，选择了更有结构感的剪裁造型，以及荷叶边蕾丝等利落的细节。在罗纳德·里根总统的就职典礼上，克莱恩说："身处第七大道上的我们都猜想，有魅力的风格将会回归，我们会制作迷人的晚礼服来展现它，因为里根夫妇是加州人，而加州是相当惹眼的。与'你自己缝衣服去吧'的卡特政府相比，这会是一个非常巨大的变化。"他证明了自己是一位精通于设计出引人注目的流线型晚装的大师，这多多少少有着20世纪30年代阿德里安和班顿为电影设计的礼服的影子，所有华丽的绸缎都是斜裁的。

莉萨·马什在她的商业传记中写道：

"许多业内人士会认为，时尚业是关于设计、剪裁、色彩、服装制作的，是一种艺术性的劳作；时尚业是一个更倾向基于创意而非商业的行业。然而，这些已经占据了重要地位的美国设计师时装屋……证明了设计只是时尚产业的一小部分。这些公司能够存活，是因为他们对品牌的形象有着营销与定位，和零售商有着精明的合作关系，有时尚媒体的定期支持，以及最重要的，他们有着高明的商业管理手段，能够预见到可以炒作的热点。"

当然，因为美国品牌在商业上的经营堪称一绝，导致一些徒有虚名的品牌在国际市场上也能成为主导。但以卡尔文·克莱恩的案例来说，他非常成功地重塑了20世纪七八十年代的美国设计师运动装，在设计方面的投入绝不仅仅是"一小部分"。2003年，克莱恩和施瓦茨以7.39亿美元的价格将公司卖给了PVH集团，弗朗西斯科·科斯塔接任创意总监，重塑了品牌并且重建了它的时尚形象。2016年，拉夫·西蒙接任了他的职位，而在PVH首席执行官伊曼纽尔·奇里科对品牌主线的盈利状况表示失望后，拉夫·西蒙马上在2018年12月辞职了。几个月之后，也就是2019年3月，奇里科关闭了品牌的时装系列及其在全球范围内的众多门店，专注于能带来更大利润的内衣和香水系列。

延伸阅读: 关于这个超级品牌的故事, 可以阅读2003年莉萨·马什的《CK帝国: 美国时尚巨擘的前世今生》(*The House of Klein: Fashion, Controversy and a Business Obsession*)。关于设计师的生活, 可以阅读1994年史蒂芬·盖恩斯和莎伦·丘吉尔的非官方传记《激情》(*Obsession*)。2017年的《卡尔文·克莱恩》由设计师本人编撰, 以天才般的视觉形式完整地记录了他的职业生涯。

设计师卡尔文·克莱恩
在1990秋冬。
Niall McInerney, Photographer. © Bloomsbury Publishing Plc.

卡尔文·克莱恩1993秋冬。
Niall McInerney, Photographer. ©
Bloomsbury Publishing Plc.

卡尔文·克莱恩1993秋冬。
Niall McInerney, Photographer. ©
Bloomsbury Publishing Plc.

乔治·阿玛尼1990秋冬。
Niall McInerney, Photographer. © Bloomsbury Publishing Plc.

34 | 乔治·阿玛尼 （1934—）

阿玛尼那有着柔软且
绝妙手感的面料，以及
轻松且行云流水般的
剪裁，能让穿着者感觉
到性感、放松、自在。

乔治·阿玛尼S.p.A是意大利最能赚钱的公司之一——而在某些年可以说是最赚钱的公司没有之一。2016年，它的价值是29亿欧元。有几年，乔治·阿玛尼个人是这个国家最大的纳税人。"并不是因为我是最有钱的，"他这么说到，眼里闪烁着顽皮的光芒，"我只是最诚实的。"当时他正在接受《金融时报》布伦达·波兰的采访，他知道他们会喜欢这一类数字。在过去的20年里，许多大集团都有意与阿玛尼接触，希望能分享他的成功经验，但老当益壮的他在与他们谈笑风生的同时，仍然全面掌控着他在1975年创立的公司。

在意大利，时尚当然是门大生意，但在时尚界，那种让汽车制造和面食生产等其他行业的旗舰企业黯然失色的商业头脑却并不常见。而阿玛尼在其他时尚品牌纷纷抢占大头条的情况下，依然保持着自己的杰出地位。2017年，阿玛尼关闭了自己众多品牌中的两个，"阿玛尼黑标系列"和"阿玛尼牛仔系列"，但继续发展公司的其他支线业务，尤其是与毅马地产合作的豪华酒店。他的性格里无疑有着克己的一面，但他告诉波兰，他并不想要永远地工作下去。尽管如此，当阿玛尼过完85岁生日，他仍稳坐在驾驶座上，他没有想要放掉方向盘的迹象。这让千千万万把阿玛尼的酷炫、流畅与现代思潮当作自我风格的男男女女们感到欣慰。阿玛尼致力于微妙的变化,他称之为"软性的进化",其核心是对当代的衣橱需求有着延续性和明智的态度。这种实用主义的设计方法绝非平淡无奇;在倾向成熟且都市化的极简主义同时,阿玛尼的风格充满了一种精致的感觉,体现在克制奢华的面料、精妙流畅的剪裁,以及完美的细节和配饰。

已故的詹尼·范思哲,普遍被认为是阿玛尼品位的对立面,他曾经不以为然地说,很难指望一个最喜欢的颜色是米色的设计师,对性感的吸引力能有多少了解(这是为了回应阿玛尼说范思哲自己的设计可能被视为庸俗的),这番说辞广为人知。但阿玛尼的衣服是性感的。它所做的并不是直接地展示性感,而是以柔软且绝妙手感的面料,以及轻松且行云流水般的剪裁,让穿着者去感受,而这种感觉随后反应在举止中:性感、放松、自在。

阿玛尼本人似乎完全跟性感不沾边。《女装日报》的约翰·费尔柴尔德称他为"时尚界的僧人",而他也确实以冷淡矜持而著称。他的传记作者蕾娜塔·莫洛,是这样描述这个孩子和这个男人的:

"他曾是一个观察者,胆小、内向、敏锐地觉察着周围发生的一切。他同样是不安分的,从不满足,总是在寻找点什么,无论是一件罕有的格纹衬衫,或是与他人关系中的特殊感受。这些特质是……他复杂性格的根本所在。他的适应能力极强,但他似乎无法对自己所取得的成就感到真正的满足。他总是认为还可以更好。"

最重要的是,他非常务实。他告诉布伦达·波兰:"年轻时我从未想过要设计时装。一系列的巧合让我走上了时尚之路。也许这个起点就已经让我与众不同。我认为这是一份工作,和其他工作没什么不同。我从来没有被时尚的氛围和它的珍贵所宠坏。我从来没有过'因为我是创作天才,所以你必须穿上这个'的态度。它是一份工作,一份职业。我来自百货公司,而不是工坊。当我意识到——在很大程度上这是我与顾客交流的结果——还有余地可以做一些不同的事,我可以创造出不同的穿着方式,我意识到这将成为我的生活。"

他拒绝承认自己命中注定要做出什么伟大的创举,这让人联想到即使同在意大利,南北的气候也是截然不同的。历史上,伦巴第是银行家、商人王公和实业家的故乡。1934年,阿玛尼出生于米兰南部的皮亚琴察,是玛丽亚和乌戈的三个孩子之一,乌戈曾是一名工业经理,因第二次世界大战时加入法西斯在战后入狱,这一惩罚也给他的家庭留下了创伤。乔治进入米兰大学学习医学专业,但在三年级就停学去服兵役,成为军队中的医务护理人员。然而,在离开军队的时候他意识到,医学并不适合他。1957年,他在文艺复兴百货的广告部找了一份工作,很快就被提升为助理买手。他说:"我负责确保他们为百货采购的衣服,能得到公众的准确回应。"

20世纪60年代中期,他被招募到尼诺·切瑞蒂公司工作,后者在20岁时继承了他的家族纺织公司,并将其业务扩展到服装领域。在工厂接受了一个月的培训后,阿玛尼的工作是设计名为"杀手"的男装系列。他本能地选择了比常用剪裁更轻的面料,以及更冷的色系。他摒弃了层层叠叠的内部结构,减少了肩垫,移动纽扣和口袋的位置，去掉了男士套装僵硬的正式感，取而代之的是宽松、放松、青春的感觉。这个系列取得了惊人的成功。

1966年，阿玛尼遇到了赛尔焦·加莱奥蒂，这位热情洋溢的托斯卡纳人后来成为了他生活与事业上的伴侣（1985年他不幸英年早逝）。1970年，俩人成立了独立的设计顾问公司，为意大利、法国和西班牙的重要品牌工作。1975年，就在巴西莱的吉吉·蒙蒂策划将刚刚起步的意大利高级时尚成衣从省级的佛罗伦萨迁往繁荣的工业中心米兰时，他们推出了阿玛尼品牌，并发布了1976春夏男女装系列。女装秀展示了阿玛尼第一件以男装为灵感的女装外套。

"当时法国和英国设计师开始在意大利进行生产。"他告诉波兰。时尚正成为一个全球性的产业。阿玛尼意识到他可以争取国际市场。

"为了给人留下印象，我必须做一些不同的东西。那就不是那么容易了。而那个时期的时尚都是关于花之力，非常有巴洛克风格和装饰性。于是我做了一个选择。女性的思维方式开始变得更解放和自由；我一直习惯于设计男装，所以我决定将那种实用且理性的穿衣方式引入女装，这种穿衣方式对女性来说还不算真正存在，尽管在美国很多女性都采纳了这种风格。"

"一个参考是美国的女演员凯瑟琳·赫本，"他幽默地耸耸肩，继续说道，"显然，这一风格必须牺牲掉一切能够表达'创造性'的欲望，但这是我认为被需要的风格。"

实际上，为了俘获那些向往职场高管造型氛围的女性们的心，他的整体设计方法的创意是十分新鲜的，是想象力的一大飞跃。2007年，他对传记作者勒娜特·莫尔霍说，在一开始他想要效仿香奈儿和伊夫·圣·洛朗："他们将时尚变得现代化，使它和现在人们想要的生活方式步调一致。他们让人们通过变换服装过上不同的生活。他们没有创造服装，他们创造的是一个不同的社会。"阿玛尼至今仍引以为豪的最了不起的突破，是他对女装外套的解构（但同时他也明确表示，他不喜欢仅以这一突破而获得认可）。他去掉了衬布和厚重的填充物，消除了塑造出身体形状的衣省，并选用了男装中的精纺毛织物和粗花呢。还有，虽然他的裙子剪裁很出色，但他往往把轻松又青春的外套和裤子组合在一起，这些裤子是女人们有史以来穿过的最出色的裤子。

阿玛尼和加莱奥蒂以他们收获的成功为基础，创造出了一个金字塔式的品牌，让不同的市场阶层都能够享受到阿玛尼的名气。"不，不，没有任何战略。"他告诉波兰：

"我不是创意天才也不是营销天才。我不是时尚界的奇迹。在成立乔治·阿玛尼品牌之后，我清楚地意识到，还有其他市场也对我这样的风格感兴趣，他们更年轻手头也不宽裕，所以，因为我并不是在游艇上学习时尚创作的，我认识到了这一点并且创作了'阿玛尼牛仔'。但是在哪里卖呢？这就是'安普里奥（Emporio）'的由来了。然后我意识到年轻人想要的不仅仅是一条牛仔裤和一件夹克——这是因为当我在杜里尼大街的店铺时（在米兰），他们会来找我并且给我建议。于是它变成了一个系列，全部想法都改变了。"

阿玛尼品牌占据了不同的消费市场，包括一个名为"私人（Privé）"的高级定制系列，在巴黎走秀（2019春夏系列令人难忘，灵感来自装饰艺术的红漆和电影导演贝纳尔多·贝托鲁奇的作品）。然后是一些初级系列，内衣、泳装、滑雪服、高尔夫球服、眼镜、围巾、领带、鞋履、配饰、手表和香水。品牌旗下针对不同消费市场的系列在全球都设有门店。阿玛尼说：

"如果我决定用我的名字进行授权经营，我可以更快地富有起来。决定不这么做，意味着我的每条支线都是成功的，他们不会被混淆与重叠。各自的身份清晰且利于控制。我们的每一步都是自筹资金，我这辈子从来没有欠过半条里拉的债。我认为这种像灰姑娘一样的故事在现在是不可能发生了，我很高兴它发生在了我的身上，但是制度已经改变了。现在是由大型集团来决定谁会取得成功，媒体、行业、金融，都一起为某个特定的设计师做宣传。这就是当今时尚的局限性和窘境。"

对于品牌创造的形象战胜了诚实的产品本身这种现象，他表示遗憾。"对我这个年龄的人来说，这是一种尴尬；而任何一个刚起步的人是不明白这两者有什么区别的。但我一直喜欢去斗争，在某种意义上，我一直在与制度作斗争。如果某种制度存在，即使它符合我的兴趣归属，我也从未想过要成为它的一部分。是的，我一直是一个孤独的人。显然，我受到了很多媒体的支持，但我从来没有真正成为为我的时尚和风格而举办的盛大庆典中的一分子。如果我遇到了问题，也是与媒体有关的。也许我设计风格里的这些微妙变化不够震撼。媒体喜欢被震撼；他们希望每一季都能找到让他们感到震撼的东西。他们喜欢革命，大爆发，而不是进化。他们只会说'阿玛尼就是阿玛尼'，"他模仿着往手上吐口水，然后把双手一抹，表示不屑，"还有擦擦他们的手。这对我来说不是好事。"

他说，他不喜欢的是时尚媒体对突如其来的变化的渴望，因为这是一种忽视了消费者的方式。他说道："他们都忘记了我们其实只有一个目的：让女人和男人看起来更好。而无论怎样，在一次爆发后，什么都没有留下，只有灰烬。然后再来一次爆发，留下更多灰烬。"

这样的观点，忽略了20世纪70年代末和80年代大部分时间里持续的"爆发"，而那些"爆发"都与阿玛尼有关——当时的每一个人，从衣着光鲜且雄心勃勃的男女高管，到痴迷品牌的足球迷，都对阿玛尼充满了向往。在80年代，成熟的阿玛尼造型，是终于能在职场上闯出一片天地的女性正需要的。1983年，在接受《卫报》的布伦达·波兰采访时，阿玛尼说：

"我的衣服是为富有的女性准备的。他们不适合期待新奇的少女，她们负担不起它们，而衣服的品质对她们来说也是一种浪费，因为她们不想长期保留任何东西。有很多时尚都是以少女为目标受众的，所以成熟的女人开始认为，既然全是这样的衣服，她们也必须那么穿。对于女人试图想看起来像个孩子、试图成为一个娃娃的所有想法，我是厌恶的。女人喜欢看起来更年轻，那很自然，然而总体的趋势是女人试图看起来像小孩，那就是不自然、很勉强的了。"

在21世纪初期，阿玛尼觉得自己并没有得到足够的重视，尽管2000年在纽约的古根海姆博物馆举办了他的大型回顾展，并在毕尔巴鄂、柏林、伦敦和罗马巡回展出，提醒着人们阿玛尼的重要地位。他的业务在全球范围内稳步发展，同时他还继续为歌剧、戏剧和电影，以及运动队设计。2012年，他为意大利奥运代表队设计了衣服，并从2007年开始为切尔西俱乐部提供服装。"我的工作就是我的生活，那是肯定的。"2017年，他如此说道。

延伸阅读：2007年，蕾娜塔·莫洛的传记《作为阿玛尼：一部传记》（*Being Armani: A Biography*），讲述了他的大部分生平。2000年，古根海姆展览的目录《乔治·阿玛尼》，有着精彩的插图和出色的注解。目前最新出版的是2016年乔治·阿玛尼的同名自传，里面的插图相当丰富。

乔治·阿玛尼，1991年。
Terry O'Neill/Iconic Images via Getty Images.

安普里奥·阿玛尼1999春夏。

乔治·阿玛尼1998春夏。

第五部分

20世纪80年代
1980s

引言

如果20世纪80年代象征着无节制的年代，贪婪成为美德，魅力像是当时的准则——在罗纳德·里根的白宫和威尔士王妃戴安娜的伦敦——那么时尚界就有能设计出相应风格的设计师。这是一个以虚张声势的"《豪门恩怨》风格"来着装的时代，琼·柯琳斯穿着布鲁斯·奥德菲尔德，南希·里根穿着奥斯卡·德拉伦塔，戴安娜王妃穿着伊曼纽尔。这个年代也是第一个实现了伟大复兴的十年：卡尔·拉格斐继承了可可·香奈儿的衣钵，将它的过往元素狠狠地搅乱，再以顽皮的夸张手法和带着一点紊乱的结构，将它们重新组合——而得到的成品，往往比原来的看上去更美丽且更吸引人。

在20世纪80年代初，巴黎重新夺回了国际时尚界的大部分主动权，但这已不再是一个国家的工业就能独占鳌头的时代了。第一世界的品牌压榨着被视为制造资源的其他国家的廉价劳动力，特别是发展中国家，从而获取更大的利润，而后者已经意识到了体系中这一相当不公正的内在本质。反击的方式之一，是为他们制作的产品增添价值，而设计被视为增添价值的一种方式。来自新兴经济体的富有潜力的年轻设计师，纷纷涌入英国和美国的设计学院，而新的课程也在亚洲国家蓬勃发展。许多时尚专业的学生再也没有回国，至今仍然在为欧洲、美国和澳大利亚的真正的国际产业贡献。其他人，特别是日本设计师，激励并促进了本土时尚文化的蒸蒸日上，并以此为基础建立了具有全球影响力的品牌。在东欧的铁幕政权下，女性依然渴望着时尚，而小规模的设计师队伍（大部分是缺乏独创性的）为统治阶层的精英设计着服装。

在西方，女性运动的势头越来越强劲，各行各业的高收入女性正在成为时尚的消费者。但她们并不想为同样风格的时尚而消费。80年代的典型风格，无疑是野心勃勃成功者的"成功造型"。她身着西服套装，脚蹬细高跟鞋，宽肩、紧身裙、低领口，细节装饰着金色的纽扣、搭扣、手镯和链子，并在几部（由男性导演的）当代电影中扮演具有侵略性的坏女人。巴黎的蒂埃里·穆勒、克洛德·蒙塔那、阿瑟丁·阿拉亚，还有偶尔心情不错的让·保罗·高缇耶，会恶搞这样的风格，塑造出像是涂着唇彩并且我行我素的卡通吸血鬼的形象。意大利的乔治·阿玛尼和年轻的詹尼·范思哲，美国的侯司顿、杰弗里·比尼、卡尔文·克莱恩、唐纳·卡兰，有时也包括拉尔夫·劳伦，都制作了有着良好的教养、出自富裕世家、稳重成熟的形象版本。英国的保罗·史密斯、谢里丹·巴内特和玛格丽特·霍威尔等设计师，跟随着受男装影响的经典风格的步伐，并以史密斯常常提到的"改良"为特色。

不仅如此，还有很多其他的着装方式。巴黎的高田贤三、三宅一生和山本宽斋，依然以他们生机勃勃又巧妙的纺织品、对服装结构与体积的运用，让时尚人士为他们而兴奋。卡尔·拉格斐的蔻依主打可爱与风趣，而皮尔·卡丹依然在探索未来的风景。伦敦正经历着一场创意的复兴，涌现了一大批激动人心的年轻设计师，包括维维安·韦斯特伍德（Vivienne Westwood）、琼·缪尔、桑德拉·罗德斯、凯瑟琳·哈姆内特、身体地图、贝蒂·杰克逊、温迪·达沃斯、贾斯珀·康兰和约翰·加利亚诺。他们风格各异，从"大廓型"到紧身衣，从雌雄同体到抒情浪漫，从磨边与解构到闪亮的迷惑摇滚（glam-rock）。

1985年，安特卫普六君子（德克·毕肯贝格斯、沃尔特·范贝伦东克、德赖斯·范诺顿、德克·范沙恩、安·迪穆拉米斯特和玛丽娜·叶）在伦敦展出了他们的系列，为当时普遍创新的氛围添砖加瓦。在意大利，詹尼·范思哲找到了他的标志性风格，一种直白的情色，这一风格冒犯了女权主义者，却也取悦了不少人。

20世纪80年代最非凡的时刻出现在这个年代初，是Comme des Garçons的川久保玲和山本耀司这两位日本设计师在巴黎的首秀，几乎抵消了伸展台上所有热火朝天的裸露式性感。1981年，两人分别派出了一队面目铁青的模特大军，她们的头发被剃掉，脸被涂成白色或者化着污浊的妆容，穿的是即将永远改变时尚的衣服。起初，他们被一些媒体轻蔑地称作"广岛时尚（Hiroshima chic）"，但这种穿着方式，让高跟鞋和卡通式的魅力显得过时。两位设计师都避开了西方对于女性美的观念，转而采用了一种更理性的概念，将人体作为一个支架，用面料在上面塑造出非凡的造型。他们的系列驱使所有的时尚观察家和许多时尚从业者重新考虑自己的选题。

35 | 川久保玲
（1942 —）

川久保玲经常解构（无论是从衣服本身还是从概念），对西方和东方服装中陈腐俗套和常见的元素提出疑问，引发我们思考。

在20世纪七八十年代影响国际的日本设计师中，比起1981年在巴黎发布的首个系列所展现的那种纯粹且严谨的视角，川久保玲可能是最偏离初衷的。在克里斯汀·迪奥的"新风貌"发布之后，巴黎时尚界可能还没有发生过如此轰动的事。被震撼了的媒体，重新在心理上对他们原本对于比例、分寸感和美学的认知，进行了调整。1947年，他们重新采纳了他们内心的生育女神，1981年，他们被迫重新评估女性性感与性吸引力的来源。西方传统时尚通常会（但也不完全）认定后者是取决于身材。而川久保玲坚持认为它们其实源自大脑。在1988年，她对尼古拉斯·柯勒律治说："所有女性的目标，都应该是自食其力、自给自足的。这就是她的衣着哲学。衣服是为现代女性服务的，这些女性无须通过对男人卖弄性感和强调身材来确保自身的幸福，而是用她们的思想来吸引男人。"川久保玲说，从小时候起，这种静静地自足的梦想，就是她的指路明灯。

川久保玲身材娇小且为人谦逊，她极其专注于工作，或许可以说她热衷于以艰辛的方式工作，甚至带有一点自虐。"如果事情能很轻易就被完成，那可太无聊了，对吧？"在1984年，她对莱昂纳德·科伦强调，"在我工作的时候，我想的是历经

Comme des Garçons1985秋冬。
Niall McInerney, Photographer. © Bloomsbury Publishing Plc.

千辛万苦后取得成就的那种兴奋感。"以川久保玲的设计方法来说，德扬·苏季奇认定她是一个现代主义者（她崇拜勒·柯布西耶），不过，哈罗德·柯达在1987年为FIT的展览"三个女人"撰写的文字中指出，在几千年的时间里，日本的美学哲学里就已经包含了不规则、不完美和不对称，提醒着人们美是脆弱和无常的。而川久保玲正是一名哲学生。从她的设计方法中，也可以找到后现代主义的影子，因为她经常解构（无论是从衣服本身还是从概念），对西方和东方服装中陈腐俗套和常见的元素提出疑问，引发我们思考。她的目的倒不是为了说教，她是在进行自己的探索，也就是衣服之于身体、身体之于衣服的关系，性应该如何借由衣服来表达，或者不借衣服去表达；还有，如何在可制造与实穿这样具有挑战性的范围内，制作出全新的东西。

和其他改变了日本时尚并改变了世界对待日本时尚的态度的设计师不同，川久保玲并没有接受过正规的训练。1942年，她出生于东京，父亲是令人景仰的私立学府庆应大学的教授，她在这个战败国、被占领国开始了她的求学路，她也是战后因为繁荣的经济、视野逐渐变得开阔而催生的大批人才中的一分子。她在父亲所在的大学里学习日本和西方的艺术，1964年毕业后，她进入了旭化成的广告部工作，这家大型化工公司是日本最大的腈纶制造商。为了赋予腈纶一个时尚形象，他们制作了平面和电视广告的宣传材料，在这一过程中，川久保玲成为日本最早的造型师之一。三年后，因为被日本企业里传统的家长制所排挤，她成了第一个自由造型师。尽管如此，她逐渐意识到，做造型无法长久地满足她延伸想象力的渴望。她把自己为广告造型设计和制作的衣服，打上了"Comme des Garçons"的标签（因为她喜欢这些词语的发音），1973年，她成立了一家公司，并开始制作出售服装。"这不算一个重大决定，"她说，"与艺术总监和摄影师相比，作为一名造型师，我的职责范围很有限。我对自己的工作内容感到沮丧，我想要做更多事。"她并不后悔自己没有接受过正规的训练。"如果你愿意花时间去训练你的眼力，顺其自然地培养对美的觉知，在这一过程中已经有很多可取之处了。"

Comme des Garçons听起来令人神往又悦耳，而它的字面意思"像男孩一样"似乎同样适用于她所制作的简约服装，这些衣服以男性衣橱作为久远的起点。1983年，在接受《星期日电讯报》的杰拉尔丁·兰森采访时，她说："大多数男人不喜欢有能力努力工作的女人。他们不喜欢坚强独立且脚踏实地的女人。"她并不指望时尚界以外的男人能理解她的衣服。"它既不可爱也不柔软，不符合男性印象中的女性形象。"而之后，如她1982年对 *Vogue* 的玛丽·拉塞尔所说："我不觉得暴露身体的衣服是性感的。"

1975年，川久保玲在东京展示了她的第一个女装系列，并开始与建筑师川崎高雄（Takao Kawasaki）合作，为她的店铺设计了一个非常独特有辨识度的形象。她还制作了目录系列的第一辑，这些图片可以帮她展示她希望人们看到的服装造型方式。"我尝试表达我的设计方法，不仅从衣服，也利用配饰、秀场、商店，甚至是我办公室装潢的样子。你必须把它看作一个整体的形象，不只是看着外露的接缝和黑色。"

1978年，她推出了她的男装系列"男士（Homme）"；随后是1981年推出的"针织（Tricot）"和"晨衣（Robe de Chambre）"，1987年推出的"黑色（Noir）"。1981年，她迈出了最重要的一步，为了获得国际认可，她在巴黎洲际酒店展出了自己的系列——收到的评价褒贬不一，有的人表示不解，有的人表示不屑。尽管如此，她和山本耀司（俩人曾是恋人）都被邀请参与举办下一季的巴黎时装秀了，这是公会首次向外国设计师发出这样的邀请。川久保玲展示了一个不对称的单色系列，其中包括脚踝处有着毛衣袖口的裤装，上衣是复合式的袍子与披肩，"像男孩一样"反向从左往右扣的宽大大衣，以及领口开到了胸前或是肩部的精炼羊毛针织衫，这样一来，服装就能在身上形成歪扭偏转却又古怪有趣的抽象外形。没有背景音乐，只有像火车铿锵驶过车站一样的噪音，模特沉静而了无生机地移动着，她们的妆容黯淡并且看起来饥肠辘辘，与她们冷漠的脸部表情并不协调。

这些衣服在乍看之下，有着清教徒式的朴素和理智。此刻的时尚正经历着一个俗套的阶段，不断地重复着过去，年轻的伦敦似乎是让它复苏的唯一希望。然而，当晚在场的我们，永远不会忘记那份震撼和喜悦。震撼是因为以前没有人做过这样的衣服；喜悦是因为尽管这些衣服看似支持着一种故意显得丑陋的反美学，但它们却有着出奇的吸引力，它们需要人们不只是从感官上来感受；它们引发了人们的持续思考。1983年，她郑重地告诉杰拉尔丁·兰森，她只利用黑与白来创作的品味十几年都没有改变。1984年，伦纳德·科伦形容她是在这一时期所有崭露头角的设计师当中，最纯粹、最不妥协、最具有强烈的前卫构想的。

在使用各种深深浅浅黑色色板的创作初期，她表情冷漠地承认了她的创作有着根本的弱点。"我意识到衣服必须要实穿并且要卖出一定数量。这就是成为画家或雕塑家与服装设计师的区别。从某种意义上来说，时尚是一个非常商业化的领域。遗憾的是，我的系列通常非常集中并且专注于少数几个概念，这是一个商业问题。我试图变得更多样化。但是我做不到，这不是我的风格。"

幸运的是，多样化已经成为她的风格。每一个系列确实都十分专注，但川久保玲是一个本能的创新者，不断地挑战着自己的独创力。在经历最初注重服装结构的阶段之后，她把关注点转向服装的外观和色彩。尽管如此，从20世纪90年代开始，你更有可能在她的系列中找到手绘图案的克利诺林舞会礼服，而不是深色且撕烂的裹尸布。她的设计创作在很大程度上取决于与关键创意人士的一系列合作。她有一句名言，对于每一个系列，"我都是从零开始"。织物研究社纺织公司的松下浩（Hiroshi Matsushita）在早期做出了不少贡献，他根据川久保玲的疑问、建议、想法和灵感来开发面料。德扬·苏季奇在1989年写道："松下……发明了将人造丝和弹性材质十字交叉制作而成的面料，让川久保玲制作出1984年女装系列中犹如融化了一般冒着泡和沸腾翻滚的衣服。而1986年，川久保玲的不对称连衣裙使用的由棉质人造丝和聚氨酯粘合的面料，也是由松下制作的。"

　　她的工作方式通常更多是心血来潮和恶作剧，而不是为了追求预想效果而竭尽全力。她告诉伦纳德·科伦："制造面料的机器越来越能做出均匀无瑕的纹理。而我喜欢的是失常而非完美的东西。手工编织是制作出这种面料的最佳方式。但因为这并非时时可行，所以我们会分别拧松机器不同部件的螺丝，这样一来它们就无法完全按照设定运转了。"

　　探索面料是一个持续进行着的实验之旅，正如松下告诉苏季奇的那样："她向来不喜欢重复做任何事情，所以为了满足她的要求，工厂必须设想一些以前从未尝试过的技术；他们不得不发明新的面料。最近她使用的关键词语（作为她设计系列的起始点）已经变得更柔和并带有一丝甜美。也许她已经变得醇熟老练了，语言和面料都能体现出来。"

　　面料就位后，川久保玲就会和她庞大的制版团队一起工作。她告诉苏季奇："有些设计师会制作详细的草图，然后直接根据草图制版。而我会从更抽象的图画开始，制版师要能够解读我想要做的是什么。他们协助我设计。"

　　她于1996年展示的1997春夏系列，即便是她最死忠的崇拜者也感到迷惑不解。川久保玲将它称作"衣服变成身体变成衣服"，而其他人则将它称为"隆与肿（humps）"系列，系列中的服装有着明亮的春季色彩，窄版且紧身，它们被扭曲并带有一系列的突起，这些突起就像是外星帽贝一样的妖怪，随机地依附在身体的不同部位，时而被拉长，时而像轮胎一样箍在腰部和臀部上。系列中还有牛皮纸制作的蓬蓬半身裙，奇幻的玫瑰花形褶皱上衣，用威尔士亲王格和漂亮少女感的双色小方格制作而成的夹克。一群感到不适的人拖着脚步离开秀场，低声议论着这个卡西莫多般的系列：你如何看待这个政治不正确的、仿佛在嘲笑畸形人士的系列？这个系列售罄了，这些衣服是绝佳的谈资，再后来成了绝佳的收藏品，而川久保玲继续进行实验，她的名气没有遭到损害。

　　1995年她说道："我并不认为这些年来我的衣服改变了很多，尽管我希望我总是能为取得进步而改变。或许在过去，我更注重于展现出结构方面的技巧。我使用的纸样非常复杂；我热衷于此。现在我对一个系列所展现的整体氛围要更感兴趣。"从观察家和合作者们的反馈来看，他们认为她已经变得"醇熟老练"了。这可能也跟她与南非出生的建筑师艾德里安·乔夫的婚姻有关，他是她公司的总经理。2004年，他们推出了丹佛街集市（Dover Street Market），它是一个以多元化和创新性著称的零售业新概念。在所有关于"世界最佳商店"的指南手册中，都能看到它的身影。目前它的几家分店，都位于全球的一些大都市里。

　　如果说早期的系列是为了对抗时尚界的预期而创造出阴郁又挑衅的氛围，那么，她在成熟时期的创作氛围则要轻松得多，更偏向于西方的外形。但是这些外形，是由川久保玲独特的建筑感、她那超脱物质的才智，以及（一开始很容易被忽略的一个因素）用触感和抽象理念来表达的幽默感转换而来的，是一件衣服在身上呈现的动态，无论它是流动的、僵硬的还是静态的，由穿着者的转身和移动而改变着廓型。

和三宅一生一样，川久保玲的影响在于她对渡边淳弥、二宫启等年轻设计师的实际支持，以及她的着装风格在国际上的影响力。2017年，她受邀在纽约大都会博物馆举办了回顾展"川久保玲：边界之间的艺术"。当时她对策展人安德鲁·博尔顿说：

"40多年来，我一直在做衣服。我从来没有考虑过时尚。换句话说，我对它几乎没有兴趣。我唯一感兴趣的，是那些人们从未见过的衣服，它们是全新的，还有，该以何种方式去表达它们。那算是时尚吗？我不知道答案。"

延伸阅读：1990年，德扬·苏季奇的专著《川久保玲与Comme des Garçons》是必读之作。2017年展览的周边书籍《川久保玲：边界之间的艺术》(*Rei Kawakubo: Art of the In-Between*) 图片丰富，包含了川久保玲与策展人安德鲁·博尔顿之间具有启发性的对谈。

川久保玲，1998年。
Rose Hartman/Getty Images.

Comme des Garçons1986秋冬。
Niall McInerney, Photographer. ©
Bloomsbury Publishing Plc.

Comme des Garçons1997春夏。
Niall McInerney, Photographer. ©
Bloomsbury Publishing Plc.

山本耀司1983秋冬。
Niall McInerney, Photographer. © Bloomsbury Publishing Plc.

36 | 山本耀司（1943—）

山本阴郁且富有戏剧性的衣服，往往带着一些令人不安且不和谐的元素。

山本耀司的目标是将传统低调的日式美学——对简洁的强调以及对纯粹的响应——和他认为更"注重人的本性"且以身体为根本的西方传统结合起来。他没有三宅一生那么约束，在探索外形和纹理，借以表达他独特的知性与感性的奇特混合体时，他会广撒网以便获得更多的选择。当你观看山本的时装秀时，你会不安地意识到，必须调整精神状态，而这一想法是无法抗拒的。这里的这些衣服不是用来展示身体的，这里的身体是用来展示衣服的结构、和谐度，还有时而刺眼且不和谐的异类感的。山本说："对我来说，身体什么也不是。身体是变化的。每一刻它都在变老，所以你不能指望它。你无法控制时间。我无法信赖人的身体。我不认为人类的身体是美丽的。"

日本传统的着装方式，比如为了构成正式的礼仪服装、需要层叠穿着来呈现的和服，并不是关于身体的；而是关于服装在身体上形成的外形——对男人来说是等级分明且威风的，对女人来说是高贵、端庄和点缀——还有色彩和表面的纹理。后者历来与织造、图案和刺绣相关。身体被当作雕刻家的支架，一种金属骨架，艺术家用泥土将它包裹起来。事实上，雕塑是一个很好的类比，不仅因为山本倾向于认为自己属于艺术家行列中的一员，而且他的设计手稿也是有雕刻感并且有塑性的，他的衣服是由曲线、平面以及凹凸体积，还有几何形状的碎片等元素组成的。当山本和川久保玲的设计初次在巴黎展出时，三宅一生已经成功地在巴黎举办了十年的时装秀，他和三宅一生一样，专注于面料的纹理，以及展现庞大的、抽象的、不对称的形状的潜力。跟川久保玲一起，山本开启了一种被称为"拾荒者时尚"的造型，带有几分贬义，而这一造型与当时英国的前卫设计师作品很大程度上是一致的。他的设计方法，比起维维安·韦斯特伍德和约翰·加利亚诺，是更高智且具有目的性的后现代主义，但他们彼此之间是有关联的。尽管他反复地被19世纪末严格的剪裁曲线所吸引——在他剪裁巧妙且收拢的长裙以及窄身的长款夹克上，通常会添加那个时期巨大灯罩形状的薄纱和欧根纱帽子——它们更像是一种延续的基调节奏，而不是主旋律。正如弗朗索瓦·波多特在《时尚回忆录》系列中撰写的部分所指出的，山本"对当代潮流的反应特别敏锐——就像前几代定制服装设计师对于立体主义，比如俄罗斯芭蕾舞团或是波普艺术的反应那样"。波多特认为"贫穷艺术"，也就是用碎屑拼凑的作品——破布、木屑、泥土、煤炭——对山本的设计方法产生了重要的影响。波多特写道：

"山本试图打破关于'服装是什么'的陈腐而刻板的观念。他的设计方法是破坏让服装吸引人的准则；重新思考它们的外观形象所发出的魅力信号，重新定义它们与男性或女性身体的关系；以及最终——几乎全世界都无法理解的——从根本上重新诠释美和丑、过去和未来、追忆与现代各自的贡献。"

1982年，《星期日电讯报》的杰拉尔丁·兰森在访问东京时，注意到山本的标签上印着这样一句话："没有什么能比整洁干净的造型更无聊了。"2002年，在《与卡拉·索扎尼的自言自语》中，山本写道："我认为完美是丑陋的。我希望能在人类制造的东西中看到一些缺憾、失败、混乱、扭曲。"的确，也许看起来动人美丽，他阴郁且富有戏剧性的衣服，往往带着一些令人不安且不和谐的元素，令你想起自己曾经从某个被遗忘的、情绪化的梦中醒来，隐约地感到不安。正因如此，这些衣服受到了亚文化哥特风格的支持者们的喜爱。

1943年，山本耀司出生于东京，由他的母亲福美抚养长大，她在第二次世界大战期间成了寡妇，她是一名制衣师，每天要工作16个小时来支付她儿子的学费。他最初在庆应大学（川久保玲也在那里学习）攻读法律学位，但决定与母亲一起从事制衣生意。母亲曾梦想着他能在法律界找到一份重要工作，但允许他为了能和她一起工作，到著名的日本文化服装学院学习。他依然记得他因为是班里唯一的男生同时也是年龄最大的学生而感到不适。他于1969年毕业，赢得了一场比赛，奖品是巴黎之旅——在那里，他身无分文地生存了八个月，观察、学习、流连出没于左岸的精品店。他回到了东京，在1971年开始了他自己的业务，Y's有限公司。直到1977年，他才在伸展台上办秀，当时他已经有了一大批追随者。在日本，穿着他设计的黑色衣服的女人，已经以"乌鸦"的名号为人们所知。"武士精神是黑色的。"山本说。1981年，他和他的同伴、前情人川久保玲在巴黎展示时，燃起了时尚界的热潮。很多评论家厌恶他们所谓的"后广岛风格"，也有很多其他评论家喜欢它对传统时尚思维方式的挑战。在《解放报》的头条中，"法国时尚已经找到了它的主人：日本人，"米歇尔·克雷松写道，"他在1982年提供的让我们在未来20年穿着的衣服，比库雷热和卡丹在20世纪60年代左右为2000年设计的衣服，看上去要更可行得多，后者的造型在今天看起来就像是过时的苏联科幻小说电影。"

1984年，山本告诉尼古拉斯·柯勒律治：

"曾经有那么一刻，巴黎的成衣看起来快要完蛋了。它已经黔驴技穷了。蒂埃里·穆勒和克洛德·蒙塔那，他们的作品几乎可以说是定制时装了，时尚是如此受限。然后我们前往巴黎，而一切就此发生，我们的服装精神是自由的。*Marie Claire* 杂志是第一个意识到这一切的，是的，他们是率先明白这些的。……我认为时尚界总是有一种反对着什么的感觉。他们总是在杂志上反这个反那个。他们喜欢某种造型一段时间，然后就开始反对；没有中立，而是反对。在1981年，他们是反西方服饰的，所以他们需要我们也接受我们，并试图理解我对于性的概念。我感受不到普遍意义的性。我的幻想之一是一个四五十岁的女人。她很消瘦，有着灰白的头发，抽着烟。她不是女人也不是男人，但她就是很有吸引力。对我而言她是很性感的。她正从我身边走过，而我跟在她身后，她喊：'不，耀司，不要跟着我。'"

2010年，帕特里夏·米尔斯在《当今日本时尚》一书的文章中写道，山本和川久保玲的作品"对20世纪后期的女装产生了震荡且翻天覆地的巨大影响"……正是他们引发了意义深远的美学变革，这些变革在此后渗透到了时尚的各个层面，比如解构主义和以黑色为主导。

多年来他发展出许多新的产品系列，1984年，在他的第一个全新系列里，山本对男装进行了解构和重构，创造了一种新的古典主义——严肃的白衬衫，包含三粒纽扣、窄长翻领的夹克和修长裤装的瘦削肩线深色西服套装。这个造型迅速被艺术派的知识分子所采纳，对男装产生了长达十年的强大影响。比起大部分设计师，山本对穿着者的功劳要更感兴趣。"一季时装是否有趣，并不取决于创造它的设计师，而是取决于那些看见它并买下了它的人。"他的男装和女装一样，总能吸引到特别有趣的穿着者，对于他大胆的想法和服装制作的精妙之处，对于他设计方法的严谨认真——这些穿着者都有着同感与共鸣——以及在系列的核心里，总是能找到的轻巧、顽皮和智慧。1997年，他告诉波多特：

"做衣服意味着要思考人。我总是渴望与人见面并且与他们交谈。这是我最喜欢的事情。他们在做什么？他们在想什么？他们如何生活？然后我就可以开始工作了。我从面料开始，这些材料的实物，它带来的'感觉'，然后我继续开发形式。或许对我来说最重要的是感觉。而之后当我开始利用面料创作时，我用我的方式思考它所能呈现的形式。"

他与阿迪达斯的长期合作，也就是2003年推出的Y-3系列，是前沿设计师与大众市场品牌最早且最成功的合作之一。当然这个合作是经过精心考量的。运动鞋是现代的，契合纯粹主义者视角的，同时也是主流文化和各种亚文化的标志性服装单品。最重要的是，它的起源是西方的校园运动风格，让山本这样一个与这类事物无关的旁观者，从中得到不少乐趣。或许在所有日本设计师中，他是最不愿意承认他所属国家的文化对自己作品产生了影响的人——尽管他设计的一些最美丽的服装，大部分似乎有拆解自和服的参考。"我碰巧出生在日本。但我从未以那样的方式给自己贴上标签。"他这么说过。在20世纪80年代，他总是对时尚媒体最初因为困惑把日本设计师通通归类为一个流派或运动，并假定这就是所有日本女性的着装方式，而感到相当的不耐烦。他说："人们谈论日本人的时候，就像他们全部是某种设计师帮派似的。在日本，或许这些设计师在某些边缘领域很受欢迎。但这和普通人的衣服没有任何关系。"

如果这话听起来很精英主义，那是肯定的。从一开始，山本就更像是一位杰出的艺术家而不是时装设计师。他的衣服很难理解，就像是难懂的诗句或是画作，充满了参考和象征，常常掩饰且扭曲着，还有一层含义在其中。他的系列中依然有非常奇特的服装，以及一种戏剧性的丑陋感，对于观者的理解能力有着不同寻常的要求。他的态度不可避免地发生了一些改变。1984年，他告诉伦纳德·科伦：

"自从我开始这份制造时尚的工作以来，我始终在思考：'对我而言，时尚是什么？'大约有十年的时间，我无法信任它，因为时尚总是在变化着。追随它的人是肤浅的。最重要的是：'什么才是新的？'。但是在最近两三年，我从中发现了一些东西。在时尚里，一个人可以找到关于人类的全新的表达——这是诸如绘画、雕塑、电影等纯艺术无法表达的东西。只有时尚能做到。我无法确切地解释原因，但是，关于人们正穿着什么、时尚对人类有什么影响的疑问，实在是太棒了。我认为有一种新的创作方式，所以我觉得我是有未来的。"

事实也证明了这一点。摆脱了一定的严肃感后，山本学会了热爱时尚，而经历了这些年，一种全新的欣喜快乐开始显现在了他的作品之中。他喜欢女人们享受穿着他的衣服的方式，认识到她们赋予衣着的带有自我意识的趣味精神，是将服装风格发挥得淋漓尽致的额外人文元素，而这种额外的元素，无论是图片、雕塑甚至是电影都无法拥有。

....

延伸阅读：1997年，弗朗索瓦·波多特的《山本耀司：时尚回忆录》（*Yohji Yamamoto: Fashion Memoir*），有助于迅速了解概况，2004年川村由仁夜的《巴黎时尚界的日本浪潮》可以作为辅助阅读。2005年，由路易丝·米切尔编辑的《前沿：来自日本的时尚》（*The Cutting Edge: Fashion from Japan*）也很有价值。2010年，由瓦莱丽·斯蒂尔编辑的《当今日本时尚》（*Japan Fashion Now*）包含了深度的分析。

Yohji Yamamoto

1995秋冬的设计师山本耀司。
Niall McInerney, Photographer. ©
Bloomsbury Publishing Plc.

山本耀司2000春夏。
Niall McInerney, Photographer. ©
Bloomsbury Publishing Plc.

山本耀司1998秋冬。
Niall McInerney, Photographer. © Bloomsbury Publishing Plc.

37 维维安·韦斯特伍德 （1941—）

服装是韦斯特伍德用来解构陈腐和传统的一种语言。

以创造力和让时尚成为重要流行文化核心的能力而言，维维安·韦斯特伍德正是20世纪最伟大的设计师之一。她的设计方法与许多设计师并没有太大的差别，尤其是其他接受过传统艺术学校教育训练的英国设计师；而有趣的是，一代日本设计师利用了这种西洋的设计方法，发明了一种原创的东方时尚。然而，她所展现的意识和说教的态度是独一无二的。1991年，当她正在构思与克里斯汀·迪奥的"新风貌"和跟18世纪早期服装相关的题材时，她告诉为《周日独立报》撰稿的布伦达·波兰：

"服装总是在重构和修改身体的结构，直到今天依然如此。会让人们感到惊讶和不安的重构，是那些不符合他们所认定的标准的，也就是不符合当下公认审美观的。如果你设计一件带有鞍具的连衣裙，那么使它具有圆润形态的填充物，就会成为一种颠覆性的行为，或许我正是想让它成为这样的颠覆行为，或许我想要质疑人们对什么是美、是什么让一位女士显得美丽这方面的成见。通过时尚，我试图重新唤醒和反思过去。"

韦斯特伍德曾学习成为一名教师，她身上仍有不少教育者的影子：思想和分析使她兴奋不已。服装是她用来解构陈腐和传统的一种语言。她直面偏见并提出问题——虽然并不总是条理清晰，但却充满了勇气和决心。她探索的着装题材，以及这些题材感性与理性的潜台词，总是会用她的系列的名字和主题明确地表示出来；

维维安·韦斯特伍德1981秋冬。
Niall McInerney, Photographer. © Bloomsbury Publishing Plc.

观看她的时装秀，不仅能激发人的才智悟性，还能激发人的感官——包括幽默感。当她陶醉于所创作出来的时尚的快乐和纯粹乐趣中时，她把自己的创作方法当作一种调研的工具，以认真并且相当具有政治色彩的态度来对待。她非常关注文化及其衰退，相信法国人是真正知识传统的继承者和保持者。2007年，在伦敦当代艺术中心举行的一场名为"品味之死"的会议中，她与布伦达·波兰有一个对谈的环节，期间她回答了一个问题，是关于她对当前文化的反馈，以及这一反馈和她的文化理念之间的关联的：

"在我的工作中最好的也是最糟糕的一点，就是它是无法停止的，你永远、永远无法停下来。我有一些绝佳的想法是在晚上出现的，就是因为我在阅读，与此同时我孵化着想法。每个人肯定都有过这样的经历，有了一些想法，然后你发展它们，你觉得你一定不能忘记这些想法，有时你甚至会下床来把它写下来。我必须这么说，这对人们来说是个不可思议又奇妙的提示，我总是会写30条语录，可以的话有时会用法语。……我会写30条语录，诗歌和各种各样的东西。比如卢梭——如果你集中阅读过不少相关资料，只要看一下那条语录，你就能找到那个特定时期你脑中所有东西的答案。"

正如苏珊娜·法兰克尔1997年在《卫报》上所评论的："在一定时间内，韦斯特伍德会同时表达着至少两到三种思路或是语句，她用德比郡的口音轻声讲述，让它们飞驰与碰撞着，直到几分钟甚至数小时后才点明其中的内涵，而有时也会戛然而止，让对话题感兴趣的人自己去填补空白。"在时尚记者和学者中，有非常多的人因为仰慕着她的作品，以及这位女士本人和她的精神，他们很乐意继续去思考。

1941年，维维安·伊萨贝尔·斯维尔出生于德比郡的格洛索普，是家里三个孩子中的老大。她的父亲出身于鞋匠世家，而母亲在镇上的一家棉纺厂当织布工。她一直喜欢时尚，并且始终记得在1947年，母亲提到邻居穿了"新风貌"的衣服。在青春期为自己做衣服的时候，她模仿的正是这个造型。她还记得她将自己在文法学校的校服改制成铅笔裙。"那是一件新奇的事，穿上它是性感的象征。"2003年，她对克莱尔·威尔科克斯说道。在20世纪50年代末，一家人搬到了伦敦郊区的哈罗，16岁时，维维安开始在哈罗艺术学校学习基础课程。一个学期后她离开了，开始在波多贝罗市集摆摊卖珠宝为生。为了攒钱上师范大学，她放弃了这份工作，到一家工厂工作。1962年，她在做小学老师的时候，在一个舞会上认识了她的第一任丈夫德里克·韦斯特伍德，但是在他们的儿子本出生后不久，这段婚姻就破裂了。1965年，她遇到了马尔科姆·麦克拉伦，也就是她在1967年生下的第二个儿子乔的父亲。麦克拉伦改变了她的人生轨迹。

麦克拉伦是20世纪60年代性、毒品、摇滚乐时期典型的叛逆儿童，他深受情境主义和居伊·德波的著作《景观社会》的影响；这本集结了违背常理的格言的著作，后来为朋克提供了语言。他热爱服装，但觉得当时伦敦的精品店文化没有什么适合他的。他会同时利用传统和颠覆性的服装给维维安做造型，并鼓励她用剃刀来削发，将头发漂白。1971年他们在国王路开设了他们的第一家店"尽情摇滚"，这开启了朋克的先河。到了1975年，这家商店已经更名为"性"，店里喷着色情涂鸦，挂满了橡胶窗帘，提供性爱和恋物癖式的服装。对于这些衣服激起的违背道德的感觉，韦斯特伍德感到兴奋不已。"我穿的所有衣服都让人们感到震惊，我会穿它们是因为我觉得自己看起来就像来自另一个星球的公主。"

1976年，彼时已经成为性手枪乐队经理的麦克拉伦，再次将国王路430号更名，这次改成了"煽动者—英雄的衣服"，并重新设计了它的内部装潢，包括上下颠倒的皮卡迪利广场和被摧毁的德累斯顿的照片。射灯从天花板上胡乱凿出的洞里探出来，桌子上有一只活生生的装在笼子里的老鼠。"煽动者（Seditionaries）"系列总结了韦斯特伍德和麦克拉伦的作品，包括印有20世纪50年代海报女郎图案的撕裂服装；摩托车手的皮革、链条和徽章；恋物癖者的肩带、安全别针和皮带扣。正如韦斯特伍德所说："你无法想象代表朋克摇滚的物品中没有服装。"这种刻意对抗的造型，先是遭到了严厉的抨击，后来被主流时尚吸收，成了一种危险震撼的风格的元素。

到了20世纪80年代初，麦克拉伦专注于音乐，而韦斯特伍德开始认为自己是一名时装设计师。因为亟需转变，他们选择了研究历史。商店名改为"世界的尽头"，内部装潢是一艘摇摇晃晃的海盗帆船，有着小小的窗户、低矮的天花板和倾斜的甲板装饰。店门前有一块微微凹陷的板岩石墙，上面挂着一个刻有13个小时的巨大时钟，指针快速地倒转着。1981年秋冬的"海盗（Pirate）"系列在奥林匹亚展出，伴随着炮火和麦克拉伦的说唱音乐，让人联想到海上抢劫的黄金时代，那是拦路劫匪、花花公子和海盗的时代。它立即广受好评，并且被全世界仿制。接下来一季，他们展示了"野蛮（Savage）"，这个系列结合了美洲原住民的图腾和皮制大礼服、反转佩戴外籍军团帽、"衬裤"与短裤。1982秋冬的"泥沼的怀旧（Nostalgia of Mud）"包括了宽大破烂的半身裙，上装搭配的是泥沼颜色的羊皮夹克。1983春夏的"朋克风潮（Punkature）"保持了一种粗陋且略带做旧的感觉，但融合了朋克和定制时装的参考元素，也借鉴了雷德利·斯科特的电影《银翼杀手》。

1983秋冬的"女巫（Witches）"，是韦斯特伍德和麦克拉伦的最后一次合作。设计借用纽约涂鸦艺术家凯斯·哈林绘制的图案，包含了大尺寸的双排扣夹克和大衣，用巨大的乳白色棉质雨衣搭配提花针织衫、筒裙和尖顶帽。1984年，韦斯特伍德将制造转移到意大利（她找到了一个商业伙伴，卡罗·德阿马里奥）。她的1984春夏系列名为"修普诺斯（Hypnos）"，并很大程度地仰赖于荧光色的运动装合成面料。"克林特·伊斯特伍德（Clint Eastwood）"系列是一个新进展，深受东京充满霓虹灯的夜晚和意大利公司的标志的启发。

1985年，韦斯特伍德故意破坏了当时主导时尚的宽肩"《豪门恩怨》风格"的造型。受到芭蕾舞剧《彼得鲁什卡》的启发，她设计了"克里尼迷你裙"，将芭蕾舞裙和简化版的维多利亚时代克利诺林结合了起来。"克里尼迷你裙"有着纯正的韦斯特伍德式风格，它融合了天真少女的派对连衣裙，以及迪奥风格衍生的成熟性感且直白撩人的意图。尽管克利诺林在现代已经成为女性受压迫的象征，但是，它所宣称的自主空间，它所施加的存在感，却意味着一些不同于以往的东西（**译者注：韦斯特伍德借鉴历史通常是为了颠覆，在这里"克里尼"可以视为女性自主选择了表达性感的方式**），而她本人也对这一事实颇有兴趣。出于同样混杂的目的，随后的"哈里斯粗花呢（Harris Tweed）"系列赞颂了韦斯特伍德对传统英国服装的热爱，还有她对古板又迷人的皇室与日俱增的迷恋——她从年轻时的公主成长为丰满的乡村主妇。许多服装，比如针织两件套、"自由的身材（Stature of Liberty）"束身衣，以及剪裁精良的"萨维尔（Savile）"夹克，都成为韦斯特伍德的经典之作。

随后的系列被统称为"英国得当异教徒（Britain Must Go Pagan）"，将传统的英式主题与古典和异教元素融合在一起，后者往往取材自古希腊的情色作品。在"时间机器（Time Machine）"中，她制作了正经的"马普尔小姐"粗花呢套装，外套的整体像是中世纪的盔甲。"舟发西苔岛（Voyage to Cythera）"以华多的画作命名，源自她对古代建筑建造方式重新燃起的兴趣，从18世纪的法国取材，这些灵感在"异教徒五（Pagan V）"系列中继续发展，包括印着塞夫尔图案的古典宽外袍。在这个时期，《女装日报》的约翰·费尔柴尔德将韦斯特伍德评为世界上最出色的6位设计师之一。

从1990年开始，以灵感来自伊丽莎白时代男装的"大针阔剪（Cut and Slash）"系列为开端，韦斯特伍德在博物馆、美术馆、图书馆中花费的时间，成就了她作品中的主导主题。在极简主义盛行的那段时期，她更喜欢装饰、浪漫以及贵族式的华丽风格——当然，并不会在设计中表现得那么直白。她提到她在法国设计中了解的精致，还有英国服饰中的"轻松魅力"以及完美无缺的剪裁。她声称："我们所知的时尚，不过是法国与英国之间理念交流的结果。"

正如克莱尔·威尔科克斯在为2003年维多利亚与艾尔伯特博物馆举办的韦斯特伍德回顾展的目录中所写的：

"她将时尚视为穿着者宣传自我的工具，作为令身心觉醒的兴奋剂。衣服带给穿着者的感受与它们的外观同样重要。为此，她扭曲、放大和剔除身体自然的形状，经常利用她从历史服装中找到的结构。她也为每一套服装赋予议题，让它们充满对历史的参考，她说：'蕴含一种特定类型的怀旧感，是我定义魅力的方式。它们是人类文化故事中的一部分'。"

1992年，韦斯特伍德与她以前的学生与合作者安德里斯·克隆斯塔结婚，她一直是绿色议程方面的政治活动家。在她后期的设计中，克隆斯塔扮演了重要的角色，而韦斯特伍德品牌也成为真正富有创意的双人秀。2006年，韦斯特伍德在由威尔士亲王主持的仪式上，被授予了大英帝国女爵士的封号。她透露自己当时没穿内裤。

延伸阅读: 1998年简·穆尔瓦格的《维维安·韦斯特伍德: 不时尚的生活》（*Vivienne Westwood: An Unfashionable Life*）和1996年弗雷德·弗莫雷尔的《时尚与反常: 维维安·韦斯特伍德的生活和披露60年代》（*Fashion and Perversity: A Life of Vivienne Westwood and the Sixties Laid Bare*）讲述了不一样的故事。1981年, 芭芭拉·贝恩斯的《时尚复兴: 从伊丽莎白时代到现 在》（*Revivals in Fashion: From the Elizabethan Age to the Present*）提供了背景与可供思考的资料。1996年, 艾米·德拉海伊的《前沿: 英国时尚 50年》是杰出的背景资料。2014年, 韦斯特伍德与伊恩·凯利合著的官方自传《维维安·韦斯特伍德》包含了她的理念, 但也有一些不准确之处。

维维安·韦斯特伍德, 20世纪90年代。
Niall McInerney, Photographer. © Bloomsbury Publishing Plc.

维维安·韦斯特伍德1992秋冬。
Niall McInerney, Photographer. © Bloomsbury Publishing Plc.

保罗·史密斯1996秋冬。
Niall McInerney, Photographer. © Bloomsbury Publishing Plc.

Paul Smith

38 保罗·史密斯
（1946— ）

**史密斯将英国人的
古怪想法变成了一种
国际化的时尚语言。**

自20世纪80年代以来，保罗·史密斯
始终是英国时尚界的一支杰出力量，他以将
古怪且幽默的设计感应用在经典的英式剪
裁而著称。在许多年里，他一直淡化了自己
作为设计师的能力，但是到了20世纪90年
代初，史密斯以全能的身份出现——集设计
师、零售商和商人所有角色于一身。作为西方设计师进驻日本的先驱，史密斯品牌
80年代末在日本的销量就超过了阿玛尼和香奈儿——2019年，他在日本仍有165
家店铺。

在创意方面，保罗·史密斯爵士（他在2000年被授予骑士封号）一直遭到忽视，
或许是因为他没有接受过正规的时装训练。他不断挑战好品味的概念，使他在男装
时尚方面产生了重要的后现代主义影响，也衍生到了女装领域（他在1994年推出
了女装系列）。史密斯喜爱萨维尔街风格的传统剪裁，但他也喜欢低俗和古怪的风
格。"什么是好品味？什么是坏品味？"他在1990年说，"它们都近在眼前。把它们
用搅拌机混合然后四处挥洒，真是令人愉快。"后来他还评论说："用错的东西搭配
错的东西是我的时装屋的特色。"美国小说家威廉·吉布森以19世纪的伦敦服装市
场为参照，巧妙地总结了他的风格："他的一部分内在仿佛与猎犬沟渠街服装交易会
相似——不是一座博物馆，而是一场盛大且无止境重组着的旧杂物义卖，他的民族
与文化里的艺术品，都不停地互换着程序。"

273

吉布森强调了史密斯对搜集来的物品的迷恋。无论是在伦敦还是东京（无疑是他在英国以外最喜欢的城市），史密斯没完没了地寻找那些可以在时尚领域被重新诠释的东西，或者干脆直接在他的商店里出售它们并以此为乐。数不清的产品，从邮票到成堆的水果，都被制作成T恤上的照片印花，显示了他对摄影的热爱还有他从他的父亲那里继承来的超现实主义思想。充满童趣的想象力正在发挥作用，比如一对假眼球，变成了袖扣和纽扣。在20世纪80年代，很多人留意到他的店铺是一个灵感与娱乐的宝库，其中包括了英国的资深设计师赫迪·雅曼爵士。

无论是过去还是现在，史密斯都是英国时尚界的一个独特人物。虽然自20世纪80年代以来，英国设计师被证明拥有着世界上最激动人心的想象力，他们遍及意大利、法国和美国各大时装屋的设计工作室，但他们几乎没有表现出建立和维持他们自己事业的能力。在史密斯出现之前，是由美国人拉尔夫·劳伦为现代的国际市场诠释经典的英式风格。在男装市场中，一些英国品牌，比如赫迪·雅曼爵士，仍然保持着传统的视角，而其他品牌包括雅格狮丹、达克斯、辛普森、耶格和君皇仕，则三心二意地发展着，在国际舞台上几乎没有掀起过一丝波澜。只有博柏利，通过一位有远见的美国首席执行官罗斯玛丽·布拉沃的经营，在20世纪90年代末和21世纪初取得进展。或许保罗·史密斯可以与另一位玩转经典风格的伟大英国设计师维维安·韦斯特伍德相提并论。但维维安·韦斯特伍德是一股带着挑衅性的颠覆力量，而史密斯的设计方法是顽皮的，并且更容易被人接受。他将英国人的古怪想法变成了一种国际化的时尚语言。"我的作品一直都在将英式风格最大化。"他曾这么说过。正如他在1981年的一次采访中所说，他生产的是"改良的经典（classics with a twist）"——就是从那时起，这组词语被频繁地使用，现在已经成为了一种老掉牙的说法。

史密斯无暇顾及概念时尚，说着"我不喜欢……不能被穿上身的愚蠢想法"。他还骄傲地反对大企业，挑战着现代设计师时装生意的企业化做派以及全世界设计师店铺的同质化。在21世纪20年代，他作为零售商的影响力可能会继续增长而不是减少，尤其是他对店铺个性化的倡导，从成为Instagram上热门店铺的洛杉矶粉色大型门店，到伦敦黑金园的私密空间。在伦敦国家肖像画廊里展出的由詹姆斯·劳埃德为这位设计师创作的肖像画，极好地总结了他的个性：精力充沛、玩世不恭、思路冷静，或许比他平易近人的公众形象要显得更强硬。1990年，在接受罗杰·特雷德的采访时，史密斯谦虚地评价了自己的设计技巧："几年前，我会说我只是一个收集时尚的人。但最近我会说我是一个设计师了，因为我确实是有一些想法，而这些想法是前所未有的。"

1946年，保罗·布莱利·史密斯出生于诺丁汉比斯顿。15岁时，他没有取得任何学历就辍学了，他的父亲哈罗德让他去一家服装仓库工作，在那里他基本上就是一个跑腿的。那是20世纪60年代初，时尚正处于由年轻人引导爆发的边缘。史密斯开始在仓库里组合陈列品，并创作自己的时装大片。当时他的理想是成为一名职业自行车手，但他17岁时发生的一场重大事故改变了这一切。史密斯在医院里待了六个月，出院后他对生活有了不同的看法。他开始和艺术系的学生们一起混在酒吧里，并吸取当时的艺术和时尚。在这几年中，他积极地采纳了20世纪60年代末的反主流文化，他的穿着打扮曾让一位老人感到厌恶，老人在街上拦住史密斯并训斥他："我为你打仗，而你却该死地穿得像一个女孩。"1966年，他与一位名叫珍妮特的女装设计生合作，掌管她店里的男装部，学习零售业的基本知识。1970年，史密斯开设了他的第一家店"男士专区（Vêtement Pour Homme）"，销售高田贤二和玛格丽特·霍威尔等设计师的作品，最初还有一些本地制造的衬衫和夹克。尽管并没有声名大噪，但在这个十年中，这家店以缓慢的速度稳步发展着。史密斯个人着装的风格，已经转变成了更考究的造型，包括定制西服套装、羊绒毛衣以及定制的古巴跟靴子。

直到1976年，保罗·史密斯品牌才正式在巴黎推出。新型的轻质面料扩大了男装剪裁的选择范围。乔治·阿玛尼正在意大利制作着更柔软的西服套装。史密斯从中得到了一些感悟与启发，但是并没有完全以此推进设计，而是更喜欢靠自己的影响，以不同的方式来设计西服套装。用细条纹西服套装，搭配深蓝色斑点衬衫、白色橡胶底帆布鞋。威尔士亲王格子或是粉笔条纹，可能会以不同寻常的色彩搭配出现，并且有着色彩鲜艳的内衬。打从一开始，他实验性的作品就得到了他的终身伴侣宝琳·丹耶的支持（他们在2000年结婚），宝琳·丹耶曾在皇家艺术学院学习，所以她有着史密斯从未有过的专业培训技术。后来他承认，是她设计了早年的系列。在20岁出头，他们观看了巴黎的定制时装秀，包括香奈儿、卡丹、巴尔曼和伊夫·圣·洛朗。比起20世纪80年代初席卷时尚界，灵感来自川久保玲和山本耀司等日本设计师的无结构外形，史密斯的设计方法与这些传统品牌更为吻合。"当时，我们的很多艺术院校都失去了以传统方式创作服装的能力，"史密斯回忆说，"当然是有很多激动人心的事发生……但我真的希望这个根基能够继续。无结构的西装令我感到惨不忍睹。"

史密斯的个人影响力要远远超过他的品牌。多年来，他一直在英国最大的服装零售商玛莎百货担任男装顾问，将赚到的钱投入到自己的品牌中。同样，兴盛的批发业务也能让他在自己店铺冷冷清清的时候仍然保持动力。1979年，他买下了伦敦考文特花园花街44号的永久产权，并在那里开了一家店，这是一个关键的举措。这是这条街上开设的第一家时装店。不久后他买下了隔壁的单位，并决定保留它老旧的木制镶板装潢，发展出保罗·史密斯品牌的零售风格，一种新旧结合的古怪风格。这家店逐渐发展成为英国现代时尚史中最重要的店铺之一，成为现代男装爱好者的朝圣地，尤其是它那富有艺术感且妙趣横生的店铺橱窗。随着业务的发展，史密斯历经艰辛学到的零售经验是非常宝贵的。"你必须是90%的商人，10%的设计师。"他说。

20世纪80年代是史密斯的黄金年代。当萨维尔街上量身定做服装的裁缝们挣扎着生存的时候，英式剪裁因为史密斯确保了在现代时尚版图上的一席之地，理查德·詹姆斯等一些名气比较小的设计师也在他的带领下发展了起来。保罗·史密斯的品牌抓住了再次兴盛的英伦浪潮。在80年代的伦敦，每一个锐意进取的创意年轻人，都有一身保罗·史密斯的西服套装，同时还有一条拳击短裤和一本菲洛法克斯牌日程本，后者是由史密斯销售和推广的。远远领先于许多欧洲设计师，史密斯发现了日本的黄金潜力，他在1984年与伊藤忠商事公司签订了授权协议，从那时起每年都会前往日本两次。这一投入得到了回报，也促使其他设计师纷纷效仿。品牌定期的展示（新系列的展览）在东京举办，而史密斯在当地拥有着非同一般的名人地位。在21世纪初期，他对待新崛起的重要的中国市场显得更为谨慎，2004年在上海开设了第一家店。

在其他地区，保罗·史密斯的零售业务继续迅猛发展，1987年在纽约第五大道开了第一家店，1993年在巴黎开了一家店，1997年在伦敦斯隆大道又开了一家新店。也许他最特别的一家店铺是韦斯特伯恩豪斯，一座位于诺丁山的维多利亚式大宅，由索菲·希克斯重新设计。在三层楼的六个房间里，售卖着保罗·史密斯的全部系列，同时还提供定制剪裁服务。史密斯的女装于1994年推出，并且在意大利生产，不如男装那么有影响力，其中许多灵感和造型都借鉴了他的男装系列。史密斯经常对英国设计师行业的主流置身事外，回避英国时装奖，他曾批评它是'自鸣得意'。虽然他在幕后以顾问的身份努力工作，试图激发一些动力，但他对于英国时尚业在培养新设计师方面的失败管理而感到沮丧。这位设计师还经常发言反对现代时装设计师的同质化。在世界各地的演讲中，他提出时尚业要有个性化的新精神。他说，一个伟大的商店应该像是阿拉丁的洞穴："在那里，你可以在一些美妙的物品旁边看到一些令人惊骇的物品，高价物品和低价物品摆放在一起"。

史密斯坚信每个人都可以尝试设计。从这个意义上说，他可能为未来的设计指明了方向，在新技术的支持下，一种自己动手的氛围席卷了现代流行文化，使得消费者也能参与其中。近年来，他与众多不同类型的企业合作，从路虎到约翰·洛布再到徕卡。作为一个直言不讳的个人主义者，史密斯代表了私有化时装设计公司的一线希望。现在他70多岁了，一直在工作，引领着他的公司度过了2017年的低迷期。史密斯本人并不愿意过多地宣扬他对于时尚的贡献。"到头来我设计的是我自己想穿并且穿起来感觉很好的衣服，"他说，"做工精良，质量出色，剪裁简单，面料有趣，易于穿着。无须赘言的服装。"

....

延伸阅读：2001年，保罗·史密斯在《你可以从任何事情中找到灵感（如果你不能，再看一眼）》（*You Can Find Inspiration in Everything (and If You Can't, Look Again)*）一书中，有效地探讨了他的设计方法。2013年的《你好，我叫保罗·史密斯》（*Hello, My Name is Paul Smith*）是伦敦设计博物馆的展览目录。保罗·史密斯的趣味演讲充满了他对于设计方法的洞见：2018年他在"牛津大学辩论社"的演讲可以在视频网站上观看。

设计师保罗·史密斯。
Niall McInerney, Photographer. © Bloomsbury Publishing Plc.

保罗·史密斯2000秋冬。
Niall McInerney, Photographer.
© Bloomsbury Publishing Plc.

保罗·史密斯1995秋冬。
Niall McInerney, Photographer. © Bloomsbury Publishing Plc.

阿瑟丁·阿拉亚
（大约1935—2017）

阿拉亚开发出一种
剪裁，能够柔和地突显
和放大女性身上性感
的部分。

在20世纪80年代初，时尚编辑要想找
到几个统一的趋势来指引他们的读者，已经
变得相当困难了。这个时期的时装秀让人感
到十分混乱，但可以确定的是三种主流。第
一类也是最激动人心的一类，是实验派和
智慧型的设计师，在巴黎的日本人，包括维
维安·韦斯特伍德、身体地图、凯瑟琳·哈姆
内特、贝蒂·杰克逊在内的年轻英国人，以及包括安·迪穆拉米斯特、马丁·马吉拉
（Martin Margiela）和德赖斯·范诺顿在内的安特卫普圈设计师。然后是以乔治·阿
玛尼、卡尔文·克莱恩和卓然为首的现代极简主义者。占据中心地位的是幻想主义
者或浪漫主义者，以伊夫·圣·洛朗、卡尔·拉格斐和早期的詹尼·范思哲这样矜持
且柔和的浪漫主义风格为代表。其中还有一些设计师，则是受到连环漫画艺术家
的部分启发，走上了一条更有侵略性的路线，展示了一种融合了芭比娃娃与情色低
俗科幻漫画女主角的女性视觉形象。在这些设计师中，想象力最丰富的当属让·保
罗·高缇耶，而蒂埃里·穆勒和克洛德·蒙塔那则创造了他们自己的流行文化性感妖
姬，最极端的是模具制作的塑料护胸甲，它有着20世纪50年代尖翘的乳房、特别紧
的躯干、捆绑的细节和恨天高的细高跟鞋。

但当时"将我装扮成吸血鬼"的终极偶像是阿瑟丁·阿拉亚，这个身材矮小
的突尼斯人被《女装日报》称为"紧身衣之王"，而英国记者乔治娜·霍威尔叫他

阿拉亚1986秋冬。

"紧身衣的巨人"。1982年，布伦达·波兰被领到他位于巴黎拉丁区狭小而拥挤的工作室里与他会面。由伦敦零售商约瑟夫·艾德吉引荐，他曾将高田贤三推广到英国，正准备为阿拉亚做同样的宣传。这是波兰唯一一次坐在（封闭的）盥洗室里进行采访，而被采访者站在门口。在当时，这个一身黑衣的小个子男人——黑色窄身高领夹克、黑色棉布裤装、黑色天鹅绒便鞋——突然间成为巴黎最炙手可热的名号，连他自己都感到意外。因为缺乏媒体报道，无法进行一些简单的背景调查，所以不得不问他一些很基本的问题。尽管他对第一个问题避而不谈，却展现出了他的魅力。"多大年纪？这重要吗？我跟法老一样老。"

波兰继续采访他：

"成功？这对我来说并不重要，不是我真正关心或渴望的东西。对我而言，工作、服装、顾客、女人是我的乐趣。我没有财产，但我一直拥有人，他们才是我最关心的。美丽的女人，她们对我来说很重要。我是一个雕塑家，也许我可以让她们更美丽。"

他给予人们的关注和感情得到了回报。阿瑟丁·阿拉亚是一个善良、温和并且慷慨好客的人。

大约1935年，阿拉亚出生在突尼斯的一个农民家庭，他和他的双胞胎姐妹哈菲达由外祖母马努比亚抚养长大。外祖母为他报名了美术学院的雕塑课。正如弗朗索瓦·波多特所说，如果阿拉亚没有兼职成为当地的接生婆皮诺夫人的助手，而她诊所的候诊室里放着时尚杂志，艺术史上将多一位雕塑家。在年轻的阿瑟丁获准去准备热水和干净的毛巾时，他周围的环境中已经充斥着女人和她们的身躯，他也就此培养了对时尚影像的着迷。后来他与许多摄影师建立了稳固的合作关系，特别是让·保罗·古德。

阿拉亚说他顿悟的那一刻使他意识到，他的未来不是用石头去雕刻或者用泥土去塑造，而是用布料和皮革去表现女性的形体。而他知道，可以让他那么做的只有一个地方——巴黎。起初他的祖父母对于这个想法感到担忧，但这个男孩为了证明他的决心，在突尼斯的一个制衣师那里找了一份工作，最终得到了长辈们的许可。1957年，他来到巴黎，克里斯汀·迪奥那里已经预先为他安排好了一份工作。但他在那里只工作了五天。波多特写道，阿尔及利亚战争爆发了，年轻的阿拉伯男孩是不被欢迎的。而阿拉亚耸了耸肩说不是那个原因，他知道那些顾客对他来说太有权势了。尽管如此，美丽的女人们总是对阿拉亚百般照顾——这次，西蒙尼·泽弗斯把他引荐给了姬龙雪，阿拉亚为他工作了两季。在那里，他学到了东西，但他并不满足。

离开姬龙雪之后，他待在第16区的德布勒日耶伯爵夫人那里。他照顾她的孩子们，帮着做饭，进行他的第一次设计，并在伯爵夫人的恩惠下，扩大了他的朋友圈和客户圈，包括路易丝·德维尔莫兰、葛丽泰·嘉宝、塞西尔·德罗斯柴尔德，以及与他关系特别好的女演员阿莱缇。除此以外，他还为疯马夜总会的舞者制作戏服。最终他搬出了伯爵夫人的厨房，搬到了贝勒查斯街，那里的四个房间见证了他在20世纪80年代初的优势地位。尽管如此，在很长一段时间里，他的角色是一个定制服装设计师，或者说是私人制衣师，有着一大群忠实的客户，这是一个被严守的秘密。

阿拉亚实现了自己的规划，成为一个女性躯体的雕塑家。除去其他，定制时装的传统之一，很大程度上就是把理想的外形，也就是当下时尚的理想外形，强加给不理想的身材。由于绝大部分定制时装的顾客已经过了苗条年轻的初次发育期，身体往往与理想的状态相差甚远。所以定制时装的结构和工艺都经过了计算，以便提升和支撑，收紧和压平，在没有曲线的地方创造曲线，在有许多赘肉的地方消除赘肉。尽管阿瑟丁·阿拉亚在姬龙雪学到了这些工艺，但他是在20世纪六七十年代通过购买和剖析大量的古董定制服装，进一步完善他的技术的。

阿拉亚以他自己的独特方式应用这些技术。他利用可以拉伸和紧身的面料，开发出一种剪裁，能够柔和地突显和放大女性身上性感的部分。尽管他也使用毛线、针织衫和斜纹梭织面料，但他对富含莱卡或是莱卡黏合的面料的利用，成为他的鲜明标志。他还能用皮革——并不总是柔软的小羊皮，有时是能引发联想的有着金属铆钉的——制作出带有适当恋物癖风格的产品。弗朗索瓦·波多特写道："当然，这位调皮的裁缝会和他更大胆的顾客一起冒险。为了秀出她们的身材，他特别强调了腰背部和臀部。"

要不是懂行的时尚编辑开始推荐他，建议他设计一些成衣，他很可能会继续做私人定制时装设计师。1979年，他为马德琳·富尔斯设计了一件雨衣和一身西服套装，这两套服装被 *Elle* 杂志拍摄了。受此鼓舞以及随后的成功，阿拉亚开始考虑设计成衣线。1980年，它在一个小公寓发布。没有邀请函。一如既往，他靠的是口碑；一如既往，他坚信他的圈内人会引来对的圈内人。毕竟他的女人们总是会关照他。

这个系列是全黑的、肩膀宽大、曲线夸张、充满了朋克元素——斜向的拉链、别针和针。巴黎的媒体对它推崇备至。在美国摄影师比尔·坎宁汉为《女装日报》拍摄它之后（这篇报道为它创造了一个简洁又贴切的标签，称它为"第二层皮肤般的着装"），所有美国人都想拥有它，纷纷冲向他不算大的店铺。或许最值得一提的是在那个系列中，阿拉亚发明了一种新的服装——紧身衣。流线型的廓型是他造型的核心，因此他将舞者的紧身衣改造为日常可以搭配裙装或裤装穿着的服装。与舞者的版本不同，这种时尚的衣服在裆部扣合，用暗扣或是小纽扣固定。1985年，唐纳·卡兰让这种服装变得更为普及，她的第一个自有品牌系列就是以它为基础的。

1983年，《多伦多明星报》的记者玛丽娜·斯图尔扎对此评论道：

"他的地址一直是巴黎时尚行家间公开的秘密，至少持续了十年。令人忍俊不禁的是，时尚界的美人儿还有媒体和买手，不分贵贱、不顾礼仪，一股脑地挤在这个最多只能容纳几个人的狭小空间里。他们伸长脖子、推推搡搡，就是为了看到阿拉亚的模特时而闪过的身影，哪怕只能瞥到一眼。"

他们都是来观赏有史以来最性感的衣服的，不适合伸展台的借口成了恩赐。除了利用拉链，阿拉亚总是选择干净又简单的线条，几乎没有任何装饰性或琐碎的细节。他偏爱深色或是中性色彩——也就是财力雄厚的富人的昂贵色板：黑色、藏青色、棕色、米色、灰色、灰褐色以及柔和的粉彩色系。他的天赋在于复杂的剪裁和以这一剪裁展示身体的方式，沉迷于风韵的女性曲线。他直接在人体上工作，反复地缠绕、试穿和裁切。他的灵感之一是玛德琳·维奥内特的多缝合技术和斜裁，另一个灵感是查尔斯·詹姆斯那对甲壳型结构犹如工程师般的痴迷。

创新的是阿拉亚利用弹性面料和复杂结构，为穿着者带来的行动自如。这些衣服像羽毛一样轻盈又无拘无束，让女性能以现代方式轻松地迈出步伐，并且极具诱惑力，因为穿上这些衣服能让她感到无比性感。连阿拉亚顾客的丈夫和情人都是他的大粉丝和好友。

他在巴黎的成衣界称霸了几季，在巴黎、纽约和洛杉矶都开设了精品店，并影响了各地的大众市场。更多的私人客户情不自禁地被他的名气所吸引，包括蒂娜·特纳和麦当娜，因此他的精力被残酷地分散了。此外，他的完美主义意味着他成衣系列的衣服要经过无休止地返工，而衣服的展示时间一拖再拖。最初记者要在巴黎特地多待几天以便观看他的秀，之后变成一周，等到拖延时间变成了一个月，媒体和买手就开始恼火了。1986年10月，《女装日报》将阿拉亚的拖延和缺乏专业性，解读为对曾向他伸出养育之手的人——美国各大店铺集团——的轻蔑，并刊登社论说他的日子到头了。他反驳说："我马上就会把他们杀掉，即使是最大的客户。我谁也不怕，哪怕是美国总统。"但《女装日报》不仅有权力，它还有权利。阿瑟丁·阿拉亚虽然曾经有着影响力，但他并没有随着时尚的前进而前进，而最重要的问题是，他无法在他承诺的时间内将衣服送达店铺。

1992年，他停止生产成衣系列，重新专注于定制时装。而在2000年，20世纪80年代风格的复兴，致使伸展台上的服装纷纷向阿拉亚致敬，普拉达的帕吉欧·贝尔泰利买下了他的公司，使它成为旗下包括海尔姆特·朗和吉尔·桑达的设计师品牌中的一员。这次收购并不成功。2007年，普拉达将公司重新卖给阿拉亚，而他在拥有卡地亚、蔻依和登喜路等奢侈品牌的历峰集团的支持下重新融资。2008年，阿拉亚被授予荣誉军团骑士称号。

在历峰集团的支持下，阿拉亚在他位于马拉斯的总部里设立了一个档案馆和画廊。2017年，他在巴黎去世。次年，伦敦设计博物馆举办了一场构思出色的展览"阿瑟丁·阿拉亚：定制时装设计师"，在他去世之前，他曾参与协助策划。歌星女神卡卡说："没有人能像他那样设计，没有人能像他那样了解女人的身体。"

延伸阅读：2018年的《阿拉亚》是关于他的专著的修订版，有着权威的概述，由卡拉·索扎尼和克里斯托夫·冯·韦伊赫撰写前言。1996年，弗朗索瓦·波多特为《时尚回忆录》系列所著的《阿拉亚》是一本不错的概述，而2006年，弗朗西斯卡·阿尔法诺·米利埃蒂的《时尚宣言：与时装设计师的访谈》（*Fashion Statements: Interviews with Fashion Designers*）则带我们进一步了解他。

设计师阿瑟丁·阿拉亚。
Niall McInerney, Photographer. ©
Bloomsbury Publishing Plc.

阿拉亚1990秋冬。
Niall McInerney, Photographer. ©
Bloomsbury Publishing Plc.

阿拉亚1991秋冬。
Niall McInerney, Photographer. ©
Bloomsbury Publishing Plc.

詹尼·范思哲
(1946—1997)

范思哲是时尚史上技术最精湛的设计师之一，因为他在学会画草图之前就了解了复杂的结构。

从20世纪50年代开始，无论是在哪里制作的意大利时装，主要都在罗马和佛罗伦萨这两个城市展示。不过，在20世纪60年代过渡到70年代这段时期，一批成衣设计师开始对只能在佛罗伦萨皮蒂宫及其周边举办时装秀感到越来越不满。在他们之中，许多人的基地都在以工业为主的北方，而且他们认为米兰这个有着国际机场的商业化前卫都市，比起地方偏僻、交通不便又挤满游客的佛罗伦萨更适合办秀。第一批分道扬镳的队伍，由吉吉·蒙蒂和贝佩·莫德内塞领头，其中的设计师包括克里琪亚的马里西亚·曼德利和她的丈夫阿尔多·平托、罗西塔和泰·米索尼，以及沃尔特·阿尔比尼。而后迅速新加入他们的有尼诺·切瑞蒂、乔治·阿玛尼、詹弗兰科·费雷和詹尼·范思哲。

1946年，詹尼·范思哲出生在雷焦卡拉布里亚一个贫困、虔信宗教且勤劳的家庭，他在母亲的膝下学习制衣。在大学里，他的专业是建筑学（几位意大利最著名的时装设计师都有着相同的经历），但在1972年，他选择了时装并搬到米兰，为康帕利斯、珍妮和卡拉汉等多家设计工作室工作。1978年，他在米兰的永久宫艺术博物馆展示了以他自己名字命名的第一个女装系列，随后，在那年秋天，他又展示了他的第一个男装系列。他的作品从第一次出现开始就广受好评，而从早年开始，他

范思哲1992春夏。
Niall McInerney, Photographer. © Bloomsbury Publishing Plc.

就按照意大利人的方式来运营公司，他的公司成员就是他的家人。他的哥哥桑托负责管理公司业务，而就像他曾经跟着他们的母亲学习一样，比他小十岁的妹妹多纳泰拉是跟着哥哥学习的，并成了他的助理，最后成为他的继承人。1982年，范思哲遇见了他的伴侣安东尼奥·达米科，他是一名模特也是公司里的设计师，他们的关系一直持续到这位设计师离世。

范思哲被人们称为交际花的定制服装设计师、高级妓女风格的王者，甚至是"第一位后弗洛伊德主义设计师"，他的设计不仅适用于戏剧和歌剧，也适用于摇滚舞台、俱乐部现场和特别盛大的场合。范思哲几乎一手打造了20世纪90年代的超级名模，她们曾经5个人手挽着手地并排走在他的伸展台上，而她们本身的传奇地位，也让这位缔造者显得更有魅力。他也改变了时尚的方向，将时尚推向了强烈的情色主义，这使他收获了狂热的拥护者，他们之中有不被上流社会接纳的摇滚明星、高级的追星族，而这也让一些时尚评论家们同样激烈地反对着他。在《卫报》上，朱迪·鲁姆博尔德是以这样一种带着厌倦了的口吻，来评价1991秋冬的时装秀的：

"这是场一如既往的欢愉式淫乱，包括了标志性的令人头晕目眩的高跟鞋、高耸的发型以及为富人和名人设计的价格高昂得离谱的格子装。然而，闭场却有一点不同。伴随着乔治·迈克尔响亮且真挚的歌声，范思哲派出了几位身价数千英镑的奔放又光彩照人的欧洲性感女郎——娜奥米·坎贝尔、辛迪·克劳馥、克莉丝蒂·杜灵顿和琳达·伊万格丽斯塔——穿着粉色、橙色和绿黄色的娃娃迷你连衣裙走上伸展台。但她们并不仅仅是在展示衣服，这里她们已经超越了模特的本职。……显然这不只是关于服装了。这是表演，是戏剧效果，而最重要的是，对范思哲这个米兰最资深的时髦人士来说，这简直就是该死的摇滚乐。"

尽管其他设计师偶尔也会为好莱坞、电影和音乐界的明星们设计着装，但范思哲尤为积极地寻求这种人脉，他不仅利用了摇滚场景和它那浮华、过剩、颓废的生活方式，而且还有着一些精明的交换条件，名人如果穿上他给的衣服并出席他的派对和店铺开业礼，就可以得到衣服，在多数情况下，还会有一笔丰厚的报酬。丽贝卡·阿诺德在2001年写道：

"他的顾客是炫富的，对好品味不屑一顾。他的广告也同样奢侈挥霍，一队超级模特不同程度地脱去身上的衣服，身处于一个周围阳光普照的意大利别墅，别墅里摆放着一系列这位设计师风格的家居物品，丝绸靠垫、毛毯和精美的瓷器，全部装饰着古典和文艺复兴时期的华丽图案。他的镀金美杜莎头像标志在20世纪80年代已经拥有了地位，让穿着这些衣服的摇滚明星和名人声名鹊起，进一步模糊了时尚业和娱乐界之间的界限，双方都从这样的联手合作中获益。从他大获成功（并被广泛盗版）的设计师牛仔裤系列，到他发展的定制时装系列，他的作品提供了一个颓废至极的幻境。"

1993年，范思哲在老邦德街开了一家好几层楼的店铺，这家店耗资1100万英镑,是当时伦敦有史以来最昂贵的店铺装修,这个店铺帝国里容纳了从牛仔服到定制时装的所有系列。这家商店本身就是令人叹为观止的范思哲式巴洛克风格的体现:它使用了10种不同颜色的锡耶纳大理石和一公斤的金箔,负责装潢的工匠多得数不清,还有一支专程从史卡拉搭飞机来的壁画画匠团队来调整装潢效果。在花费15000英镑举办的开业派对后的第二天早上(范思哲穿着他的一件泳池蓝丝巾印花的丝绸衬衫和黑色紧身牛仔裤出席了派对),布伦达·波兰在《每日邮报》上报道:"当摇滚明星和他们保养得当的女友对着衣服指指点点的时候,商业机构和热场人员,还有媒体,都不自在地注视着洛可可式的装饰。在我身后,一个让人想起伊顿公学,代表着本地人的声音喃喃地说:'这是伦敦最漂亮的洗衣店。'"

　　他与黑手党有所关联的传闻一直困扰着他,或许这并不奇怪,因为他出生在雷焦卡拉布里亚,他的品牌的创立速度特别快,他拥有巨大的财富和奢华的生活方式,还有他被人目睹到交往的人物。1997年,当他在迈阿密海滩豪宅的台阶上,令人震惊地被谋杀后,传闻流传说这是黑手党的处决。然而,最后警方得出的结论是这都是无稽之谈——这起谋杀案是由他的一个狂热崇拜者,孤独且患有精神病的安德鲁·库纳南所为。

　　距离他离世已经过了十年,2007年7月,凯西·霍林在《纽约时报》的报道中对此回应道:"自从范思哲在迈阿密海滩去世,这十年缺失了很多东西——最明显的是少了一位伟大的天才。试着想象一个没有印花的冲击,没有细高跟鞋的活力,没有迷人的链条和装饰品这样的小摆设的衣橱。而这些都是范思哲曾经的作品。他的影响力发散并传播了出去,远远超出了他的伸展台所呈现的性感热浪。"

　　这种性感热浪的起源不难找到。范思哲是一个开朗又有趣的对谈者,一个极具魅力的人,愿意大方地留出时间。1981年,他在接受《卫报》采访时告诉布伦达·波兰:

　　"当我还是个小男孩的时候,我的母亲会带我们去教堂,我们必须经过妓女所在的街道,我的母亲会说:'遮住你的眼睛。别看这些女人。永远不要去看这些女人'。但是,我当然会看,对我来说她们是如此地美丽和迷人。她们是禁忌。她们有着吸引力。所以她们当然留在了我的心中。一直到现在。"

　　詹尼·范思哲是时尚史上技术最精湛的设计师之一,因为他在学会画草图之前就了解了复杂的结构。他甚至比阿瑟丁·阿拉亚更懂得利用多块衣片来裁切与缝合,使它们能在保持轻盈和舒适的同时重塑身体的形状。他可以构造出使用少量面料的暴露的服装,让公然露出的身体部分比遮盖的部分多,又能让面料保持不移位——就像1994年,初出茅庐的女演员伊丽莎白·赫莉在《四个婚礼和一个葬礼》首映礼上穿着的那件安全别针礼服。他擅于利用手套般柔软的皮革,在这一点上没人能望其项背,他对镀金面料和他独特专利的金属"锁子甲"奥罗顿的开发,使他能够塑造出最美丽的巴洛克装饰服装,既能满足恋物癖者的幻想,又能让艺术爱好者感到愉悦。在帕特里克·德马舍利耶为威尔士王妃戴安娜拍摄照片时,她所穿的那件花式装饰着玻璃珠子和金色铆钉的天蓝色绸缎贴身连衣裙，巧妙地展露了她后来的个性：一部分淑女，一部分圣人，一部分吸血鬼。对范思哲来说，设计出这种体现了矛盾元素的服装是轻而易举的。他沉迷于艺术史、米诺斯陶瓷、希腊罗马雕像和钱币中的意象（他的私人收藏品有着博物馆般的水准），还有华丽又绚丽的17世纪和18世纪装饰风格，以及金碧辉煌的装饰艺术时期。他同样熟悉街头风格和流行文化——尤其是摇滚文化——以及性偏差的亚文化，他们以皮革和金属、橡胶和闪亮的PVC、带子和铆钉、搭扣和镶铐、紧身衣、交叉绑带和安全别针为道具。

1997年，在这位设计师刚刚离世之后，策划了大都会艺术博物馆展览的理查德·马丁，从时尚史的角度来评价他，在时尚迎合资产阶级的财富价值和规则之前，他注重的是感官享受。范思哲是20世纪80年代末和90年代初具有划时代意义的设计师，因为他恢复了高级时装以情欲为目的的感觉。马丁写道："詹尼·范思哲重组了服装的规则。他并不追求礼节。与之相反，他赋时尚以欲望，用对时尚的欲望和躯体的色欲，来替代端正的行为和社会标准这样的原则。"

许多20世纪的设计师，从伊夫·圣·洛朗到让·保罗·高缇耶，从维维安·韦斯特伍德到约翰·加利亚诺，都从街头文化以及对立或边缘化的亚文化中，找到了鲜活的参考。但对于妓女和男童妓，只是他们粗略参照的人物，而詹尼·范思哲却执着于他们并且颂扬他们。范思哲并不是唯一一个关注堕落的女人抹大拉的人。她是费德里科·费里尼和卢基诺·维斯康蒂的女主角，后者是在范思哲成长阶段、穷苦意大利自我重建时期的两位伟大的意大利电影导演。马丁写道：

"没有人像范思哲一样将妓女带入时尚界。这是一项值得被记载的壮举，他把握了这位街头艺人的故作大胆和显眼的衣着，以及她明目张胆炫耀着的性能力，并把它们引入高级时装。但范思哲没有……直接把妓女送到沙龙和伸展台上。他以时尚的方式，在街上搜寻灵感。他将她表现为魅力，利用了她极度轻佻的短裙，闪亮及类似面料的诱惑，并且理解着性的动机，但他不仅仅是描绘街头那些已经存在于衣橱里的衣着，而是渲染出了每一个夸张且富有表现力的画面……在刻意选择歌颂这些街头艺人的时候，范思哲冒着被资产阶级谴责的危险。作为一个设计师，一个人，范思哲从来没有寻求过折中道路或是中产阶级。相反地，他锻造了一个精神和意志独立的人，富人、年轻人和无畏者之间的联合体。"

尽管从范思哲私人暗室中流出的一些同性恋图片，常常是令人感到不适的戏仿，但是在一些评论家看来，他坚持把男性作为性的产物来展示，对两性都是一种解放。范思哲时装秀上的超模们常常参考了异装癖扮演的玛丽莲·梦露、碧姬·芭铎、蒂娜·特纳或麦当娜，由此提出关于女性气质和身份认知的有趣疑问。事实上，范思哲与一代年轻女性步调一致，她们自称是后女权主义者，并且自主掌握着她们刺激的，有时甚至是放荡的性行为。丽贝卡·阿诺德写道："自20世纪80年代以来，时尚界对同性恋文化的挪用变得越来越有趣。随着时装秀变得越来越浮夸和戏剧化，他们参考了阴柔做作的方式，以一种后现代主义中自我关注的形式，陶醉于尽情地夸大和戏剧化女性的特质。时尚充当了娱乐的角色，再加上范思哲绚丽夺目的时装秀的强化……给这个行业带来了夸诞与戏仿。"对文化的影响也是如此。

　　1997年范思哲离世后，他的妹妹多纳泰拉接任了创意总监，范思哲将自己在公司的股份遗赠给了多纳泰拉的女儿阿莱格拉。2008年的经济衰退对公司来说是一段艰难时期，但品牌挺了过来，并实现了多元化发展。2018年，范思哲被一个全新的美国奢侈品集团卡普里控股以21亿美元收购，该集团旗下的品牌包括迈克·高仕。

延伸阅读：1997年，伴随纽约大都会博物馆展览一起发行的理查德·马丁的《詹尼·范思哲》，是最出色且有着最佳分析的一本著作。2010年，德博拉·鲍尔的《范思哲：时尚、谋杀与家族盛宴》(*House of Versace: The Untold Story of Genius, Media and Survival*) 讲述了这个品牌的历史，资料非常详尽。

设计师詹尼·范思哲在
1993春夏。
Niall McInerney, Photographer.
© Bloomsbury Publishing Plc.

范思哲1994秋冬。
Niall McInerney, Photographer. ©
Bloomsbury Publishing Plc.

范思哲1990春夏。
Niall McInerney, Photographer. © Bloomsbury
Publishing Plc.

让·保罗·高缇耶，20世纪90年代。
Niall McInerney, Photographer. © Bloomsbury Publishing Plc.

41 让·保罗·高缇耶 （1952— ）

高缇耶对运动装、弹力面料和内衣外穿的试验，也影响着时尚的各个市场阶层。

长久以来，让·保罗·高缇耶给人的印象一直是法国时尚界的"坏孩子"，历时多年才告别了这一称号。而最终，这位现代法国时尚界的伟大偶像，成为他曾经回避的权威派的一分子，他推崇定制时装所带来的乐趣，并在爱马仕担任了七年创意总监，后者是低调奢华的代名词。

这不是在贬低高缇耶的成就，因为在他之前也有许多伟大且傲慢的破坏分子，都随着时间的推移逐渐被主流所接受——这是他们影响力的标志。高缇耶对性和同性恋的开放态度，在20世纪80年代是令很多人感到震惊的，但到了21世纪的前十年，这种态度却成为了流行文化的一部分。从21世纪20年代初期的角度来看，他对性别多样与模糊性别界限的推崇，是有着预见性的。2003年，当爱马仕任命他为创意总监时，这家公司已经认识到在那些顽皮且具有挑衅性的设计背后，是一位有着高超剪裁技巧的缜密的技术人员。

高缇耶喜爱伦敦的街头风格，也喜欢穿梭世界各地，然而从本质上，他一直毫无疑问地保留着法国和巴黎人的风格。在20世纪80年代，他是设计师时尚的主导力量，他的时装秀入场券在巴黎是最令人梦寐以求的。但他的批评者说，他是一个为"时尚受害者"（译者注：即盲目追求时髦的人）而设计的设计师，他的大部分创意都是在伦敦的卡姆登市场闲逛时得到的。所有头条都报道了他的衣服，但这些衣服被认

293

为是不实穿的——男人的半身裙，女人的锥形胸罩。这是东拼西凑的时尚，批评家如此说道。

但是到了20世纪90年代初，他作为融合不同风格、采纳跨文化多样性的先锋设计师的地位，得到了认可。同时，他对运动装、弹力面料和内衣外穿的试验，也影响着时尚的各个市场阶层。让高缇耶感到高兴的是，他早年在巴黎设计工作室所习得的天赋：那精致剪裁的夹克、细腻的色彩感以及做工完美的服装，也得到了全新的认可。高缇耶在晚年变得醇熟老练，尽管他的2008秋冬系列因为使用了过多珍稀动物皮而招来许多负面评论，表明他并没有丧失引发争议的能力。无论是创意还是个性，他冒的险或许比史上任何一个设计师都要多——而有时也为此付出了代价。可以说，他职业生涯中最大的错误，是成为英国电视节目《欧洲杂谈》的主持人，这档节目讽刺调侃了欧洲当代流行文化中狂放的极端。尽管节目相当成功，并且真实地反映出高缇耶博采众长的创作灵感，但几乎可以肯定的是，它剥夺了他执掌克里斯汀·迪奥的机会。LVMH集团的老板伯纳德·阿尔诺并不觉得节目有趣。

最著名的高缇耶时装秀犹如巡游，是想象力的狂欢，灵感来自于大量非同寻常的参考，将定制时装和街头时尚肆无忌惮地融合，通常由那些挑战传统审美的模特来呈现。灵感包括犹太教士、达达主义者、蒙古因纽特人、文身、施虐受虐狂和跳蚤市场。尽管如此，他的许多时装秀的核心，是对巴黎持续的钟爱之情，尤其是两次世界大战间隔期间的巴黎。在时装秀的最后突然现身的正是他本人，他是国际时尚界最容易被认出的人物之一，常常穿着他标志性的条纹水手T恤，总是顽皮地咧嘴笑着。

1952年，让·保罗·高缇耶出生于巴黎郊区，他的父母都很勤劳，保罗是一名簿记员，而索朗格是一位秘书。他的祖母玛丽·加拉贝是对他童年影响最大的人，年幼的高缇耶每周在探访她的时候，都感到相当自由。用现代的话来说，她可以被称为是一位非主流的治疗师，在自己的家里进行治疗工作，房间里摆放着旧式风格的家具。他童年的另一个影响是电视，尤其是一部关于疯狂牧羊女的纪录片，纪录片里的羽毛和闪动的光，让他兴奋不已，也是他身为同性恋，创造力和性觉醒的开端。他假装生病，逃学去发展自己对时尚的兴趣，阅读报纸杂志并痴迷于绘画。20世纪60年代是他的成长时期，他的兴趣归属是高级定制时装的世界，而不是新一代的成衣设计师，虽然少年时期的高缇耶所学到的一切，都是靠自学，还有利用杂志搜集资讯。高缇耶为他的母亲设计了第一件衣服，而这一成果也鼓励了他，他将成堆的图纸汇总起来，寄给可能会雇用他的人。克里斯汀·迪奥的马克·博昂并不感兴趣，但在1970年，皮尔·卡丹为18岁的高缇耶提供了工作机会。虽然他只在那里工作了八个月，就成了裁员的受害者，但这是一个重要的时期。卡丹成为高缇耶的完美导师，因为他拥有开放的心态，而当时他正在发展他创新的"卡丹空间"，一个剧院和展览场地。"他告诉我一切皆有可能。"多年后，高缇耶回忆道。

随后高缇耶在雅克·埃斯特雷勒和辛塞普造型机构短暂工作过，之后进入了巴杜时装屋，当时品牌的设计总监是米歇尔·戈马，后来是安吉洛·塔拉齐。然而，在巴杜工作的时候，他开始对高级定制时装界的约束且拘泥于形式感到大失所望，尽管他曾经那么崇敬它。在伦敦，他感受到了这座城市的创意（和性）能量充满的活力，尤其是后朋克时期，而受到伦敦之行的启发，在接下来的大部分职业生涯里，他都在对抗定制时装的限制性。1974年，高缇耶回到了皮尔·卡丹，在"卡丹菲律宾"负责一个古怪的职位，这是卡丹全球化帝国迅速发展的一部分。这段经历使高缇耶对全新文化和影响的视野变得开阔，激励着他在随后的几年里广泛寻找灵感。在回到巴黎一年内，他与老同学唐纳德·波塔德取得联系，后者将他介绍给刚刚起步的珠宝商弗朗西斯·梅努格，梅努格成了高缇耶的爱人。另一个重要影响来自外国模特安娜·波洛夫斯基。1976年10月，这群朋友凑足了资金，制作出了让·保罗·高缇耶品牌的第一个系列，系列中的铆钉皮夹克搭配芭蕾舞裙标志着高缇耶是一个有别于传统的设计师。

尽管经济状况窘迫，早期的高缇耶系列仍然有着大量截然不同的设计和创意。1979年，在日本樫山公司的创意总监多米尼克·埃姆施韦勒的支持下，高缇耶与他们签订了一份为期两年的初步合约，为他奠定了更专业的立足点。与此同时（并不是巧合），媒体也开始对高缇耶产生了浓厚的兴趣，尽管大部分的关注度是建立于他的娱乐性上——他是一个奇特的人，一个时髦偶像，因此而闻名。他是"巴黎宫廷里的小丑"，1984年的《女装日报》这样写道。在接受传记作者科林·麦克道尔的长期采访时，高缇耶否认他意图摧毁过去。"我利用且尊重传统，但试图寻找新的元素，使设计更为年轻化。"他的目标是对好品味的观念提出质疑，但他从高级定制时装环境中所收获的剪裁技巧，成了他坚实的基础。

高缇耶也热衷于打破他认为男装和女装之间存在的人为壁垒。为什么男人不该穿裙子？他在1985年推出男士裙装，并且一直重复这个主题，这并不是噱头，而是基于一个基本理念，也就是衣服不应该有性别之分。"阳刚之气跟你所穿的衣服无关——它存在于你的脑中。"他说道。

20世纪80年代末，高缇耶的业务在意大利捷宝和日本樫山的支持下迅速扩张。高缇耶式美学在他位于巴黎维维安街的店铺中得到了出色的体现，将古色古香的马赛克装饰和他具有创新性的服装融合在一起，而在米兰、伦敦和布鲁塞尔的店铺也是如此。高缇耶对自己性取向的开放和混搭的设计手法，将他带往迅速发展的流行文化中心，他与摄影师让·巴蒂斯特·蒙迪诺一起拍摄广告和视频，还与编舞家雷瑞琴·萧毕诺、电影导演彼得·格林纳威和佩德罗·阿莫多瓦一起工作。20世纪90年代初，高缇耶的业务蒸蒸日上，让他信心满满地继续前进，尽管他的伴侣弗朗西斯·梅努格在1990年死于艾滋病，对他来说是一个打击。1990年，高缇耶受委托为麦当娜的"金发雄心"巡回演唱会设计服装，这让他创作出了他最著名的单品，有着锥形胸罩的紧身衣，后来高缇耶也选择这一造型作为他的"让·保罗·高缇耶"香水瓶身。香水在1993年以锡罐包装推出，此后它更名为"让·保罗·高缇耶"经典（Classique）"，并成为最成功的设计师香水之一。品牌香水的销售力不减，2017年，他与普伊格推出了一支新香水"丑闻（Scandal）"。

高缇耶不断地挑战着西方主流思想并引发争议，从1991年让修女扮成脱衣舞娘，到1997年在法国政府正严厉打击移民时，他让黑人模特展示了一个华丽的系列。他的时装秀往往场面壮观，在各个不同地点铺张地举办，为像亚历山大·麦昆和维果罗夫这样的设计师在20世纪前十年举办富有想象力的时装秀铺平了道路。尽管在20世纪90年代，新加入的人才让定制时装重新焕发了活力，但历时多年，高缇耶才以自己的名字出现在高级定制时装的舞台上。1996年1月，他的首个定制系列在没有背景音乐的情况下，展示了一场旧式定制风格的大杂烩，但这个名为"定制人（Couture Man）"的系列完全是为男士而设计的。一年后他才推出了女装系列。

21世纪的前十年，高缇耶在法国时尚圈一直受到尊崇，尽管此时他曾经突破的许多障碍，已经不再被视为障碍了。可以说，他的工作完成了。1999年，爱马仕买下了他公司35％的股份，为他后面几年的发展奠定了坚实的基础。但是，定制时装业务一直是公司的亏损部分，维持业务的压力，让高缇耶被迫在2004年进行裁员。"我们一步两阶地跑上楼梯，"他的长期业务伙伴、时装屋的总裁唐纳德·波塔德说道，"现在我们需要喘口气，以便继续运营我们所有的事务。"2003年5月，他被任命为爱马仕的女装创意总监，他展现了他可以适应另一个时装屋风格的能力。艺术总监帕斯卡尔·穆萨德说："人们问高缇耶能带给爱马仕什么，但是爱马仕又能带给高缇耶什么呢，这么去想并不过分。你可以说我们是互相帮助，互相借助对方的视野。"

对高缇耶来说，他和爱马仕之间的差距并不是太大。当他在巴杜的定制时装屋工作时，他经常穿着马靴并被销售员取笑（"他们问我的'马'在哪里"）。在采访中，他回忆起摄影师赫尔穆特·牛顿的评论，说"爱马仕是世界上最重要的情趣用品商店"，充满了皮革、鞭子和马镫。他的传记作者科林·麦克道尔指出，让·保罗·高缇耶"将自己的认真严肃隐藏在滑稽的外表下"。在这一过程中，高缇耶总结了当代流行文化中俏皮的后现代精神，并鼓舞20世纪90年代及之后的年轻设计师（包括马丁·马吉拉和尼古拉·盖斯奇埃尔）和其他艺术家摒弃传统，追求内心的梦想。学者芭芭拉·文肯认为他继承了艾尔莎·夏帕瑞丽的衣钵——"一种超现实主义的逆行，自觉自嘲"。而文肯另一个更直白的评价可能更贴切："高缇耶洗劫了时尚界的顶层，为他的顾客提供了他最大胆且最无耻的发现。"

2011年，首站设在蒙特利尔美术馆的展览"让·保罗·高缇耶的时尚世界：从人行道到伸展台"的成功举办，强调了他经久不衰的地位。展览随后在全球12个城市巡回展出，吸引了超过200万名参观者。在他2013春夏时装秀上，他宣布关闭成衣系列，转而专注于他现在认定为真爱的定制时装系列。他对大型奢侈品集团在设计师时装体系中占据的主导地位感到失望，谴责对金钱、营销的迷恋，（尤其不满的是）通过花钱请名人穿名牌以换购影响力的行为。

在高缇耶所有作品和职业生涯中闪耀着的，是他一生对时尚的爱。"我对商业不感兴趣，"他在20世纪90年代初说道，"我做时装不是为了发财和出名。我不想把一切都交给助理，成为一个商人。"在多年后的2016年，他的热情依然闪耀："在我的设计中，我一次又一次地重塑自己。这是我保持年轻的原因。"

延伸阅读：2011年，《让·保罗·高缇耶的时尚世界：从人行道到伸展台》（*The Fashion World of Jean Paul Gaultier: From the Sidewalk to the Catwalk*）是同名展览的目录和必读书目。2000年，科林·麦克道尔的《让·保罗·高缇耶》有着出色的分析。1990年的《我俩的时尚》（*A Nous Deux La Mode*），是高缇耶本人很喜欢一本漫画风格的自传，只有法语的版本。这位设计师还接受了《独立报》罗杰·特雷德的采访，发表于1990年8月2日，标题为《只身一人对陈词滥调的反抗》（*A One-man Revolt Against the Cliché*）。

设计师让·保罗·高缇耶。
Niall McInerney, Photographer.
© Bloomsbury Publishing Plc.

让·保罗·高缇耶，20世纪90年代。
Niall McInerney, Photographer. © Bloomsbury Publishing Plc.

约翰·加利亚诺
（1960—　）

对加利亚诺来说，时装秀是一个剧场，想象力可以在那里漫游。

英国设计师约翰·加利亚诺，是自20世纪80年代以来从伦敦中央圣马丁艺术与设计学院（现在被人们简称中央圣马丁）源源不断地涌现的众多人才中，最重要的一位。他是现代第一位执掌巴黎高级定制时装屋的英国设计师。他不断地将时装秀推向戏剧化的新高度，尤其是他为克里斯汀·迪奥时装屋所制作的时装秀，那些时装秀无比奢华，展现出奇幻的想象力。1997年，加利亚诺成为迪奥的首席设计师，他将浪漫重新带回时尚界，而当时与迪奥"新风貌"的发布相隔50年。2011年，他因为令人震惊的堕落言行而跌入谷底，2014年底，他重出江湖，成为了马丁·马吉拉品牌的创意总监。

对批判他的评论家们来说，他在任职迪奥之前和任职期间设计的服装，都更接近于戏服，与现代世界几乎没有关联（而与卖给买手的展厅系列往往也没有关联）。但对他来说，时装秀是一个剧场，想象力可以在那里漫游。他精心设计的主题系列，往往是受到了以女主角视角为中心的复杂小说故事的启发，坦荡地追求着幻想的飞行。多年来，他制作了许多复杂的、难以穿戴的、极端的服装，令时尚编辑欣喜若狂，但商店的买手和顾客就没那么开心了。但是，多亏了他的天赋以及他充分施展魔力的能力，他的声誉乘风破浪——在此期间创造出了许多20世纪末和21世纪初最美丽的服装。他勇于试验的精神激励了一代年轻设计师。当他还是一名大学生

约翰·加利亚诺1993春夏。
Niall McInerney, Photographer. © Bloomsbury Publishing Plc.

时，他就有着一种执着的好奇心，一种将想法推进直至极限的渴望。例如在他职业生涯的初期，他发明了自己的圆形裁切方式，使袖子有了顺着手臂的形状，而夹克变成了带有曲线的雕塑。后来，他利用斜裁，让面料紧贴着身体。"这是一种感性的裁切方式，非常快速且流畅，是对女性躯体的敬意，"1990年他对罗杰·特雷德说，"就像油水从你的指间穿过。"

2011年2月，加利亚诺的所有成就几乎都化成乌有，视频拍到他喝醉了酒，在一家巴黎咖啡店里大喊反犹太言论，辱骂店里的其他客人。一天之内，他就被迪奥和自己的同名品牌约翰·加利亚诺一起解雇。历经数年时间，他才重新回归工作，他在伦敦中央犹太教堂的拉比巴里·马库斯的帮助下，忏悔他的羞耻行为，并与犹太社区真诚地建立了联系。他的倒台也引发了很多媒体对现代时装设计师所承受的压力的讨论。2015年，当被问到如果他没有被炒鱿鱼是否会离开迪奥时，他说："我想我应该已经死了。"

1960年，胡安·卡洛斯·安东尼奥·加利亚诺出生于直布罗陀，母亲是西班牙人，父亲是直布罗陀人，在他小时候迁居伦敦。他在圣马丁与中央艺术与设计学校合并之前入学，当时它仍然被称为圣马丁艺术学校。学校的讲师中包括时尚作家科林·麦克道尔，后来他成了加利亚诺传记的作者。加利亚诺的设计系列都经过深入而细致的研究，他会在维多利亚与艾尔伯特博物馆的图书馆里，花上几个小时，精心勾勒出想象中的女主角的画像，作为每一个系列真正的缪斯女神。层层情节被创造出来，加入设计过程中。加利亚诺戏剧化的时尚设计方法，可能要追溯到他的学生时代：他在伦敦国家剧院做着制衣师的工作，并且经常光顾一家名为"禁忌"的夜总会，那里还有他的朋友，包括浮夸的澳大利亚戏服设计师利·鲍里，他是活着的艺术品，以及女帽设计师斯蒂芬·琼斯，他是加利亚诺的长期合作者。

加利亚诺可以说是一举成名。1984年的毕业设计系列"难以置信（Les In-croyables）"，以法国大革命时期的服装为灵感，它以被伦敦的设计师商店布朗斯买下而闻名，而来自时尚编辑的大量采访邀约，淹没了这位年轻的设计师。一位与加利亚诺同辈的大学校友谈到他的第一个系列时说："它遥遥领先于每一个人的作品。我感到身体很不舒服。它出色到让我觉得我可能会放弃设计，因为我永远也无法做出能与它旗鼓相当的设计。"加利亚诺立即推出了他自己的品牌，并成为伦敦时装周的宠儿。三年内，他就成为英国的年度设计师。尽管如此，赤裸裸的现实是，迅速崛起的背后是艰难挣扎着的内幕，这位设计师筋疲力尽，一方面是因为要确保每一个新系列的资金和资源支持，一方面是因为时尚界的期望施加给他个人的压力。他总是一个高度神经紧绷而且容易紧张的人，有时候在新系列展出之前，他甚至真的会紧张到浑身发抖。

20世纪80年代中期，加利亚诺成为包括阿利斯泰尔·布莱尔和理查德·詹姆斯在内的一批年轻设计师中的一员，并得到丹麦商人佩德尔·贝尔特森的赞助。1990年，他在巴黎举办了自己的第一场时装秀，而退出时装界的贝尔特森没有再赞助他。之后，他又得到了正南方品牌背后的商人费萨尔·阿莫尔的赞助，然而这一合作关系再度摇摇欲坠，因为订单无法兑现，并且加利亚诺那奢华的时装秀需要的费用激增。虽然媒体对加利亚诺的关注度很高，但他还是被阿莫尔抛弃了，他充满希望的事业陷入低谷，似乎注定要走上许多年轻英国设计师的老路：过早地受到赞美，压力到了极限，不得不放弃拥有自主系列的梦想，加入一个知名外国品牌的幕后设计工作室里。然而，他有一位强大的神仙教母，她是美国版 *Vogue* 杂志的编辑安娜·温图尔，为了支持他，她在1994年初为他四处游说。"她让我飞到美国，把我介绍给合适的人。"加利亚诺回忆道。美国普惠投资公司的约翰·布尔特成为赞助人。在布尔特加入后的三周内，加利亚诺就制作出了一个小型而完成度极高的系列，包括了17件特别华丽的服装，在葡萄牙百万富翁萨·斯伦贝谢的巴黎联排别墅中展示。"营销总监说：'听着，约翰，你必须规划你的系列，用各种色彩和面料来制作，而且你真的需要去筛选你的销售对象'，"加利亚诺回忆道，"从那个小系列里我真的学到了很多。"

朋友和多年的合作伙伴都团结在他的周围，包括英国设计师史蒂芬·罗宾逊，一直陪伴在加利亚诺身边，直到2007年罗宾逊不幸早逝。另一位重要的支持者是原名阿曼达·格里夫的哈莱克夫人，多年来她既是加利亚诺的造型师，也是他的缪斯女神，后来她慢慢地由其他人所取代（特别是罗宾逊），被香奈儿挖角，与卡尔·拉格斐一起工作。他们感觉到女性已经厌倦了低调的穿着，厌倦了90年代初主导时尚的油渍摇滚（grunge）风格的造型。他们夜以继日地工作，推出了一个以20世纪50年代的合身剪裁为灵感，有着大量晚装和鸡尾酒装的风格明确的系列。时尚界全员为之如痴如醉。回到巴黎后，他制作出了第二个系列，包括曲线合身的日装和东方风格的晚装，让记者和买手趋之若鹜。仅用了两个系列，他就将解构主义一扫而空，鼓励女性重新盛装打扮，重拾梦想。

1995年，加利亚诺获得了重大突破，他被奢侈品集团LVMH的主席贝尔纳·阿尔诺任命为纪梵希的首席设计师。自查尔斯·弗雷德里克·沃斯的时代以来，还没有一个英国人能在时尚之都获得如此大的成功。他完成了一个高级定制系列和两个成衣系列，又获得了终极大奖，转而前往同属于LVMH集团旗下的克里斯汀·迪奥时装屋担任艺术总监。同时，他继续发展着自己的品牌，1996年10月，他在一个空酒库里举办了一场壮观的设置为马戏表演舞台的时装秀。1997年1月，他为迪奥设计的第一个高级定制系列发布，这是迪奥时装屋的吉祥之年，是"新风貌"诞生50周年。加利亚诺泡在位于让古容街的迪奥档案馆中，跟他在20世纪80年代初学生时期，在维多利亚与艾尔伯特博物馆中一样。这一次，他爱上了一位来自过去的真实人物——米扎赫·布里卡德，她是20世纪30年代英国定制服装设计师爱德华·莫利纽克斯的缪斯，后来也成为迪奥本人的缪斯。这个系列一方面是向迪奥致敬，一方面是加利亚诺自身浪漫精神的宣示，它在巴黎大饭店的歌剧沙龙上演，成为一场光彩夺目的胜利。在众多欣喜若狂的媒体评论中，《国际先驱论坛报》总结道："难道加利亚诺16年的职业生涯就是为这一壮观时刻而进行的彩排？"然而，加利亚诺对迪奥本人最美妙的致敬，是八年后的2005年（秋冬系列），囊括灵感来自这位定制时装设计师作品的一系列10个造型场景，其中包含了常常被加利亚诺重新诠释的酒吧套装。

LVMH集团的资金支持和保障，也让加利亚诺能够拥有私人生活，通宵派对和享乐主义成了他的日常。2015年，由美国记者黛安·托马斯撰写的一本颇具争议的书《国王与诸神》出版发行，书中证实，尽管加利亚诺有过一段时间的平静，但他从未真正理清自己的思绪：他总是在边缘摇摇欲坠。加利亚诺也以越来越傲慢的态度疏远了许多人。托马斯指出，整个世界都在他的脚下——还有与其地位相匹配的薪酬。他那一代的其他设计师，包括才华横溢的约翰·弗莱特就没有那么幸运了，他是加利亚诺曾经的朋友，也是中央圣马丁大学毕业的伙伴之一，他染上了毒瘾，并于1991年去世。

在1997年的一本更早期且更具关爱之情的传记中，科林·麦克道尔强调了加利亚诺对历史主义和东方主义魅力的热爱。从21世纪的角度来看，这样的兴趣有着过度文化挪用的味道。以麦克道尔的论调，正如历史学家法里德·切努恩曾经解释的，加利亚诺因为喜欢丰富参考资料而促使他打造的非常加利亚诺式的精致时装，通常是无关情境且脱离背景的。当他还是学生时，他就利用图书馆作为他的灵感来源，而作为设计师，他经常旅行（"这是最强有力的灵感来源。"他说道）。他一直很喜欢为设计系列做研究的过程，他说研究能滋养他的思想——无论它将把他带往何处。"创意无国界，所以我会竭尽全力。我喜欢了解和观察不同的文化。"加利亚诺扮演着坚定时尚捍卫者的角色。"时尚是逃避现实，而不是精英主义，而我认为比起以往，现在的它更应该要发挥作用，"他在2008年说道，"迪奥让女性敢于做梦，重现了浪漫、女人味和诱惑力。他把快乐带回了街头。我认为这就是我的角色。"

加利亚诺的作品经常带有令人不安的元素和参考（尽管不像亚历山大·麦昆那样把这些发挥到极致，而麦昆是在加利亚诺之后从圣马丁毕业的）。参考他待在"禁忌"夜总会的学生时代，他曾探索过性幻想的元素，最有名的是他为迪奥设计的2001秋冬高级定制系列，这个系列的别称是"弗洛伊德或恋物癖"。在一篇发人深省的评论中，他认为迪奥是"第一个真正的恋物主义设计师。他有着一种俄狄浦斯情结，他敬畏自己的母亲，而他的'新风貌'充满了恋物主义的象征。"加利亚诺欣赏法国传统文化的辉煌，在迪奥，他成功地适应了巴黎风格，但又不失他作为英国人的不羁，从那个令人难忘的法国大革命毕业设计开始，他展示了一种创意进化的连续性。

2011年，在被迪奥解雇后，加利亚诺在亚利桑那州的一家诊所进行了一段时间的康复治疗。2013年媒体报道，他在奥斯卡·德拉伦塔品牌的纽约工作室低调工作。2014年10月，加利亚诺重回聚光灯之下，担任马丁·马吉拉的创意总监。在这里，他不断创新，将时装屋的解构主义风格和他自己更为戏剧化的天性相融合。

他的设计方法基于解构理念,是对事物核心的完全解构。他为马丁·马吉拉设计的2019春夏系列"数字游牧民族(digital nomads)",以无性别的方式混合了男装和女装,收获了好评,与此同时,2019秋冬系列的创意剪裁则是另一个亮点,这表明了加利亚诺作为一个具有影响力设计师的时代,还远未完结。

延伸阅读:2019年,凯瑞·泰勒的《加利亚诺: 壮观的时尚》(*Galliano: Spectacular Fashion*)是对他职业生涯的全面总结。2007年,法里德·切努恩的《迪奥: 60年风格》(*Dior: 60 Years of Style*),赞扬了加利亚诺对迪奥的影响。1997年,科林·麦克道尔撰写的《加利亚诺》,是一本颇有见地的专著。从职业生涯开始以来,加利亚诺就有了详尽的传列,并在20世纪90年代初接受了罗杰·特雷德的多次采访。具体见1990年《魅力背后的磨砺》(*The Grind Behind the Glamour*)以及1992年《加利亚诺与打造他的人的相遇》(*Galliano Meets His Maker*)。2015年,黛安·托马斯的《国王与诸神: 约翰·加利亚诺、亚历山大·麦昆的人生起落与时尚帝国的兴衰》(*Gods and Kings: The Rise of Alexander McQueen and John Galliano*),以坦率和直言不讳的方式描述了他的生活和职业生涯。

约翰·加利亚诺在迪奥1997春夏时装秀上。
Niall McInerney, Photographer. © Bloomsbury Publishing Plc.

迪奥时装秀，20世纪90年代。
Niall McInerney, Photographer. © Bloomsbury Publishing Plc.

唐纳·卡兰1985秋冬。
Niall McInerney, Photographer. © Bloomsbury Publishing Plc.

43 | 唐纳·卡兰 （1948—）

卡兰让职业女性穿着
的衣服——大部分是
黑色的——轻松、
时髦、无须费心打理。

1996年，当唐纳·卡兰带领她的公司上市时，《纽约》杂志以她作为封面人物。照片里是一位年轻且眼神纯真的女人，有着一头靓丽的深色长发，她直视着镜头，双手合十放在嘴前，做出祈祷的姿势。下面的文字写道："唐纳·卡兰，企业女神。第七大道上最成功的女人已经步入了新时代，而现在她要上市了。华尔街会像唐纳的顾客一样爱她吗？"在内文里，记者丽贝卡·米德理得出结论，毫无疑问，华尔街肯定会的。唐纳·卡兰是时尚观察家心目中20世纪八九十年代主导美国时尚的三大巨头中的第三位，也是最年轻的一位，这个三人组——劳伦、克莱恩和卡兰——首次让世界上的其他国家认真对待美国时尚。

在美国人擅长的营销、广告和公关技巧的支持下，这三位设计师以惊人的速度成就了国际化的品牌，各自迅速地建立起了辨识度，不仅使他们在所有现代美式风格中脱颖而出，并且也使他们巧妙地彼此区分。如果说劳伦吸引的是浪漫的向往者、梦想家和幻想家，克莱恩吸引的是经典、低调、极简主义者、乡间豪宅的富有人士，那么，卡兰则是明确地关注着年轻且有抱负的职业女性。她们在企业和专业的阶梯上向上发展，自己支付账单，自己制定规则。她让她们穿着的衣服——大部分是黑色的——轻松、时髦、无须费心打理。当劳伦的20张电影剧照风格的广告构想出另一个虚构的时代和社群时，卡兰最有名的广告是在1992年，展示了一位女总统（模特是罗斯玛丽·麦克罗莎）的就职典礼，她身穿细条纹西服套装，佩戴着珍珠项链。广告的口号"我们信任女性"，是卡兰当时的口头禅，也是媒体女性喜爱她的原因之一。她暗示着而女人们也相信着，男性设计师永远无法像她那样深入女性的内心，无论他们有多么努力。"我是一个女人，"1994年，卡兰对《星期日邮报》的布伦达·波兰说道，"我是一个女性设计师，一个职业妻子和母亲。我理解其他女性的生活，我们中任何一个人最不想要的就是担心自己的衣服。我们想要一个简单的系统，有了它我们可以迅速着装，然后出门。"

1989年，*Vogue*上的一篇文章这样说道："一个来自皇后区的孩子现在是第七大道的皇后。卡兰在职业上的崛起，与现在像她这样的'四十来岁'的女性高管的崛起有着很大的关系，跟她本人一样，这些女性希望自己看起来整洁利落，而不是拘谨呆板。"瓦莱丽·斯蒂尔解读了80年代中期，女性因采纳了卡兰的胶囊衣橱而获得了解脱的原因：

"当时，为了'成功造型'而穿着严格男士剪裁的服装令人感到厌倦，当女性高管不再有必须看起来像个男人那样的压力时，卡兰开发了一种精致且令人感官愉悦的商务套装替代方案。根据自身的经验，卡兰猜想女性会喜欢一种像男装一样轻松的穿着体系，同时保留了女性合身服装的舒适度和愉悦感。"

1977年，约翰·T.莫洛伊的畅销书《让女性为成功而着装》首次出版，这是史上最剥夺人权且最有危害性的小册子之一。这本书以冗长的篇幅和带有成见的消极议论，喋喋不休地说女性如果想在职场上受到尊重，穿着"裙子"套装是必须的，主张它们必须是能融入职场背景的色调，并且只有穿上在下巴系上猫咪般蝴蝶结的上衣才能看起来更柔和。为了回应这种带有性别歧视传统的理论，面向不同市场的美国设计师运动装已经逐季变得线条更硬朗、更臃肿、肩线更宽大。卡兰与路易·戴尔·奥利奥在安妮·克莱恩品牌的合作，正是这一风格——这使她在1984年以全新构想推出她自己的品牌时，显得更为轰动。卡兰当时说道："女装和男装可以是相似的，但女装应该更舒适、更令人愉悦、更有女人味。"

1948年，这位原名唐纳·法斯克的设计师出生于纽约的皇后区。她的父亲加布里埃尔经营着一家名为加比法斯克的男子服饰用品和裁缝店。她的母亲海伦曾是一名模特，后来在第七大道当女售货员。她的父亲死于一场车祸，当时她年仅3岁。她曾说她感到很痛苦，因为她朋友的母亲不会像她的母亲那样在外工作。尽管如此，她在很小的时候就开始迷恋时尚，14岁时，她开始在一家精品店做兼职销售助理。她是成长于20世纪60年代的婴儿潮一代，当时青年时尚成为主导力量，女孩们受到鼓励去憧憬她们将来的职业，而不只是结婚生小孩。卡兰把设计当作自己未来的职业并一心专注于此，在青少年时代就开始设计衣服，在自己的身上试纸样。高中毕业后她就读于帕森斯设计学院，但一直没有毕业，因为1969年她在安妮·克莱恩的一份暑期工作（是她的母亲为她争取到的），让她转正成为设计师。安妮·克莱恩是一位重要的运动装设计师，她开创了分体式剪裁服装的概念。卡兰回忆道："她是一个了解女性的女人。我很敬畏她，她是这样的一位创新者。"

　　九个月后卡兰被解雇了，因为她的注意力放在马克·卡兰身上而不是在工作上，而马克·卡兰这位精品店店主成为她的第一任丈夫，他们的女儿叫作格比。安妮·克莱恩重新聘用了她，在1971年，她担任了副设计师的职位。1974年，卡兰生下格比五天后，克莱恩就去世了。而卡兰承认自己感到"特别内疚"，她立刻回归职场，与帕森斯的大学同班同学路易·戴尔·奥利奥一起工作。他们一起打磨了安妮·克莱恩品牌的风格，赋予了它一些属于都市的精致气息，使它成为了时装周的焦点。一时间，国际上的时尚媒体都认为它是一个值得关注的品牌。

　　十年后，不安分的卡兰决定是时候继续前进了。"是时候从头开始了，"她告诉英格丽德·西希，"这是我最喜欢做的事。我想开始一个新项目，它将围绕着一个着装系统——我的7件舒适单品。我在安妮·克莱恩的上司们并不想去做，所以我决定离开并且自己来完成它。我意识到离开安妮·克莱恩是一项艰难的决定。"在这个划时代的系列和媒体对它的狂热追捧下，卡兰的公司呈指数级发展。她喜欢反复强调的一个卖点是，她的身材和生活方式更接近大多数女性——与她的大部分竞争对手不同。"我是一个身材圆润的女人，"她说，"我没有模特的8号尺寸。我不会设计12号或14号的女人穿不了的衣服。"她会利用尺码和她所谓"女性身体的易谬性"建立与其他女性，尤其是媒体的联系，传授一些小技巧，比如她所利用的将毛衣系在腰上的技巧，这样一来，它就能围住并遮盖臀部，创造出一种视觉上的错觉，让人觉得这个部位的臃肿只是由针织衫引起的。

　　1985年，卡兰推出了她自己的品牌——"我和朋友们的一点小生意"——一个以紧身衣为基础的系列，包括一件裆部有按扣的紧身衣，还有各种包裹式的单品可以穿在它外面。这些衣服不会走位，也不会像普通的衬衫和针织衫那样有皱褶或是敞开。一整天都能看起来很整齐又整洁。在20世纪40年代，克莱尔·麦卡德尔是最早将紧身衣融入日常时尚的设计师之一。后来，阿瑟丁·阿拉亚将它们作为他极具流线型且犹如第二层皮肤穿着风格的组成部分。然而，没有人能像卡兰那样，以紧身衣作为自己品牌首个系列的中心主题，并产生了如此大的影响。她更接近麦卡德尔而不是阿拉亚的理念——不是为了情色而是为了方便——尽管裹身裙展露了不少腿部皮肤。

　　这些衣服被拍摄成了广告，展现了各种职业女性的场景，走下飞机，在家里赶着办公室的工作。1978年，卡兰告诉正在撰写《廉价时尚》一书的凯瑟琳·米利奈尔和卡罗尔·特洛伊：

　　"我相信女性的职场着装是由内而外的。衣服永远无法造就女人。……但我向你保证，如果一个女人自信又精干，对自己有了足够的了解并且看起来很棒。……当你对自己有信心时，亲爱的，你可以走进任何房间并且主导任何事情。但你必须努力实现它。它是需要费工夫的。"

1982年，卡兰再婚了。丈夫斯蒂芬·韦斯是一位雕塑家，他加入卡兰的公司，后来在2003年去世。唐纳·卡兰的设计系列是纯正的奢侈品，使用昂贵的面料和高质量的制造工艺，所以在1989年，他们推出了DKNY（唐纳·卡兰纽约），这是一个年轻化且低价的支线。对此，卡兰说：

"我希望有一个比我自己更广阔的名字，一个能表达出我对世界的热情的名字。纽约，对我来说，是整个宇宙的可视化。巴黎是巴黎，它不是全世界。意大利是意大利。纽约是全世界。它就是这样的桥梁。它是一个可以代表全世界的地方。我想说，我是一个愿意为全世界人设计的设计师，灵感来自唐人街、上城区、市中心、所有的地区、中央公园、生活在街上的人们，所有的一切，美丽、电力、疾病、音乐、舞蹈、戏剧、艺术，这一切都在这里。唐纳·卡兰和后来发展的DKNY这两家公司——也是源于我对牛仔裤的需求，适合女性身材的牛仔裤——都是关于每个人的，我们所有人，一个大家庭。"

DKNY系列大获成功之后，她又推出了牛仔裤系列、男装、童装和香水——韦斯为香水瓶雕刻了一个吸引人的模板造型。"韦斯是个天才，"2004年，卡兰告诉英格丽德·西希，"没有韦斯，我不可能做到这些。……他了解经营的艺术。"她的粉丝群体很广并且令人印象深刻，包括伊莎贝拉·罗西里尼、阿努克·艾梅、黛米·摩尔、杰瑞米·艾恩斯、布鲁斯·威利斯、希拉里·克林顿、芭芭拉·史翠珊、丽莎·明奈利、坎迪斯·伯根，最后4位都穿过她1993年的挖肩礼服。卡兰说："肩峰是女人身体中唯一不会衰老的部位。女人的肩峰永远不会发胖。"

2002年，卡兰将她的公司出售给了欧洲奢侈品集团LVMH。尽管如此，它的核心团队依然留在美国，这个国家的女性既不想在会议室里看起来强悍逼人，也不想在卧室里庸俗地色诱。美国的都市女性，是她所选择领域里的成功者，希望看起来成熟、聪明、自信，并掌控着她自己的性感度。卡兰特别擅于维持这种平衡。所以当她在2015年离开公司，LVMH集团逐步停止了唐纳·卡兰国际的业务，并任命周道一和马克斯韦尔·奥斯伯恩为DKNY进行设计时，一些观察家并没有感到惊讶，2016年，LVMH集团将唐纳·卡兰的所有品牌卖给了吉斯瑞服装集团（卡尔文·克莱恩和汤米·希尔费格服装的制造商），该集团与梅西百货签订了一个推广DKNY的独家协议。

卡兰保留了她的生活方式品牌"都市之禅（Urban Zen）"，该品牌创立于2007年，是她同名慈善基金会的商业配套。"我们销售全世界有灵魂的手工产品，以支持基金会的运作。"她在自传《我的旅程》中写道：

和马克·克罗克一起设计的服装"是我一直想要的那种单品：超越时尚的高端款式，并且只注重舒适度。我们设计了一个胶囊系列，包括简单的上衣、宽松的裤装、连体裤、一些羊绒单品和一些围巾。它们背后没有零售策略，只有我做自己想要的衣服的愿望。再次为我自己设计，而不必迎合既定客户的期望或是行业严格的时间表，带来的自由超乎想象。"

Donna Karan

延伸阅读：2015年，唐纳·卡兰的《我的旅程》(*My Journey*)讲述了她自己的故事。2004年，英格丽德·西希的《一个女人的旅程：唐纳·卡兰的20年》(*The Journey of a Woman: 20 Years of Donna Karan*)中包含了所有重要的广告图像以及对设计师的延伸采访。在背景介绍方面，1991年，瓦莱丽·斯蒂尔的《时尚女性》(*Women of Fashion*)非常出色。

1996春夏时装秀上，唐纳·卡兰与丽莎·明奈利。
Niall McInerney, Photographer. © Bloomsbury Publishing Plc.

唐纳·卡兰1988秋冬。
Niall McInerney, Photographer. © Bloomsbury Publishing Plc.

20世纪90年代
1990s

第六部分
Part Six

20世纪90年代
1990s

引言

在20世纪90年代，人们果断地舍弃了80年代的权力着装。在90年代初期，时尚变得简约并且极其低调。灰色是最佳的色彩选择，窄肩的纤细廓型主导着时尚伸展台。德国的吉尔·桑达和奥地利的海尔姆特·朗等知名设计师，都专注于进化而不是革命，逐步前进。他们都是极简主义者，朗收获了热烈的追随，而他按自己的规则行事（他的众多创新性营销中的两项：他在互联网上展示了他的1998秋冬系列，以及利用纽约的出租车给品牌做广告宣传）。

这一度带来了对休闲风格的新颖强调（在90年代初期，美国休闲服装零售商Gap是一个时髦的选择）。另一种风格是油渍摇滚，其灵感来自摇滚乐队和西雅图青少年的轻松着装，被年轻的设计师马克·雅可布所采用。比利时设计师马丁·马吉拉的解构主义，则是更概念性的响应，他通过重新思考服装的组成部分，创造着新的造型。

节制的感觉无法一直持续。来自詹尼·范思哲（在1997年去世之前）和古驰的汤姆·福特的引领，让魅力风格重新回归。福特的成功鼓励了一种商业趋势，那些受人尊敬的老牌时装屋，请炙手可热的年轻设计师加入以实现重振。在这十年中，时尚迅速地全球化，为奢侈品牌创造了数不尽的财富，但也引发了人们对全世界文化同质化的担忧。

在预算支出宽裕和超模热潮的推动下，时装秀变得更壮观了。琳达·伊万格丽斯塔、克莉丝蒂·杜灵顿、娜奥米·坎贝尔和辛迪·克劳馥等人的一举一动（和头发颜色）都被记录下来并成为话题。从90年代中期开始，涌入时装周的媒体数量空前庞大，而从巴西到澳大利亚，许多国家都想通过自己的时装周在国际时尚版图上获得一席之地。然而，这个竞争环境不是平等的，西方设计师依然占据着主导——欧洲人和美国人有着几十年的时尚史，所有有利的营销牌都握在他们的手中。

在整个90年代，高端文化和低端文化之间的界限被打破。如街头对设计师的窃取一样，设计师同样从街头窃取灵感。跨文化的参考比比皆是。在20世纪前几个时期的设计师，通常会参考前一个年代，而90年代搜刮并重新混合了这一个世纪里的每一个年代。复古热席卷了时尚界，超模的穿着是最佳的诠释，虽然到了90年代后期，她们又被作为封面女郎的好莱坞明星重新取代。

知识分子缪西娅·普拉达总是准备着挑战现状，她因故意倡导"坏品味"而颇具影响力，包括利用20世纪70年代的家具印花。马克·雅可布是终极的喜鹊型（**译者注：只要觉得好就予以采用**）设计师，他是一个有着各种创意的天才。才华横溢的英国设计师约翰·加利亚诺，以现代的语境引领了高级定制时装的复兴。另一位英国人，亚历山大·麦昆，在他令人心潮澎湃的时装秀中，将美丽与野蛮相结合。除了打破陈规且不断创新的马丁·马吉拉，英国的设计师在20世纪的最后几年声势最大，包括概念主义设计师侯赛因·卡拉扬，他们大多都是由伦敦的中央圣马丁艺术与设计学院所培育的。

44 | 缪西娅·普拉达
 （1949— ）

缪西娅·普拉达是一个冒险者，不断地挑战品味的界限。

1978年，获得政治学博士学位但毫无时装和设计经验的缪西娅·普拉达，咬着牙接手了家族企业。然而这位来自意大利的知识分子，却在20世纪90年代和21世纪的前十年，成为最具持续影响力的国际设计师。

也许她局外人的身份，让她对时尚设计有了更大的构想，明白如何将设计与更广阔的创意天地，以及超乎创意领域之余的政治与时事结合。即使在今天，她依然与时尚业的竞争追逐保持着距离，人们常说她喜欢在业余时间漫步山间，穿着她年轻时的阿尔卑斯山少女装。

正如记者亚历山德拉·加洛尼在2007年所指出的，在缪西娅·普拉达职业生涯的大部分时间里，她都对自己的工作怀有歉意，她的设计系列表达了她自己对参与时尚的矛盾心态。直到她50多岁的时候，她构想出了一个强有力的理由，说服自己（和其他人一样）相信时尚在社会中的重要性和相关性。"的确，女人往往不愿意承认这一点。然而时尚却吸引了每一个人。……有人说它是诱惑，但我认为那是有限的。你的穿着就是你向世界展示自己的方式，尤其是在人际交往如此迅速的今天。时尚是即时的语言。"她是一个冒险者，不断地挑战品味的界限，包括她自己的品味，为推动时尚向前发展所面对的挑战而兴奋。《访谈》杂志的编辑英格丽德·西希说，她的每一个系列都是"对既定思维方式不同程度的挑战"。一个显著的例子是她的2008秋冬系列，在这个系列中，她探索了蕾丝的使用，把对蕾丝的再创造当

普拉达1997秋冬。
Niall McInerney, Photographer. © Bloomsbury Publishing Plc.

作智力挑战。她最初的想法是避免使用白色。对她来说，蕾丝是一个探索不同可能性的机会，可以设想出一系列表达，尽管到最后，她表示自己依然没有确定的结论。"我还是不明白我为什么喜欢蕾丝，"她说道，"但它对女性来说是这样一种陪伴，经历了童年、婚姻到成为寡妇。"

时尚变化的速度，让缪西娅·普拉达既感到害怕又为之着迷。"结果是，我喜欢这些变化。"2004年，她在一场采访中说道：

"在时尚界，一旦你有了一点成绩，你就要开始思考下一步了。……我每天都在思考着变化，这是一种持续的焦虑，可能也是社会焦虑的普遍现象。时尚界的要事真的非常注重当下，这种对新事物的狂热追求。这可能是好的，也可能是不好的，但它确实定义了这个时刻。"

《国际先驱论坛报》的时尚编辑苏西·门克斯，将缪西娅·普拉达与许多同辈的时尚人士做了对比："当大多数设计师生活在时尚的泡泡中，她却迫切地与世界上正在发生的事情建立联系。……其他的创作者都不具备这种提炼现代事物的精髓本质、从文化遗产中取材、铆定不断变化着的社会，并且让这一切看起来有所关联的能力。"矛盾的是，缪西娅·普拉达这个知识分子，最近试图减少将时尚理论化，她在采访中提出，应该让衣服本身去为自己表达。在享受着现代时尚体系的压力和商业需求的同时，她也曾经历过因为它的不断索取而感到沮丧的阶段。"现在的世界如此复杂又吵闹，除非你大声喊叫，否则没有人会听到。"2006年她如此说道，其中带有一丝想辞职的暗示。她年轻时对共产主义的热情，显然影响了她的设计方法：挑战资产阶级对好品味的观念，一次又一次地选择不同寻常的设计，创造出看似丑陋的色彩组合和外观，既让人感到不解又让人为之着迷。讽刺的是，她的配饰和衣服的标价，只有富有的人才能负担得起——这个悖论当然也是她所关注的。

和许多伟大的设计师一样，从一开始她就有了双人合作的拍档，在接手普拉达后不久，她就遇到了她的丈夫帕特里齐奥·贝尔泰利。贝尔泰利是个满怀热情且斗志昂扬的人，他位于阿雷佐市的公司名为"I Pellettieri d'Italia"，是普拉达的供应商。他通常被认为是普拉达业务增长背后的商业主脑，尽管他的妻子也曾经强调过他在创意方面的贡献。"如果我没有遇到他，我可能已经放弃了——或者做不到我做过的那些事情。"她说道。在20世纪90年代末，普拉达发展成为一个设计师品牌集团，通过雄心勃勃的收购过度扩张，可惜回报率不佳。花费多年时间整理的财务问题，阻碍了普拉达的业务增长，但并没有让缪西娅·普拉达停下脚步，她制作了一系列出色的作品，让时尚买手和编辑感到既愉悦又捉摸不透。

1913年，缪西娅·普拉达的祖父马里奥·普拉达创立了"普拉达兄弟（Fratelli Prada）"，经营销售意大利的皮具产品。缪西娅·普拉达出生于1949年，原名玛丽亚·比安奇，她的父母是路易吉·比安奇和路易莎·普拉达，她有着一个被孤立的童年，具体原因至今不详，但最终在成年后，她被母亲的姐妹所收养。20世纪60年代末她正在读大学时，学生政治活动的激进浪潮到达了巅峰。目标是拿到政治学博士学位的缪西娅·普拉达，被时代精神所吸引，申请加入了共产党，全力投入到反对资本主义的斗争中。在采访中她轻描淡写地说起这一时期："在60年代，我还年轻，当时意大利社会刚开始迷恋消费主义，但我的最大理想是正义、平等和重建道德。我是一名共产党员，但当时作为左翼人士是很时髦的。我和成千上万中产阶级出身的孩子没有什么不同。"

然而，她强烈的个性也有着另外一面——那就是富有创造力、放荡不羁的艺术家，她穿着圣罗兰参加学生游行，在米兰的小剧场学习哑剧。这一切，都在1978年发生了改变，她接管了普拉达，此前这个品牌一直由她的母亲经营，她的祖父是在第二次世界大战之后决定退位的。接手家族企业是一个艰难的决定，"你知道，我必须鼓起很大的勇气去做时尚的工作，"缪西娅·普拉达回忆说，"因为从理论来说，这可能是最没有女权主义精神的工作。而在当时，在70年代末，这对我来说是非常难办的。当然，我很喜欢时尚，但我也想做一些更有用的事情。"

缪西娅·普拉达并没有立刻带来影响。在七年里，她学习了这个新行业的基本知识，在帕特里齐奥的支持下积累经验和信心。她不画草图，更喜欢从概念层面着手工作，然后以此为基础建立系列。突破发生在1985年，当时缪西娅·普拉达摒弃了品牌使用皮革的家族传统，制作了一系列耐用的尼龙包，并成为全世界时尚编辑的必备单品——而他们的读者随后立刻争相求购。手袋作为重要的时尚配饰得以重生，而尼龙被重新视为一种时尚材质。这款尼龙包让普拉达迅速成为了势头强劲的时尚品牌，但在四年后的1988年，缪西娅·普拉达才推出了成衣。她的第一个系列得到了不同的反馈，而到了这个以挥霍与奢侈为特色的年代末期，她为极简主义的全新精神奠定了基调。"普拉达之所以能成功，是因为它是低声细语的，而不是大喊大叫的，"她曾经说道，"如果你想被人认出穿着的是我设计的衣服，你可以做到。而如果你不想被人认出，你不必这么做。"

但有时缪西娅·普拉达也会大声疾呼——她的设计系列经常流露出一种设计师挑战自我本能的感觉，试图与她本人观念中的好品味作对，就像是为了自我激发而进行的智力练习。她说："知道自己喜欢什么很容易，做自己喜欢的东西也很容易。但比如对我来说，我倾向于认为好品味是非常无聊的。因此，基本上，我必须跟我认为不好的和不对的东西一起工作。在我的公司里，他们总是担心这一点，每个人总是在抱怨。"缪西娅·普拉达说她很少对一个单独的造型产生兴趣。她在设计时使用的概念常常参考了过去，但是一定会让它变得具有现代性。在她2009春夏系列中，她让模特穿着蟒蛇皮的防水台高跟鞋在伸展台上走秀（有一些模特摔倒了），招致了批评。衣服本身——她将它们称为"洞穴女人的定制时装"——则更具挑衅性、解构性、混搭性，皱巴巴的而且很凌乱。这展示了一种微妙的诱惑，让她的观众感到既捉摸不透又兴奋。

因为对其他创意形式的兴趣，1993年，缪西娅·普拉达成立了普拉达基金会，让当代的顶尖艺术家做展示。在她办公室的窗外，她安装了一个三层楼高的游乐场

Miuccia Prada

滑梯，这个有趣的装饰其实是卡斯特·奥莱的艺术作品。她也与顶尖建筑师合作设计她的商店，比如纽约的店铺是由雷姆·库哈斯设计的，而东京的是由赫尔佐格和德梅隆设计的。在2005年和2006年，一个名为"腰身以下（Waist Down）"的装置作品在亚洲、美洲和欧洲巡回展出，通过突出缪西娅·普拉达设计的半身裙，包括她那受欢迎的圆圈裙，强调了她设计的严肃性和趣味性。2008年，她委托艺术家制作了"颤栗之花（Trembled Blossoms）"的动画短片，来表达春季系列，它包含了由鲜花和仙女组成的郁郁葱葱的风景，带着新艺术、自由之神和奥伯利·比亚兹莱的风格。其他项目还包括为纽约、比弗利山庄和东京的"普拉达中心（Prada Epicenters）"设计的临时建筑专用壁纸、装潢和互动媒体等一系列合作。

品牌的时尚业务同时在增长。1992年，缪西娅·普拉达推出了第二个品牌"缪缪（Miu Miu）"（她的昵称），将普拉达的构想带给更广泛的受众。接着是1994年推出的"普拉达运动"。20世纪90年代末，普拉达集团加入了当时的收购狂潮，抢购了一系列不同寻常的品牌，其中包括在这一时期最令人钦佩的三位设计师——奥地利的海尔姆特·朗、德国的吉尔·桑达以及法国的阿瑟丁·阿拉亚。把这些天才放在一起，被证明是一场灾难：桑达两次辞职，因为她的同名公司难以实现收支平衡，而把海尔姆特·朗打造成超级明星的投资也没有获得成功。普拉达集团多次暗示将上市，努力使公司的财务状况恢复正常，但只能一次又一次地取消。当2008年底全球经济危机爆发时，缪西娅·普拉达陷入了尴尬的境地，思考着最适合她的公司的，也许并不是金融市场。对市场进行更详细的监察，肯定不是她的取向。缪西娅·普拉达自己也避开了名人圈。"我是一个非常注重隐私的人，不喜欢时尚行业高调的本质。拥有如此大的公众形象是很危险的，而我也不像一些设计师那样想要出名，因为这会破坏我的现实生活。"

比起许多同辈的设计师，她更积极地适应了21世纪初时尚体系的加速发展。这一趋势是由大众市场公司的快时尚所推动的，比如西班牙零售品牌Zara。在年轻的时候，缪西娅·普拉达曾对开发出一个可以持续六个月的想法而感到满意。然而，到了2008年，她评论说一个创意也许只能满足她两天。她承认创意的更替已经变得非常激烈。"我现在的目标是每两个月更改一次我们的店面——这是我所希望的。"在整个10年代，她继续让普拉达成为常驻伸展台的一股力量。她的设计亮点包括2011春夏大胆的电光色和条纹；最热门的2013秋冬系列，灵感来自电影，尤其是黑色电影；2016秋冬系列的层次和混搭美感，充满了隐晦的隐喻、细节以及对政治动荡时期的回应。2019年，在缪西娅·普拉达的指导下，普拉达一如既往地延续着它的创意探讨，持续存在于最出色的设计师时装中。

缪西娅·普拉达是一位能说会道的受访者，多年来她发表的评论，反映了许多在时尚界工作的人对他们所选择的职业真实的不安全感。她的高明之处在于，她将这种不安全感通过一连串鼓舞人心的设计系列，化为有力的应用，推动着时尚向前发展，使它在当下成为了现代流行文化的重要组成部分。2016年，她说商业考量对她来说，正在变得越来越不重要。"我是一名时装设计师，我做的是商业化的工作，但同时我们也希望是富有创意的，而我们总是想要推动极限。……我真的想要专注于我喜欢的事物，我关心的事物。"

....

延伸阅读: 缪西娅·普拉达对自己的工作有着精彩的讲述，因此她的访谈常常很有启发性。2016年*System* 杂志第8期中的《缪西娅·普拉达与拉夫·西蒙》，是她与西蒙的对谈，是一份必须一读的资料。2000年的*Ten* 杂志秋季号中由瓦妮莎·弗里德曼进行的采访，非常有趣。

20世纪90年代中期，在一场时装秀中的缪西娅·普拉达。
Niall McInerney, Photographer. ©
Bloomsbury Publishing Plc.

Miuccia Prada

马丁·马吉拉1999春夏。
Niall McInerney, Photographer. © Bloomsbury Publishing Plc.

马丁·马吉拉
（1959—）

马吉拉从周围的氛围中感觉到了即将发生的事情。他展望着未来的时尚。

在时尚史中，20世纪80年代末比利时设计师的出现，是相当令人意想不到的转折点之一。一个在时尚方面没有什么名声的国家，却催生了大量的设计人才，引发了一场延续到21世纪仍然能不断带来惊喜的运动。其中最受欢迎的是马丁·马吉拉，展示了人们常见的服装的新穿法，他从跳蚤市场获取灵感，而他引入的全新时尚形式迅速被贴上了解构主义的标签，带着一种最精简朴素的功能主义美学。

20世纪80年代中期，"安特卫普六君子"首次在伦敦时装周上集体展示了他们的作品，尽管马吉拉并不是他们的成员，但他和这些同辈的比利时设计师伙伴们，常常被归为同一类（六君子中最具影响力的是安·迪穆拉米斯特，在商业上最成功的是德赖斯·范诺顿）。比利时设计师都在他们的学校安特卫普皇家艺术学院，认真勤奋地汲取时尚美学，练就了杰出的工艺技巧，还有他们那高度严谨的时尚设计方法。安特卫普位于佛兰德斯的中心，也曾是更为广博而繁荣文化的中心，它代表着比利时北部荷兰语地区日益高涨的自信感与主导地位。

马吉拉的高度严谨在法国得到了认可，法国一直尊重时尚设计方法中的概念性。1997年，在鹿特丹举办的一个展览中，这位设计师与一位微生物学家合作。马吉拉从他当时完成的18个系列中挑选了一套衣服，重新制作成白色，然后在上面喷上霉菌和酵母并让它们生长。另一个关于马吉拉设计方法的简单印象：1998年春天，他受到超市塑料购物袋形状的启发，制作了一个都是扁平服装的系列。在时装秀中，身穿白大褂的男子四处展示挂在衣架上的衣服，衣服的接缝被剪开，使得衣服可以平放。后一季，他用10个真人大小的木偶展示了被热黏合的聚乙烯塑料包裹着的T恤式连衣裙。这些都令时尚概念主义者欣喜若狂。同时，他的店铺往往设立在隐秘的地方，大门上没有名字，但却变成了朝圣地。店铺里常见的一大特色，是一排旧货店的沙发和椅子，被一件长长的白色沙发套盖着。白色地毯上印着来自马吉拉标志性设计之一分趾靴的脚印。店铺所在地的过往用途仍然受到了重视；因此，在中国台北的一家曾是快餐店的马吉拉店铺中，汉堡吧原有的固定装置被保留下来，并被简单地刷成了白色。

马丁·马吉拉出生于1959年，在佛兰德斯林堡地区的根克长大。20世纪70年代末他在安特卫普学习后（比迪穆拉米斯特、范诺顿和毕肯贝格斯要早几年），他先是在一家比利时公司找到了设计雨衣的工作，然后到意大利短暂工作了一段时间。但马吉拉的内心向往着更高层次的创意，对他来说，只有一个地方可以学习到这一点——巴黎时尚界的反传统者让·保罗·高缇耶的品牌，在20世纪80年代中期，高缇耶的影响力到达了巅峰。马吉拉多次申请高缇耶工作室的工作，全心全意的坚持使他最终敲开了工作室的大门。三年后，马吉拉离开高缇耶品牌，与在安特卫普经营精品店的朋友珍妮·梅伦斯一起，创立了他自己的业务。他小成本创业的资金，来自他为一家意大利制造商进行的商业工作，这份工作有着丰厚的薪金。尽管马吉拉对自己的品牌有着不妥协的审美，但从一开始，他就是一位风格极其灵活的设计师，这一点在十年后的1998年，他被任命为爱马仕品牌的女装设计师时，得到了证实。

马吉拉的早期系列，立刻吸引了来自欧洲的那些风格更为前卫的店铺的买手，尽管很少有人下订单。他的第一个系列的特色，是特别窄的肩线——马吉拉称之为"香烟肩"——这对于权力着装所主导的20世纪80年代，明显是一种挑战。1989年10月，他在巴黎20区一个遍地瓦砾的废墟上展示了自己的系列，引发了轰动。模特在临时搭建的伸展台上跌跌撞撞地前进，眼睛被涂成了白色，穿着塑料的连衣裙、碎纸上衣、袖子被扯掉的夹克、明显是用衬里材料制作的半身裙以及超大的男士裤装。在这场实验性杰作的衬托之下，巴黎当季的主流时装秀显得平淡又普通。安特卫普一家名为路易斯的店铺的店主吉特·布鲁洛特，是马吉拉早期的支持者和朋友："这是一场冲击，但也是一个启示。马吉拉从周围的氛围中感觉到了即将发生的事情。他展望着未来的时尚，利用最日常的衣服，展示他们的新穿法。"而继几年前川久保玲和山本耀司等日本设计师之后，包括海尔姆特·朗和让·科隆纳在内的其他设计师，也在向各大主流时装屋发起挑战。作为解构主义设计师的马吉拉认为，要精确地展示出他的制作经过，未经修整的下摆，可见的针脚，甚至保留了裁缝的定位标记。他认为，时尚不是一种艺术——它是一门手艺，是"一种专门的技术"，让穿着者去摸索和享受。

马吉拉从跳蚤市场或是街头风格中汲取灵感，通过混合和改变形状与面料，将有时看起来很普通的衣服变成时尚。在这个过程中，他挑战了传统的时尚理念，展示了常见单品的新穿法。他也不怎么理会现代时尚体系每隔半年就必须拿出新想法的压力，而是偏好利用好几季的时间，不断地完善和发展他的概念，一次又一次地重新审视服装。他的1993秋冬系列，显示了他巨大的影响力，以及他向自己的参考来源致敬的意愿，系列中包括一件利用了四件来自跳蚤市场的黑色连衣裙制作而成的连衣裙，以及一件19世纪的牧师大衣，因为这位设计师实在是太喜欢这件衣服了，所以并没有修改它原本的设计。2001年，学者丽贝卡·阿诺德认为，马吉拉的设计方法"破坏了设计师作为独特且独立创造者的概念，因为他认可每一个设计都是时尚史的产物"。她认为马吉拉与日本设计师川久保玲有着相同的精神思想，认为不完美是"通往真实的途径……与时装作为转瞬即逝且完美幻想的传播者这样的传统角色恰好相反"。

到了20世纪90年代初，这位设计师已经取得了非凡的地位，矛盾的是，他不愿意与时尚媒体见面，更不用说接受采访了。与生俱来的害羞个性当然是其中的原因之一。不过，他也更希望人们去关注他的衣服，而不是他本人。在马丁·马吉拉的一份声明中说道："脱离设计师的形象能创造出一个空间，可以用服装来填补。"早在1993年3月，他曾短暂地做出让步，并邀请少数几位记者（其中包括罗杰·特瑞德烈）到他位于圣丹尼斯大道的工坊参观。他戴着标志性的深蓝色帽子，身穿黑色牛仔裤和黑色T恤，他解释了自己为何在媒体面前如此羞涩："我想通过服装来表达自己，并强化这样的印象。"不久之后，他又重新蒙上了保密的面纱，而通过传真或者电子邮件接受采访的对象，是他的团队而不是他个人。马吉拉的品牌的第一个标签是一张没有名字也没有文字的碎布，它代表着对现代设计师体系的质疑。从1997年开始，马吉拉推出了一系列仅以数字为区分的标签。

马吉拉常常喜欢让真实生活里的人来展示他的衣服，而不是模特。1999年，他和他的团队在接受《独立报》的采访时评论道："对我们来说，人们能找到自己的穿衣方式，而不是按照别人的规定或者凌驾于一切之上的主流趋势穿衣，仍然是重要的。"这个品牌的所有系列是以数字来区分的，从0号到23号。1号（现在依然）是女装系列，14号是男装。

1998年，马吉拉加入爱马仕这一举动，震惊了这个令人尊敬的法国老牌时装屋的内外人士。爱马仕的老板让·路易·迪马通过他的女儿了解到马吉拉的作品，后者是一位女演员并曾为这位设计师当过模特。1997年初，迪马邀请他到家中共进午餐，并认为他是"好马的绝佳骑手"，这一马术术语契合着这间时装屋的传统。他的首秀是一场低调的胜利，他的新角色调和了马吉拉式的反传统风格。灵活多变是服装的主旨，系列中包括可以变成斗篷的大衣，以及可以被内外反穿的无缝毛衣。在为《纽约客》撰写的一篇概述中，作家丽贝卡·米德把它们称为"安静的颠覆者。将所有虚饰剥离,它们得到了由内而外的重视,即使穿着者可能会显得单调乏味。"2003年,马吉拉曾经的导师让·保罗·高缇耶接替了他在爱马仕的职位。

马吉拉长期以来不妥协的做法,并没有转化为一夜之间的商业成功。品牌发展缓慢,艰难是常态。直到2000年,他的第一家店才在东京开业。他的大多数店面都在很难找到的地点,招牌只有内行人才能看懂。财务压力反复出现,阻碍了品牌的发展。2002年,这家公司找到了一位有着相同志趣的投资人,他就是意大利创新牛仔品牌迪赛尔的所有者伦佐·罗索。罗索成为大股东并接替珍妮·梅伦斯担任总裁,协助品牌在重要的时尚城市里设立零售店,包括伦敦和纽约。而马吉拉和梅伦斯继续经营业务,并为创意做抉择。罗索承诺自己不会干涉他们:"我爱这个人,这不是一次收购。我不是像其他集团那样收购一家时装公司。我是在投资马吉拉,这样两个朋友就可以一起工作,发展出一个非常特别的品牌。"

对马吉拉的业务来说,这场交易是一个关键时刻。在新的合作关系低调地开始之后,这一时期的店铺和生产都得到了大量投资,2007年,因为这位设计师在日本相当受欢迎,销售额上升了50%,达到6000万欧元。马吉拉进入了新的领域,同时推出了香水和珠宝。马吉拉在米兰著名的时尚街道斯皮加大街上开设了一家店铺。一股新的专业化浪潮,横扫了公司的业务部门。毫无疑问,马丁·马吉拉品牌的个性产生了巨大的变化。马吉拉成为伦佐·罗索创造另一种奢侈时尚集团的大型实验中的一部分。曾有一小段时间,一切似乎都是有希望的,然而事实上,马吉拉已经受够了时尚体系。2008年,他辞职了,退出了时尚界。他的离开是非常谨慎的,直到2009年12月才公开披露。

2018年底,在对比利时时尚大奖颁发的特别奖做回应时,他解释了自己退休的决定。他说:"2008年这一年是我感到自己无法再应对日益攀升的全球化的压力和过度增长的贸易需求的一年。我也对社交媒体传递的过量信息感到失望,它破坏了'等待所带来的兴奋感',并抵消了每一个惊喜带来的效果,而这些对我来说都是很必要的。"不过他以更积极的态度总结道,他观察到"一些新晋设计师对时尚创意的兴趣与日俱增"。而马丁·马吉拉品牌已经挺过来了,并从2014年起由约翰·加利亚诺推动创意。

马吉拉作为设计师的持久影响力随处可见,包括牛仔行业,其中的回收再利用和解构造型已经深入人心。新一代的年轻设计师也从他的作品中汲取灵感。在21世纪,当可持续发展的相关问题变得越来越迫切时,马吉拉可能会被视为推动时尚新方向的真正的先驱。

延伸阅读: 2001年,学者丽贝卡·阿诺德的《时尚,欲望和焦虑》(*Fashion, Desire and Anxiety*)提出了有趣的论点。1998年,在丽贝卡·米德为《纽约客》撰写的《疯狂的教授》(*The Crazy Professor*)中,有马吉拉的详尽资料。他的职业生涯被《女装日报》全面地报道过,特别是巴黎编辑迈尔斯·索查的文章,如2008年5月2日的《艺术遇上商业:马吉拉能在不出卖自我的情况下扩张吗?》(*Art versus Commerce: Can Margiela Expand Without Selling Out?*)。

Martin Margiela

马丁·马吉拉1996春夏。

马丁·马吉拉1993春夏。

马克·雅可布2019秋冬。
Victor VIRGILE/Gamma-Rapho via Getty Images.

46 | 马克·雅可布
（1963— ）

多年来，在同辈之中，雅可布一直被国际化连锁店铺模仿得最多的设计师。

在21世纪的第一个十年，如果你想要感受现代时尚的脉搏，那么马克·雅可布总是最值得关注的设计师。在这十年中，其他任何一位设计师，都无法如此持续地影响着大众服装市场，而这一时期的时尚潮流正以令人眼花缭乱的速度，从一个极端走向另一个极端。对他的批评者来说，这位美国设计师的设计系列充满了太多对以往年代的模仿，尤其是20世纪70年代，一段他一次又一次回溯的时期。对他的粉丝来说，包括大部分时尚编辑和许多时尚行业的专业人士，他是那个无穷无尽地创新着的纽约人，他为设计师时尚注入了受到街头启发的新鲜灵感。美国版 *Vogue* 编辑安娜·温图尔是他多年的拥趸，强调他有着"让保守的东西看起来很酷……也让酷的东西看起来很保守"的本事。

在这个竞争比以往任何时候都要更为激烈的时尚圈里，马克·雅可布是极少数从零开始建立品牌，并且在种种冲击中幸存下来的设计师之一，尽管他的品牌在21世纪10年代的后半段失去了势头。来自世界上最大的奢侈品集团LVMH的主席贝尔纳·阿尔诺的赞助和投资，是至关重要的。1993年，他著名的油渍摇滚系列确立了他是带有街头风格的设计师，但在21世纪初，他大部分作品的主要基调是优雅的。而他的2007秋冬系列，是一场对20世纪70年代圣罗兰的致敬，有着完全成熟的风格并且（就像他设计的所有衣服一样）特别实穿。也许马克·雅可布没有创造出任何引人注目的创新设计或者全新轮廓，但他对快时尚时代中潮流的迅速更迭，作出了热切的响应，而多年来，在同辈之中，雅可布一直是被国际化连锁店铺模仿得最多的设计师。

虽然许多支持者认为他是极致的下城区风格设计师，但实际上马克·雅可布的出身属于上城区，他是在他祖母位于曼哈顿上西区的公寓里长大的。能将上城区的精致与下城区的青春活力和街头气息融合，也许正是他吸引不同层次广大顾客的最佳原因。

雅可布完整的童年故事，被一些神秘的氛围所笼罩着，而显著的事实是，在他7岁时，他那在威廉·莫里斯艺人经纪公司工作的父亲就去世了；他的母亲多次再婚，花费大量的时间，辗转于不同的医院。年幼的雅可布是由他的祖母而不是母亲抚养长大的。在物质方面，他的生活还算安逸，不过在心理影响方面就只能靠猜测了，毕竟他在这么小就失去了父母。他的祖母带他去纽约的波道夫·古德曼百货公司，并鼓励着他对时尚的兴趣。"她教导我的重点之一，就是质量比数量重要得多。"多年后雅可布这么回忆道。雅可布成长得很快，在很小的时候，他就意识到自己是同性恋，他会翻看《花花女郎》杂志，但他曾谈到作为一个年轻人的不安全感。刚满15岁的时候，他的叔叔，也就是雅可布父亲曾经工作的那家经纪公司的总裁，把他安排在公司的收发室，让他学点工作经验。其中一位负责音乐方面的经纪人，为他争取到了现场演出的嘉宾席。"我喜欢一切车库音乐的狂暴——斯皮迪乐队、惊叫乐队或者四人帮乐队，"几十年后，他在接受《滚石》采访时回忆道，"我会先被一个乐队的造型所吸引，而一旦我被吸引了，我会发现其实我喜欢的是他们的音乐。"在他的职业生涯中，这种对音乐的热爱始终如一。

他注册了艺术设计高中，在时尚的纽约精品店"逗闹"里工作，并被买手芭芭拉·韦瑟所鼓励，她曾带着（只有20岁的）他一起出行日本。据说有一天，设计师派瑞·艾力斯走进了"逗闹"，于是雅可布向他寻求职业建议。去帕森斯吧，艾力斯说，他指的是纽约的帕森斯设计学院，美国著名的时尚设计学院。在帕森斯，雅可布产生的影响非同一般，1984年他为学业创作了一个设计系列，由他的祖母手工制作毛衣，灵感来自英国艺术家布里奇特·赖利。这些设计为他赢得了两项著名的金顶针奖。颁奖典礼的嘉宾之一是罗伯特·达菲，他是一位年轻并且雄心勃勃的商人，他迅速成为雅可布的长期商业伙伴，与他并肩作战，并指导他度过了财务状况起起伏伏的十年。达菲为第七大道的服装公司鲁本·托马斯工作，他说服了他的老板推出了一个名为"速写本"的新系列，由雅可布设计。1985年春季的第一个系列，包括引人瞩目的宽大手工编织毛衣，上面有着鲜艳粉色的笑脸。打从一开始，雅可布就是一个坚定要为年轻一代传递乐观积极笑脸主旨的设计师。

在20世纪80年代末，雅可布的职业生涯经历了一系列的波折。与鲁本·托马斯解除合作后，他曾短暂地为加拿大服装业巨头杰克·阿特金斯工作，随后在一家叫作第三纪元的公司和后来的樫山-美国工作。他的突破出现在1988年，他被任命为派瑞·艾力斯品牌的设计副总监（后者已经在1986年去世），同时他的商业伙伴罗伯特·达菲担任总裁。对一个年仅25岁的设计师来说，这是一项非凡的成就，引来了媒体的大量关注，以及第七大道的各种传闻。五年来，雅可布在派瑞·艾力斯的创意进展，遭到了铁面无情且巨细靡遗的审视、分析和讨论。雅可布式的招牌——青春、俏皮、反讽、亲民——已然显而易见。他稳定的创意进化，在他的1993春夏系列达到了巅峰，也就是被称作油渍摇滚的系列，灵感来源于华盛顿州西雅图的街头和音乐场景，以及音速青年的音乐。具有讽刺意味的是，这样的场景是具有挑衅意味的反时尚，偏好二手古着店的衣服，并以蓄意又随意的方式来结合各种风格和影响。雅可布在伸展台上对这种西雅图风格的演绎，引发了媒体的轰动，但并非所有媒体都是赞美。对高级时装来说，这是一个重要的时刻，促使人们重新评估设计师时装的意义。虽然在雅可布之前的许多设计师，最著名的是让·保罗·高缇耶，已经搜刮了街头和音乐界的能量，但很少有人能像雅可布这样有把握。十多年后他在回忆时说道："这是我对街头服装的构想和诠释，我一直爱着其中的不完美之处。这也是年轻人对于时尚所反映的态度。"

然而，尽管派瑞·艾力斯的老板们最初展现出了任命他的胆识，但他们对这位设计师的评价始终是负面的。他们认为这个油渍摇滚系列过火了，认为它践踏了派瑞·艾力斯的形象，会带来商业灾难。雅可布和达菲立刻被解雇了。这是一场打击，但是雅可布仅用了三个时装季就卷土重来了，在下城区的阁楼里，他以微薄的预算进行展示，明星模特为他带来支持，而整个纽约业界都想要入场券。1997年，雅可布步入了另一个阶段，LVMH集团的主席贝尔纳·阿尔诺签下了他，任命雅可布为路易威登的创意总监，开发成衣系列，这是前者所持有的奢侈品集团皇冠上的明珠。雅可布面临的挑战，是为几乎只以奢侈箱包和配饰闻名的威登，开发出一种标志性的风格。"我的设计更为不拘一格、浪漫并且规模相当小，"他向《女装日报》承认，"威登是一个国际化的名字。……它必须是简约、精炼并且奢华的。……我认为它看起来应该是现代的，而不是流行的。处于一张白纸的状态让人有点不知所措，所以你必须开始制定自己的规则。"

早期系列收到的反响不一（特别是部分男装系列，被认为是令人遗憾的错误决策），但雅可布通过与艺术家一系列极其成功的合作，找到了他的标志，从与斯蒂芬·斯普劳斯的合作开始。"我请斯蒂芬来破坏老花图案，而他帮着做到了。"雅可布说道。金色的徽章变成了大胆的涂鸦，而路易威登从此天翻地覆。与日本艺术家村上隆的合作在2003春夏推出，同样很受欢迎，尤其是用樱桃装饰的手袋。在路易威登的推动下，人们对设计师手袋的痴迷，以及不断急剧飙升的手袋售价，成为21世纪头十年中期的一种现象。雅可布也为他个人的品牌设计了"史丹包"，以模特儿杰西卡·史丹的名字命名，是当时最畅销的手袋之一。

在20世纪90年代和21世纪的前十年，马克·雅可布身处于一个非凡创意圈的中心，这个圈子聚焦于纽约，但又有着国际化的视野，成员从设计师、模特到艺家和电影导演。著名的人物包括索菲亚·科波拉，她是演员、缪斯女神并且最终成为电影导演，还有摄影师尤尔根·泰勒，他初次为马克·雅可布拍摄照片是在2000年，以科波拉为人物拍摄了广告大片。在这样的世界里，雅可布在努力工作的同时也努力玩乐，关于他过度吸毒的指控在时尚界流传了好几年，最终，在1999年春天，这位设计师在康复中心待了一段时间。此时的马克·雅可布所承受的压力是巨大的。他在纽约和巴黎之间飞来飞去，为路易威登和他的个人品牌进行设计（后者也得到了LVMH集团的资金支持，集团持有三分之一的股份）。除了这些工作，他还在2000年增加了"Marc by Marc Jacobs"这个售价更低的支线系列。

康复工作对雅可布来说是有效的，并激发了新一轮的创造力，与此同时，他也更欣赏巴黎更为闲适的社交场景的吸引力。在创意方面，雅可布被欧式精致和美式活力的联合所激发，并让他再次创造出了曾让他在纽约收获好评，融合了上城区和下城区风格的设计。或许因为雅可布在戒毒后拒绝毒品和酒精的行动，很好地维持了他与LVMH集团的关系，这是有一定难度的。2004年，经过漫长的谈判，雅可布与LVMH集团签订了一份新的长期合约，保证了他在十年内的创作和财务稳定。到了2008年，雅可布的重塑能力已经延伸到了他自己身上，他摒弃了低调的造型，追求更为浮华的名人设计师形象。他每周锻炼7天，改变饮食习惯以应付溃疡性结肠炎的发作，还做了30多个文身。雅可布曾经评论说他有注意力缺陷障碍，这一内幕或许可以解释他风格和设计重点的多变。作家凡妮莎·格里戈里亚迪斯强调了他"有着高端时尚和低俗名人的两极化品味，这有助于推广当前对乖僻行径与艺术的热情，结合了公然的可爱与经典的冷静"。2008年，在中央圣马丁的一次演讲中，他不愿就自己的广泛影响恣意发表评论。"谁会在意设计的灵感来源？灵感只是成为其他东西的催化剂。一个女孩想要穿上它，只有那才是最重要的。"

在21世纪10年代，雅可布的光环开始削弱，但仍有一些令人难忘的系列——2012秋冬，他以意大利时尚编辑安娜·皮亚姬的混搭风格为灵感，上演了一场精彩的时装秀。2014年，他从路易威登离职，高管们后来说他们对他混乱的工作方式感到失望。突然之间，马克·雅可布品牌似乎失去了它的声望，不过内部人士宣称它多年来已经亏损了数千万美元。2015年，他的多年商业伙伴罗伯特·达菲离职，同年他也关停了他的"Marc by Marc Jacobs"品牌。2017年，LVMH集团董事长贝尔纳·阿尔诺公开承认，马克·雅可布品牌是这个奢侈品集团旗下的问题品牌，尽管2017春夏系列表现突出，出色地将从20世纪70年代朋克乐队"狭缝"到互联网儿童（模特的脏辫引发了文化挪用的指控）等各种影响结合在一起。这一年，雅可布承认他"感觉与当下的真实环境脱节"。2018年6月《纽约时报》的一篇延伸概述，指出了雅可布是如何从总是能出色地诠释当代文化潮流变成貌似已经失去了创造力。同年，他重新包装了他1992年的油渍摇滚系列，显得这位设计师已经黔驴技穷了。然而，他以2019秋冬系列卷土重来，它的A字造型并且有着大体积的大衣和斗篷，被认为相当成功。雅可布离垮台还远着呢。

在某种程度上，雅可布是时尚摇摆不定本质的受害者。但近年来的挣扎，是不可以掩盖这位总是愿意承担风险并且大胆出击新方向的设计师的成就的，这使他在一个常常倾向于谨慎行事的行业中得到了青睐。美国版 *Vogue* 的编辑安娜·温图尔是这样总结他的："其他美国设计师都不能如此成功地将纽约的街头风格与对创造美丽时尚的敬意融合在一起。"

延伸阅读：2005年，保罗杰拉德帕·索尔斯的《路易威登：现代奢侈品的诞生》（*Louis Vuitton: The Birth of Modern Luxury*），涵盖了雅可布对路易威登的贡献。2008年12月，凡妮莎·格里戈里亚迪斯所撰写的杰出档案《马克·雅可布那有深度的肤浅》（*The Deep Shallowness of Marc Jacobs*），由滚石出版。1997年9月22日，由佐伊·海勒为《纽约客》撰写的《雅可布的阶梯》（*Jacobs' Ladder*），是一篇关于雅可布在路易威登初期所面临的问题的深度报道。想了解他的后期设计，必读的是：史蒂文·库鲁兹的《马克·雅可布是如何从时尚里掉队的》（*How Marc Jacobs Fell Out of Fashion*）（刊登于2018年6月2日的《纽约时报》）。

1995秋冬时装秀上，马克·雅可布与琳达·伊万格丽斯塔。
Niall McInerney, Photographer. © Bloomsbury Publishing Plc.

马克·雅可布1995秋冬。

47

汤姆·福特
（1962—　）

他有着一双执着且追求完美主义的眼睛。古驰品牌复兴的任何细节都逃不过他的双眼。

美国设计师汤姆·福特以自己的名号成为20世纪90年代时尚界的一股活跃力量，历史悠久的意大利时尚品牌古驰的华丽改造正是出自他的手。不仅如此，用雅诗兰黛总裁约翰·德姆西的话说，他是"推动整个90年代的内燃机"。卡尔·拉格斐主导了80年代，福特则是90年代的明星，他的闻名程度并不亚于他装扮的许多知名人物。作为侯司顿风格的天生继承者，福特对个人风格有着完美的感知，加上他擅于在采访中表达自己构想的能力，使他成为时尚编辑的挚爱。他也曾——现在依然——有着不可思议的帅气。正如《名利场》主编格雷登·卡特所说："几乎所有见到他的女人都想和他发生关系。"还有相当数量的男人也是如此。

在21世纪10年代的后期，汤姆·福特已经将他在2004年创立的同名品牌，其中包括眼镜和香水产品，变成了一个相当赚钱并且产品多元的帝国。对于时尚，福特总是有着包罗万象的构想，在20世纪90年代，当时尚成为一种比以往更具有影响力的流行文化时，他推动了这股风潮。"对我来说，时尚不只是停留在服装，"福特说道，"时尚就是一切。艺术、音乐、家具设计、发型、妆容……所有这些东西的结合，成就了一个时刻。"福特还粉碎了现代社会中所有关于性别和性的遗留问题。美国版 *Vogue* 的编辑安娜·温图尔指出，他的作品"总是充满了某种情色的震颤"。

古驰1995秋冬秀场的凯特·摩丝。
Niall McInerney, Photographer. © Bloomsbury Publishing Plc.

他公开自己的同性恋身份，与时尚作家理查德·巴克利同居。在他为古驰创作的作品中，他充分地探索了性，并在广告宣传中使用了色情书刊中的图像，引发了争议：他总是声称人的裸体比穿着衣服更好看。他带着所向无敌的自信说道："性是我始终在思考的东西。"他更有争议的广告图像是否物化了女性？福特打消了这个疑虑，他说他物化男性的程度也不相上下："我是一个公平的物化者。"

尽管他有着影响力与地位，但有观点认为，福特本人的设计才能有限，他更多是在辛勤工作着的设计工作室中，扮演形象设计师或造型师的角色。这是他深恶痛绝的指控。"这简直让我抓狂，"在为离开古驰后出版的《汤姆·福特》一书接受采访时，他这么说道，"我不会像伊夫那样穿着白大褂，摆出在地板上摆弄布匹的姿势。但我在这个行业里已经工作20年了。我知道怎样裁切一件衣服：我可以爬到桌子上，用剪刀裁切，然后用针把它固定出来。"他为自己是一名商业设计师而自豪，他说他从来没有想过要做别的事情。他说，自己的工作就是让女人美丽。"我感知时尚多于思考时尚，"他说道，"直觉是我的第一天性。"

他还有着一双执着且追求完美主义的眼睛。古驰品牌复兴的任何细节都逃不过他的双眼。再平常不过的事物也能引起他的注意。Vogue的安娜·温图尔称他为"时尚界的福楼拜"，有如这位痴迷于细节的19世纪法国小说家。福特创造了20世纪90年代引进年轻设计师复兴老品牌的模板。80年代香奈儿的卡尔·拉格斐曾是领路人，但福特完善了这一概念并掀起了一股趋势，于是有了马克·雅可布加入路易威登、约翰·加利亚诺加入迪奥等一波动向。然而，回顾起来，他在古驰后期的做派显然是过犹不及了。1999年，古驰集团收购了圣罗兰后，由他自己亲自出任YSL的创意总监。他对YSL经典传承的不敬做法，在法国引起了一片批评。2001年的男装秀上，他让模特戴着YSL的板材眼镜出场。"它们是对圣·洛朗的致敬，但我不想表现得太直白。"福特说道。圣·洛朗拒不出席这场秀，反而在第二天出席了迪奥的男装秀，更加明确了他的不满。离开古驰集团后，福特承认YSL是未完成的事业。"只是还没来得及大展拳脚……我是想要征服圣罗兰的。"

1962年，汤姆·福特出生于得克萨斯州的圣马科斯，并在新墨西哥州的圣达菲长大。在小时候，他的祖母对他的影响很大，她教会了福特良好着装意识的重要性。12岁时，他就拥有了他的第一双古驰乐福鞋。他的完美主义气质已经显现：他练就了超凡的视觉眼光，重新布置家里的家具，并渴望给家人和朋友穿上符合自己严格标准的衣服。但时尚并不是他最初的追求。18岁时，福特来到纽约，在纽约大学学习艺术史。那是20世纪70年代的后期，这一时期是福特在古驰的主要灵感来源。夜总会54俱乐部是这位年轻人最喜欢的地方，他认识了安迪·沃霍尔和他的助手们。凭借着耀眼的出色相貌，福特以一流男模的身份赚钱，并在时尚界建立了一个令人赞叹的人脉圈。他从纽约大学退学，进入帕森斯艺术学院，报读环境设计课程。20岁时，他转到帕森斯巴黎分校，这一行动产生了深远的影响。"当我第一次在巴黎四处闲逛的时候，我哭了。一切都太美了，我简直不敢相信。……我瞬间感到舒坦又愉悦。"

　　他在时尚设计领域的第一份工作是在凯茜·哈德威克，后者之所以聘请福特是因为他的个人魅力，而不是因为他的作品集展露了任何显著的才华。他与生俱来的时尚天赋迅速地发展着，1988年，他被马克·雅可布挖角，随后到派瑞·艾力斯担任设计总监，对年仅26岁的人来说，这是一个了不起的角色。1989年，古驰这个历史悠久却每况愈下的品牌，聘请了曾经扭转了纽约百货公司波道夫·古德曼命运的美国零售业高管唐·梅洛来管理业务。虽然梅洛在古驰只待了一年多，但正是她，在福特的多年男友理查德·巴克利的推荐下，关键性地任命了福特来设计女装（福特与巴克利于2014年结婚，并且育有一个儿子）。当梅洛回到纽约和波道夫·古德曼，福特在古驰的角色变得更加重要。1992年，他成为设计总监，但他与莫里吉奥·古驰发生了冲突，后者认为，对一个拥有经典风格的历史品牌来说，福特太过注重时尚了。时任古驰美国业务总监的多梅尼科·德索莱，出面挽救了福特。在20世纪90年代初，这家公司不得不设计一种团队合作的策略，莫里吉奥·古驰的参与，常常让福特十分恼火。好几次福特都准备返回美国去成立自己的品牌，但他坚持了下来。"我有一种不可思议的动力，"后来他反思道，"就算是要我的命，我也要成为一个成功的时装设计师。"

　　1994年，古驰被一家名为投资团的投资公司收购，而福特终于成为了创意总监。一年后，莫里吉奥·古驰谋杀案震惊了时尚界，他被前妻买凶枪杀。讽刺的是，莫里吉奥·古驰去世的那一年，也是品牌重新焕发生机的那一年。福特掌舵创意，而多梅尼科·德索莱则担任首席执行官，这一合作将古驰打造成了这个十年最成功的时尚品牌。为了实现福特的构想，他们不遗余力。摄影师马里奥·特斯蒂诺和后来成为法国版 *Vogue* 编辑的造型师卡琳·洛菲德与福特合作，创造了纯熟、性感、现代的古驰风格。他的1995秋冬系列在同年的春天展示，是对20世纪70年代末风格的强有力的致敬，包括蓝色的天鹅绒低腰裤和绸缎衬衫。这个系列被认为是一份杰作。福特的时代已经来临。

　　到了1996秋冬系列，福特对古驰的构想已经完成，它复兴了20世纪70年代末的魅力风格，结合了古驰档案作品的历史感，并强力注入了一剂意大利的现代主义风格。其中的元素包括细条纹剪裁的女装、红色天鹅绒燕尾服、带有小孔和金色扣合的白色针织长礼服、深邃的眼神，以及一种雌雄同体的造型，后者令人想起摄影师赫尔穆特·牛顿作品。正如福特所表达的，纯熟、性感、现代，他声称自己唤回了"可能从70年代末起就再也没见过的某种性魅力，因为艾滋病改变了时尚。"此外，福特积极地参与了古驰的业务发展，全球范围内状况不佳的授权经营都被买回或是关停。古驰的店铺设计是与比尔·索菲尔德合作完成的，后者利用了简洁的线条和丰富的材料，创造出诱人的组合，是对古驰新形象的总结。1998年的亚洲金融危机，只是品牌前进势头中的一段小插曲。福特敢于在创意上冒险，比如1999春夏系列，灵感来自于歌手和女演员雪儿，而媒体和买家都全盘接受。在福特和德索莱的带领下，古驰集团成为了价值超过40亿美元的企业，并成功持有包括圣罗兰以及年轻英国设计师斯特拉·麦卡特尼和亚历山大·麦昆在内的品牌。

古驰集团与贝尔纳·阿尔诺的LVMH集团一起，引领了奢侈品行业真正的全球化，并率先扩大了它的客户群。随着全球收入水平的提高，越来越多的人可以接触到设计师风格的产品，设计师品牌正在蓬勃发展中。现在它们已经成为了大众奢侈品品牌，尽管他们的许多顾客消费的是香水和配件而不是服装。即使在2001年纽约遭遇了"9·11"恐怖袭击，似乎也没有对业务造成什么影响：福特仔细地留意到，在袭击当天，YSL的纽约店铺依然接到了42个电话，来自想要购买民俗风上衣的女士。奢侈品行业的增长导致了一段整合期，因为领先的奢侈品企业会寻求收购具有国际潜力的品牌。在这一过程中，古驰自己也成为贝尔纳·阿尔诺的LVMH集团以及弗朗索瓦·皮诺特的巴黎春天集团（PPR）之间争夺控制权的对象，这是一场激烈的斗争，最终在阿姆斯特丹的法庭得到结果。2000年，巴黎春天胜出，得到了福特的认可。然而，四年后，巴黎春天对古驰集团施加的更大的管理控制权，是福特垮台的原因。

福特和德索莱在2004年的离职发生得很突然。虽然至今仍不清楚事件的全部细节，但显然巴黎春天的高管们认为，公众的注意力过于集中在福特本人身上了。这一结果对这位设计师来说是晴天霹雳。"我很沮丧，我沉浸在自怜中。"他在一次采访中承认道。这种自怜并没有持续太久：2004年，他推出了自己的汤姆·福特品牌，包括眼镜和香水产品，他通过位于纽约麦迪逊大道845号区区一家汤姆·福特门店，将业务扩展到了男装领域。2008年，他通过与顶尖的设计师零售商的合作，在全球推广品牌的理念，并在2010年增加了女装产品。汤姆·福特品牌以利落的超豪华剪裁为主打，并带有西海岸的魅力风格。业务在持续扩张，最近又增加了新的护肤品和化妆品系列。值得瞩目的是，在离开古驰再创业的过程中，福特还抽出时间发展了酝酿已久的电影导演事业，执导了根据克里斯托弗·伊舍伍德小说改编的《单身男子》，该片获得了奥斯卡奖提名，以及2016年在威尼斯电影节上获奖的《夜行动物》。两部电影都受到好评，影评人评价福特拥有出类拔萃的视角与眼光。

近些年来，福特变得醇熟老练了，他在洛杉矶、圣达菲和伦敦生活，满足于父亲和丈夫的身份，甚至对亚历山德罗·米歇尔在古驰的创作表示赞许。单是以个人魅力而言，福特就可以在全世界伟大的设计师中占有一席之地了。"从某种程度上说，这份工作完全是一种自我意识，"他承认，他是设计师作为风格仲裁者活生生的体现，"以设计师的身份存在并宣告，人们应该这样来穿衣，他们的家应该是这样的，世界应该是这样的。"

....

延伸阅读：2004年的《汤姆·福特》，由汤姆·福特与作家布里吉德·福利合作，是对他自己职业生涯的出色总结。书中包括对这位设计师进行的长期采访，并对他在古驰工作期间的重要时刻有着大量的视觉报道。

在古驰伸展台上的汤姆·福特，20世纪90年代。
Niall McInerney, Photographer. © Bloomsbury Publishing Plc.

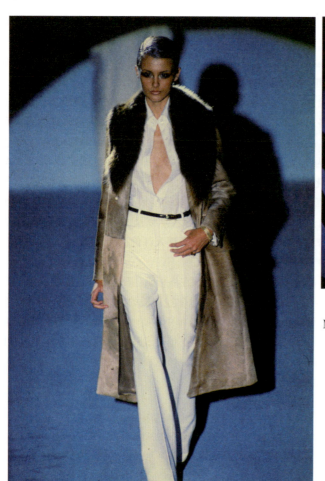

古驰1996春夏。
Niall McInerney, Photographer. © Bloomsbury Publishing Plc.

古驰1996秋冬。
Niall McInerney, Photographer. © Bloomsbury Publishing Plc.

48 | 亚历山大·麦昆
（1969—2010）

**麦昆的作品中充满了
自传式的影响。**

英国时尚界造就了大量有着高调态度的年轻设计师，以及以冲击为目的设计的服装。他们中的许多人都曾像烟花一样短暂地绽放过，却又迅速地坠落人间。尽管如此，亚历山大·麦昆总是和他的同辈设计师不一样，享受在伸展台上下引发骚动的感觉，在国际舞台上证明着他非凡的才华，直到2010年，40岁的他在母亲的葬礼前夕自杀身亡。

他的成功之路看起来似乎不太一样，回顾1996年，当这位年轻的设计师空降到纪梵希担任首席设计师时，扰乱了这个巴黎时尚品牌。麦昆立刻疏远了法国人，因为他完全没有尝试去讲法语，嘲讽仍然受到尊敬的休伯特·德·纪梵希是"无关紧要的"，而他制作的第一个系列，判断失误到令人震惊，连他自己都承认是"垃圾"。回顾起来，这四年在纪梵希的经历，对这位设计师来说是一条巨大的学习曲线。

2000年底——在他即将离开纪梵希之前，而他的离任让双方都松了一口气——麦昆将自己品牌51%的股份卖给了古驰集团，确保了自己的长远未来。在创意方面，这位设计师也重新焕发了活力，在21世纪的前十年，一季又一季，他制作出充满灵感的系列，并以一些最令人难忘的时装秀加以展示。他的系列的核心是精湛的剪裁，自信而锐气的裁切，这些技巧被应用于塑造把玩身体的形状。他最出色的作品有着一种坚毅的感觉——他形容他的衣服是"盔甲"——由那些想要看起来

亚历山大·麦昆1997秋冬。
Niall McInerney, Photographer.
© Bloomsbury Publishing Plc.

很有力量的女性所穿着。如他所说："它有点让人望而却步。你必须很有胆量，才能和一个穿着我设计的衣服的女人说话。"

麦昆的作品中也充满了自传式的影响，这位设计师多次承认了这一特点。仅以他个人生活中的一项经历为例：8岁时，他目睹了自己的一个姐姐被她的丈夫殴打，他说这一创伤性事件深远地影响了他看待女性的态度以及他的设计。他开玩笑说自己是时尚界的心理医生。当然，带有令人不安的潜在情绪的时装秀，是他职业生涯的一大特色，他的系列以希区柯克电影女主角、非主流电影《悬崖上的野餐》、威廉·戈尔丁的小说《蝇王》和精神病院为题材。他曾描述他的设计是"我自己活生生的噩梦"。死亡和腐烂是麦昆最为关注的，可以用他2007秋冬系列中的一件用腐烂花朵做成的连衣裙来概括。"我只是利用了人们想隐藏在脑中的东西，"2002年他说道，"关于战争、宗教、性，我们都在思考这些，但没有放在台面上讲。而我这么做了，并强迫他们来注视。"

不过，正如麦昆的长期造型师和朋友凯蒂·英格兰提到的，虽然黑暗常常会成为主导，但浪漫在麦昆对于世界的构想中，是同等重要的组成部分。"我们每个人都带着黑暗和光明，"2008年麦昆说道，"我并不觉得我的作品不该反映出这些。"他经常从表面的丑陋中看见美，他对美的觉知，与诸如杰克和迪诺斯·查普曼或达明安·赫斯特等当代英国艺术家相契合。"和大多数艺术家一样，我在怪诞中发现美，"2007年他说道，"我必须强迫人们去注视。"在他去世后，这一理念被"野性之美（Savage Beauty）"展览挖掘得淋漓尽致，展览分别于2011年和2015年在纽约大都会博物馆和伦敦维多利亚与艾尔伯特博物馆展出，门票全数售罄。在麦昆去世后，设计师莎拉·伯顿接任创意总监，她柔化了野性，但保留了美（以及令人着迷的卓越工艺），在2011年设计了皇家新娘凯特·米德尔顿的婚纱，并保证了亚历山大·麦昆品牌的长远未来。

李·亚历山大·麦昆，出生于1969年，是东伦敦一位出租车司机六个孩子中年龄最小的一个，而媒体报道将他空白的家世背景，塑造成了一个东伦敦粗野小子的童话故事。这位逐渐厌恶起这种刻板印象的设计师，并没有好好地化解这种说法，开玩笑地说自己是"一个大嘴巴的东伦敦混混"。关于麦昆崛起的真实故事，要来得平淡得多，是建立在他童年对时装画的痴迷（他声称自己从3岁就开始绘制时装画）和努力工作的能力之上。他的母亲是一位兼职的谱系学家，在他1986年离开学校的时候，鼓励他到萨维尔街去找工作，当时他只拿到了两份资格证书，都是艺术专业的。当时的萨维尔街，已经丧失了昔日在男装剪裁领域的势力，但麦昆幸运地在安德森与谢泼德那里找到了他的第一份工作，或许那是萨维尔街遗留的裁缝中要求最严格并且最追求完美的。在学习了两年如何裁切和制作裤装之后，他转到了君皇仕，在那里他专注于制作夹克。这非同寻常的学习经验，让他拥有了远远超出任何同辈设计师的专业技术——而当时他才快要20岁。

离开萨维尔街之后，麦昆曾在剧场戏服公司伯曼和内森那里短暂工作，也为设计师立野浩二（Koji Tatsuno）工作过。随后他买了去米兰的单程机票，并展示了自己的作品集，获得了罗密欧·吉利提供的工作。一年后，当吉利的业务面临压力时，麦昆回到了伦敦，在中央圣马丁艺术与设计学院攻读时装硕士的学位。他的毕业系列被当时在 *Vogue* 担任时尚编辑的伊莎贝拉·布罗（1958—2007）买下，后者这位擅于挖掘天才的怪人，立刻以将亚历山大·麦昆（李已经被弃用）的名号推向广阔的世界作为自己的使命。麦昆的早期系列引来了不同的评价，包括厌女症的指责，这位设计师激烈地反对了这些批评，并谴责时尚编辑的误读。早期系列之一，标题为"高地强暴（Highland Rape）"（发布于1995年，而他的2006秋冬系列重新发布和发展了这一主题），并不仅仅是简单地表达强奸行为，而是指代18世纪英国人对苏格兰部族的屠杀。模特穿着撕碎的和由碎布制作的衣服，大多是麦昆自己用面料店的剩余布料拼凑而成的。此后他为纪梵希举办的一场时装秀，使用了玻璃纤维的人体模型，这并不是对真实女性的抗拒，而是对空白画布的探索，以一种更为客观的方式来观看新系列。麦昆早期创造的"包屁裤"（裤子裁切得太低，以至于露出了股沟）也没有得到一些女性评论家的喜爱，尽管它的目的是拉长躯干的实验——也是大众时尚市场中低腰牛仔裤潮流的先兆。

麦昆在位于东伦敦霍克斯顿的工作室里工作和生活，就像大多数年轻的英国设计师一样（今天仍是这样），虽然财务状况一直很紧张，但他还是稳步地建立了自己的品牌。尽管他以自己的名义设计的系列还不到8个，1996年，他就拥有了执掌纪梵希的好机会。LVMH集团旗下所持有的纪梵希，继约翰·加利亚诺之后再次选择了年轻的英国设计师麦昆，这在巴黎时尚界引发了讨论，认为纪梵希这个令人敬重的时装屋已经变成了设计新秀的托儿所。2000年，麦昆评论道："也许我太年轻了，不适合接手纪梵希。但如果别人变成我，每个人都会做出这个抉择。我必须接受这个职位。"多年后，他对这段经历看得很开，承认他从工坊学到了很多东西。他说，他的错误是试图成为一个不是自己的人。"当我在巴黎的时候，我试着融入这种定制时装的理念和等级制度，但那并不是我。我不能耍这种把戏。我觉得当设计师扮演这些资产阶级角色的时候，看起来很愚蠢。到头来，留下了真实的我。你的所见即所得。"

2000年，麦昆同名品牌的大部分股份被古驰集团收购，但麦昆的压力并没有就此终结。2004年，当古驰集团的创意总监汤姆·福特和首席执行官多梅尼科·德索莱离开这个他们曾经掌权的公司时，麦昆发现自己必须去适应新上任的首席执行官罗伯特·波雷特的做派，后者宣称古驰集团旗下所有的小型品牌必须在三年内实现收支平衡，否则就会被出售。在麦昆为纪梵希工作的同时，聪明地发展了自己的品牌（展现出令人印象深刻的商业头脑，这对一个英国设计师来说是不同寻常的），而通过发布包括McQ副线、男装、配饰和鞋类系列等各种新项目，麦昆在三年内将销售额翻了3倍，并在2007年实现了波雷特的目标。其中，一条骷髅印花的丝巾特别受欢迎，销量惊人，并引发了街头时尚的大量仿制。2009年，麦昆还为美国主流零售商塔吉特设计了一个胶囊系列。

麦昆短暂地找到了个人平衡，成为一名佛教徒，并在2000年与他的伴侣乔治·弗西斯结婚，但这段关系并没有持续。这位设计师似乎已经醇熟老练了。2006年，他说道："我越是成熟，我就变得越是没有对抗性。随着年龄增长，我已经温和了一些。"2007年，一直支持他的伊莎贝拉·布罗的自杀身亡，也在驱策着他前进。"我找到了一种（对设计的）新的热爱，因为她爱设计，而她挖掘我正是因为我擅长于此。……这让我警醒。"随后，麦昆前往印度朝圣，他的后一个系列体现了这段经历。然而，对他的员工来说，他依然是一个麻烦、苛刻、复杂、易怒的老板，他把自己内心的恶魔带到了所有的关系中，无论是工作上还是私底下，也带到了他的作品中。

他的时装秀是艺术盛事，通过麦昆对历史的参考而变得更犀利，壮观、神秘、暴力、温柔与美丽贯穿其中。在他令人难忘的1999春夏系列中，模特儿莎洛姆·哈罗扮演了一只垂死的天鹅，并被机器人周身喷绘。他的2001春夏系列，名为"沃斯（Voss）"，在一个巨大的镜面箱子中展出，观众和模特可以从镜子里看到他们自己的倒影。这场具有刺激性的展示，以情色作家米歇尔·奥利的裸体亮相结束，她戴着性虐面具并且身上布满了飞蛾。时尚史学家卡罗琳·埃文斯写道："在这场秀里，麦昆在美丽和恐怖之间徘徊，颠覆了传统中美的观念。"

麦昆与伦敦顶尖造型师凯蒂·英格兰还有电影和特效团队合作，制作出一场场引人入胜的时装秀，这些秀往往会花光他的预算，但即使再资深的秀场观众，也会为此瞠目结舌。他的2006秋冬系列在2006年3月上演，以一个玻璃金字塔作为闭场，金字塔的中心出现了一缕白烟，白烟展开后，出现了身穿白色荷叶边连衣裙的模特凯特·摩丝的身影。这个由全息投影创造出来的图像，舞蹈着，模糊了，然后消失了，这是一个神奇的时刻。他的2010春夏时装秀"柏拉图的亚特兰蒂斯（Plato's Atlantis）"是另一场奇观，以壮观的数码印花和未来主义精神为主导，这场秀通过摄影师尼克·奈特的网站播出，模特在两个巨大的运动控制摄像机之间来回走动。明星歌手女神卡卡也提供了她的最新单曲，作为背景音乐的一部分，而她在全球的数百万粉丝涌入了showstudio.com网站，导致网站瘫痪。

在他人生的最后几年，麦昆越来越多地远离时尚圈，很少在派对上久留，他更喜欢待在自己的公司或是被亲密的朋友陪伴着。2010年2月11日，他深爱的母亲刚刚去世之后，他在梅菲尔区的公寓上吊自杀。在2007年英国版*Harper's Bazaar*的一次采访中，他承认自己喜欢作为局外人的状态。"很早以前我就习惯了不合群这件事。我从来没有真正融入过。我不想融入。而现在人们开始懂了。"直到最后，他始终保持着对自己作品的沉迷，决心要留下不朽的印记："我对为后人设计很感兴趣。……能影响其他设计师的设计师屈指可数，我必须在竞争中领先一步。作为设计师，你总是需要推动自己前进；你总是要跟上潮流或者创造自己的潮流。我就是这么做的。"

延伸阅读：2015年，黛安·托马斯的《国王与诸神：约翰·加利亚诺、亚历山大·麦昆的人生起落与时尚帝国的兴衰》全面介绍了亚历山大·麦昆的一生和职业生涯，这是一本有着详尽研究的书籍，尽管如此，其中的私人细节却令许多时尚界人士感到不安。2018年，皮特·艾德盖和伊恩·邦霍特执导的《麦昆》，是一部充满敬意和视角感人的纪录片。相关采访包括2002年8月，尼克·康普顿为i-D杂志撰写的《亚历山大·麦昆的新王国》(The New Kingdom of Alexander McQueen)，以及2002年10月，哈里特·奎克为英国版Vogue撰写的《杀手麦昆》(Killer McQueen)。2003年，卡罗琳·埃文斯的《前沿时尚：奇观、现代性和死亡》(Fashion at the Edge: Spectacle, Modernity and Deathliness)，对他的作品做出了许多有趣的解读。

纪梵希2000春夏秀场的麦昆与造型师凯蒂·英格兰。
Niall McInerney, Photographer.
© Bloomsbury Publishing Plc.

亚历山大·麦昆2009春夏。
Guy Marineau/Condé Nast via Getty Images.

路易威登2017春夏。
Estrop via Getty Images.

尼古拉·盖斯奇埃尔
（1971— ）

在盖斯奇埃尔引领下的巴黎世家，制作的是成衣而不是定制时装，但这位年轻的设计师看到了高端时尚全新的折中路线。

1997年，当尼古拉·盖斯奇埃尔刚来到巴黎世家这个每况愈下的时装屋时，几乎没有人留意到他。或许，与其说是靠设计，不如说是靠运气，巴黎世家的管理者们挖掘了一位真正崇拜着巴伦西亚加这位已故定制时装大师的设计师，而他们两者的设计标准同样严格。盖斯奇埃尔也是一个成长于20世纪80年代的孩子，坚定地展望着未来。经历了几个时装季，他发展出了自己充满自信的招牌风格，既参考了巴黎世家的辉煌历史，也让它向前冲进了新世纪，成为时尚界最具影响力的品牌之一。《国际先驱论坛报》时尚编辑苏西·门克斯，在评论他的2008秋冬系列时写道："这是对巴黎世家的非凡改造，过去与现在往往无缝地融合在一件衣服里。"

遗憾的是，这一切都以剑拔弩张的分歧告终，2012年，盖斯奇埃尔满怀着对雇主的怨恨离开了。正如他对 *System* 杂志说的："我就像是被榨干了，而他们想偷走我的个性，又试图同质化一切。"巴黎世家立刻就他的言论提起诉讼，并于2014年在庭外和解。但在此刻，这已经是旧新闻了，盖斯奇埃尔已经在路易威登，也就是他职业生涯中第二个重要职位，站稳了脚跟。

盖斯奇埃尔是一位不折不扣的现代设计师：充满着有灵感有创意的想法，而且这些想法跟打造品牌理念和推动业务发展之间不存在矛盾。在研究如保罗·波烈等20世纪早期的定制服装设计师时，时尚史学家南希·特洛伊指出，创意与商业之间的融合已经完成。《纽约时报》的时尚编辑凯西·霍林在称赞盖斯奇埃尔的2007春夏系列时写道："如果他不是他的同辈之中最重要的设计师，难以想象有谁会是。当然，盖斯奇埃尔先生是少数几个年轻的远见者之一，他试图以一种值得信服的方式，来看待时尚的将来。"在盖斯奇埃尔引领下的巴黎世家，制作的是成衣而不是定制时装，但这位年轻的设计师看到了高端时尚全新的折中路线，将工艺和定制时装的感觉，与高科技材料和街头灵感融合。在成衣方面，他与勒萨热合作制作刺绣，与莱马利合作制作羽饰，这两家工坊品牌都是定制时装方面的专家。"我认为定制时装不适合我们的世界，"2007年他说道，"尽管如此，我可以在我的成衣中奢侈地利用定制时装的工艺。"

与巴伦西亚加直接挂片剪裁不同，盖斯奇埃尔一向偏好先画草图。"我把我的想法绘制在板子上，搭配面料，然后我试着挖掘形状和廓型，一一制作每一个想法，以此构建出秀场系列。"然后，他的团队会把这些想法变成实物。与巴伦西亚加一样，他沉迷于精准的裁切和完善每一件作品。"不会妥协，"他告诉《女装日报》，"如果我们必须做20次来尝试（完善）一件衣服，我就会尝试20次。"在路易威登，自律和完美主义的感觉，依然是驱使他前进的动力。编辑的过程也很重要，他曾经说道："时尚是关乎挑选和编辑的。你必须非常严苛地挑选，所以一些东西只能自己留着——甚至是你表达自己的方式。"这样严苛的感觉，也被一些恶作剧所调和了：在他为巴黎世家设计的2004春夏系列中，他并没有在伸展台上展示裤装，这令时尚编辑感到不解，因为这是他当时最受赞誉的服装款式。

他对大众时尚市场的影响是巨大的。盖斯奇埃尔的设计有着一种未来主义感，能创造出让顾客兴奋不已的科幻时尚。他的设计也是奥妙无穷且变幻莫测的，他在巴黎拥挤的巴黎世家展厅还有路易威登那豪华得多的场地所举办的时装秀，是每一季抢手的入场券。当他在2008春夏系列中复兴花卉印花时，买手和媒体都宣布，花卉是那个夏天的主要流行趋势之一。他的细管裤装、贴身夹克和柔软手袋等招牌造型，受到广泛的追捧和仿制。在21世纪前十年初期，他的裤装是年轻女性梦寐以求的单品。2001年，波道夫·古德曼的詹姆斯·阿奎尔对 *Vogue* 说道："盖斯奇埃尔所做的，就是提供年轻女孩她最想要的：看起来又酷又时髦。而他为女性裁剪出最性感的裤装。"

盖斯奇埃尔的父亲是比利时人，一座高尔夫球场的所有者，母亲是法国人。1971年，他出生于法国北部的科米尼斯，童年的大部分时间都是在法国西部的乡下村庄卢丹度过的。年幼的盖斯奇埃尔曾是运动爱好者，包括骑马、击剑和游泳——他仍然经常在巴黎丽兹酒店的游泳池游泳。年仅12岁，他就说自己想成为一名时装设计师，在他学校的课本上绘制草图，用窗帘制作衣服。学生时代，他在阿格尼斯·B和科琳·科布森实习，让他体验到了时尚业的魅力。学校毕业后，他在让·保罗·高缇耶那里做了两年助理，盖斯奇埃尔说这是他了解到"混合的美学"的重要时期。之后他在极点品牌设计针织品，接下来做了一系列的自由设计工作，包括为意大利的卡拉汉工作。在巴黎世家，他从为亚洲区授权经营的业务工作开始，设计了制服和丧服等不被看好的品类。到了20世纪90年代中期，巴黎世家时装屋已经成了昔日的幻影，1968年，这位伟大的完美主义定制时装设计师关闭了业务，要当作一个重要时装屋来复兴它，是不太可能的。

1997年，25岁的盖斯奇埃尔被任命为巴黎世家的设计主管，接替吉塞弗斯·提米斯特，最初他被认为是临时替代海尔姆特·朗。这一动作几乎没有激起媒体一丁点的兴趣。但朗从未签下他的合同，而巴黎世家的所有者雅克·博加特集团对这位年轻人的才华印象深刻，特别是因为他为日本授权经营商提供的一个出色的小型系列。"当我来到巴黎世家时，这里充满了幽灵 —— 好幽灵和坏幽灵，"盖斯奇埃尔回忆道，"有的人不跟我说话。……也许他们认为我会做出一些不尊重的事情，或者试图马上重新做些什么。而当然，我并没有打算那么做。"盖斯奇埃尔的前几个系列，在巴黎几乎没有引起什么反响，而他也因为无法接触到巴黎世家的档案库而受阻，只能靠参考书籍和欧文·佩恩的照片。即使是这样，到了2001年，盖斯奇埃尔是一个特别人物的说法已经开始流传，美国版 *Vogue* 对这位设计师进行了详细的介绍。*Vogue* 的写手莎莉·辛格留意到了他对古着和"不美丽"的兴趣。从一开始，盖斯奇埃尔就一直在探索新的体积感，回应多年来流行的纤细廓型。他的第一个系列的设计重点，是圆环套圆环的罩衫，以及用带子缠绕的肚兜式上衣。接下来是有着紧袖口的毛绒蝙蝠袖上衣，然后是紧身打底裤，让人想起了20世纪80年代。在2001年的春季系列中，他用蕾丝、荷叶边和珍珠装饰了针织的鸡尾酒连衣裙。

荷兰摄影师伊内兹·范拉姆斯韦德指出：

这位设计师的设计起源"综合了记忆中的事物。有一些来自你童年记忆中的特定元素：你看到的东西，你穿着的东西，这些可以引起一连串的联想。比如，一件外套扣起的方式，能让你回忆起当时的音乐。尼古拉斯以此为线索，然后将它拆解，用现代的方式重新构建。"

渐渐地，时尚界开始认识到，这个年轻人不仅复兴了一个令人肃然起敬的时装屋，他自己也是一名重要的生力军。他那裁剪优美的裤装成为时尚编辑的必备单品，而他将定制时装风格与现代轻松的着装感融合的能力，吸引了高街模仿者的注意。

汤姆·福特对盖斯奇埃尔充满热情，于是巴黎春天集团旗下的古驰集团在2001年收购了巴黎世家，并随之获得了它的档案库。但是，2004年，当福特和首席执行官多梅尼科·德索莱离开，新的首席执行官罗伯特·波雷特被引进，盖斯奇埃尔的前景不容乐观。尽管巴黎世家有着悠久的历史，却与诸如亚历山大·麦昆和斯特拉·麦卡特尼这样的新兴品牌归为一类。压力迫使品牌的业务必须实现盈利。盖斯奇埃尔坚持在巴黎维持着一个花费高昂的工坊（服装在意大利生产），新的管理团队认为这一开销太过奢侈了。除此之外，这位年轻的设计师还以不妥协和麻烦著称。盖斯奇埃尔后来说道，这是缺乏安全感的体现。"因为我感觉受到了威胁，所以我会更加地防备和不自在。"

通过"机车包（Lariat）"，盖斯奇埃尔创造了一棵让他的新老板满意的摇钱树。全球各地的名人和富豪都争相订购这款带有编织手柄和悬挂拉绳的多拉链手袋。2003年，盖斯奇埃尔推出了一个名为"巴黎世家版本（Balenciaga Edition）"的系列，重现了档案库中的10多件定制时装单品。他的2006秋冬系列，是对巴伦西亚加这位伟大设计师的高度颂扬和致敬，与在巴黎时尚与纺织品博物馆举办的大型巴伦西亚加回顾展同步进行。从方肩套装到窗格图案，巴伦西亚加的精神贯穿在每一件单品中，但都经过了重新设计，让21世纪的观众也能有新鲜感。盖斯奇埃尔的设计系列倾向于展现巴伦西亚加本人对圆形的偏好，不过，在2007年的春季，这位设计师选择了一种直线廓型，有着紧紧的、加垫的和突出的袖子。《纽约时报》的凯西·霍林说它是"对巴伦西亚加复古未来主义意识形态的突破。现在我们看到的，是尼古拉·盖斯奇埃尔的当代未来"。

此时，他的地位已经确立。2005年，盖斯奇埃尔入选《时代》周刊100位最具影响力的人物。他被授予艺术和文学骑士勋章，这是法国政府授予的荣誉奖，旨在突出获奖者对法国文化的贡献。在此期间，他一直保持着低调的个人形象。对于人们时尚的作用的夸大评价，盖斯奇埃尔保持着谨慎的态度。"你必须看看这个世界，然后忘掉这些，"他在2007年说道，"当然，我存在于我的时代，而且我真的充满好奇心。但是与此同时，我认为这对我的价值没有什么直接的影响。"

在21世纪，虽然设计师时尚已经成为一个全球性的大生意，但盖斯奇埃尔相信，仍然存在实验的自由。"作为当下的设计师，真正有趣的是，你可以占据两个位置：成为具有前瞻性的思想者，同时又是服装的销售者。"在2009年经济大幅放缓的情况下，时尚界期待着盖斯奇埃尔为设计提出新的发展方向。他的2008秋冬系列的朴素风格，似乎预示着艰难时期的到来。而他的2009春夏系列，以创新的茧型设计和仿佛融化在身体周围的面料为特色，引来了更多赞誉，其中甚至包括那些认为他的设计难以理解的人。正如巴尼斯纽约百货的资深买手朱莉·吉尔哈特所说："他很擅长向我们展示那些我们还不太熟悉的事物。"

盖斯奇埃尔在路易威登的首秀充满了自信，在他为2014秋冬创作的系列里，都是他熟悉的剪裁比例和未来主义的廓型——"低调、青春、现代、合宜"，*Vogue* 这样评论道。这种自信的态度一直延续着：他的2017春夏系列在卢浮宫的时钟馆上演，并且将以卢浮宫为皇宫时期的礼服大衣与现代运动装出色地融合在一起。"我认为过时的单品是很有趣的，"之后他说道，"今天的我们该如何把被视为历史服饰的服装，融入日常的衣橱中呢？"

他的下一步是显而易见的，多年来一直都能预见到。推出属于尼古拉·盖斯奇埃尔自己的品牌，是在21世纪10年代被人们所广泛讨论着的话题，或许只是时间的问题。

Nicolas Ghesquière

延伸阅读：2013年10月17日刊登于032c的《尼古拉·盖斯奇埃尔的故事以及巴黎世家是如何变成21世纪时尚的》（The story of Nicolas Ghesquière and how Balenciaga became 21st century fashion），是一篇全方位的总结。System 的那篇导火索般的访谈，发表于2012年。

尼古拉·盖斯奇埃尔，
2016年。
Bertrand Guay/AFP via Getty
Images.

巴黎世家2009秋冬成衣。
Karl Prouse/Catwalking via Getty Images.

21世纪00至10年代
2000s-2010s

引言

"科网泡沫"开启了一个全新的世纪，但事实证明，它对时尚和世界经济的影响只是一时的。互联网已然成风，改变了世界各地的交流，也影响了设计的进程和文化发展的步伐。从 *Vogue* 的伸展台报道，到时尚趋势网站 WGSN 的详细分解，新媒体以空前的详尽取材报道时装秀季，为终端客户提供了前所未有的信息。

2001年，发生在美国的"9·11"恐怖袭击改变了世界，致使西方社会的不安全感持续至今。时尚界的即时反应是退回过去，回归时髦和淑女的风格，向20世纪50年代致敬。然而，氛围再度改变——并且改变迅速。在科技进步的推动下，速度成为新的口号。风格和色彩迅速变换着的快时尚，在 Zara 等品牌的引领下，席卷了欧洲的连锁店。对此，一些设计师通过直接与连锁店合作，推出限量版系列，来扩大自己的知名度。矛盾的是，奢侈品市场也倡导独家限量版，以保持营销势头，鼓励顾客更频繁地光顾他们的店铺。在21世纪前20年的大部分时间里，时尚以浩大的声势出现，而非轻声低语，色彩越来越丰富，风格越来越夸张。手袋和配饰，变得和服装一样重要，推动了奢侈品公司的利润。全球变暖的环境威胁，在2007年被广泛认同，引起了对时尚这一特别存在的质疑，因为它依赖于不断废弃的本质。古着和二手服装变得大受欢迎。

21世纪第一个十年末，世界环境变得更加黑暗，全球经济放缓对设计师的打击巨大。有钱人避免显露他们的财富。新兴经济体，比如中国大陆和俄罗斯，对设计师来说变得更为重要，尽管这些国家也不能幸免于全球经济衰退的影响。时尚界期盼着巴黎世家的尼古拉·盖斯奇埃尔来指引方向。

到了10年代，快时尚牢牢占据了全球服装零售业的主导地位，影响着不同层次的市场。奢侈时尚品牌也发展出了按月交货的概念，在这样的稳定条件下，刷新了消费者群体。对高端设计师来说，压力是无情的，2010年亚历山大·麦昆的自杀和2011年约翰·加利亚诺在公开场合爆发的个人情绪，似乎并没有引发能缓解这些压力的影响。

在中国的推动下，亚太地区的时尚需求迅速上升，商业成功的回报比以往任何时候都高，促使各大奢侈品集团利润创出新高。2011年，美国设计师迈克·高仕将自己的品牌上市，获得了现象级的成功，但到了2018年，该品牌似乎失去了势头，它所在的控股集团更名为卡普里控股，并收购了詹尼·范思哲，以巩固自己的地位。那些最资深的大型品牌似乎势不可当：2018年底，私有化的香奈儿首次史无前例地公布了它的财务业绩，2017年的销售额几乎达到100亿美元，仅次于路易威登。

然而，在21世纪10年代的后半期，新的不确定因素困扰着时尚产业。2012年，孟加拉国一家经营不善的服装厂发生火灾，造成117人死亡，凸显了低成本的快时尚带来的可怕代价。可持续发展的议题浮出水面并且显得越来越紧迫，而英国设计师斯特拉·麦卡特尼表明，设计师可以扮演更特别的角色，在环保道德方面促成更多选择与方向。作为重要市场的中国，开始严厉打击腐败奢侈的行为。长久以来被认为不适用于电子商务的设计师时装，开始通过 Yoox-Net-a-Porter、发发奇和 MatchesFashion 等公司，实现了可观的销售额。传统零售业被迫重新定位，强调了购物体验与销售产品同样重要，而卓越的个人服务成了实体店的吸引力。在这个似乎变得更加狂躁的世界，时尚品牌表现出了更积极参与到政治活动中的意愿，对社会和环境问题发声。特别是美国设计师，利用他们的时装秀来抗议唐纳德·特朗普总统。

在新晋人才方面，时尚界重点关注着伦敦时装周以及中央圣马丁学院培育的设计师，包括里卡多·提西（曾是纪梵希的创意总监，2018年起担任博柏利的创意总监）、克里斯托弗·凯恩（2013年，开云集团收购了他个人品牌的控股权）和金·琼斯（曾是路易威登男装的艺术总监，从2018年起担任迪奥男装的艺术总监）。设计师试图通过联名合作系列，来吸引媒体关注，保持他们的营销热度，其中最为火爆的，要属2017秋冬路易威登与街头服饰品牌Supreme之间的合作。

就时尚而言，10年代后半期的热潮，来自运动装对时尚的影响——通常被称为"运动休闲风"。女性将运动装与设计师品牌混搭在一起，在又现代又酷炫的风格之余，寻找实用且舒适的服装。"#metoo"运动的声势愈发浩大，反映出女权主义的自信以及更为积极的态度。菲比·费罗最初在蔻依工作，之后在思琳（Céline）工作了十年，她作为一位在时尚界展现女性视角的设计师而备受赞誉。伸展台上、时尚杂志中和工作室里的种族多元化，成为10年代最后几年的热门话题。2019年5月，巴巴多斯的音乐巨星蕾哈娜在LVMH集团的支持下，推出了奢侈品牌Fenty。2017年，出生于加纳的爱德华·恩宁弗尔，被任命为英国版*Vogue*的编辑，为康泰纳仕带来了多元化的新精神，同时，富有开创性的非裔美国人维吉尔·阿布洛，也就是Off White的创始人，在2018年4月成为路易威登男装的艺术总监。维吉尔·阿布洛愉快地"采样"了诸如马丁·马吉拉、海尔姆特·朗和拉夫·西蒙等其他设计师的作品。美国时尚作家凯瑟琳·扎雷拉指出，阿布洛从未宣称过这些创意来自他们，甚至将Off White的2017秋冬系列命名为"无新事（Nothing New）"。扎雷拉写道："他将他们不同的时尚语言编织成一种风格，来熏陶他的年轻粉丝，并将他的这些偶像重新加入当代意识中。"

无论是在把街头服装变成奢侈必备品的维特萌，还是在巴黎世家，来自格鲁吉亚的德姆纳·格瓦萨利亚都为时尚开辟了新的道路，他展示了杰出的技术能力，并提出了"新式剪裁（neo-tailoring）"。2019秋冬的巴黎时装周，是10年代的最后一个秀季，蕴含着摆脱街头服装的影响，向着新式优雅发展的暗示。但在10年代末，大多数时装设计师都热切地想要抓住时尚的浪潮，而不是去引领它。在这个由社交媒体主导的时代，消费者已经变得越来越成熟。尼古拉·盖斯奇埃尔对《金融时报》说，现代消费者的自信让他感到振奋。"他们首先是为了自己而着装，"他说道，"这就是我为什么认为现在人们对高端时尚有着更大的需求，也有着更敢于冒险的意愿。这是时尚中值得骄傲的时刻。"

拉夫·西蒙
（1968— ）

西蒙年轻时在安特卫普俱乐部里的经历，孕育了他对亚文化的兴趣，并被他直接转化为时尚。

1998年春天，当比利时设计师拉夫·西蒙在巴黎展示他的1998秋冬"放射性（Radioactivity）"系列时，他刚满30岁。除了引人瞩目的窄肩紧身剪裁，发布会的整体概念同样产生了巨大的影响。这是他在巴黎展示的第三个系列，这位设计师的灵感正来自德国极具影响力的电子乐队发电站乐队，以及他们1978年的专辑《人型机器》，而排成一列的模特穿着红色的衬衫和黑色的领带，头发后梳，简直和专辑造型一模一样。红色的衬衫，而不是黑色的衬衫：发电站乐队引用的是俄罗斯式的建构主义，而不是德国的法西斯主义。至于西蒙，他只是喜爱发电站乐队的音乐："这与时尚无关，只与音乐有关。"多年后他说道，承认其他文化对他的作品产生了显著的影响。

这个巴黎的夜晚，记者罗杰·特雷德为自己的所见激动不已，观众的掌声仍在回响时，他溜到了后台，采访这位设计师的想法。西蒙开始说话，之后突然崩溃，泪流满面，不知所措。这个系列被证明是他职业生涯中的一个突破时刻，经久不衰，而它的成功超出了一个沉迷青年文化的年轻佛兰德学生的想象，他一开始是学习家具设计的。近四分之一个世纪后，西蒙已经证明了自己是所有比利时设计师中，最具有激动人心的创造力并且始终最令人印象深刻的，他以男装设计成名，之后将他

迪奥2012秋冬高级定制。
Stephane Cardinale/Corbis via Getty Images.

的才华施展到女装领域。

他在自己的时装秀上一再落泪——在弗雷德里克·陈拍摄的纪录片《迪奥与我》中也是如此，这部电影动人地呈现了他非凡的造诣以及投入的情感。对时尚的情感，是很难向外人解释的，容易被认为是特别矫揉造作的人过度敏感的发泄。但正是这种强烈的情感——建立在毫无保留地投入创意之上——将时尚最美妙的地方，不仅转化成了服装，也转化成了向我们传达发生在周遭世界中的事情的历程。

除了闻名的紧身剪裁，西蒙对高端男装最长远的贡献，是将它与街头风格融合，并且常常参照街头的活力与躁动。2001秋冬他推出的"骚动、骚动、骚动（Riot, Riot, Riot）"系列，主打缝有报纸印花的迷彩飞行员夹克。在接下来的2002春夏系列中，大尺寸的连帽卫衣和头巾表达了更为激进的反叛精神，命名为"那些向他们恐惧的一代人吐口水的人……风会把它吹回他们自己身上（Woe Unto Those Who Spit on the Fear Generation... The Wind Will Blow It Back）。"这些系列都是在美国"9·11事件"发生前不久推出的，而这场袭击开启了一个更为狂躁的时代。之后西蒙继续创新男装，2004秋冬系列，是他在形状和形式上更为成熟的标志。

西蒙以自己作为创新者而感到自豪。在创作的过程中，他吸收了广泛的影响，包括音乐、艺术、室内装饰、表演、图像和文字，并不断促使自己去接受新的挑战。他对亚文化的兴趣，孕育自他年轻时在安特卫普俱乐部里的经历，被他直接转化为时尚。正如平面设计师彼得·萨维尔在2011年所说："在融合方面，西蒙是伟大的先驱之一，他将亚文化的艺术带到了当代时尚里。"

除了自己的男装品牌，他还重振了三个伟大的时尚品牌：吉尔·桑达（2005—2012年）、克里斯汀·迪奥（2012—2015年）以及卡尔文·克莱恩（2016—2018年，时间短暂但创意非凡）。和许多设计师一样，西蒙不喜欢被归类，他为这三个品牌以及他自己的男装品牌所设计的各种作品，展现了他风格的多样性，以及对惊喜和挑战的热忱，挑战着他自己，也挑战着他的顾客。

他现身于20世纪90年代中期，也就是以安特卫普六君子和马丁·马吉拉为首的第一批比利时设计师拓宽了时尚风格的十年之后。许多比利时设计师来自安特卫普皇家艺术学院的时尚专业，被琳达·洛帕以及后来加入的沃尔特·范贝伦东克（他本人也是安特卫普六君子之一）所指导的他们，无论是技能还是创意，都是既严谨又自由的。而西蒙是在其他地方学习的——甚至学的不是时尚专业——1991年，他从比利时东部林堡省根克镇的一所大学毕业，学习的是工业设计和家具设计。所有学生挂在口边的时尚品牌，都是马丁·马吉拉还有海尔姆特·朗，西蒙也把这些设计师本人当作早年的偶像。只需要搭乘两小时的火车，就能抵达安特卫普，在那里，西蒙经常和奥利维尔·里佐、威利·范德佩尔和薇洛妮克·布兰奎诺等初出茅庐的时装设计师一起，在维茨利·波兹利咖啡馆里消遣。当时西蒙仍然在做着家具设计，但洛帕和范贝伦东克都看到了他作为时装设计师的潜力，并鼓励他。范贝伦东克给了西蒙一个他设计工作室里的实习职位，并带他前往巴黎看秀。他挤进了马丁·马吉拉1990春夏那个全白系列的秀场，这是一个决定性的经历。从此，时装替代了家具，成为他在创意方面的挚爱。

在吉尔·桑达离开后，西蒙于2005年开始为她的同名品牌设计，这是他进军女装的第一步。在七年里，他又一次树立起了自己的名声，推动品牌走向了更柔和的美学，引入了新式的浪漫主义并且拥抱色彩。2012秋冬是他在吉尔·桑达的谢幕秀，被认为获得了巨大的成功，它向身处于家庭生活的现代女性致敬，用于展示的伸展台上，装饰着装有鲜花的有机玻璃立方柱。

2012年，拉夫·西蒙升任克里斯汀·迪奥的创意总监，此举让巴黎时尚界感到有些不解，尽管他对吉尔·桑达的构想日趋浪漫主义，但从某些方面来说，他依然被认为是主打极简主义的。在纪录片《迪奥与我》中，在他加入迪奥后的首场高级定制时装秀的前几周，他直接谈到了这个问题："（他们）认为我是一个极简主义者。我并不是。我感到诧异。我接受了一个极简主义品牌的工作？是的。这意味着我只追求极简主义？让他们在秀后再来评判吧。"

《迪奥与我》是一份珍贵的资料，记录了西蒙职业生涯中一段紧张而特殊的时期。我们了解到西蒙是如何工作的：不是自己画草图，而是有组织有条理地围绕着主题，为他的设计团队创造出一系列的参考档案（在第一个系列中，他们利用了"酒吧式风格"，参考了迪奥著名的酒吧外套，以及"现代舞会礼服"）。我们认识了他的多年创意伙伴皮特·穆利埃，后者平易近人的魅力与西蒙的强势，起到了互补的作用。而我们见证了西蒙对服装实穿性的执着："我希望女孩们能感到舒适。"我们也观察到了他的个人热忱："每时每刻，我都在观看艺术，它能让我放松并给我启发。"

他总是对艺术很感兴趣。18岁时，他参加了由杨·荷特策展的在根特举办的"客房"展览，艺术家在私人住宅中展示他们的作品，让当代艺术显得平易近人，并且能立足于现实世界。2013年6月，他选择了位于勒布尔热的拉里·高古轩艺术画廊，展示他的2014春夏男装系列。在迪奥的首个系列，是他与美国艺术家斯特林·鲁比多年合作的开端。在那个系列里，这位设计师最喜欢的作品之一，是一件印有鲁比喷绘作品的丝质绸缎连衣裙。

此前，多数寻求过与艺术家合作的设计师，主要都是为了利用合作，为系列增加装饰效果。相比之下，西蒙开发了一种更为热切的双向合作方式。2014年，他顺理成章地推出了拉夫·西蒙/斯特林·鲁比男装系列，设计师和艺术家的作用均等，鲁比直接参与了制作过程，在他位于洛杉矶的工作室里绘制面料和染布。这个充满了漂白和手绘的系列，被证明拥有着巨大的影响力，并概括了这个年代中"合作"一词在每一位设计师心中所代表的涵义。西蒙展示了最出色的合作是如何被实现的。

与斯特林·鲁比的合作，延伸到了卡尔文·克莱恩，2016年，拉夫·西蒙被任命为品牌的首席创意官。和当初加入迪奥一样，此举被认为是出人意料的：西蒙经常在采访中经常抱怨工作的节奏问题。当他在2015年底离开迪奥，似乎是在效仿他的偶像海尔姆特·朗和马丁·马吉拉，退出时尚游戏。但来自卡尔文·克莱恩的诱惑是巨大的，这是一个具有国际影响力的品牌，对人们有着广泛的吸引力，包括数百万只购买香水和内衣的人。并且，正如他任命前不久接受采访时所暗示的："我的确认为，如果你的意见能被传播给全世界，是挺有意思的。"

多年来，卡尔文·克莱恩品牌一直原地踏步，维持着它简洁轮廓和干净线条的全美式传统风格，伴随着年轻性感的强烈吸引力。西蒙接受了这一项对他的平衡能力的挑战，在尊重传统的同时，对品牌进行了全新的改造。在他的秀中，他将卡尔文·克莱恩作为一个探索性的实验室，审视美国人心理的各个层面，通常带有令人忐忑的参考元素以及黑暗的基调。随着唐纳德·特朗普总统当选，美国的政治和民生进入了特别动荡的时期，这种设计方法变得更具有现实意义了。在商业方面，西蒙得到了自由掌控的权限，可以扩充卡尔文·克莱恩的客户群，比如吸引时尚达人。品牌和支线被重新命名和调整，所用的名称倒不是最容易被记住的["Calvin Klein 205 W 39 NYC（**译者注：象征卡尔文·克莱恩品牌纽约总部的地址，西39街205号**）"这个品牌名，令设计师荒谬的命名方式再上了一层楼]。

他的第一个系列是2017秋冬系列，在一个由斯特林·鲁比装饰的挂着国旗、流苏和牛仔的地点展出。"我一直在思考着美国，"拉夫说，"现在是关注它的时刻。活力与青春！你必须考虑现在的年轻人，他们代表着未来。"但第二个系列更黑暗，因为西蒙开始迷恋已故的安迪·沃霍尔，加入了这位波普艺术家颇具争议的车祸版画。像他与鲁比的合作那样，西蒙希望能全面接触到沃霍尔的遗作，并与安迪·沃霍尔视觉艺术基金会签订了一份三年的协议，让他能够访问到档案库。

2018年10月，《纽约时报》的首席时尚评论家瓦妮莎·弗里德曼撰文评论道："当我第一次听到拉夫·西蒙为卡尔文·克莱恩的转型提出的重大新概念之一是安迪·沃霍尔时，我翻了个白眼。……而事实证明他比任何人都有先见之明。仅仅一年后，我们就生活在一个又一个的沃霍尔的时刻（**译者注：安迪·沃霍尔擅于利用当下的热点事件来创作，同时沃霍尔也热衷于将自己塑造成大众传媒中的明星人物**）中——在一个我们有史以来最沃霍尔风格的总统领导下的国家，在一个靠社交软件Instagram就能让任何人拥有15分钟影响力的时刻。"

西蒙在卡尔文·克莱恩的任期很短。2018年12月，在报告指销售额低于标准和预算超支后，双方通过协议缩短了他的合约。大多数媒体的分析，都集中于一位对牛仔裤和内衣所在的大众市场（这个品牌利润的基础）没有什么经验的设计师与一家从未与高端概念设计师合作过的公司之间的不协调。对那些曾倾倒于他为卡尔文·克莱恩设计的系列的时尚编辑来说，他的离开再次证明了，自由精神的创意设计师与市场的商业需求之间，持续存在着的矛盾关系。

和21世纪的许多设计师一样，西蒙常常抱怨现代时尚体系中的工作节奏，但他找到了自己的应对方式。在一切关于现代文化的探讨中，他也保持着令人振奋的关联——他是一位希望参与这种探讨并且不断前进的设计师。"对于人们对我的作品的反馈，我曾经是非常脆弱的，"在离开卡尔文·克莱恩前不久，他说道，"但我已经变得越来越能坦然接受这些想法了，不好的反应也可以是好的，至少这是一种对话。"

延伸阅读: 在拉夫·西蒙的男装设计方面，学者尼克里斯·罗伯茨是出色的评论家。参见《拉夫·西蒙和跨界时尚，从后朋克到新现代》(*Raf Simons and Interdisciplinary Fashion from Post-Punk to Neo-Modern*)(《时尚理论》(*Fashion Theory*)，2013年 第17卷。第1期)。在 第8期 *System* 杂志中，拉夫·西蒙与缪西娅·普拉达的对话很有启发性。2018年10月，瓦妮莎·弗里德曼为《纽约时报》撰写的专题文章《沃霍尔与我》(*Warhol & I*)，充满了出色的见解。

Calvin Klein-205W39NYC秀场的拉夫·西蒙，2018年。
Angela Weiss/AFP via Getty Images.

卡尔文·克莱恩2018春夏。
Victor Virgile/Gamma-Rapho via Getty Images.

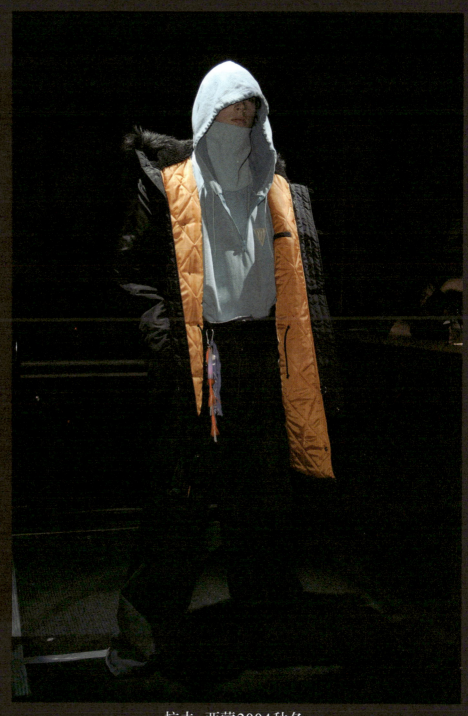

拉夫·西蒙2004秋冬。
Thomas Concordia/WireImage via Getty Images.

迪奥男士2007春夏。
Pierre Verdy/AFP via Getty Images.

51 | 艾迪·斯理曼
（1968— ）

对他的崇拜者来说，他就是为真正的年轻人设计属于他们的衣服的颠覆传统的创造者。

2000年，香奈儿的设计师卡尔·拉格斐以一场快速减肥而闻名，在短时间内减掉了94磅。减肥并不是因为健康问题。他告诉全世界："我想穿上艾迪·斯理曼设计的衣服。"当时斯理曼刚刚被任命为迪奥男装的创意总监，这位酷酷的年轻巴黎人为瘦削的年轻男性制作了西服套装和牛仔裤，由此发展出在21世纪第一个十年里一直主导着男装的窄身廓型。

他的事业发展迅速，而且经常引发争议。正如2017年，时尚评论家瓦妮莎·弗里德曼在《纽约时报》上所写的，这"几乎就像一场行为艺术的延伸作品，他想看看他能将这个行业推动到什么程度，并让它持续回过头来向他索求"。规划了圣罗兰品牌的发展并给了斯理曼第一个突破自己的机会的商人皮埃尔·贝尔热，对他的做法表示支持："当你作为一个艺术家，你必须制造冲击。"

对他的批评者来说，斯理曼除了创造了瘦削中性和摇滚风的造型，别无其他，他把自己如"斯理曼品牌"般的构想，强加给了其他时尚品牌。相比之下，对他的崇拜者来说，他就是为真正的年轻人设计属于他们的衣服的颠覆传统的创造者，他从音乐和年轻人的活力中汲取灵感，让巴黎时尚的概念看起来很酷，并且与新一代人息息相关。

自2007年起,斯理曼大部分时间都待在洛杉矶,这一举动让他拥有了广阔的视野和国际化的观点——他甚至将圣罗兰的设计工作室搬到了这座城市。2011年,他以《加州之歌》(*California Song*)来赞颂他对加州的爱,这个沉浸式展览包括在洛杉矶MOCA(当代艺术博物馆)展示的动态摄影,并利用数字广告牌在整个城市中进行展示。MOCA的馆长杰弗里·德奇拿斯理曼与英国画家大卫·霍克尼做比较,后者在他职业生涯的大部分时间里,都生活在西海岸——他们都是创作者,并且"以欧洲人的新鲜视角来看待加州"。

和他的同辈设计师拉夫·西蒙一样,斯理曼享受着变化,吸收和观察着音乐和青年文化,像投入设计一样拥抱着生活方式。也许这就是他对现代时尚体系演变的重要贡献,不再聚焦于工坊的工艺。他哀叹着现代时尚的节奏,但又矛盾地被它激励着。正如2015年他在一次采访中说道:"你必须对新事物保持好奇和开放,并且永远不要认为以前的更好,因为没有什么是永远不变的。"

20世纪90年代,汤姆·福特在古驰创造了一个重振时尚品牌的新模板。而斯理曼让这一重振模板更进一步。对他来说,没有哪个时尚品牌是神圣而不可侵犯的。如果他必须拆掉圣殿并且重新构建,那就这样吧。这位创意总监的构想就是新的圣殿。一路走来,他与许多人交锋,包括一些被禁止参加他的时装秀的时尚记者。控制狂是他广为流传的称号,对于时装设计师来说这种批评并不罕见,可以追溯到查尔斯·弗雷德里克·沃斯。2018年《金融时报》的一篇文章中,引用了斯理曼的一位匿名前合作者的话,说道:"当他说把某样东西移动2毫米时,绝对不能移动3毫米。"2013年,埃里克·威尔逊在《纽约时报》上评论:"艾迪·斯理曼可以写出一本关于如何失去朋友但依然能具有影响力的书。"

此外,斯理曼从小就开始对摄影充满热情,他也享受着作为摄影师的工作。从这一点,他的职业再次反映了21世纪时装设计师角色的转变,从掌握着制作衣服的技术手艺,转变为对其他创意方式的强调。MOCA的馆长杰弗里·德奇说:"他创造了一种作为艺术家的新方式,融合了摄影、设计、音乐和美学表达。"他的时尚作品的核心,是一种捕捉时代精神并且说服消费者认同品牌构想的重要能力。

斯理曼几乎没有接受过正规的时尚设计训练。1968年,他出生于巴黎19区,母亲是意大利人,来自佩斯卡拉的裁缝世家,父亲是突尼斯人。斯理曼讨厌童年时宽大的箱型外套,但他喜欢母亲创作的合身剪裁。他在巴黎的卢浮宫学院学习艺术史,并在一家男装公司当学徒。之后,他协助时尚顾问让·雅克·皮卡特,完成了路易威登百年老花图案的项目。在圣罗兰从事营销工作时,他给皮埃尔·贝尔热留下了深刻的印象,这使他在1996年突破性地获得了设计左岸男装(Rive Gauche Pour Homme)的机会,并以四年时间发展实现了清晰的构想。他的最后一个系列,2000秋冬名为"黑领结(Black Tie)"的系列,是对他的设计恰如其分的总结:以黑色为基础,采用窄身剪裁,衬衫扣子解开,没有领带。新鲜、性感并且依然青春。这促使拉格斐减重,并让设计师男装行业全体为之倾倒。

Hedi Slimane

尽管他设计的男装具有影响力，但是在1999年，当古驰集团掌权圣罗兰后，斯理曼还是被迫退出，古驰集团的创意总监汤姆·福特决定将自己的创意权限扩大到YSL的男装。竞争对手路易威登集团旗下的迪奥首席执行官西德尼·托莱达诺，留意到了斯理曼的影响力，立刻伸出援手，招揽他加入迪奥，从2000秋冬季开始，为它停滞不前的男装系列施加魔法。斯理曼对时尚的探索大大超出了服装的范畴。"我更多思考的是宇宙，而不仅仅是衣服，"同年，在一次具有启发性的采访中，他对《女装日报》的迈尔斯·索查说道，"全局更重要。我对某个人感兴趣的地方在于，他住在哪里，房子什么样，开什么车，去哪里吃饭或跳舞。在美国，你可以把它称为生活方式。"

在斯理曼为迪奥工作的七年里，他待在柏林，同时进行着两份工作。他的摄影工作包括一系列的项目、展览和合作，本书就不做介绍了。在时尚领域，他在这些年里取得了巨大的成功，他的影响力延伸到了业务的各个方面：比如在2001年，他为迪奥男士香水"高级（Higher）"设计了包装，并与摄影师理查德·阿维顿合作了广告大片。尽管如此，他那或许可以被礼貌性地称为"天后（diva）"般的行为，开始被一些报道偷偷泄露了。甚至连通常对这位设计师的小毛病持宽容态度的路易威登集团主席贝尔纳·阿尔诺，也转而警告斯理曼，要他改变自己的行为。2007年，斯理曼结束了与迪奥的合作，宣布离开。他似乎也与时装界划清了界限。当时斯理曼移居洛杉矶，重新专注于他的摄影事业，为西海岸城市年轻而时尚的族群所吸引。后来发现，他还患有慢性耳鸣，他形容说"每一天都为之痛苦"，他遭受的苦难无疑是他渴望暂停工作的原因。

几年后，有报道称他渴望重返圣罗兰，并有意接替创意总监斯特凡诺·皮拉蒂——2012年，这个愿望实现了。他的2013春夏首秀，展示了品牌的新名字"圣罗兰巴黎（Saint Laurent Paris）"，系列的本质是波希米亚风和摇滚风造型的融合，受到了时尚媒体的强烈抨击。"有趣到了奇怪的地步。"来自《女装日报》的评论嘲讽地说着反话。蒂姆·布兰克斯为Vogue撰写的秀评更是深表同情，声称洛杉矶对他的影响特别显著："现在斯理曼伸展台上的女人，看起来就像六七十年代脱衣舞全盛时期，摇滚乐队周围围绕着的怪异女巫群体。"让科特妮·洛芙和玛丽莲·曼森等另类摇滚乐手加入品牌的广告大片，只会强化许多人认为斯理曼践踏了YSL的巴黎传承，并将它变成了一个西海岸品牌的观点。

而零售买家和消费者都爱它。颇具影响力的杰弗里精品店的创始人杰弗里·卡林斯基说："当我们买进这个系列时，我觉得自己像是看到了美元符号。"而那些拥有更久远记忆的人，则联想起了圣·洛朗那从20世纪40年代跳蚤市场时尚中汲取灵感的1971年系列，所遭遇的敌对反应。不管评论界的反应如何，销量是惊人的。短短四年，圣罗兰的收益就从4亿美元飙升至超过10亿美元。从商业角度来看，斯理曼的做法是成功的。

尽管如此，他的控制欲让他树立了一堆新敌，甚至包括了圣罗兰内部的成员。

2014年，YSL美妆推出了有着闪亮瓶身的"黑鸦片（Black Opium）"香水。艾迪·斯理曼发表了一份惊人的干脆声明："无论是市场发布和艺术元素的选择，还是形象的定义，艾迪·斯理曼都没有给予任何创意指导。"随后，在2016年，当斯理曼离开圣罗兰时，他与圣罗兰的所有者开云集团就他合同的薪酬细节展开了一场法律战，直到2018年4月，才以这位设计师获得胜诉和930万欧元的赔偿而告终。

　　而后，重塑品牌的机会再次到来——这一次是思琳，在2008到2018年之间，它被前任设计总监菲比·费罗重新打造成有着令人向往的实穿服装的品牌，深受时尚编辑的喜爱。在2018年10月展出的2019春夏系列，是斯理曼的巴黎首秀，遭到了这群时尚编辑的强烈抨击，他们指出这个系列很像他为圣罗兰设计的服装。在"#metoo"时代，新一代年轻女性充满斗志，准备挑战男性主导的世界。斯理曼的构想（从他抛弃思琳的第一个重音符号e的那一刻起）似乎被错怪了。他理直气壮地告诉《费加罗报》："你进入一家时装公司不是为了模仿你的前辈，更不是为了接管他们作品的基础、他们的设计语言和元素。"而他很快就得到了谅解：他为思琳设计的2019秋冬系列，受到了时尚媒体的热烈欢迎，女装秀参考了20世纪70年代中期的"资产阶级"女性，包括丝绸衬衫、标志图案的丝巾、及膝百褶裙以及高跟靴子，而男装则是色彩、廓型和形状的大胆尝试，不再是他那熟悉的窄身造型。

　　斯理曼利用青年能量的能力，为设计师时尚树立了一个新的模板，借鉴音乐、艺术和街头文化。他说青春是他所做的一切的核心。"无论在历史的哪个时期，他们（年轻人）都有着这样的纯粹能量……全力地生活着。"矛盾的是，作为一个深知工坊规矩的巴黎人，他巧妙地打破了体系内的界限。就像经常被拿来跟他比较的西蒙一样，斯理曼与时尚之间的关系也是模棱两可的，不过创作的过程就不是这样了。正如他在2018年底说道："通过创作，我重新发掘了倾诉的意义。"

在圣罗兰秀场的艾迪·斯理曼，2013年。
Martin Bureau/AFP via Getty-Images.

延伸阅读：关于他设计理念的总结，可以阅读劳伦斯·贝纳姆为《费加罗报》撰写的《艾迪·斯理曼的第一场思琳访谈》（Hedi Slimane's First Celine Interview），英文版于2018年9月刊登在businessoffashion.com。2018年1月，卡罗拉·朗为英国《金融时报》撰写的《时尚界最犀利的设计师，艾迪·斯理曼》（Hedi Slimane, fashion's sharpest designer）是一份出色的总结。另外推荐：2013年4月埃里克·威尔逊为《纽约时报》撰写的《挑衅先生》（Mr Provocative），以及2000年7月迈克斯·索查为《女装日报》撰写的《斯理曼的话语》（Slimane Speaks）。2011年由JRP荣格出版的《十年选集：艾迪·斯理曼》（Anthology of a Decade: Hedi Slimane），记录了他在21世纪第一个十年间的黑白摄影作品。

思琳2019秋冬。
Victor Virgile/Gamma-Rapho
via Getty Images.

圣罗兰2013春夏。
Victor Virgile/Gamma-Rapho
via Getty Images.

思琳2011春夏。
Pierre Verdy/AFP via Getty Images.

# 52 | 菲比·费罗
（1973—）

费罗全新的奢华极简主义，与迪奥的"花冠系列"得到的反响颇为相似：女性观众立刻感到自己打扮得过度了。

菲比·费罗为思琳设计的成熟作品，使她被稳稳地定义为典型的极简主义设计师，他们中的许多人都是特别严谨的着装改革者，打从心底认为时尚对于新鲜感和淘汰的持续冲动是很成问题的。尽管他们是一个需要对变化和时间的流逝做出创造性回应的体系的一部分，他们同样渴望创造出永恒的作品。实用、功能化、纯洁、简单、诚实和节制，都是包含在他们的词典里的。然而，正如哈丽特·沃克在她2011年出版的著作《少即是多》中所指出的，21世纪的极简主义者"利用现有最昂贵和奢华的面料，创造出朴素又冷静的服装，成功地跨坐在看似截然相反的节俭和挥霍间"。

2014年，菲比·费罗在接受时任英国版*Vogue*编辑的亚历山德拉·舒尔曼采访时说道："我使用的是由专家研发的全世界最美丽的面料，同时服装的制作精良。它们经得起时间的考验，都是投资品。作为设计师，我们必须为我们所生活的世界而创作，"她补充道，"我发觉折中是很难做到的。我觉得做这行很难，我对我所做的一切都非常在意。"

她的话响应着她的前辈们，他们以极简主义的表达，采纳了现代性的益处。从波烈到福图尼，到巴伦西亚加、纪梵希和阿玛尼，再到未来主义者卡丹和库雷热，对精炼和简化的渴望始终处于时尚钟摆的一端。而多多少少地表达过这种渴望的，

有美国的麦卡德尔、侯司顿、比尼、克莱恩、卡兰、卓然和亚历山大·王；日本的三宅一生、川久保玲和山本耀司；比利时人马丁·马吉拉；德国人吉尔·桑达；英国人琼·缪尔和谢里丹·巴内特；以及土耳其裔的英国实验主义者侯赛因·卡拉扬。

极简主义有多种动机，包括追寻禅意的纯粹，一种洁净的存在。有些简单地提出了好设计的定义，正如成为哈丽特·沃克书名的"少即是多"这个说法，是由建筑师密斯·范德罗创造的。而有些为人们，特别是女性，提供了一个理性的、有规划的、长久的衣柜。就算女权主义和女性实际的生活并不是创作根源，也与这些设计强烈地联系在一起。这是费罗作品中的一个主题，很大程度上是受到了她母亲那一辈开始破天荒出现的职场女性，以及20世纪70年代第二波妇女运动浪潮的影响。

费罗出生于1973年，父母都是在巴黎工作的英国人，西莉亚是艺术品交易商和平面艺术家，罗杰是测量师。在她两岁时，全家人回到英国，她在伦敦郊区的哈罗长大。在14岁生日时，她要了一台缝纫机，以便重新缝制她自己的衣服。她告诉舒尔曼："对时尚和服装的热爱一直存在我心中。"

她就读于南哈罗综合学校，之后进入伦敦艺术大学的中央圣马丁艺术与设计学院学习，并于1996年毕业。毕业前一年她依照学校的要求，在温迪·达沃斯教授的指导下，协助斯特拉·麦卡特尼完成了她的毕业设计。这场著名的学生时装秀让时尚媒体大吃一惊（而图片编辑出人意料填满了头版），斯特拉的朋友，包括模特娜奥米·坎贝尔、亚思密·乐邦和凯特·摩丝，都出现在了伸展台上。一年后，当费罗毕业后，她成为麦卡特尼在蔻依的设计助理，2001年，麦卡特尼离开蔻依创立了自己的时尚品牌，她接替了首席设计师的职位。

蔻依由加比·阿格依奥成立于1952年，是一家奢侈成衣公司，这在当时是比较新颖的概念。从一开始它就是青春、通常富有浪漫气息的。阿格依奥和她的合伙人雅克·勒努瓦聘请了一批才华横溢的年轻设计师，后来他们都变得十分有名：米切尔·罗西尔、马克西姆·德拉法蕾斯、格雷西拉·芳塔娜、谭·朱迪切利、盖伊·保林、卡洛斯·罗德里格斯以及之后的玛蒂·希特博恩。1966年，他们任命卡尔·拉格斐为首席设计师，他让蔻依的时装秀成为20世纪70年代和80年代初最热门抢手的入场券，一年两次的时装秀，不容错过且令人愉悦，充满了青春的女人味和顽皮的智慧。杰基·肯尼迪、碧姬·芭铎、玛丽亚·卡拉斯以及斯特拉·麦卡特尼自己的母亲琳达，都爱着这些漂亮的服装。1985年，阿格依奥退休，将公司出售给艾尔弗雷德·登喜路，而艾尔弗雷德·登喜路随后被历峰集团收购。

2001年担任首席设计师时，费罗非常清楚地意识到，蔻依有着需要被尊重的标志性风格。在20世纪90年代末，新任的首席设计师忽略品牌的传统和基因，或者去迎合政治色彩的例子，屡见不鲜，而结果不总是能令人信服的——也不总是能取得商业成功的。蔻依的总裁拉尔夫·托莱达诺，喜欢保持一致并延续下去。他对媒体说："一方面，我们都爱斯特拉；而另一方面，品牌能保持自己的个性是重要的。携手菲比，我们会继续朝着相同的方向发展。"麦卡特尼的蔻依，采用的是现代的、穿着西装和靴子大步向前的风格，展现蔻依品牌的青春感，但麦卡特尼并不习惯这种甜美漂亮的风格，也对奢侈品牌需要使用皮革和皮草而感到不适。

但是，费罗准备与这样的风格协作，并采纳品牌富有女人味的传统风格，这源于拉格斐构想中的顾客是聪明而知性的，像是柯莱特笔下天真无邪的少女琪琪。2005年，费罗告诉 *Vogue*："我与时尚的关系是很有意思的，我非常注重于表达我在当下的感受。"

关于费罗的第一个系列，英国版 *Vogue* 写道，这位设计师让人回忆起了前几代人的蔻依，20世纪60年代那个飘逸的且充满女人味的品牌。"费罗展示了一个充满魅力的系列：华丽的泡泡袖衬衫，利用的是特制的光滑绸缎；性感的白色裤装套装，双腿上网眼布式样的镂空斜向穿过；牛仔裤后侧的口袋上点缀着刺绣，婴儿蓝的拉链皮夹克搭配了甜美的袖口、奶油色的法拉绒灯笼裤，还有扇形蕾丝的漂亮衬裙，这个系列尽显费罗自己的风格。"

之后的系列，既忠实于品牌的个性，又保持了费罗个人的酷女孩风格。她的第二个系列是2002秋冬，犹如一场自信的阅兵仪式，单品包括军旅风燕尾服、有曲线的外套、雪纺上衣和天鹅绒喇叭裤，赢得了时尚编辑热烈的掌声。晚装方面，她在层叠的雪纺上衣和罩衫上，使用了银色的柱状串珠，图案的灵感来自莱昂·巴克斯特。

2004年，费罗嫁给了英国人马克斯·维格拉姆，他是一名画廊主和艺术品交易商，目前他们俩有三个孩子，分别是玛雅、马洛和亚瑟。2006年，她从蔻依辞职，以便能够专注于家庭生活。"我并没有过着真正属于我的生活，"2010年，她这样告诉 *The Gentle woman* 的彭妮·马丁，"我与马克斯的生活，就是把一周想进行的对话和夫妇的日常装进两天里：周六和周日。让人感到很模式化也很不真实。"

她从时尚第一线缺席了两年，直到她接下了LVMH集团旗下品牌思琳的创意总监，条件是她的工作室和设计团队都要设在伦敦。她告诉 *Vogue* 的编辑舒尔曼："我感到是时候让时尚回到一种更现实的风格了，衣服要漂亮、有力并且有想法，要以现实生活为动力。"思琳这个品牌，给了她这样的机会。

1945年，思琳·薇琶娜创立了她的同名品牌，是为儿童定做鞋子的奢侈品公司。1960年，公司重新专注于女鞋，并在1967年推出了名为"定制运动装"的成衣系列，向美国的时尚风格致敬。1996年，也就是薇琶娜退休的前一年，公司成为了LVMH集团旗下的固定资产。接替她的是美国设计师迈克·高仕，他于2004年离开思琳，专注于他自己的品牌。2005年，罗伯托·麦尼切蒂被任命，但他只在品牌待了一年，随后的系列由伊娃娜·欧马奇科设计，直到2008年，费罗被猎头选中来执掌品牌。LVMH集团时尚部门的首席执行官皮埃尔·伊夫·鲁塞尔表示，公司想给她表达个人构想的机会。在她为品牌设计的第一个系列中，这一构想被确定为冷静、克制和成熟的极简主义。

"思琳非常有吸引力，因为从历史来看，它并没有标志性的设计师，所以我可以从头开始。"2010年，她告诉哈里特·奎克。莎拉·莫弗在她为*Vogue*撰写的评论中，是这样评价费罗为思琳设计的2010秋冬系列的："菲比·费罗对自己的定位一直很清晰。这种中心意识对她设计服装的方式产生了影响，使它们能够反映出真实生活中的时尚，而不是任何艺术性或者概念性的时尚，这一点让她的作品焕发出的生命力，在她结婚与组建家庭之前，在蔻依大获成功之时，就已经受到许多年轻女性的认同了。"

在焦糖色、米色、白色和黑色所组成的纯粹且有限的色板中，服装基本都是简单的形状，利用最奢华的面料，以精准而复杂的方式来构造，使它们显得好看、实穿又舒适。费罗全新的奢华极简主义得到的反响，与迪奥的"花冠系列"得到的反响颇为相似：女性观众立刻感到自己打扮得过度了。离场时的她们，对那样的衣橱充满了渴望。而费罗的想法极其准确，极简主义的时刻再度来临。正如莎拉·莫弗所写的："利落的马裤呢镶边短裙、精美的皮革T恤、灯芯布衬衫、贯穿到颈部的交叉系带连衣裙，与改良的军旅风夹克之间的搭配，都是以实用主义还有至关重要的对经典巴黎品味的根本欣赏，贯穿始终。"

距离极简主义作为时尚界一股势力存在的时期，已有十年之久。在21世纪前十年初期以名人为主导的文化中，炫耀式的、能突显地位的显摆和过度消费（尤其是过度装饰的昂贵手袋）主宰了媒体，极简主义的反时尚精神毫无立足之地。2008年的金融风暴，让挥霍无度的人也陷入困境：公司和银行倒闭，逼出人命。各国政府惊慌失措地推行新的紧缩政策，而这一如既往地，给时尚界带来了信号。

在接下思琳的工作时，费罗感觉到思琳的个性必须由她来打造。事实上，公司已经为她清除了障碍，她无须匆忙地回顾档案库，并暂停了一季，以便她准备她的第一个系列。"在时尚方面，从一开始我就很清楚我想做什么，当然也很清楚我不想要什么，"2010年，她告诉《金融时报》的瓦妮莎·弗里德曼："我想要感觉诚实的东西，融合我想穿的衣服与我想要的生活方式。我感到它必须是很简单而且很真实的。"

如同在蔻依一样，费罗掌管下的思琳，取得了巨大的文化性和商业性的成功。她是一位令人敬畏的设计天才，迄今为止，她出色地证明了自己的能力，能够以成熟而睿智的方式翻新蔻依的浪漫风格，并且以她个人身处于30岁中期的感悟，来表达思琳严谨又理性的体系。由此，在时尚的思潮中，她赢得了绝不失手的声誉。

在《少即是多》一书中，哈丽特·沃克写道："费罗的单品绝对是实用而且实穿的，因此是商业化的，但也是极其睿智并且有志向的；它们是极简主义的现代化身，平衡了它的智慧和商业性。这是合乎逻辑的下个阶段的走向。……费罗再次主张了它的高级时装根基，以及它与现代女性运气与命运的内在联系。"2012年，费罗告诉*Vogue*："对我来说，终极的衣橱单品是一件白衬衫、一件黑色裤装，一件半身裙，或许三件大衣。两件夹克，一双高跟鞋，一双平底鞋和一双运动鞋。一个包，也许还有一条围巾。"

Phoebe Philo

　　2005年和2010年，费罗被英国时尚委员会评为年度英国设计师，2011年被美国时装设计师协会评为年度国际设计师。2014年，她受封大英帝国官佐勋章，并被《时代》杂志评为全球100位最具影响力的人物之一。2017年12月，她宣布离职，艾迪·斯理曼被任命为接班人，一些时尚媒体对此表示失望。她很可能会在某个时间点回归。

延伸阅读: 目前没有费罗的专著，2011年，哈丽特·沃克在《少即是多》一书中，基于"新式极简主义的复兴"，探讨了时尚中的极简主义，提到了费罗的作品。有三篇出色的文章：2010年 *The Gentlewoman* 第一期，由彭妮·马丁撰写的《菲比·费罗，设计女性真正想穿的服装》（*Phoebe Philo Designs the Clothes Women Actually Want to Wear*）；2010年英国版 *Vogue*，由哈利特·奎克所著的《关于费罗的事实》（*Philo Facts*）；2013年美国版 *Vogue*，由哈米什·鲍尔斯撰写的简介，《菲比档案》（*The Phoebe Files*）。

菲比·费罗，2011年。
Francois Guillot/AFP via Getty Images.

思琳2013秋冬。
Victor Virgile/Gamma-Rapho via Getty Images.

53 | 亚力山卓·米开理
（1972— ）

他热爱着互联网和互联网上的大量且丰富的图片，如同他对画廊和街头的爱一样。

2015年，当奢侈品集团开云集团的首席执行官弗朗索瓦·皮诺特，解雇了古驰这一利润虽高但丧失了光彩的旗舰品牌的首席执行官和设计总监时，继任的首席执行官马可·比扎里的任务是尽快地任命一位新的设计总监。业界兴奋地猜测着会是哪一位时尚界的明星佣兵，而他迅速地宣布了新的选择，就是亚力山卓·米开理。众人反应一致："这是谁?"

"对我来说，这是最软性的决定，"比扎里告诉《时尚商业》的伊姆兰·阿迈德，"可以找一位有名的设计师。但我想做的，是一个人们期待着的决定，还是一个我觉得正确的决定呢?"

米开理是业内人士，匿名从事皮具设计师的工作，之后在古驰担任设计总监弗瑞达·吉亚尼尼的助手12年。比扎里为了让自己熟悉设计工作室的运作，抽出半小时拜访了米开理位于罗马的公寓，俩人一起喝咖啡聊天。然而，他们却聊了4个小时——而这个品牌未来的设计方向就此成型。这将是米开理的构想，他的浪漫折中主义，他对当下与回溯历史资料和图案的丰富多样性、对时尚体系中的性别流动和多变而枯燥的作品的缺乏意义，有着完全现代的观感。"我设计的不是时尚，"他曾多次表示，"我设计可以保存和珍藏很久的好衣服。我设计的是生活的方式。"

距离2015秋冬男装秀只有一周，比扎里考验了米开理的能力，让他在米兰时

古驰2019春夏。
Victor Virgile/Gamma-Rapho via Getty Images.

装秀中展示一个全新的系列。他做到了。它的时尚感很罕见，几乎没有与它相似的风格。为 *Vogue* 做报道的蒂姆·布兰克斯，对全新的古驰感到着迷又不解，他形容它是"不随主流的、浪漫的、智慧的……恰到好处的存在主义。但这就是全部了吗？"

到了之后的女装秀，记者依然感到困惑，但他们开始了解到他的风格是怎样的了。"米开理明显有着美好的意愿，"妮可·菲尔普斯在 *Vogue* 写道，"从 Instagram 可以看出，他用诗意的怀抱将观众们包裹——从造型来看，他们会用他背后绣着水晶鸟儿的皮草将自己包裹。但要想让他的构想延续，他需要在将来赋予它更多实质的内容。"

到了 2016 春夏男装秀，古驰销量增长的迹象，让人们开始恢复对这个品牌的信心。蒂姆·布兰克斯写道："欢迎新朋克的到来。亚力山卓·米开理为古驰带来了截然不同的文化。……如果说它并没有什么新鲜之处，米开理设计的古驰所带有的喜鹊式风格——从不同的时期、地点和性别搜刮碎片——则有着马麦酱式的影响。（马麦酱，它是一种以酵母为基础的糊状食品，在英国，它的销售人员自信地在广告中打出'要么爱它，要么恨它'的口号。）它本身就是朋克。米开理对青春力量的坚定信念也是如此。文身、穿孔、用一种新的身体形态来装饰自己——米开理把全部这些青春象征，都看作一种新萨满教。"

如果它没有新鲜之处，那么它无疑是一种忘乎所以的极繁主义，而属于它的时代已经来临。人们对古着单品的热忱已经持续 20 多年了。这是一种长期被年轻并且擅于利用慈善商店资源的人所推崇的着装风格，他们懂得重新利用二手物品，精通富有装饰感的个人造型，热衷于挑衅和打破时尚的规则，而且这些造型非常适合自恋的"今天我穿了什么"的自拍，可以发布在 Instagram 上。米开理的博学和对现代文化各个方面的吸收意愿，使他特别乐于接受"新朋克"。他热爱着互联网和互联网上的大量而丰富的图片，如同他对画廊和街头的爱一样——他以一位记者声称的"他欢乐与喧闹的想象力"参与其中。在视觉上，从把自我形象展示给所有人的方面，互联网是一个没有国界、职业、阶级、种族或性别排斥的领域。在那里，一个人可以自由地构建自己的身份。对许多人来说，这可能是一种虚拟的自由；现实世界多半是艰难又狭隘的。但米开理明白互联网一代对想象和互联网生活的依赖程度。

1972 年，亚力山卓·米开理出生于罗马。他的母亲是罗马电影业一位意大利高管的助理，而他的父亲是意大利航空公司的技术员，也是一位业余雕塑家。他曾说过，和父亲一起出游不是去看足球赛，而是去博物馆和美术馆。但与熟知建筑史的父母一起，即使只是在街头漫步，也是令人陶醉的；从罗马帝国到中世纪，再到文艺复兴时期（他最喜欢的时期），从巴洛克、洛可可，到新古典主义的复兴运动、未来派的现代主义以及法西斯时期自负的碑铭主义。罗马所有的建筑，都激发了他的后现代感。他的设计总部设在一座 16 世纪的罗马宫殿里，它是根据拉斐尔绘制的图纸建造的——建筑由他前任的设计师弗瑞达·吉亚尼尼修复。它以一位古董商疯狂搜集来的藏品作为豪华的室内装饰，包括来自世界各地和不同历史时期的地毯、家具和艺术品。他告诉弗兰克·布鲁尼："过去是鲜活的，每天都在对你说话。如果我们把这颗种子放到现在，就会有东西生长出来。"

显然，米开理最早的时尚记忆，来自一个更早的、富有故事性且极其浪漫的时期——20世纪70年代。他很崇拜母亲的双胞胎姐妹，他"超级时髦"的阿姨朱利亚娜，她在电视行业做影片剪辑师，享受着改变衣着的力量以及衣服带来的纯粹乐趣。他告诉System的乔纳森·温菲尔德："她会把她所有的钱都花在香奈儿、皮草、连衣裙和厚底鞋上。我爱上了她，我猜是她给了我人可以通过衣服来改变自己的想法；在我们一起出门前，她总是会问我：'拉洛，你喜欢我穿蓝色还是红色的鞋子？'"

在很小的时候，米开理自己就开始利用外表来构筑颠覆性的身份。"我母亲对我有很多疑问。大约13岁的时候，我把头发染成了特别金的颜色，并试图刺破我的耳朵，因为我爱上了性手枪乐队和席德·维瑟斯。……我不得不说，我的第一个时尚灵感更关乎音乐，而不是像乔治·阿玛尼这样20世纪80年代的时尚之神。无论在当时还是现在，比起纯粹的时尚，音乐似乎是更能真实地表达你自己的方式。"

他曾就读于罗马服装学院，学习如何设计戏服和时装。这两门学科是米开理考古式着装风格的一个重要线索；在戏剧、歌剧和电影中，正确的戏服是再现一个时期、它的氛围和关注点的一个重要因素。此前时尚界的伟大浪漫主义者——波烈、福图尼、迪奥、圣·洛朗、韦斯特伍德、范思哲、劳伦、加利亚诺——都是不同形式的历史主义者。他们都研究了古代服饰的细节，解构着它，用现代感重新塑造着它，但他们倾向于在同一个时期、国家和文化中寻找每个系列的灵感。如果多于一个，那么这些实际的衣服必然有着内在关联。米开理是一只不起的喜鹊，或者，正如《纽约时报》的弗兰克·布鲁尼所说的"古怪、折中、包容"。在见到他时，布鲁尼这样描述了这位设计师的外表："他是一个花花公子。他是一个粗犷的伐木工人。他是一个时髦人。他也是一棵完美地装饰着的圣诞树。他喜欢珠宝，通常戴着很多串手镯，并且戴着球状的戒指：其中一个的形状像狐狸，另一个像狼，戴满了所有手指，除了他的大拇指。……他总是凌乱又迷人。"

毕业后，米开理先是被意大利针织品牌莱·卡门聘用，然后在芬迪与同样珍视档案库的卡尔·拉格斐一起工作，担任配饰类的高级设计师。2004年，他被汤姆·福特挖到古驰，并迁往伦敦的设计办公室——之所以会待在伦敦，是因为古驰是一家佛罗伦萨公司，而福特不想住在一个没有机场的旅游城市，不管风景有多美。然而，没过几个月，福特和首席执行官多梅尼科·德索莱都离开了公司，2005年，弗瑞达·吉亚尼尼被任命领导设计团队——并把它带回意大利。2008年，米开理被任命为皮具设计总监，2011年晋升为品牌的副总监。作为皮具类的主管，他负责古驰的摇钱树：手袋，尽管他的创作必须与吉亚尼尼的构想保持一致。后者在很大程度上继承了汤姆·福特在20世纪90年代所创造的古驰奇迹的风格，也就是光鲜亮丽且高度危险的性感造型。吉亚尼尼一直忠于这一理念，但它的时代已经过去了。

后来的几年，是一段创作停滞的时期。他感到无聊又没有成就感，正准备离开公司，结果决定性地与比扎里会面了。"古驰已经变得没有灵魂了。"他想着。比扎里和皮诺特都对米开理新颖而完整的构想，以及他对这一构想坚定的信心而印象深刻。皮诺特说："他是不管品牌的规模和影响力有多大，都会说'这是我自己的创意宇宙，我会用它和这个品牌的标志与象征符号，创造出一些新东西'的那类人。而他是正确的。"

"在审美上，我的构想是相当复杂的，"米开理告诉温菲尔德，"以及结合他们的方式。我的解释是，虽然我认为自己是意大利人，但我也觉得我不是一个纯正的意大利人了，因为我住在伦敦，我感知的事物已经改变了。"最初，对米开理第一个系列的反馈，大多是关于他模糊了性别的边界。他相信，当下文化中的人类能以选择男性化与女性化的程度而存在于某处，所以他设计的衣服是任何人都能穿的——只要他们有朋克与巴洛克的态度。他在女装和男装系列中利用相同的面料、款式和配饰，并让男模特参与女装秀，让女模特参与男装秀。但他丝毫没有挑衅的意味。"我认为这是很正常的。这是世界上正在发生的。这个时代的时尚，是无法与世隔绝的。"

他个人对一件衣服的历史、它所关联的东西以及它可能唤起的记忆更感兴趣。但他并不是在制作花哨的衣服，而是选择了风格的融合，冲突感的面料、色彩、印花、纹理，以及古老和现代的图案。他告诉温菲尔德："这更多表达的是浪漫主义，或者在当代社会中显得独特的意义，或者单纯就是自由的念头。我觉得我的作品的力量在于，我有勇气把这些多样性的东西融合，创造出一种化学反应。我觉得用新的方式将那些已然死去的碎片组合在一起，就能创造出一些现代而美丽的东西。"

米开理被英国时装协会评为2015年和2016年的年度国际设计师，也是美国时装设计师协会2016年的年度国际设计师。

....

延伸阅读: 有两篇重要文章特别值得关注: 2016年乔纳森·温菲尔德为*System* 杂志撰写的《我们微笑，我们向每个人问好，我们享受做自己》(*We smile, we say hello to everybody, we enjoy ourselves*)，以及2018年弗兰克·布鲁尼为《纽约时报》撰写的《亚力山卓·米开理，时尚界的现代决策者》(*Alessandro Michele, Fashion's Modern Mastermind*)。

时装学院庆典上的亚力山卓·米开
理与拉娜·德雷以及杰瑞德·莱托，
2018年。
Frazer Harrison/FilmMagic via Getty
Images.

古驰2019秋冬。
Pietro D'Aprano via Getty Images

巴黎世家2016秋冬。
Victor Virgile/Gamma-Rapho via Getty Images.

54 德姆纳·格瓦萨利亚 （1981— ）

格瓦萨利亚总是想以21世纪的精神来创新。

维特萌是一个出售1200美元以上宽大帽衫的时尚团队。这样的定价，使这一成立于2014年总部设在瑞士苏黎世的品牌，遭到了主流媒体的奚落。这并没有困扰德姆纳·格瓦萨利亚，在2019年9月辞职之前，他是维特萌幕后违背传统的顶尖设计的灵魂。他喜欢把常见的服装：一件连帽卫衣，一件T恤，一条牛仔裤，变成当下特别令人向往的必备单品，在最基本的"vêtements"——法语里的衣服（而这个时尚品牌省略了长音符）上，撒上设计的魔法粉末。他对运动鞋的喜爱，不亚于时尚字典中的任何一件单品，在21世纪10年代末期创造出了穿着大大的"老爹"球鞋的潮流，并设计了最畅销的巴黎世家宽底"Triple S"运动鞋。格瓦萨利亚知道巴黎世家的历史，但不要期待他会向它致敬。"我认为优雅是无关紧要的。"他耸了耸肩。

格瓦萨利亚在维特萌的成功，很快得到了来自奢侈品行业的认可，随之在2015年，他被任命执掌巴黎世家，接替尼古拉·盖斯奇埃尔的职位。在新的岗位上，他让自己沉浸在巴伦西亚加这位传奇定制时装设计师的工作方式和设计中，特别是利用服装来增加体积感，比如超大尺寸的飞行员夹克，参考了20世纪50年代宽松的定制大衣。如果说一开始格瓦萨利亚在维特萌运用T恤和连帽卫衣的方式，掩盖了他作为裁缝的技术能力，那么，最近他为巴黎世家设计的系列，无疑改变了这种观感。

　　2019年，在与《女装日报》的对话中，格瓦萨利亚指出，巴伦西亚加"先从体积着手，而不是装饰。我在巴黎世家找到的东西，对我而言算是一件礼物。……巴伦西亚加处理体积的设计方法，完美地契合了我自己对体积的品味"。他将这一点，与他小时候穿着的大尺码旧衣服，明确地关联在了一起。作为一位设计师，大尺寸已经成了他口中属于他的"设计领地"。

　　从2015年起，格瓦萨利亚就这么把自己的时间，分别分配给以维特萌形式存在的独立先锋团队，以及巴黎世家这个奢侈品巨头，而吸引这位设计师的，正是这两种体验中的差异。在他看来，维特萌"总是表达着：'它很丑，而我们就是喜欢它的丑。'"相比之下，在巴黎世家，"丑陋是不存在的"。

　　在接受亚历山大·弗里的采访时，格瓦萨利亚的缪斯女神洛塔·沃尔科娃提到："我们在维特萌的工作方式，有点儿像是我们这个时代的一种标志做派。我认为它代表了整个文化的重新融合，参考资料的重新融合。你不断地被信息和社交媒体轰炸。这是年轻人感到与它关联密切的原因。"格瓦萨利亚告诉023c的苏莱曼·阿纳亚："我们从决定我们喜欢什么样的衣服，来开始新一季的设计。是半身裙？是裤装？是夹克？是双襟水手大衣？还是飞行员夹克？"

　　格瓦萨利亚总是想以21世纪的精神来创新。他为维特萌设计的2017春夏系列，就是他的设计方法的体现。维特萌受到巴黎高级定制时装周的邀请，在第一天晚上举办时装秀。由于没有工坊可以使用，格瓦萨利亚和洛塔·沃尔科娃想了一个全新的解决方案：一个超越了其他所有合作的合作，与超过17个拥有悠久历史的品牌联手，从马诺洛·伯拉尼克和布里奥尼等同类奢侈品品牌，到李维斯和Dr. Martens这样的传统品牌。在巴黎老佛爷百货营业时间内举办的时装秀，被认为是对定制时装的本质的现代回应——展现了工坊的专业性，不同的是，这一次，这些作为专业品牌的工坊，承包了维特萌的技术活。

　　维特萌带着街头风格和街头服装，冲击了高级时装的世界。虽然格瓦萨利亚并不是第一个这样做的人（显然可以与拉夫·西蒙媲美），但他的方式带着一种新阶段的投入，还有常常能令人感到振奋的活力。在采访中，有时格瓦萨利亚更喜欢谈到新旧之间的相似点，而不是差异性。在2018年初的演讲中，他说道："无论是维特萌的连帽卫衣，还是高级定制的服装，它依然与穿着它的人相关，还有这样的思考：'我对这样的衣着感到满意，我对自己的样子感到满意。'"

　　德姆纳·格瓦萨利亚和他的弟弟古拉姆（他的长期商业伙伴）分别于1981年和1986年出生在格鲁吉亚的苏呼米，这个地区位于阿布哈兹西北部，当时属于苏联。他的家庭关系亲密，他曾回忆起他的半法裔犹太祖母带给他的影响，她穿着蕾丝长裙，戴着用指甲油上色的珠宝。

　　在这段时期，格鲁吉亚处于动荡之中，1991年，格鲁吉亚在混乱中实现了独立，但一年后，阿布哈兹再次爆发冲突。因此，格瓦萨利亚12岁的时候，他的家乡苏呼米是战争区域。在为维特萌设计的2019春夏系列中，格瓦萨利亚径直使用了这一时期的创伤经历,在T恤印上有弹孔的靶子,还有防毒面具,他说这代表了他的感受。这场秀在巴黎环城大道的混凝土高架桥下进行展示,刻意地参照了移民危机(场地在移民援助营附近)。

阿布哈兹持续的分裂主义暴力威胁,迫使他们一家逃离当地,寻求更稳定的生活,这个过程漫长而艰难,这家人最终在德国的杜塞尔多夫定居了下来。"我从小就习惯了冒险,这也存在于维特萌的基因中,"多年后他说道,"在现在的时尚界,你需要冒险才能生存。"格瓦萨利亚最初学习的是经济,但很快就得到结论,这门学科会让他成为"世界上最不快乐的人"。他的转折点是挤进了安特卫普皇家艺术学院的时尚硕士课程,尽管准备得不充分,并且对来自这所比利时著名学院的设计师知之甚少,他依然顺利地入学了。导师琳达·洛帕和沃尔特·范贝伦东克发现了这位年轻的格鲁吉亚人与生俱来的聪明才智和创造力,这让他活跃在安特卫普繁忙的工作室中。

格瓦萨利亚的设计之路再完美不过,为他登上行业内的重要位置做足了准备。在安特卫普,他加入了马丁·马吉拉品牌,在马吉拉本人退休前的最后几个月,从事着公司的女装设计,随后,他是工作室重新组织规划的一分子。多年后,他说道:"我真正的学习,也就是让我学习服装的地方,是在马吉拉的工作,尤其是马丁离开后的过渡时期;当时公司正试图将品牌的基因现代化,并寻找延续品牌历史的方法。对我来说,这就像是时尚的硕士课程。"

格瓦萨利亚一直坦言自己受到了马吉拉的影响,甚至将他为维特萌设计的2018秋冬系列"房间里的大象(The Elephant in the Room)",献给了这位设计师。这个系列还借鉴了马吉拉的鞋款设计——分趾鞋。他曾将马吉拉的设计方法称为"研究式时尚",建立在把衣服拆开了解它构造的方式,然后再重新构造它的理念之上。"你真的需要了解服装的构造,甚至是喜爱这么做,才能用它做出点东西。"

离开马吉拉,格瓦萨利亚转投路易威登,在那里他又一次占据优势,与充满活力的马克·雅可布一起制作了两个系列,又与完美主义者尼古拉·盖斯奇埃尔一起制作了两个系列。马吉拉、雅可布、盖斯奇埃尔:三位21世纪的时尚界巨头,三位有着截然不同工作方式的设计师,让求知若饥的格瓦萨利亚了解到,创造时尚的方式有很多种。"能与他们一起共事,我真的是很幸运,"他表示感谢,"我学到了很多,还有不同的创作方式。"

在他33岁创立维特萌时,已经自信满满,对时尚有着非凡的了解。打从一开始,这个品牌就有着一个独特的市场定位,它的基础是学者辛恩·斯克朱尔斯塔德所描述的"出人意料的举动、幽默、讽刺和矛盾的知识分子反概念主义的结合……同时渗透在系列和品牌的公开档案中"。斯克朱尔斯塔德也强调了格瓦萨利亚对互联网世界的自信,他的大部分研究是利用互联网进行的。来自互联网的影响,在品牌的设计和传播实践中都显而易见:暂停时装秀,维特萌甚至用Instagram展示了整个2018春夏系列。

　　他的弟弟古拉姆的加入并成为首席执行官,是品牌早期成功的关键一步。买家需要信任维特萌的非传统经营方式:在他们想办秀的时候办秀,随心所欲地售卖他们想卖的东西,从Supreme等具有影响力的街头品牌的定期"投放"中吸取经验。古拉姆对时尚体系的过度行为持批评态度,特别是过度生产,太多所谓的"滞销库存"最后都流向了折扣商店。2017年,他告诉《金融时报》,在维特萌"我们会控制我们卖给每家商店的商品数量,以确保他们不会过度进货"。通过这一方式,这个品牌也限制了它的产品的流通程度,强化了每一件维特萌单品的独家性和吸引力。

　　来自格瓦萨利亚的影响是多样的,他同时横扫了高端和低端文化,质疑现代社会中两者之间的划分是否依然有意义,并引用了艺术家马塞尔·杜尚作为他挪用灵感的来源。或许与本书中其他所有设计师都不同,他很从容地把他的衣服描述为"产品"。他制作了他自己版本的宜家蓝色弗拉塔编织袋,以及豪华版的卡骆驰(Crocs)塑料洞洞鞋。他将服装视为"一种交流的工具",并愿意参与政治和宣传活动,在他2017秋冬秀场上支持美国左派民主党预备总统候选人伯尼·桑德斯,以及在两个时装季之后为世界粮食计划署做宣传。他在德国的成长经历,可以通过他照搬的警察夹克的款式,以及装饰着大概可以翻译为"厌世"的德文"Weltschmerz"的连帽卫衣看出。俄罗斯设计师戈莎·鲁布钦斯基是他的多年好友,他曾在维特萌早期的时装秀中担任模特。时尚编辑苏西·门克斯在为日本版 *Vogue* 撰文时指出:"朴素而简单的衣服以及强大的潜在信息所带来的影响,让维特萌已经……从一个不知名的时尚团队,变成了似乎能定义全世界社会剧变的品牌。"

　　2018年,媒体小道消息传言,维特萌的泡沫即将破灭。格瓦萨利亚在2018年3月的新闻稿中大力回击:"让黑子们失望了,我们要宣布的是,维特萌正处于有史以来最强的创意和财务状态。"四个月后,他推出了他的第十个维特萌系列,这是他迄今为止最具创造力的系列之一,献给了格鲁吉亚。之后,在2018年9月,他接着为巴黎世家推出了一个出色的2019春夏系列,试图为新一代人彻底改造剪裁。他将它称作"新式剪裁"——超轻的夹克和面料,没有垫肩,就像这位设计师所说的,打算让人们感觉像是穿着慢跑服一样。"这是一种新剪裁,其实很舒服,"他说道,"你不需要穿衬衫,因为衬衫已经被改造成了夹克。"在巴黎世家2019秋冬系列中,他以系列中出色完成的剪裁,以及作为奢侈产品出现的装着水壶的手袋,向现代的巴黎街头致敬。

　　格瓦萨利亚已经成为一名明星设计师,他完全能适应年轻奢侈品消费者的心态,以及社交媒体的狂热世界。即使他不再为维特萌工作,他也将成为20年代设计师时尚中的影响力人物。

延伸阅读: 在《塞弗里斯街40号的不二价超市》(*Monoprix at 40 Rue de Sevres*)中, 安吉·阿罗诺夫斯基·克朗伯格探讨了德姆纳·格瓦萨利亚的设计方法, 这篇文章发表在2017年 *Vestoj* 杂志题为'论真实性'这一期。2019年2月由《女装日报》撰写的采访报道, 充满了对他设计理念的洞见。

德姆纳·格瓦萨利亚,
2017年。
Dimitrios Kambouris via
Getty Images.

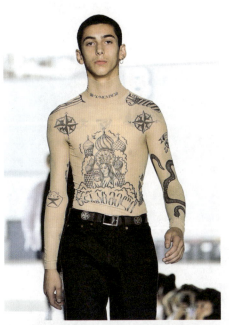

维特萌2018秋冬高级定制。
Kristy Sparow via Getty Images.

巴黎世家2019秋冬。
Estrop via Getty Images.

图书在版编目（CIP）数据

读懂时尚：从香奈儿到麦昆，铸就时尚史的名字 /
（英）布伦达·波兰（Brenda Polan），（英）罗杰·特雷
德（Roger Tredre）著；郑亦丹译. -- 重庆：重庆大
学出版社，2022.3（2025.7重印）
（万花筒）
书名原文：The Great Fashion Designers：From
Chanel to McQueen, the names that made fashion
history
ISBN 978-7-5689-2891-5

Ⅰ.①读… Ⅱ.①布… ②罗… ③郑… Ⅲ.①服装设
计师 - 生平事迹 - 世界 Ⅳ.①K815.72

中国版本图书馆CIP数据核字（2021）第140217号

读懂时尚：从香奈儿到麦昆，铸就时尚史的名字
DUDONG SHISHANG:CONG XIANGNAIER DAO
MAIKUN,ZHUJIU SHISHANGSHI DE MINGZI
［英］布伦达·波兰（Brenda Polan）　　　　著
［英］罗杰·特雷德（Roger Tredre）
郑亦丹 译

策划编辑: 张　维
责任编辑: 侯慧贤
责任校对: 关德强
装帧设计: M^{oo} Design
责任印制: 张　策

重庆大学出版社出版发行
社址: (401331)重庆市沙坪坝区大学城西路21号
网址: http://www.cqup.com.cn
印刷: 天津裕同印刷有限公司

开本: 720mmx1020mm　1/16　　印张: 25.75　　字数: 463千
2022年3月第1版　　2025年7月第2次印刷
ISBN 978-7-5689-2891-5　　定价: 99.00元

The Great Fashion Designers by Brenda Polan and Roger Tredre

©Brenda Polan and Roger Tredre,2020 together with the following acknowledgment:
This translation of The Great Fashion Designers is published by arrangement with
Bloomsbury Publishing Plc.

版贸核渝字（2020）第209号